SOCIAL CAPITAL AND REGIONAL DEVELOPMENT

社会资本与区域发展

赵雪雁 ◎ 著

科学出版社

北京

内 容 简 介

进入新纪元以来,人类不仅面临着气候变化、生物多样性损失、环境污染、水土流失、土地荒漠化、资源枯竭等资源环境问题,更面临着经济全球化、大规模人口迁移、快速城镇化等社会经济问题。社会资本作为通过创造、维持社会关系和社会组织模式来增强发展潜力的因素,无疑为解释当前人类面临的严峻问题提供了一种具有高度概括力的理论范式和有效的分析工具。本书基于地理学视角,从多尺度、多维度出发,在深入解读社会资本的空间异质性及其时空格局演变的基础上,系统阐释了社会资本对区域发展的作用程度与作用机理。

本书可作为地理学、社会学、经济学等专业的教学、科研参考用书。

审图号:GS(2018)2346 号

图书在版编目(CIP)数据

社会资本与区域发展/赵雪雁著. —北京:科学出版社,2018.6
ISBN 978-7-03-055493-2

I. ①社… II. ①赵… III. ①社会资本-关系-区域经济发展-研究-甘南藏族自治州②社会资本-关系-区域经济发展-研究-临夏回族自治州 IV. ①F127.422

中国版本图书馆 CIP 数据核字(2017)第 281339 号

责任编辑:杨婵娟 孙 宇 / 责任校对:何艳萍
责任印制:张欣秀 / 封面设计:有道文化
编辑部电话:010-64035853
E-mail:houjunlin@mail.sciencep.com

科学出版社 出版
北京东黄城根北街 16 号
邮政编码:100717
http://www.sciencep.com
北京中科印刷有限公司 印刷
科学出版社发行 各地新华书店经销
*
2018 年 6 月第 一 版 开本:B5(720×1000)
2019 年 1 月第二次印刷 印张:18 3/4
字数:309 000
定价:96.00 元
(如有印装质量问题,我社负责调换)

前言 Foreword

进入新纪元以来，人类不仅面临着气候变化、生物多样性损失、环境污染、水土流失、土地荒漠化、资源枯竭等资源环境问题，更面临着经济全球化、大规模人口迁移、快速城镇化等社会经济问题，当前亟须寻求全新视角来解决这些日益严峻的问题。20 世纪以来，自然科学与社会科学的分析工具虽得到了较大发展，但仍难以很好地解释这些动态联系的复杂问题。近年来，越来越多的研究开始从历史、文化和制度等层面考察这些复杂问题。其中，社会资本作为 20 世纪 80 年代开始出现、90 年代日渐兴起的一个国际学术热点，为解释当前人类面临的严峻问题提供了一种具有高度概括力的理论范式和有效的分析工具。

社会资本作为通过创造、维持社会关系和社会组织模式来增强发展潜力的因素，不仅可通过重复交易建立信任声誉机制而减少机会主义行为，还可通过网络、俱乐部等实现信息共享而促进信息传播，更可依靠规范和规则减少"搭便车"行为而促进集体行动。越来越多的证据显示，社会资本对经济增长、缓解贫困、提高项目绩效、集成管理自然资源、保护生态环境等非常关键，尤其随着自然资源禀赋对经济发展的重要性日益下降以及人力资本在一定程度上的收敛，社会资本在区域发展中的地位和作用日渐凸显，高水平的社会资本已成为生态、社会和经济职责和谐的先决条件。然而，社会资本在区域发展中究竟扮演什么角色？社会资本是通过什么机制来影响区域发展的？……这些问题仍需要进行深入研究。鉴于此，本书基于地理学视角，从多尺度、多维度出发，在深入解读社会资本的空间异质性及其时空格局演变的基础上，系统阐释了社会资本对区域发展的作用程度与作用机理。

本书的主要内容与分工如下。

第一章为导论，由赵雪雁撰写。主要追溯了社会资本的缘起，阐释了社会资本的内涵、属性及维度，剖析了社会资本测量面临的挑战，指出了社会资本测量中需要关注的重点问题，理性审视了社会资本与区域发展关系的研究进展。

第二章解读了社会资本的空间异质性，由赵雪雁撰写。基于典型案例区的调查数据，从社会网络、社会信任与社会规范入手，刻画了社会资本的空间异质性特征，并从宏观与微观两个层面深入剖析了社会资本空间异质性的致因。

第三章阐释了社会资本对经济发展的作用，由赵雪雁、路慧玲、侯彩霞、陈欢欢撰写。利用入户调查数据，分析了社会资本对家庭信贷行为及收入水平的影响程度与影响机理；在勾勒社会资本与经济增长时空动态的基础上，检验了社会资本与经济增长的因果关系，进而探索了社会资本对省域经济增长的作用路径与作用强度。

第四章探讨了社会资本对社会发展的作用，由赵雪雁、侯彩霞撰写。在识别农户面临的生计风险及其特征与来源的基础上，解析了社会资本对农户抗风险能力的影响机理，探讨了社会网络对风险分担行为选择的影响，评估了社会网络的生计风险分担效果；同时，初步厘清了社会资本不同维度对生活满意度的影响。

第五章探讨了社会资本对环境保护的作用，由赵雪雁、张方圆撰写。基于ImPACT等式，剖析了社会资本对环境影响的作用；在总结生态补偿的内涵及思想、梳理生态补偿效率研究进展的基础上，探索了社会资本对生态补偿参与意愿及补偿绩效的影响；同时，以生活垃圾管理为切入点，阐释了社会资本对环境管理的影响。

第六章讨论了社会资本对区域发展能力的作用，由赵雪雁、高志玉、马艳艳撰写。构建了区域社会资本、区域创新能力及区域竞争能力测量指标，在系统刻画2005~2015年我国社会资本、创新能力及竞争能力的区域差异性及其时空格局演变的基础上，阐释了社会资本与区域创新能力及区域竞争能力的关系。

本书的出版得到了国家自然科学基金"西北少数民族地区社会资本与环境影响、经济增长的关系研究：以甘肃省甘南、临夏、张掖为例"（NO. 41061051）、

前 言

"高寒生态脆弱区农户对气候变化的感知与响应策略研究：以甘南高原为例"（NO. 41361106）、"重点生态功能区农户的生计脆弱性研究：以甘南黄河重要水源补给区为例（NO. 41661115）"等项目的资助。调研过程中，得到了甘肃省甘南藏族自治州、临夏回族自治州及张掖市相关部门的大力支持；中国科学院西北生态环境资源研究院徐中民研究员、西北师范大学王录仓教授等专家提出了宝贵的建议；西北师范大学地理与环境科学学院提供了优良的科研环境和硬件支持；科学出版社的杨婵娟老师、孙宇老师在出版过程中更是付出了艰辛的劳动，在此致以诚挚的感谢！

社会资本作为人文科学工具箱中新增加的结构性成分，为理解日益复杂的人地关系提供了一种新视角，但系统剖析社会资本在人地关系演变中的作用，却是一项富有挑战性的工作，越走进它，越觉得难以驾驭。然而，由于喜爱探究人文因素自身的演变，更喜欢探索人文因素在人地关系演化中的作用，才管中窥豹，尝试从地理学视角阐释社会资本与区域发展的关系，不足之处，敬请学界前辈和同仁批评指正！

……

春花、秋月、夏日、冬雪，岁月宛如山间的小溪，静静地流淌，一路走来，感谢家人的陪伴、朋友的关爱、学生的努力……

赵雪雁

2017 年初夏

目录 Contents

前言

第一章 导论 ·· 1

  第一节 社会资本基本理论 ··· 1

    一、社会资本的缘起 ·· 1

    二、社会资本的内涵与属性 ·· 5

    三、社会资本的主要维度 ··· 9

    四、社会资本的测量 ·· 13

  第二节 社会资本与区域发展的关系审视 ······························ 20

    一、社会资本与经济增长的关系 ···································· 20

    二、社会资本与社会发展的关系 ···································· 29

    三、社会资本与环境保护的关系 ···································· 36

第二章 社会资本的空间异质性 ·· 41

  第一节 空间异质性表象 ··· 41

    一、研究区与研究方法 ··· 41

    二、社会网络的空间异质性 ·· 46

    三、社会信任的空间异质性 ·· 47

　　　　四、社会规范的空间异质性 …………………………………………… 48

　　第二节　空间异质性致因 ……………………………………………………… 49
　　　　一、宏观致因 …………………………………………………………… 49
　　　　二、微观致因 …………………………………………………………… 52

第三章　社会资本与经济发展 …………………………………………………… **56**

　　第一节　社会资本与信贷行为 ………………………………………………… 56
　　　　一、农户的信贷行为 …………………………………………………… 56
　　　　二、社会资本对农户信贷行为的影响 ………………………………… 57

　　第二节　社会资本与农户增收 ………………………………………………… 61
　　　　一、社会资本对农户收入的影响程度 ………………………………… 61
　　　　二、社会资本对农户收入的影响机理 ………………………………… 67

　　第三节　社会资本与经济增长 ………………………………………………… 75
　　　　一、社会资本与经济增长的变化轨迹 ………………………………… 74
　　　　二、社会资本与经济增长的因果检验 ………………………………… 76
　　　　三、社会资本对经济增长的作用机理 ………………………………… 80

第四章　社会资本与社会发展 …………………………………………………… **90**

　　第一节　社会资本与抗风险能力 ……………………………………………… 90
　　　　一、农户的生计风险 …………………………………………………… 90
　　　　二、社会资本对农户抗风险能力的影响 ……………………………… 100
　　　　三、社会资本的生计风险分担效果 …………………………………… 106

　　第二节　社会资本与生活满意度 ……………………………………………… 115
　　　　一、农户的生活满意度 ………………………………………………… 115
　　　　二、社会资本对农户生活满意度的影响 ……………………………… 118

第五章　社会资本与环境保护 ················· 125

第一节　社会资本与环境影响 ················ 125
一、环境影响的区域差异 ················ 125
二、社会资本与环境影响的关系 ············ 135

第二节　社会资本与生态补偿 ················ 142
一、生态补偿的内涵与基本思想 ············ 142
二、社会资本对生态补偿参与意愿的影响 ········ 147
三、社会资本对生态补偿绩效的影响 ·········· 152

第三节　社会资本与生活垃圾管理 ·············· 161
一、生活垃圾管理认知 ················ 162
二、生活垃圾管理水平 ················ 168
三、社会资本对生活垃圾管理的影响 ·········· 173

第六章　社会资本与区域发展能力 ··············· 177

第一节　社会资本与区域创新能力 ·············· 177
一、社会资本的时空动态 ··············· 177
二、区域创新能力的时空动态 ············· 197
三、社会资本对区域创新能力的影响 ·········· 225

第二节　社会资本与区域竞争能力 ·············· 228
一、区域竞争能力的时空动态 ············· 228
二、社会资本对区域竞争能力的影响 ·········· 261

参考文献 ························· 265

第一章 导论

纵观人类发展史，我们曾走过自然资源丰富、生态服务充沛而人类影响相对微弱和局部的时期，现在已从这一相对"空的世界"进入一个相对"满的世界"。在这个"满的世界"里，人类影响更深远、更全球化，面临的问题也更复杂。在研究这些复杂问题的过程中，人们发现具有类似自然禀赋、物质资本与人力资本的国家和地区的经济发展水平却大相径庭；与此同时，生产投入质量与数量上的差异也难以全面解释各种工程项目绩效及各社团在公共资源管理、共同利益协调及环境保护方面的差异。为了有效解释上述复杂问题，研究人员从剩余性范畴里找到了一种新的结构型成分——社会资本。

第一节　社会资本基本理论

一、社会资本的缘起

社会资本作为20世纪80年代开始出现、90年代日渐兴起的国际学术热点，是由社会学家率先提出的，而后被经济学家、政治学家以及法学家广泛采用，并用来解释和说明各自研究领域问题的综合性概念与研究方法。其中，经济学将其看作是促成合作与交易、保证交易制度良好运转、提高其他资本运营效率的关键因素；社会学将其作为无形的社会关系，视其为个人能力的储备以及组织或社会凝聚力的基本来源；政治学则将其作为社会信任的来源和"公民社会"的黏合剂，视其为社会自治的前提条件，进而将其看作是影响制度和政府绩效的关键因素以及构建良好社会治理模式的核心基础。

（一）资本理论的演进轨迹

要理解社会资本，首先要澄清资本的概念、厘清资本理论的演进脉络。最早的资本理论产生于古典经济学创始人威廉·配第（William Petty）与洛克（Lock）的著作中。以亚当·斯密（Adam Smith）为代表的古典经济学家将资本视为以货币形式表现出来的资金和以实物形式表现出来的生产资料，区分了固定资本和流动资本。其后，萨伊（J.B. Say）、马尔萨斯（T.R. Malthus）及李嘉图（D. Ricardo）对资本进行了初步定义，其中萨伊认为资本包括使用的工具、劳动者所拥有的生活必需品与原料等。但是，舒尔茨（T.W. Schultz）指出，"将资本仅局限于建筑物、生产设备和存货量实在太狭隘了"，在20世纪60年代以舒尔茨、贝克尔（G.S. Becker）为代表的经济学家提出了人力资本的概念，他们把人力资本引入经济分析中，认为社会拥有的受过教育和训练的健康工人决定了古典生产要素的利用率。工人通过投资技术和教育，可提高劳动技能，从而创造更多的价值并提高其收入；企业通过培训职工、开发人力资源，也可获取更多价值。人力资本概念的提出使得"资本"的概念摆脱了具体的物质形态而向广义、抽象的层次扩展。

20世纪70年代，以布迪厄（P. Bourdieu，1977）为代表的社会学家又提出了新的资本概念——文化资本，他认为文化资本由一系列价值和符号构成，通过文化投资（教育投资）可以让人们接受某种价值和符号，将统治阶级的观念内化为自己的价值，从而实现统治阶级文化特征的再生产，但美国社会学家林南（Lin Nan，2001）却认为文化资本只是对人力资本的另外一种阐释。

然而，无论是物质资本还是人力资本，都只是一种经济性资本，单纯用这些经济资本无法完全解释经济增长的原因。于是，以Bourdieu（1977）、Coleman（1988）、Putnam（1993）为代表的社会学家提出了社会资本概念，指出除物质资本与人力资本以外，经济活动者所拥有的社会资源（信任、网络以及规范等）也可作为一种生产要素进入生产领域，从而对经济起作用；社会成员之间的信任、价值规范、关系网络也是一种有价值、可利用的资源，投资于这种资源有利于产生新的经济利润，不仅可使社会成员个体获益，也可使组织、团体与国家受益。

从资本理论的演进来看，其呈现出从物质资本向人力资本、社会资本的发展轨迹，这实际上是人们对资本理解的不断深化。古典经济学家将土地、劳动和物质资本作为实现经济增长的三要素；新古典经济学家则在此基础上引入了人力资本概念，认为受过教育、培训的健康工人才能决定古典生产要素的利用率，人力资本与土地、劳动、物质资本一起成为经济增长与发展的基础。随着社会经济的发展，自然资源消耗速率加快，物质资本的边际生产率不断降低，使自然资源禀赋对区域发展的重要性日益下降，人力资本的贡献率也在一定程度上收敛，社会资本在区域发展中的重要性日渐凸显。阿玛蒂亚·森（Sen，1999）也指出政治自由、经济条件、社会机会、透明性担保和防护性保障等社会制度安排不仅是人们社会生活的目的，也是促成经济增长与发展的重要手段和条件。为了清晰地显示资本理论的演进过程，Lin Nan 在 2001 年对不同的资本理论形态做了简要总结（表1-1）。

表1-1 有关资本的理论形态

理论形态		解释	资本	分析层面
古典资本理论（Karl Marx）		社会关系 资本家剥削无产阶级	赚取剩余价值 生产和流通投资	结构分析（阶级）
新资本理论	人力资本理论 （Schultz，Becker）	劳动者剩余价值的积累	技术和知识投资	个人分析
	文化资本（Bourdieu）	主流价值的再生产	主流价值的内化和认同	个人/阶级分析
	社会资本理论 （Lin Nan，Porter，Coleman）	社会关系 社会网络中嵌入的可利用资源	社会网络投资	个人分析
	社会资本理论 （Coleman，Putnam）	社会团体的团结和再生产	相互认识和认知的投资	团体/个人分析

资料来源：Lin Nan，Karen Cook，et al. 2001. Building a network theory of social capital. In Social capital: Theory and research，New Nork：Aldine De Grutyer.

（二）社会资本理论的发展历程

最早系统表述社会资本概念的是法国社会学家 Bourdieu（1977），他认为社会资本是一个社会或群体所具有的现实或潜在的资源集合体，它主要由确定社会或群体成员身份的关系网络构成。之后，Coleman、Putnam 等学者进一步完善了该概念，使社会资本变成了一个更加明确的概念。

Coleman（1988）力求通过整合经济学家的"理性行为原则"与社会学家的"社会组织理论"来解释社会行为，他在 1990 年出版的《社会理论的基础》一书中详细阐述了社会资本的思想，指出社会资本不同于物质资本和人力资本，它存在于不同行为者之间的相互关系结构中，具有创造性与不可替代性，为行为者创造了一种有效的资源，为人们实现特定目标提供了便利。如果没有社资本，个人和组织的目标就难以实现或必须付出极高的代价。

Putnam（1993）将社会资本定义为"普通公民的民间参与网络，以及体现在这种约定中的互惠和信任的规范"，指出社会资本因使用而增加，因不被使用而萎缩以致耗尽。在1993年出版的《使民主运转起来》一书中，他对意大利南方和北方地区的制度绩效进行了比较，提出普通公民在公民社会中的群众性基层活动影响着民主制度的绩效，社会资本的数量与质量是民主进步的重要决定因素；民主改革者必须从基层开始，鼓励普通公民之间的民间约定及民间组合和民间网络的发展，以促进社会资本发展。在2000年出版的《独自打保龄球》一书中，他试图用社会资本解释美国公民政治参与行为的变化，并将美国社会资本受到侵蚀的原因归结为美国人面临的时间和金钱压力、频繁的居住迁徙、技术和大众传媒的发展以及代际交替。但学界对"独自打保龄球"是否意味着美国公民精神的衰退以及上述因素尤其技术和大众传媒是否真的侵蚀了美国的社会资本存在质疑。

继Coleman、Putnam之后，Lin Nan、Fukuyama和Elinor Ostrom也开展了大量社会资本研究，推动了社会资本理论的快速发展。Lin Nan在2001年出版的《社会资本——关于社会结构与行动的理论》一书中，提出社会资本是通过社会关系获得的资本，是期望在市场中得到回报的社会关系投资。作为一种资源，社会资本可以促进个体、社会群体、组织以及社区目标的实现；Fukuyama（1995）则借用经济学的外部性理论对社会资本的性质进行了进一步分析，他指出社会资本具有两种外部性，即积极外部性与消极外部性，阐明了社会资本在现代社会中的功能及增加社会资本储备的基本途径；Elinor Ostrom（1999）认为社会资本是在个人组成群体并开展经常性活动的互动关系中形成的共享知识、理解、规范、规则和期望，是自然资本、物质资本、人力资本的必要补充，并通过分析农民在建设和维护水利灌溉系统中的行为模式，揭示了社会资本的形成机制。

社会资本概念引入中国后，立即引起了广大学者的关注。近年来，在借鉴与梳理国外相关理论的基础上，国内学者围绕家庭、社区及企业社会资本、社会资本与教育、社会资本与居民健康、社会资本与就业、社会资本与社会支持及幸福感、社会资本与收入水平、社会资本与经济增长、社会资本与技术创新、社会资本与自然资源管理、社会资本与生态环境保护、社会资本与国家治理、社会资本与社会治理、社会资本与社区治理等问题开展了一系列实证研究。然而，目前国内关于社会资本的理论研究仍很薄弱，尚处于引进与借鉴国外理论阶段；实证研究虽较多，但对社会资本的作用机制、社会资本投资等问题的研究仍很不足。

时至今日，社会资本理论已广泛应用于不同领域。越来越多的证据显示，社会资本对促进企业创新、经济增长、社会支持、缓解贫困、提高工程绩效、集成管理自然资源与保护环境等非常关键，高水平的社会资本将是生态、社会与经济职责和谐的先决条件。

二、社会资本的内涵与属性

（一）社会资本的内涵

社会资本是一个复杂、多层次、多维度的概念，它有多种定义。这种定义的多样化在一定程度上说明社会资本研究与讨论尚处于初级阶段（表1-2）。其中，最经典的定义是由 Bourdieu、Coleman、Putnam 分别从微观、中观、宏观三个层面提出的。

表1-2　社会资本的主要定义

学者	社会资本定义	要点
Bourdieu（1983）	实际的或潜在的资源集合体，这些资源与对某种持久性关系网络的占有密不可分	社会关系网络
Coleman（1990）	个人拥有的资本财产的社会结构资源	社会结构资源
Putnam（1993）	社会组织的特征，诸如信任、规范以及网络，它们能够通过促进合作行为而提高社会效率	网络、规范、信任
North（1990）	塑造的社会结构、促使规范发展的社会环境和政治环境，不但包括地方水平关系和科层关系，还包括最正式的制度	关系、制度
Pierre（1996）	人们在熟悉的社会化关系网络中持久占有的资源集合	社会关系网络
Fukuyama（1997）	一种有助于两个或更多的个体之间相互合作、可用事例说明的非正式规范；由社会或社会的一部分普遍信任所产生的一种力量	社会规范与普遍信任
Knack（1997）	信任、合作规范和集团内部联系	信任、规范、网络
Woolcock（2000）	促使人们参加集体活动的规范和关系网	规范、网络
Ostrom（2000）	对交往模式拥有共同的认识、理解、规范、规则和预期，这样的群体中的成员会有更经常性的活动	规范、网络
Lin Nan（2001）	在目的性行动中获取的、被动员的、嵌入在社会结构中的资源	嵌入在社会结构中的资源
Haplen（2005）	存在于人们中间并有利于相互合作的社会网络、规范和约束	网络、规范、约束

Bourdieu（1977）提出，"社会资本是实际的或潜在的资源集合体，这些资源与对某种持久性关系网络的占有密不可分，这一关系网络是大家熟悉的、得

到公认的，而且是一种体制化的关系网络，也就是说这一网络是与某团体（如家族、班级、部落等）的会员制相联系的，集体的每一个成员都拥有这些资源"。从他的概念可以看出，社会资本首先是一种资源，通过对资源的使用，可以为使用者即社会资本的拥有者带来利益；其次，社会资本是一种社会网络关系，并且是一种制度化的社会网络关系。这种制度化的关系网络既不是自然发生的，也不是社会规定的，而是在特定的工作关系、群体关系和组织关系中存在的，获得相应的会员身份，就有权利调动和利用这种资源。

Coleman（1988）认为，"社会资本是作为个人拥有的资本财产的社会结构资源……它的定义由其功能而来，它不是一个单一的实体，而是一些具有以下共有特征的不同实体：一是它们都包括社会结构的某些方面，而且有利于统一结构内部个人的某些行动；二是和其他形式的资本一样，社会资本也是生产性的，能促使某些目的的实现。与物质资本和人力资本一样，社会资本也不是某些活动的完全替代物，而只是与某些活动联系在一起。有些具体的社会资本形式在促进某些活动的同时可能无用甚至有害于其他活动"。该概念增加了社会资本的垂直组成部分，使之不仅包括水平型联盟，还包括垂直型集团以及不同实体（厂商）之间的行为。

Putnam（1993）则在Coleman（1988）的基础上，将社会资本从个人层面上升为集体层面，认为"社会资本是指社会组织的特征，诸如信任、规范以及网络，它们能够通过促进合作行为而提高社会效率"。他将社会资本视为化解"集体行动困境"的有效机制，还将社会资本解释为不同于私人资本的公共财产。他认为密集的社会互动网络以及自愿性社团的约束机制可以减少机会主义的投机行为和"搭便车"现象，也容易产生公众舆论和其他有助于培养声誉的方式，是建立信任关系和信用社会的必要基础。

当前，很多社会资本的争论都源自对上述三个概念基本起点的不同认识，Bourdieu（1977）强调关系网络的体制化，关注个体对有意投资的关系资源的利用；Coleman（1988）则从社会结构的功能出发定义了社会资本，他注重的不仅是社会结构资源对个体行动目标的有用性，而且强调社会资本对于达成集体行动的作用，其研究试图实现微观与宏观之间的过渡；Putnam（1993）考察的是社会资本对制度绩效和制度成功的作用，他强调社会资本作为一种公共精神影响着经济发展和民主治理进程。这三个层面的定义也反映了目前社会资本理论研究的三个层次。

除 Bourdieu、Coleman 和 Putnam 外，Fukuyama、Lin Nan 等学者也对社会资本的定义发表了自己的看法。Fukuyama（2003）在《公民社会与发展》中认为"社会资本是一种有助于两个或更多的个体之间相互合作、可用事例说明的非正式规范"，他在《信任：社会美德与创造经济繁荣》（1995）一书中又指出，"社会资本是由社会或社会的一部分普遍信任所产生的一种力量。它不仅体现在家庭这种最小、最基本的社会群体中，还体现在国家这个最大的群体中，其他群体也同样体现这种资本"。他认为社会资本是以社会信任为基础的，指出"信任是指在一个社团中，成员对彼此常态、诚实、合作行为的期待，基础是社团成员共同拥有的规范以及个体隶属于那个社团的角色，这里所指的规范可能是深层次的价值观，也可能包含世俗的规范"。

Lin Nan（2001）认为，"社会资本——作为在市场中期望得到回报的社会关系投资——可以定义为在目的性行动中获取的、被动员的、嵌入在社会结构中的资源"。他认为，个人有两类资源可以获取和使用：一类是个人资源，即个体所拥有的资源，包括个人拥有的财富、器具、自然禀赋、体魄、教育、知识、地位等可直接为个人支配的资源；另一类是社会资源，即个人通过社会联系所获取的资源，也即嵌入在社会关系网络中的资源，例如权利、财富、声望等。这些资源不是个人直接占有的，而是存在于人与人的关系之中，必须与他人交往才能获得，缺乏这些资源的人们可以通过直接或间接的社会关系网络来获取。然而，由于位置、权威、规则等因素的不同表现，人们所组成的社会呈现出一种等级制结构。在这种等级制结构中，社会关系网络中的个体行动者获取这些社会结构中的嵌入性资源的机会不同，通常维持资源需要"同质互动"，而获取资源需要"异质互动"。其中，"同质互动"以拥有相似资源的行动者之间的关系为特征，"异质互动"以拥有不同资源的行动者之间的关系为特征。

（二）社会资本的属性

社会资本具有资本的基本属性，Elinor Ostrom（1999）在对社会资本与物质资本进行比较后，指出社会资本不会因为使用但会因为不使用而枯竭，难以观察和度量、不容易通过外部干预而形成、全国或区域性政府机构强烈影响着个人追求长期发展所需的社会资本的类型和范围。除此之外，社会资本还具有无形性、准公共物品性、社会性、外部性和自我强化性。

1. 无形性

Coleman（1988）指出，"社会资本基本上是无形的，它表现为人与人之间的关系"。它既不像物质资本，表现为有形的厂房、机器、生产设备和原材料等；也不像人力资本，存在于劳动者的体力和脑力之中，表现为劳动者的经验、受教育程度、知识和技能；而是存在于人际关系网络之中，不能离开个人而独立存在，但又不完全依附于个人而存在，看不见、摸不着，故而是一种无形的资产。

2. 准公共物品性

通常，私人物品在消费和使用上具有两个特点，即竞争性与排他性，所谓竞争性是指如果一个人消费了这种物品，就会减少别人对该物品的消费；所谓排他性是指只有对物品进行支付的人才能消费该物品，同时排除了其他人对该物品的消费和使用，例如私有汽车、房屋。而公共物品则具有非排他性和非竞争性特征，所谓非竞争性是指一个人对该物品的消费不会减少别人对它的消费，所谓非排他性是指一个人在消费该物品的时候，不能阻止其他个体对它的消费，例如清洁的空气、安全的街道。社会资本属于"准公共物品"，它植根于人际关系之中，是关系人共有的一种社会结构资源；但它对于关系网络之外的成员来说，又具有一定的排他性。

3. 外部性

所谓外部性，是指一个人或一个群体的行动和决策使另一个人或另一群人受损或受益的现象，包括正外部性和负外部性。其中，正外部性是指某个人的活动使他人或社会受益，而受益者无须花费代价，例如植树造林；负外部性是指某个人的活动使他人或社会受损，而造成负外部性的人却没有为此承担成本，例如砍伐森林。

社会资本作为"准公共物品"，不仅具有正外部性，例如社会资本不仅可以促进社会普遍信任的产生、加强彼此的联系，也可以减少机会主义行为、信息传递的市场失灵以及"搭便车"行为；也具有负外部性，例如排斥圈外人、限制成员的个人自由等，通常过于狭窄与封闭的社会网络会阻碍社会资源在更广范围内的配置、阻碍其成员参与更多的社会组织、制约成员个人自由与事业的开拓。Porter（1998）还指出，如果一个群体的目标是反社会的，那么群体内部的社会资本将对社会产生危害。社会资本的负外部性往往与封闭性、隔阂性的组织和社会相联系，它限制了成员的"信任范围"。通常，任何群体都存在着某种信任范围,在这种信任范围内,合作规范才会得到有效应用。如果一个群体的社会资本产生了正外部性,那么信任的范围就可能比群体本身还要大;但在一个以血缘家族为核心的传统社会,社会资本主要存在于家族和一个相当狭小的私人朋友圈子里,人们具有强烈的排外性,很难信任圈子以外的人,导致信息传递、资源共享的难度加大。

4. 社会性

首先,社会资本是人们社会性行为的产物,无论是社会资本的哪一种形式(如社会网络、信任等),都产生于人们之间的社会性互动;其次,社会资本的经济效应通常不是直接通过市场方式来实现的。社会网络与信任等能影响行为主体的收益,但这些并不能直接改变行为主体的经济成本和收益,而是通过改变人们的预期、行为方式以及心理成本和收益来影响人们的行为,从而影响行为主体的收益;再次,社会资本要涉及多个人,Coleman(1988)指出,社会资本"既不依附于独立的个人,也不存在于物质生产的过程之中",而是存在于人与人的关系之中,诚实、信任等也离不开他人。

5. 自我强化性

社会资本无论是作为人际关系资源,还是作为组织资源,都具有自我强化的功能,它通过社会结构中人际关系互动、彼此信任和规范等多种渠道而实现扩张,在不断的使用过程中积累,越经常使用,它的供给就越丰富,利用得越多,其价值也就越大。Elinor Ostrom(1999)曾指出,"社会资本不会因为使用但会因为不使用而枯竭";Bourdieu(1977,1992)也指出,"团体成员身份带来的收益是团结的基础,而团结又使收益成为可能"。Putnam(1993)在《繁荣的社群:社会资本与公共生活》中则提出,"社会资本的存量,例如信任、规范和网络,往往具有自我增强性和可累积性。良性循环会产生社会均衡,形成高水准的合作、信任、互惠、公民参与和集体福利。它们成为公民共同体的本质特征。与此相反,缺乏这些品质的非公开精神共同体,也是自我增强的。在恶性循环的令人窒息的有害环境里,背叛、猜疑、逃避、利用、孤立、混乱和停滞,也在互相强化着"。

三、社会资本的主要维度

不同研究者对社会资本的研究尽管存在定义与用法上的差别,但其全部类型已经基本确定。这些类型可合并为社会资本的三种维度:主要成分(网络、规范、制裁），分析层次（微观、中观、宏观），主要类型（结合型、沟通型、联系型）（图1-1）。

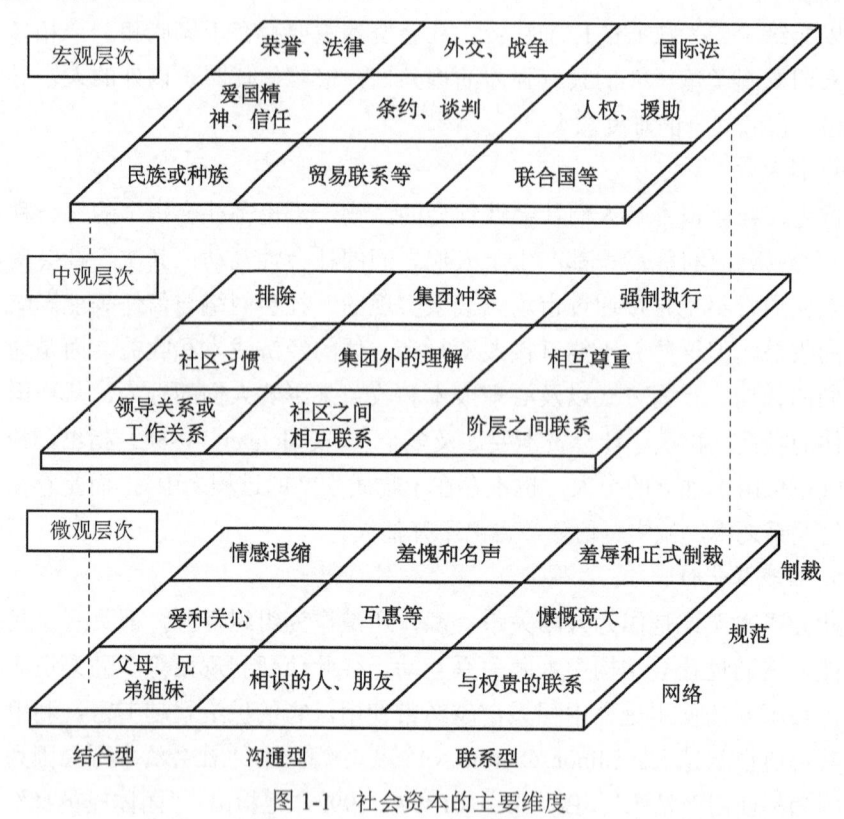

图 1-1　社会资本的主要维度

资料来源：David Halpern，2005. Social Capital. Cambridge: Polity Press

（一）主要成分

不同学者对社会资本的定义不同，因而所认可的社会资本组成要素也存在差异。Putnam（1993）将社会资本理解为社会组织的特征，因此将"信任、规范和网络"看作社会资本的基本要素；Elinor Ostrom（2000）将社会资本理解为个人组成群体的互动模式，因此将"共享的知识、理解、规范、规则和期望"看作其基本要素；而 Coleman（1988）则将"义务与期望、信息网络、有效规范、权威关系以及社会组织"作为社会资本的基本要素，但因这五个要素属于不同范畴且具有许多共同内涵而遭到了批评。Lin Nan（2001）为了更清晰地说明社会资本的基本组成要素，将其分为不同层面，例如，个体和家庭层面的社会资本表现为成员之间的相互信任以及约束人们行为的规则和规范等，区域层面的社会资本表现为一定地域内社会组织内部和社会组织之间形成的促进合作与互利行为的网络联系和各种规则与规范。

尽管不同学者对社会资本的定义存在差异，但对其核心要素的理解大体一致，即都认为社会资本由网络、集体成员共享的规范、价值与期望，制裁——有助于维持规范与网络的惩罚与回报等三部分组成。其中，网络是指个人、集体或国家之间形成的一组独特的联系，在维持共同价值观中担任重要角色，是建立授权、信任、合作和集体规范的途径，网络可以用规模、密度、同质性、异质性、闭合度等来描述；规范是人们参与社会生活的行为准则和人类的社会生活模式，主要包括道德性规范（如舆论、习俗、道德）、契约性规范（如组织规则）和行政性规范（如法律）等正式与非正式形式，这些规范更多的是特殊的互惠习惯；规范的实施常伴以各种赏罚措施，符合规范的行动会获得奖赏、认同，违背规范的行动则将受到惩罚，虽然许多制裁是非正式的，且形式温和，但在维持社会规范方面却非常有效，信任、声誉、非正式制裁能够对正式契约、法律系统和正式制裁形成有效补充。

（二）主要类型

最近的理论研究将社会资本分解成不同的次级类型。Christiaan Grootaert 等（2002）根据社会性相互作用的不同形式、产生的外部性的特殊类型和导致外部性产生的各种机制对社会资本的类型进行了划分（表1-3）。他们将社会性相互作用分为行为人与其他人之间的单向关系、网络、俱乐部和科层组织4类。其中，单方面的相互作用最原始的形式是"观察"，即一个行为人观察另一个行为人，并从观察中有所收获，单方面的相互作用也能塑造社会性相互作用的较高级形式，比较典型的是等级类型，例如年幼者尊重家族中的年长者，而年长者"炫耀"般地忽视年幼者。社会性相互作用的另一种形式是互惠的相互作用，它塑造了网络与俱乐部的特征，其中网络是行为人自发形成的免费团体，但它缺乏集体决策的能力；俱乐部具有组织形式和明确的会员关系，它和科层组织具有进行集体决策的能力，一般能够促进较低层次的社会性相互作用，其中科层组织有助于促进"观察"，而俱乐部有助于促进"网络"。社会性相互作用可以产生与知识有关的、与机会主义有关的以及与"搭便车"行为有关的三类外部性。

表 1-3 社会资本的各种形式

外部性	持续的社会性相互作用		社会性相互作用的持续影响	
	单方面的相互作用	互惠的相互作用	单方面的相互作用	互惠的相互作用
知识	教学	网络	模仿	共享
投机	重复交易	网络	信任	产生信誉的"噪声"
"搭便车"	等级权威制度	俱乐部	差异	规范、规则和协调

资料来源：Grootaert C，Bastelaer T V. 2004. 社会资本在发展中的作用.黄载曦，杜卓君，黄治康，译.成都：西南财经大学出版社.

Norman Uphoff（2000）将社会资本分为认知型和结构型两部分，其中，结构型社会资本是通过规则、程序和先例建立起来的社会网络和确定的社会角色，可促进分享信息、采取集体行动和制定政策制度，它相对比较客观，并且易于观察；而认知型社会资本是指共享的规范、价值观、信任、态度和信仰，可促使人们更倾向于采取互惠的共同行为，它是一个更主观、更难以触摸的概念。有学者进一步从微观与宏观层面对其进行划分，其中微观结构型社会资本主要包括地方制度、个体和家庭的关系网络，宏观结构型社会资本主要包括国家制度、法律规则和政府机构；微观认知型社会资本主要包括个体间的信任、地方规范和个体价值观，宏观认知型社会资本主要包括政府组织、人们的普遍信任、社会规范和总体价值观。

Gittell 和 Vidal（1998）、Woolcock（2000）提出社会资本存在两种不同功能的类型——结合型社会资本与沟通型社会资本。其中，结合型社会资本指与行为人有较为紧密联系的人群之间的关系，往往以家族、宗教和种族为基础，强调一个组织内部的凝聚力，例如家庭成员之间、同一种族之间的关系等；而沟通型社会资本则指处于不同阶层的人之间的关系，以不同组织、群体之间的交错纽带为基础，强调团体之间的联系，例如不同社会经济地位之间的人群、不同种族和民族的人们之间的关系；联系型社会资本是跨越不均匀能力与资源的垂直桥梁，主要指水平组织与不同阶层之间的关系，它是组织或群体本身处理外部影响的能力，包括对他们政策和资源利用等方面的影响，强调国家和地区等宏观联系。

Woolcock（2000）指出结合型与沟通型社会资本的不同组合可产生不同的社会类型，他建立了一个包含 4 个维度的交叉矩阵，形成了 16 种不同类型的国家，他发现在经济发达、社会稳定的社区，结合型社会资本与沟通型社会资本水平都高；在贫困、秩序混乱的地区，这两种社会资本水平都较低；在贫穷的村庄一般结合型社会资本水平较高，沟通型社会资本水平较低；在城乡结合部则沟通型社会资本水平较高，结合型社会资本水平较低，但他并没有详细说明不同维度之间的关系（图1-2）。最近的研究显示，沟通型和结合型社会资本有不同的经验性质，沟通型比结合型社会资本衰减得快。

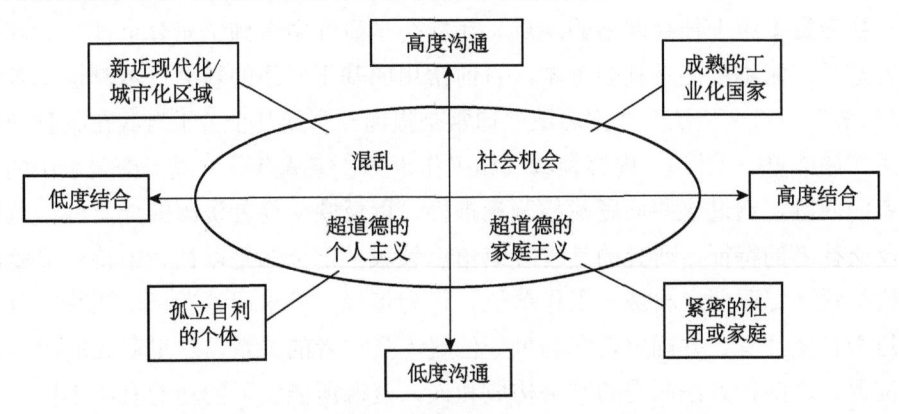

图1-2 结合型社会资本与沟通型社会资本的组合

资料来源：David Halpern. 2005. Social Capital. Cambridge: Polity Press

四、社会资本的测量

由于社会资本具有多维度性，不同研究者通常对社会资本持不同的理解；同时，在不同的文化情境下，社会行动者的网络构建方式和互动模式各有差异，即便在相同的概念框架下，社会资本测量的操作也存在差异。由于缺乏统一的测量方法，在实践中，大量研究者往往根据自己的需求对社会资本进行测量，致使难以系统解耦社会资本的结构性成分、难以在地区间比较社会资本存量、难以精确理解社会资本对可持续发展的贡献，从而导致相关研究不仅无法取得一致性结论，更难以深入解析社会资本对可持续发展的作用机制，这无疑制约了社会资本的应用。为了更好地理解社会资本，了解社会资本在可持续发展中的作用大小及其作用机制，亟需关注社会资本的测量问题。

（一）社会资本测量的特点

社会资本难以直接观察和测量，为了进行实证研究，必须采用其他替代指标。目前，主要从社会资本的三个基本成分（信任、规范、网络）出发寻求替代指标对其进行测量。但由于研究视角和关注重点不同，不同研究往往针对社会资本的某一个或几个维度进行测量，而且不同层次的社会资本测量时选择的替代指标也存在较大差异。

1. 基于主要成分的测量

在实证研究中，部分学者仅从社会资本的某一维度对其进行测量；而另一部分学者或机构则从社会资本的多个维度对其进行测量。

社会资本源于社会网络的观点，在社会学研究中得到了充分重视，大部分学者基于网络维度测量社会资本，目前常用的基于网络的社会资本测量工具为"定名法"与"定位法"。"定名法"通常是提问一个或几个关于自我在某种角色关系（如邻里、工作）、内容领域（如工作事务、家庭杂务）或亲密关系中的交往者的问题，通过这些问题建构测量指标，以反映交往者资源的异质性、范围以及交往者的特征，研究的是内容或角色领域；定位法是以社会中特征显著的结构位置（如职业、权威、工作单位）作为指标，要求回答者指出在每一位置上是否有交往者、并确定自我与每一位置上交往者的关系，这里研究的是等级制位置。这两种方法测得的网络构成和嵌入资源所能实现的功能有所不同，定名法测得的网络多由亲密的朋友、亲属、关系较强的他者组成，反映了"强关系"、强角色关系或受地理约束的关系；而定位法测得的网络由亲属、朋友、一般认识的人等组成，包括"强关系"和"弱关系"。

信任是社会资本的重要组成部分。目前，社会信任已成为一个简单而快速的社会资本测量指标，许多研究已成功地使用了该指标。大量证据证明，该指标具有良好的信度与效度。首先，它非常稳定，可用于不同国家和地区；其次，作为一个粗略而快速的测量指标，该指标在国家层面上被大量使用，具有良好的预测有效性；最后，通过与其他更精确的社会资本测量指标相比，其标准有效性得到了很好检验，Putnam（1993）构建了一个精确的指标测量美国各州的社会资本差异，发现与所有指标强相关的是同意大部分人可被信任的人数比例，相关度高达 0.92。

尽管基于单一成分的社会资本测量取得了较大成功，但社会资本是一个多维度的概念，因而学术界普遍认为应采用不同的指标从多维度来衡量社会资本，但在实际操作中，测量的维度及具体指标仍存在较大差别。世界银行对从多维度测量社会资本做出了重要贡献，SCAT（Social Capital Assessment Tools）是较早出现的系统测量工具，在此基础上，研究者对 SCAT 进行改进，形成了 A-SCAT。

A-SCAT 采用了 7 个问题测量结构型社会资本，使用 11 个问题测量认知型社会资本，包括与组织联系、集体行动、参与公共事务、社会支持、社会凝聚力、归属感、信任和互惠等维度；Grootaert（2002）在社会资本综合问卷（SC-IQ）中从 6 个维度测量社会资本，其中两个维度测量社会资本的决定因素，两个维度测量社会资本的后果，两个维度测量社会资本本身，测量社会资本本身的两个维度分别是社团和网络、信任和团结。Silva（2006）建议社会资本的测量应包括信任、社会凝聚力、社区归属感、参与社团、社会网络、社会支持、参与公共事务以及家庭社会资本 8 个主要维度；Sabatini（2009）则从强家庭关系、弱非正式关系、志愿组织、政治参与 4 个维度对社会资本进行了测量。

2. 基于不同层次的测量

在经验研究中，对个体层次社会资本的测量几乎都集中于个人社会网络状况，主要对嵌入个人社会网络之中可为个人所调用的资源、个人在工具性行动之中所实际动用的社会资本两个方面进行测量，前者着重考察个人对社会资本的拥有情况，后者着重考察个人对社会资本的使用情况。在测量个人拥有的社会资本时，通常选用网络规模（网络成员的多少）、网络成分（由哪些类型的成员构成）以及网络密度（网络成员之间联系的紧密程度）、个体在网络中所处的位置以及网络中所嵌入的资源等测量指标；在测量个人实际使用的社会资本时，主要从非正式网络途径的选择、社会网络中流动的资源以及关系人的特征等方面进行。其中，关系人指的是能够在个人的工具性行动过程中为其提供各项资源的网络成员，可从关系人强度与关系人社会地位角度进行考察，在测量关系人强度时，常用的方法有互动法和角色法，互动法是根据关系人与本人交往的频度来测量关系强度，交往越频繁，则关系越强；角色法则是根据网络成员与被研究者的角色关系来判断关系强度，如"朋友"被定义为强关系，而"熟人"则被定义为弱关系，角色法因简便易行而得到了广泛的运用，但 Wegner（1991）认为该方法过于粗略，他使用多重指标来测量关系人强度。在测量关系人的社会地位特征时，一般通过考察关系人的职业声望或职业地位得分等指标来进行。

Putnam（1995）是较早开始研究集体社会资本的学者，他从政治参与情况及参与公共事务的情况来测量美国的集体社会资本，前者用投票率和对政府的信任程度来表示，后者用美国参加各种社会组织的人数来表示，但 Paxton（1999）对该方法提出了批评，她认为公民参与行为应该是社会资本的结果，而非其构成形式；而 Paxton（2002）则直接使用信任来测量集体社会资本，她考察了对同事的信任（被调查者对他人的善良、公正以及诚实的信任）以及对制度的信任（对组织宗教、教育体制以及政府的信任）；Narayan（2001）则使用参与社团、一般规范、和睦相处、日常社交、邻里联系、志愿主义、信任等指标测量集体社会资本。国内学者在借鉴国外研究成果的基础上，选择了更为广泛的指标测量集体社会资本，裴志军（2010）从普遍信任、规范信任、正式网络、非正式网络、共同愿景与社会支持 6 个维度测量了村域社会资本；赵延东（2006）则从信任与公共参与两个维度对中国西部城乡居民的宏观社会资本进行了测量；而桂勇等（2008）从地方性社会网络、社区归属感、社区凝聚力、非地方性社交、志愿主义、互惠与一般性信任、社区信任 7 个维度，用 29 个因子对社区社会资本进行了测量。

总体来看，在测量集体层面社会资本时，研究者使用的指标集中于信任、公共参与、社会联结和社会规范等方面，而测量个体层面社会资本时主要使用以社会网络为主的指标，二者之间存在较大差别，需要在个体层面与集体层面间架起一座桥梁，将其有机地联系起来，赵延东等（2008）认为社会网络分析可以起到连通这两种不同层次社会资本测量的作用。

（二）社会资本测量面临的挑战

1. 测量工具缺乏系统性

目前，社会资本测量领域仍缺乏系统性的测量工具，在选择替代指标时往往根据社会资本的特殊表现形式或获得社会资本的特殊渠道以及社会资本概念的范畴和研究对象来决定。由于不同学者的关注重点、对社会资本内涵的认识不同，他们通常根据自己的需求从社会资本的某一维度或某一分析层面选择替代指标，即便对于同一维度或同一层次，不同研究者选择的替代指标也存在较大差异，尚未将社会资本的各个维度在不同层面的度量放入同一框架中进行研究，存在测量工具未进行效度评估、测量不够全面或者测量指标与社会资本理论缺乏对应等问题。例如，Putnam（1993）在古典意大利研究中使用的关键测量指标"一个地区志愿组织的密度或数量"，尽管它很流行，但该指标有三个明显缺点。第一，它只显示了一个狭义、微观、网络基础的社会资本定义；第二，实践证明它是一个非常困难的、有争议的测量指标，因为团体的组成和特征不明确，而且随着时间变化，密度的测量也不能抓住组织类型间的重要性质差异；第三，该指标预测有效性差。实际上，一个好的测量工具应该具有良好的信度与效度，即可靠性、表面效度、准则效度、结构效度。

2. 替代指标缺乏普适性

大量研究显示，采用替代指标测量社会资本非常有用。然而，有些替代指标虽然具有较好的信度与效度，但仅在一个地区或一国内进行了研究，尚未通过大量的经验数据检验，缺乏普适性。例如，Putnam（1993）在意大利北部社会资本研究中采用的正式协会数量、投票数、报纸读者人数等测量指标对于 Krishna 与 Uphoff 研究印度拉贾斯坦邦的社会资本帮助不大，Putnam（1993）采用的指标无法准确反映拉贾斯坦邦的社会资本水平，因为在印度北部地区非正式网络比正式网络更普遍，而且对于样本村庄来说，报纸读者人数不是一个有用的测量指标（因为该区73%的受访者从未读过报纸）。通常，由于不同国家或地区的文化背景不同，适用于一国或一个地区的测量指标不一定与其他地区的生活情景匹配。未来，需要来自不同国家与地区的经验数据对这些替代变量和其他变量的测量进行检验，从而为它们的普遍适用性建立一个坚实的基础。

3. 分析尺度转换缺乏有效性

从分析尺度来看，社会资本包括个体社会资本（微观）及集体社会资本（中观与宏观），二者不仅在尺度上存在差异，在内涵上也有差别。但在实践中，许多学者仅通过加和、平均等方法简单地从微观尺度推演到宏观尺度，而没有充分考虑微观尺度与宏观尺度之间的复杂反馈关系，分析尺度之间未能实现有效转换。例如，J. Onyx 等（2000）、桂勇等（2008）在测量集体社会资本时，虽然分析尺度是中观与宏观尺度，但没有直接收集有关集体特征的指标，而是将集体层面的变量放在个人层面进行测量，然后对个人层面的变量值进行汇总、平均，最终得到了集体社会资本指标。尽管当集体层次的样本数量（或人力、物力条件）受到限制时，以个人为分析单位在方法上也可以接受，但这种测量方法存在层次谬误问题。例如，通过调查测量的信任是一个微观的认知概念，它代表着个体对其社会环境的感知，这与被调查者在社会结构中所处的特定位置有关。可是，这种数据汇总后产生的所谓"宏观"或"社会"信任，会使其与信任及社会资本所处的社会、历史情况的联系变得松散。正如 Fabio Sabatini（2009）所指出的，"假如社会资本是依赖环境的，如果环境发生高度变化，那么许多结论就是不合理的，因为基础发生了变化"。因此，社会资本的分析尺度转换一定要谨慎。

4. 社会资本成分与其影响结果的测量相混淆

大量经验研究通过替代指标测量社会资本，但有时选择的替代指标并不代表已被理论文献确认的社会资本的关键组分（如社会网络、信任及规范）。犯罪率、青少年怀孕率、献血率、高等教育参与率等指标在经验研究中被广泛使用，但它们并不代表社会资本的关键组分，只是社会资本的影响结果。这些指标的使用使人们混淆了社会资本关键组分与其影响结果之间的关系，导致逻辑关系错误。如果把依赖于社会资本的结果作为它的一个关键组分进行研究，每观察到一个结果，社会资本都可能被重复呈现，这必然导致社会资本的内涵无限扩大。

（三）社会资本测量展望

社会资本测量问题的根源在于概念的多维度性及动态性，未来研究应从确认社会资本的多维度开始，建立包含每个维度的社会资本综合指标，勾画出一个新的测量框架。

1. 建立一个系统的测量框架

社会资本具有从微观到宏观的连续性特征，它的研究范畴从结构型一直延伸到认知型。对社会资本的测量也应该包括个体与集体层面、结构型与认知型成分，但目前社会资本的测量并非在每个层面、每个维度上都取得了同样的进展，大多数研究都定位在个体层次上，对结构型成分的测量方法也要比认知型成分成熟。未来应建立一个更系统、综合的测量框架，将社会资本的不同维度、不同层次放在统一的框架下进行测量，以更好地解析社会资本不同维度之间的关系、实现不同尺度的转换。

2. 采用多样化的研究方法

研究方法的多样性既是对社会资本研究的一个深化，也是社会资本研究面临的一个挑战。仅在经济学范畴内使用定量的方法是不能对社会资本做出严格分析的；同样，仅仅进行社会学和人类学的案例分析也不能完成这个任务。定量研究的长处在于它能够在得出结论的同时，决定一个可信的时间间隔，因为定量分析是在有代表性的数据资料基础上进行的，相对于案例分析来说，定量分析得出的结论可适用于更多的地理区域以及更多的人群。案例分析的长处在于它能够深入地考察产生特定结果的过程，尽管案例分析在统计结论的有效性方面存在一些问题。由于社会资本具有复杂性和动态性，仅用某一种方法难以全面解析社会资本的内在成分及其之间的关系，因此，社会资本的测量需要将多种研究方法集成在其研究框架内,利用多个学科的途径得出一个有效的结论。当然,定量方法和定性方法的相互影响及相互补充不仅局限于对社会资本的研究。

3. 选择功能等同的测量工具

社会资本的种种迹象表明,不同文化、不同方式使地区间、国家间的社会资本测量变得非常复杂。文化背景、生活模式不同,社会资本的形式必然存在差别,这种差别不仅造成了测量结果的错误,也引发了社会资本与结果变量之间因果关系的变化(例如,美国与欧洲的社会资本模式不同,肯定会使变量间的因果关系产生差别)。事实上,尽管社会资本在不同国家和地区有各种形式,但其根本功能和因果结果是非常相似的。这种测量问题不可能通过构建指标的标准化实践得以解决,因为形式相同的指标,表达的功能在不同国家或地区间或许不同,而那些形式不同的指标,或许在功能上相当或相同(例如,英国和北美的排队习惯并非全球共享,同样东方的规范并不一定被某些西方国家共享)。因此,在选择测量工具时,应从指标的功能出发,充分考虑文化差异,选择功能等同的测量工具。

社会资本测量研究是一项极为复杂的工作,它不仅取决于社会资本结构性成分的系统解耦及其内在关系的辨识,也取决于各个领域对测量指标的开发。面对这样一项艰巨的任务,国内外学者进行了孜孜不倦的研究和探索,但目前,可对比的跨国、跨地区的社会资本测量研究与实际需求仍有一定差距。未来,亟需与其他学科合作,寻找测量社会资本各维度的线索,以最简洁的问题抓住社会资本的每一种类型特征,建立多维度的社会资本测量模型。

为了全面剖析社会资本的空间异质性及其影响因素、探明社会资本在区域发展中的作用,本研究在选择替代指标时,力求抓住不同尺度社会资本组成成分的特征,建立可对比的社会资本测量指标。基于此,本研究从社会资本的三个基本成分(信任、规范与网络)出发寻求替代指标,对家庭、村域、市域及省域尺度的社会资本进行测量。由于不同尺度社会资本组成成分的特征不同、表现形式各异,因而在测量不同尺度社会资本时,同一组成成分选取的替代指标有所差别。虽然本研究建立的社会资本测量指标具有较好的信度与效度,但由于文化差异和建立功能性等价物的问题,确定形式有效的跨文化测量指标仍非常艰难,建立一套各国、各地区都能接受,并且涵盖社会资本所有维度的测量体系还有待时日。

第二节 社会资本与区域发展的关系审视

一、社会资本与经济增长的关系

（一）经济增长模型的演变

至今，经济增长理论的演变大体经历了古典主义的物质决定论、新古典主义的技术决定论和新经济增长理论等三个阶段。各阶段的代表性经济增长模型分别为哈罗德-多马经济增长模型、索罗-斯旺模型及新经济增长模型。

1. 哈罗德-多马经济增长模型

20世纪40年代前后，英国经济学家罗伊·哈罗德（R.F. Harrod，1939；1948）和美国经济学家埃弗塞·多马（E.D. Domar，1946）分别根据凯恩斯（J.M. Keynes）的思想提出了经济增长模型，称之为哈罗德-多马经济增长模型。该模型对发展中国家产生了很大影响，它标志着现代经济增长理论的产生。

模型可简单地表示为

$$G=S/C \tag{1-1}$$

式中，G代表产出增长率，S表示资本积累率，C代表资产的产出比率。假设C不变，资本积累率便成为影响经济增长的唯一因素。

哈罗德-多马经济增长模型将经济增长率分为实际增长率、均衡增长率和自然增长率三种类型。实际增长率为社会实际达到的经济增长率，但在一般情况下，实际增长率不能用哈罗德-多马经济增长模型的基本公式来计算，因为实际经济状况并不满足Harrod的前提假设。他们认为，均衡增长率和自然增长率发生偏差时，会导致经济长期波动，而实际增长率和均衡增长率出现偏差时，会导致经济短期波动。然而，实际增长率、均衡增长率和自然增长率的长期均衡增长是不可能的，因此被称为"刃锋式"的经济增长。

哈罗德-多马经济增长模型存在着明显的不足。首先，该模型是以资本积累等于投资为基础的，认为积累的资本全部转化为投资是经济均衡增长的必要前提。但储蓄能否全部转化为投资，是受利率是否具有充分的弹性以及投资者、消费者的心理预期所影响的，而且涉及收入分配制度等，因而这种假设影响了该模型的解释力。其次，该模型提出的资本-产出比例不变假设，实际上排除了技术因素对经济增长的作用。显然，这一假设并不适合研究长期经济增长问题。最后，虽然在该模型中劳动力和资本都是经济增长的重要因素，但该模型强调资本价值论，采用的是资本-劳动比例固定的生产函数。模型表达的是单一要素与产出之间的关系，重点分析的是资本增加对经济增长的作用，无法考虑劳动失业或资本过剩等实际问题。

2. 索罗-斯旺经济增长模型

索罗-斯旺经济增长模型强调技术进步在经济增长中的作用。该模型将影响经济增长的因素分为两类，一类为通过增加经济增长影响要素的数量而促进经济增长；另一类为通过提高经济增长影响要素的技术水平而促进经济增长。该模型将通过提高要素的技术水平而促进经济增长的部分称为水平效应，具体是指在不增加要素数量的情况下，技术进步可通过改变生产函数而促进经济增长。他们认为，通过市场机制的作用调整生产中的资本与劳动比例可实现经济活动中充分就业的均衡增长。索罗-斯旺经济增长模型解释了科学技术进步对经济增长的作用，为政府制定经济增长政策提供了理论依据。

索罗-斯旺经济增长模型虽然把科技水平提高纳入了经济增长模型中，但在该理论中，经济增长依赖于技术进步（外生因素）。当外生的科学技术因素不存在时，经济就会进入零增长的稳定状态。该模型将科技进步作为外生于物质生产过程的因素，事实上经济增长还是主要依赖于资本积累，而且该模型是收敛的和短期的，与以往的经济增长模型趋同，它仍然无法解释各国间和各地区间经济增长及人均收入水平的巨大差异。此外，该模型基于在生产过程中资本和劳动按任何比例组合而使生产要素充分利用的假设，很显然该假设也是不能实现的；同时，它虽然把技术进步作为经济增长的影响因素，但仅将其作为外生变量，该因素仍被排除在经济增长研究领域之外，不能在模型中发挥作用。

3. 新经济增长理论模型

新经济增长理论又被称为内生增长理论，该理论的主要贡献在于将科学技术内生化于经济增长模型中，但新经济增长理论没有形成一个被大多数经济学家所认同的经济增长理论模型，而是由一些持相同观点的经济学家提出的经济增长模型组成的集合体。这些模型虽存在明显差异，但都很好地阐释了人力资本、科学技术等因素在模型中的自我积累、自我演进及其对经济持续增长的推动作用。

新经济增长理论也存在一些不足。首先，各种增长模型都有一些严格的假设，这使得内生经济增长理论模型对经济增长现实缺乏一定的解释力。其次，新经济增长理论仍以新古典经济增长理论的分析框架为基础，因此该理论仍无法解决生产函数的总量问题。此外，人力资本的测量也未达成统一标准。最后，新经济增长理论忽略了社会经济制度和社会文化对经济增长的影响。事实上，社会经济制度和社会文化对经济增长具有重要影响。

从三个代表性模型可以看出，经济增长理论的演变实际上是资本积累理论的一个循环，只是不断扩充了资本的内涵。哈罗德-多马经济增长模型中的资本主要指物质资本，索罗-斯旺经济增长模型中的资本主要包括物质资本和劳动力（仅从数量上考虑），而新经济增长理论模型中的资本扩充到了人力资本（从劳动力质量上考虑）。可见，随着经济的发展，经济学家已经意识到单纯的经济因素无法全面解释经济增长的区域差异，经济增长不可能完全脱离社会文化因素而独立存在，社会文化因素对经济增长具有不可忽视的作用，社会资本理论作为新制度经济学的分支，成功地将价值判断和文化纳入经济学分析框架之中，并将宏观层次的集体及社会选择与微观层次的个人选择结合起来，因而对宏观经济问题有了更强的解释力。

（二）社会资本与经济增长的关系

虽然社会资本不是影响经济增长的唯一因素，但是微观、中观、宏观的数据都显示社会资本可通过改善信息流、降低交易成本、投资公共产品而促进经济增长。

1. 微观层面社会资本与经济增长

在微观层面上，拥有更广泛的社会网络（尤其是沟通型社会资本）、信任他人的感情（标准社会资本）与较低的失业及较高的收入相联系。Robison 和 Siles（1990）发现社会资本与家庭收入之间有重要的关系，因为基于相互信任、共同愿景的社会交往增加了交易双方信息的透明度、减少了机会主义及"搭便车"行为、加强了合作而促进了家庭增收。Narayan 和 Pritchett（1999）认为，社会资本可使对违约责任的追究扩大到法律不能或不易发挥作用的领域，增加违约成本、减少交易费用、扩大市场交易范围、增加家庭收入。A. Wolz 等（2006）指出，以信任和社会纽带为特征的民间社会资本在减缓贫困方面发挥着重要作用，这是由于网络成员之间的相互帮助使社会资本具有非正式保险功能，较高的社会资本意味着较大的风险分摊程度，使家庭能够进行高风险、高收入的活动,这也可以增加家庭收入。

国内学者不仅关注社会资本对个人(家庭)收入水平的影响,也关注社会资本对就业的影响。边燕杰(2004)发现,具有较高社会资本的城市居民,个人和家庭收入较高,自我社会经济地位评估亦高;张爽等(2007)发现,社会网络和公共信任能显著地减少贫困,且在社区层面的作用尤其明显;赵剑治等(2009)发现,中国农村家庭社会网络对收入差距的贡献达到12.1%~13.4%,且在市场化程度和经济发展水平较高的东部地区,社会网络对收入的提高作用以及社会网络对于收入差距的贡献度都明显高于中西部;刘倩(2017)则提出,低收入群体应该注重短期投资与长期投资相结合,避免进入由"低社会资本陷阱"导致的"低收入陷阱"。此外,张建杰(2008)指出,在金融抑制较为普遍的农村地区,建立在亲缘与业缘基础上的农户社会资本在农村信贷资金配置中发挥着"特质性"资源的作用;孟晓晨等(2008)提出,社会网络在资源配置中起着不可忽视的作用,对一般劳动资源配置尤为重要;高虹等(2010)则提出,社会信任作为一种整合型社会资本,对中国农村劳动力流动产生了负向影响,而且社会信任对劳动力流动的负向影响会随着市场化程度的提高而减弱,在市场化程度达到一定水平之后,反而会起到促进劳动力流动的作用。可以说,社会资本已成为解释微观层面收入与就业差异的一个重要因素。

2. 中观层面社会资本与经济增长

中观层面的证据证明,社会资本对经济生产力与增长具有显著贡献,它在企业的失败或成功中扮演着中心角色,起到"黏合剂"与"润滑剂"的作用。然而,不同形式的社会资本在企业发展中扮演的角色存在差异,企业对某种形式的社会资本投资过度或投资不足,都将影响企业发展。通常,企业外部社会资本是企业获取社会稀缺资源的载体和手段,它不仅有利于企业获得机会利益及参与竞争所需的各种资源,也有利于增强企业的技术创新优势,但拥有社会资源并非就能实现企业的经营目标,企业还需要利用其内部的社会资本,促进知识转移和共享,协调内部各种关系。如果一个企业内部结合紧密,可能会忽视沟通型社会资本(即它与外界的关系),而仅投资于结合型社会资本,这种风险会使其削弱与市场、供货者及竞争者的接触;如果仅重视沟通型社会资本,忽视企业内部的社会网络与企业文化建设,则容易使其丧失企业特性。通常,作为一个成功的公司,其结合型社会资本(公司内部)、沟通型社会资本(公司之间）与联系型社会资本（例如，公司与它们的调控者之间）之间的投资往往是平衡的。

国内学者针对企业社会资本与经济增长的关系也开展了大量研究，发现企业社会资本不仅具有经济效益功效、管理功效，还具有技术创新功效。例如，边燕杰等（2000）指出企业的社会资本大小受经济结构和企业家能动性的影响，且企业社会资本对其经济经营能力和经济效益具有直接的提升作用；张其仔等（2000）发现，不同形式的社会资本给企业效益带来不同的影响；陈传明等（2001）指出，社会资本在动员和利用企业内外部的稀缺资源、节约交易成本、促进企业经营绩效的改善以及企业生存与发展能力的提高方面具有显著贡献；王晓玉（2005）则提出，企业社会资本是反映企业内外部社会关系特征的一种资源，它可以促使企业在内外部的社会关系网络中获得"合作租金"和"位置租金"，从而给企业带来持续性竞争优势；张方华等（2006）在梳理企业社会资本与技术创新绩效之间的关系、总结企业社会资本对技术创新绩效影响机制的基础上，构建了企业社会资本影响技术创新绩效的概念模型，后来他又以知识获取为中间变量，构建了网络嵌入影响企业创新绩效的概念模型，发现企业通过对组织网络的关系型嵌入和结构型嵌入能够有效提高外部知识的获取效应，从而对企业的创新绩效产生显著的推动作用；孙凯（2011）提出在孵企业社会资本以资源获取为中介影响技术创新绩效，发现在孵企业纵向和横向社会资本的结构和关系对信息、知识和资金获取有显著影响；熊捷等（2017）则提出，企业社会资本是企业获取科研机构技术知识的重要促进因素。但目前大多数学者在研究过程中只强调了企业社会资本的积极作用，对它的消极作用甚至反作用鲜有论及。

3. 宏观层面社会资本与经济增长

宏观层面的数据强烈支持了社会资本促使经济增长的观点。陌生人之间的信任，尤其与国家经济增长率之间具有强联系。Fukuyama（1995）指出，世界上政治经济的差别反映了它们的社会资本差异，经济绩效突出的国家源于陌生人之间有较高的信任，而经济低效的国家源于缺乏信任，他进而提出社会资本的形式影响着国家发展的经济类型，并预言国家间社会资本的差异在未来会变得更重要；Whiteley（1997）指出，社会资本是解释不同国家经济增长变化的一个重要因素，在大量的经济增长模型中不能被忽视；Knack 和 Keefer（1997）的研究得出了与 Whiteley 相同的结论，并且发现在贫困国家社会资本与经济增长之间的关系尤为强烈。在国家内部，社会资本与经济增长也有显著的关系。从政府与制度、文化的关系来看，高度社会信任通过它对政府正式结构的积极影响而推动经济增长。

一批国内学者也将社会资本引入经济发展框架，探寻社会资本与我国经济发展之间的关系。尹希果（2006）发现，社会资本通过加速工业集聚促进了我国地区经济增长，社会资本差异是造成我国地区经济差异的一个重要原因；杨宇等（2008）发现，社会资本不同维度对国民福利的影响不同，除了直接影响外，社会资本还通过与其他因素的联合效应对国民福利施加间接影响；杨鹏鹏等（2008）基于"织网"模型分析了社会资本影响区域经济增长的机理，指出社会资本对区域经济增长的影响是通过对区内企业、产业集群及区域整体等三个不同主体的影响发挥作用的；卢燕平（2007）将社会资本引入投资模型和市场经济发展的均衡模型，构建了社会资本-交易成本-市场经济发展的研究框架；刘长生等（2009）构建了基于社会资本、人力资本的内生经济增长模型，研究社会资本、人力资本与经济增长之间的影响机制，并基于社会信用，运用面板数据对影响机制进行了实证检验；潘峰华等（2010）也发现，社会资本是影响中国各个省区长期经济增长的重要因素，在控制了区域增长的收敛效应、政策和区位等因素之后，社会资本与经济增长之间的关系依然显著。另有研究也证实，社会资本对经济发展的促进作用具有"滚雪球"效应，即社会资本和经济发展具有相互促进的作用。

近年来，东亚国家和地区的经济快速发展成为不同领域学者关注的热点问题。在探究"东亚奇迹"的根源时，许多学者将目光转向了文化因素。东亚国家和地区同属于儒家文化圈，深受儒家传统文化的影响，不仅具有稳定和谐的人际关系、稳固的家庭网络，更具有强烈的国家认同。这种重群体、重情义、重人际关系以及家国一体的儒家观念不仅可以有效地克服技术时代的物质主义、极端个人主义，更能使国民在国家和民族遭遇危难时组织起来共赴国难。在儒家文化影响下，东亚国家和地区形成了特有的家庭组织、社会结构、人际关系网络，作为一种社会资本，它提高了人与人之间的信任度，降低了社会交易费用，为实现合作创造了条件，为人们的经济行为提供了激励机制，从而促进了经济增长和经济发展。

然而，社会资本并不总是促进经济增长，二者之间也存在着对立关系。例如，20世纪以来，伴随着美国经济繁荣，其社会资本却大量萎缩；虽然印度尼西亚工业化水平不断提高，其社会资本却没有显著积累。Angelo Antoci 等（2001）认为，经济增长与社会资本的减少是一对共生现象；还有一些学者认为，社会资本对经济发展的促进作用是不确定的，只有社会资本对机会成本的消除效应为正时，其促进作用才会体现出来。

（三）社会资本促进经济增长的机理

在传统经济学研究中，经济学家把物质资本、人力资本和科技水平引入经济增长模型中，探索经济增长的影响因素，但事实上这三种资本只能部分地解释经济增长，它们忽略了经济行为人在社会网络中的关系积累对经济增长的作用。越来越多的经济学家认识到了社会资本对经济增长的重要作用，它的时间维度与能力在产生未来收益流方面与自然资本、人力资本有一些相似之处，这些收益包括信息分享、经济机会的匹配、相互帮助与保险，以及有效的集体行动。

P. Collier（1999）用一个微观经济学框架揭示了社会资本的运行机制。首先，社会资本有利于传播有关其他人行为的信息，通过重复交易来建立信任和声誉，从而减少机会主义行为；其次，社会资本有利于传播技术和市场信息，从而减少市场在信息传播中的失败；最后，依靠规范和规则，社会资本可以减少"搭便车"行为，因而能够促进集体行为。总之，社会资本通过改变交易条件降低了交易成本，消除或大幅度减少了昂贵契约协议的需要，增加了决策的灵活性，节约了时间。

Y.K. Chou 等（2006）则指出，社会资本不是经济增长模型内的一种独立投入要素，而是整个经济增长模型中的重要转换因素，单一的社会资本无法解释经济增长，它是通过补充其他资本形式来促进集体行动、经济增长与社会发展的。他们基于典型内生增长框架的逻辑发展思路，通过扩展 Romer（1986，1990）、Lucas（1988）以及 Jones（1995）提出的干中学、人力资本、研究与发展等传统经济模型，论证了社会资本的经济影响，提出了三个简略模型，每一个模型都力求建立社会资本的一个特殊领域与增长之间经验关系的理论基础。在第一个模型中，微观层面的结合型社会资本通过帮助人力资本的积累而影响增长，在这个模型中社会资本的建立与在现实世界中父母离开工作的时间或与孩子一起呆在家里的时间相符；第二个模型中，沟通型社会资本通过对集体信任与规范的影响而引起金融发展，从而影响增长，在这个模型中，社会资本积累与参与社团俱乐部或参加其他形式的协会活动相符；在第三个模型中，中观层面的联系型社会资本起因于网络和公司的集体行动,它引起了有效的商业创造与扩散以及技术革新。

1. 社会资本对经济增长的直接作用

从 Bourdieu 开始,社会资本对经济增长的作用机制研究就从未间断,虽在表述上各不相同,但都可以归结到社会资本的核心要素——信任、网络和规范对经济活动成本与效率等的作用上来(图 1-3)。

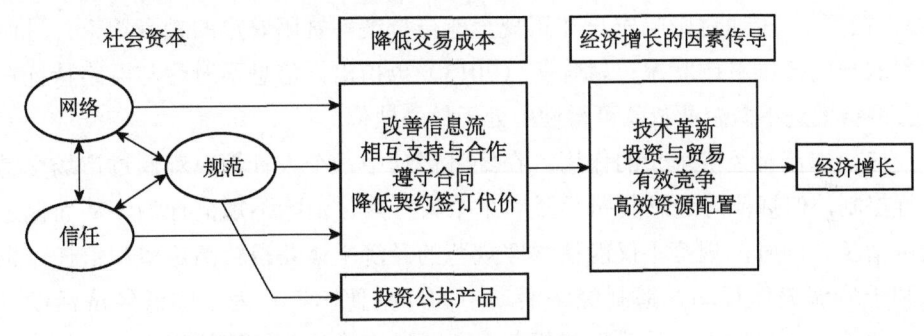

图 1-3　社会资本与经济增长的关系

资料来源:David Halpern. 2005. Social Capital. Cambridge: Polity Press

(1)信任对经济增长的作用。信任是社会资本的核心内容,其他因素如社会文化、社会规范等都是以信任为基础的。人没有诚信,何以在经济活动中立足?没有人愿意与一个没有诚信的人交往。同样,在经济活动中,人与人之间如果缺乏信任,将不得不付出更高的经济成本来监督交易的实施。Knack 等(1997)通过实证分析发现,在其他影响因素不变的情况下,经济增长与社会参与度、信任度之间呈正相关关系,而且信任度在社会经济活动中具有自我强化和积累的功能,这将进一步促进经济增长。Miguel 等(2004)认为,应该将社会信用水平作为一种生产性因素纳入经济增长函数中,他们以不良贷款比率、社会信用度、社会犯罪率等指标作为社会资本的替代指标研究了社会信任度与经济增长之间的关系,发现社会信用度越高越有利于经济增长。Fukuyama(1995)指出,各国间及各地区间的社会资本差异反映了它们在经济增长方面的差异,高信任度国家的经济绩效要比低信任度国家的经济绩效好,他进而提出社会信任影响着国家的经济增长率,且在未来,国家间的社会资本差异将对经济增长产生越来越大的影响。

(2)社会网络对经济增长的作用。网络是社会资本的重要组成部分,在经济活动中具有不可忽视的作用,它不仅可促进人际交往,在交往中实现经济信息共享，从而降低信息的不确定性，提高经济效益；也可增加经济成员之间的相互合作，减少信息交易成本；还可约束经济活动中的投机行为，培养诚实、守信等行为规范，从而促进经济增长。Ostrom（2000）也提出，社会资本可通过促使个体之间的合作而提高经济增长效益；胡金焱等（2014）发现，社会网络对于城镇和农村家庭创业行为均有显著的促进作用，但对农村家庭作用更大；谭燕芝等（2017）则提出，社会网络实际上成为农户借贷过程中的一种"隐性抵押"，可通过影响农户非正规金融借贷缓解贫困农户的融资约束，进而改善农户的多维贫困状况；姚铮等（2013）也指出，信息不对称与网络特征在社会网络增进小微企业货款可得性中处于核心地位。

（3）规范对经济增长的作用。在经济活动中，个人行为很难通过市场交易进行控制，但规范可通过奖罚手段约束个人行为、消除不规范行为，从而促进经济增长。同时，规范不仅能使遵守规范的经济主体获得较高声望和信任，也有利于协调集体行动，遏制经济活动中的"搭便车"行为，降低经济活动风险。此外，互惠作为一种非正式规范，可通过交换价值相等的事物、互相给予报酬等形式促进经济成员之间的合作。陆铭等（2008）发现，作为非正式制度的社会资本与正式制度之间存在互补关系，它们在经济增长和市场化过程中都发挥着重要作用；Barro（1992）也指出，社会稳定性与经济增长率之间呈显著的正相关关系。

2. 社会资本对经济增长的间接作用

（1）通过加大物质资本投入而促进经济增长。在工业化阶段，国家经济发展主要依靠劳动和资源积累。改革开放以来，我国经济的高速增长也主要归功于资本的高积累和高投入。然而，个体或区域间的社会资本积累差异将导致经济主体具有不同的物质资本和资源借贷能力。具体而言，社会资本可通过三种方式影响资本积累从而促进经济增长。首先，社会资本可通过使拥有者之间实现信息共享、协调拥有者之间的行动，促进物质资本投入水平，提高经济运行效率。其次，信任、规范和社会网络会影响工人的劳动生产率，如果具有良好的信任、规范，则会有效提高工人的生产效率，从而增加物质资本生产，促进经济增长。与此同时，社会资本还可使债权人和债务人之间保持良好的信息交流，降低信贷市场上的风险，吸引外部资金及当地居民积极参与金融投资，实现金融资本积累，从而促进经济增长。

（2）通过提高人力资本而促进经济增长。人力资本作为促进经济增长的重要因素，其与社会资本的关系密不可分，社会资本不仅影响着人力资本的积累，也调节着人力资本对经济增长的贡献度。具体来看，社会资本有利于促进共享知识、技术与信息，特别是一些关键的技术知识，只有彼此信任才能实现分享和转移。同时，只有在共同的价值观和愿景下，彼此信任的双方才有可能形成合作，并在合作中彼此学习，实现人力资本积累，进而促进经济增长。此外，社会资本通过沟通人情，将资源差别较大和权力不相等的个体相互联系起来，建立诚信的交易与合作伙伴关系，通过长期互惠提高人力资本积累，从而带动经济增长。

（3）通过促进技术进步而带动经济增长。新经济增长理论认为，技术进步是经济增长的最终动力。科技水平是经济增长模型中的内生变量，能促进规模报酬递增，是经济持续增长的决定因素。Romer（1990）的内生经济增长理论假定存在一个技术市场，新技术一旦诞生，就可以被所有的企业所应用，但现实中这种假设很难实现，尤其是在发展中国家，由于缺乏完善的技术市场，企业家想要获得有关新技术的信息，大多只能通过社会关系网络。具体来看，社会资本不仅有助于实现创新组织间的合作，还有助于为创新组织间相互学习及技术知识的转移创造条件，使创新组织能方便、快捷地获得技术资源，更有助于降低创新的风险性和不确定性，从而促进技术进步，带动经济增长。

二、社会资本与社会发展的关系

在区域可持续发展的所有维度中，社会维度是目前研究最弱的"支柱"，尤其很少有人关注社会与环境维度之间的联系，致使社会与环境之间的交互作用仍有很多未知的地方。目前，生态经济学把可持续性的社会维度集成在它的分析工具箱中，依赖 Sen 的个体能力分析方法与社会资本分析方法来研究可持续发展的社会维度，社会资本概念在分析可持续发展界面——经济、社会、环境关系中成为一个潜在的有用工具，但还没有进入实践应用阶段。

当前，国际上关于社会生态系统的研究为理解和研究社会系统与关键资源之间的相互作用和影响提供了一种思想框架。社会生态系统可以分解为社会系统和关键资源两个系统，其中社会系统又可分解为社会制度、社会循环和社会秩序三个子系统，这些子系统是维持社会系统的基本因子，社会制度是构建社会资本的可更新的能量来源，社会循环如同生态循环控制物质活动一样控制着人类活动，社会秩序规定了发生在社会圈层的各种过程的方向，这三个子系统组成了一个封闭循环，通过补偿性反馈机制构建社会资本；关键资源分为社会经济资源、文化资源和自然资源三个子系统。在社会生态系统中，关键资源为整个社会生态系统提供必要的资源供给，它们的流量和分布对整个社会生态系统的可持续性非常关键；社会系统调节着关键资源，是关键资源的配置机制；在关键资源中，充足的社会资源可有效地缓解自然资源稀缺，社会系统和关键资源之间的相互作用共同指导人类的行为，从而决定着生态职责、社会职责、经济职责是否和谐。

（一）社会资本与教育

1. 社会资本与教育的关系

已有研究证明，社会资本在微观、中观与宏观层面上都对教育绩效产生显著影响。Coleman（1988）在考察社会资本与教育的关系时，非常强调社会闭合的作用。所谓社会闭合，是指社会网络的封闭性，主要是指代际间的交流、家长间的交往以及家长与学校的沟通情况，还可将其进一步分为父母参与和代际闭合，前者指家长与子女的关系网络状况，包括监督和学习指导等，后者指家长之间、家长与老师之间的关系网络状况。

Coleman（1988）提出，当父母与子女之间、父母与社区其他成年人之间的社会交流充分、社会网络封闭性高时，子女就会得到较丰富的社会资本，从而更有机会获得学业成功。他提出，家庭能否有效投资并有助于孩子的学业，在很大程度上受孩子与父母关系网络联系性质的影响，假如子女与父母的联系不紧密或没有联系，那么父母所拥有的人力资本对孩子的教育就没有价值或作用有限，也就是说子女的人力资本获得状况不仅与家长的人力资本存量有关，还与他们和家长之间关系的亲密程度有关。经验研究发现，在父母参与的各种形式中，与孩子讨论学校相关事宜对提高孩子的学业成绩具有显著影响，父母与孩子互动越频繁，就越能够将教育期望传递给子女，进而起到鼓励孩子在学业上取得成功的作用。

Bourdieu（1977）认为，教育是实现社会再生产的一个重要渠道，家长传递给子女的社会资本可以为子女提供更多、更好的机会，使子女在教育获得方面享有更多的机会，取得更高的教育成就，从而以一种隐秘的方式实现社会再生产。Rem等（2008）也认为，不同阶层家庭拥有的社会资本数量必然不同，相应地其子女在教育机会的获得上也会存在明显差异。国内学者赵延东和洪岩璧（2012）从网络资源与社会闭合的视角探究了社会资本对教育获得的影响，验证了 Bourdieu 的理论；刘志民（2011）从家庭资本和社会分层方面探讨了社会资本对高等教育获得的影响，并分析了家庭资本影响高等教育获得的机制。

在国家层面上，社会资本与教育绩效之间存在明显的关系。其中，公民的读写能力与社会信任度之间存在显著的正相关性，读写能力与国家财富也有明显关系，若控制 GDP，则读写能力与社会信任之间的关系强度将减弱，但偏相关性仍很强；若控制社会信任，则会完全减少人均 GDP 的影响，这充分证实了社会信任是解释国家教育绩效的决定性变量，而不是财富。

2. 社会资本对教育的影响机理

社会资本对教育的影响是通过多条路径实现的（图1-4）。首先，家长通过家庭内部的关系网络将他们的教育期望传递给孩子，还可透过此类关系网络实现对孩子的监管、对孩子学业的指导或将自己获得的关于学校的有用信息传递给子女，父母及其他成年人对子女成长的关注和时间精力投入，是儿童成长过程中至关重要的社会资本。其次，家庭与学校间的网络连接有助于重要信息的流通，家长通过与教师和辅导员的社会交流可为学生带来有价值的制度资源和机会，例如家长通过与校方交流，能够获知孩子的学习内容，并在必要时对学校行为进行干预，通过积极参与学校组织的各项活动，家长能够更加了解学校的运行方式，积极参与学校教育，从而提升孩子获得学业成功的机会。最后，高度闭合的网络所产生的规范和制裁有助于实现对孩子的社会监督。通常，社区内的家长之间保持的交流互动越频繁，他们的孩子就越有可能取得学业上的成功。因为这种封闭式的两代关系不仅给家长提供了理解和执行社会规范的机会，也有助于实现家长间的信息交换。

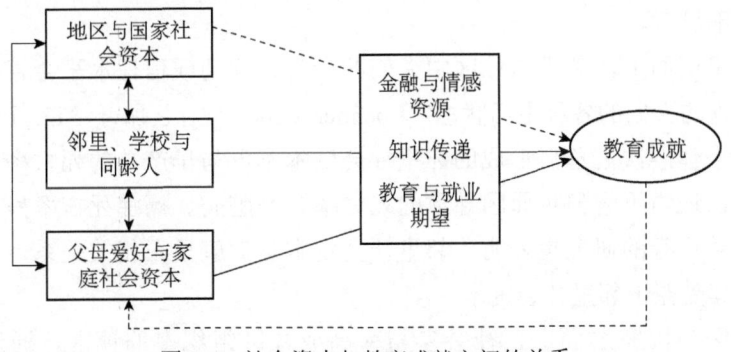

图 1-4 社会资本与教育成就之间的关系

资料来源：David Halpern. 2005. Social Capital. Cambridge: Polity Press

(二)社会资本与健康

1. 社会资本与健康的关系

目前,社会资本作为社会因素的重要研究范式,其与健康的关系正逐渐成为重点研究领域。多数研究认为社会资本在微观、中观与宏观层面均对健康产生显著影响。在微观层面上,河内一郎等(1999)对美国各州的研究发现生活在社会信任水平较高地区的人往往具有更好的自评健康状况;Rose(2000)也证实了个体层次的社会资本如社会网络、朋友信任等对自评身体健康和心理健康具有积极效应;Nieminen(2010)则指出信任、互惠性规范、积极的社会参与对心理健康和主观健康感具有促进作用;Sirven 和 Debrand(2011)在对欧洲老人的纵贯研究中,发现社会活动参与(如志愿组织、社交团体)与健康(包括身心健康的主客观方面)之间存在显著的因果关系,特别是 50 岁以上群体的健康状态会因缺乏社会资本而加速恶化;赵延东(2008)则发现强关系的核心网络有利于精神健康,而弱关系的松散网络有利于身体健康;薛新东等(2012)使用中国健康与养老追踪调查(CHARLS)2008 年的调查数据研究了居民所拥有的社会资本与健康状况之间的关系,发现个人社会资本指数每增加 10%,自评健康为很好的概率将会增加 2.1%,即使使用工具变量之后这种关系依然存在,但是社会资本对自评健康的正向影响效果对于女性、农村居民和年龄在 65 岁以下的居民更大;孙博文等(2016)基于中国健康与养老追踪调查的微观数据分析了社会资本影响健康的个体效应、社区效应和交互效应,发现个体社会资本和社区社会资本对健康均有显著的促进作用,且其健康促进效应存在性别、年龄和婚姻状态的差异,但个体社会资本与社区社会资本影响健康的交互效应不显著。

在邻里层面上,邻里或社区中人们的参与、互动或信任水平会直接影响包括健康在内的人们的各种生活状态。Lochner(2003)对芝加哥 342 个邻里的研究发现,个体层次汇总后形成的邻里社会资本不仅与早产儿的死亡率呈显著负相关关系,还与不管何种原因导致的死亡率、心脏病、癌症死亡率呈负相关关系。在荷兰进行的研究也表明,邻里社会资本与健康呈正相关关系,城市社区的居民尤其受益于邻里社会资本。

在地区与国家层面上,社会参与率高或社区组织多的地区,通过共同合作,人们更容易形成共同的价值观,这有助于降低当地的犯罪率、提高社区的安全性,进而促进人们的健康水平。Wind 等(2012)在英格兰北部的研究中发现，结构型社会资本有利于社区信任的形成，从而减轻人们的灾后心理伤害。在国家层面上，Kumar（2012）对139个国家进行的研究发现，志愿参与、社会支持与自评健康显著相关，而且这种相关在高、低收入国家都同样存在；Mcneill（2006）发现信任等社会资本通过增加社会福利项目和在政治上支持公共健康政策，使个体更容易获得信息和物质资源，从而能有效改善个体的健康状况；Putnam（1993）发现，社会资本水平高的州在公共心理健康上同样具有较高水平，且死亡率较低；Elgar（2011）则发现，国家社会资本与自评健康和生活满意度显著相关，而且女性、老年人以及那些高信任水平且有组织的个体从中受益更多。

然而，也有部分学者认为社会资本与健康间的相关性较小，甚至对健康存在潜在的消极影响。例如，Lynch（2001）在分析15个欧盟成员国和美国的社会资本与其低出生体重、预期寿命、死亡率、自评健康之间的关系时，发现社会资本除了与低出生体重显著相关外，与预期寿命、死亡率、自评健康几乎都不相关；Kennelly等（2003）发现，尽管社会信任和志愿行为都与健康相关，但采用预测模型时却只有很少证据能证明社会资本对健康有正面影响。

2. 社会资本对健康的影响机理

有研究发现，一个社群中贫富差距越大，人们的健康状况往往越差。究其原因，一方面在于分配不平等使个人无法获得充足的社会资源，因而导致社群健康状况较差；另一方面在于分配不平等破坏了社会团结和社会认同，进而影响了社群的健康状况（图1-5）。河内一郎等（1999）发现，社会资本的一些要素如组织参与、社会信任等，不仅与地区的收入不平等程度相关，也与死亡率呈现出很强的相关性，故其提出收入不平等首先会引起社会资本的下降，进而导致高死亡率。

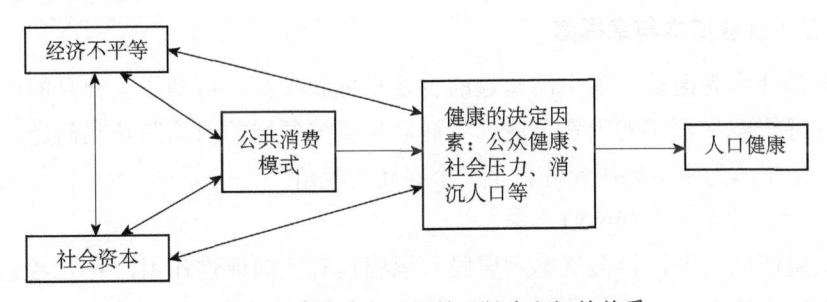

图1-5 社会资本与不平等及健康之间的关系

资料来源：David Halpern. 2005. Social Capital. Cambridge：Polity Press

Lin Nan 等（1986）则认为，健康同时受压力和资源两种环境因素的影响，社会资源可以在压力作用于健康时起到缓冲作用，进而减弱生活中的消极事件对个人身心健康造成的负面影响；同时，相较于开放、松散性的网络，封闭、紧密性的关系网络更有利于维持良好的关系，由此促进人们的身心健康。河内一郎等人也提出，社会资本可通过加快健康信息在邻里间的扩散和传播，使居民更有可能接受并遵循一些有利于健康的行为规范及抑制不利于健康的行为发生，有更多机会使用本地的服务和设施增进健康，通过自尊和互相尊重等社会心理过程为居民提供情感支持而促进健康。

从社会资本不同维度对健康的作用路径来看，信任可通过社会支持和社交网络间接地影响健康；社会网络既能通过给个体提供各种形式的社会支持，缓冲人体感受到的压力而影响人体健康，也能通过影响个体行为而影响人体健康，例如吸烟与饮食等行为可通过社会网络产生社会影响，继而对健康发生作用；互惠可通过社会支持（如物质资源和信息的共享、交换情感关怀等）以及增加卫生医疗可及性而影响健康；社会参与既能通过个体认知和提供个体学习新技能的机会而直接地影响健康，也能通过增加社会凝聚力和归属感而间接地影响健康，还可通过提供社会支持（如信息、情感和经济等支持）和医疗服务可及性而直接影响健康，例如，增加工作机会和改善医疗服务条件。其中，在社区层面上，社会资本不仅可通过促进心理健康信息的传播、增加遵从健康行为规则的可能性、对偏离心理健康的行为加以控制而影响邻里心理健康行为，还可通过增加居民参与社团的机会、提高人们接触令人愉快的事物的机会而促进邻里健康，也可通过提供心理上的情感支持、提高自尊和鼓励互助等对个人心理健康产生影响。

（三）社会资本与幸福感

幸福感作为衡量主观生活质量的重要指标和参数，得到了全社会的广泛关注，探寻影响幸福感的因素已成为生活质量研究领域的前沿与热点问题。近年来，社会资本为幸福感研究提供了一个崭新的视角。

1. 社会资本与幸福感的关系

大量研究发现，社会资本对居民幸福感具有正向促进作用，且二者之间存在长期稳定的协整关系。Helliwel 等（2004）在美国的研究显示，家庭关系、朋友关系和邻居关系对主观幸福感有显著影响；Luo Lu（1999）发现社会支持与个体的积极情感存在显著正相关；Chou Kee-Lee（1999）、邢占军（2007）等发现个体对家庭成员和朋友关系的满意度可以预测主观幸福感。Bjornskov（2008）对社会资本与幸福感关系进行分析后，认为美国的社会资本对幸福感具有积极影响，虽然在估计结果中仅来自非正式社交的影响是显著的。Bartolini 等（2008）则认为，尽管在1975~2004年美国的社会资本呈衰退趋势，但人们的幸福感和社会资本间具有确切的联系，幸福感变动趋势受到收入增加和社会资本衰退趋势的双重影响。另一些研究显示了不一致的结论，Ram（2010）基于中东、北非和拉美国家的研究发现，社会资本对幸福感的影响基本不显著，幸福感主要受收入因素的影响；Andrés Rodríguez-Pose 等（2014）对25个欧洲国家的研究发现，幸福感虽受到社会资本的影响，但具体影响强度在不同区域差异显著，二者间的联系在北欧国家最微弱。正如 Ekici 等（2014）在欧洲研究中发现的，社会资本对幸福感的影响虽逐渐上升，但它对幸福感的作用强弱会随着社会资本定义、测量手段及样本特征的不同而发生改变。

为了辨明社会资本不同维度对幸福感的影响，国内外学者开展了大量研究，发现不同维度对幸福感的影响存在差异。Luo Lu（1999）发现社会支持与个体的积极情感存在显著正相关；张梁梁等（2015）发现，在中国结构型社会资本与认知型社会资本均对居民幸福感提升产生显著的正向影响，但结构型社会资本对居民幸福感的促进作用强于认知型社会资本；邢占军等（2007）则发现，我国农村居民的人际信任、制度信任与社会网络对其生活满意度均有显著影响；陈振环等（2016）则提出，信任对城镇居民幸福感具有正向作用，而社会规范的影响微弱，社会参与的影响不显著。

2. 社会资本对幸福感的影响机理

社会资本通过多条路径与形式影响着幸福感。一方面，较高的社会资本可增强社会互动与社会支持，有助于人们成功地处理外部冲击，克服各种困难，增加喜悦感与归属感，从而使其产生较高的幸福感；另一方面，社会资本通过影响收入、教育、就业、健康、抗风险能力等而对幸福感产生间接影响，通常具有高水平社会资本的人往往更容易获取工作机会及较高的收入，并拥有良好的健康状况，从而使其幸福感较高。

其中，结构型社会资本（即所谓的"网络与关系"）不仅在心理层面通过情感交流和自我认同感提升作用于幸福感，还使居民在收入、就业等方面获得经济收益。通常，有较多社会网络的家庭及其成员能获得更多的社会支持，能够确定自我价值，维持良好健康的心态，家庭成员、朋友、亲戚等社会关系的质量与数量是积极情感的一个重要来源。尤其在我国，受传统儒家伦理影响，重视建立基于血缘和地缘的关系网络，这种密切的关系网不仅有助于维系良好的情感，形成归属感和存在感，还能促进工作效率和组织协调性，降低制度缺失和不完全信息带来的不必要损失，从而提升幸福感。

认知型社会资本（即所谓的"规范和信任"）可带来深入的合作和团队凝聚力的心理预期，对于缓解社会矛盾、营造和谐社会至关重要，从而对幸福感产生促进作用。首先，信任有助于满足居民的社交需要，促使人们社交活动的机会增加，而社交需要对于提高幸福感至关重要；其次，随着人们对社会公众信任度的提高，会极大地增强居民在社会活动中的交往安全感，而社会中其他公众对个体的普遍信任又会提升其自尊心和社会地位，进而促进个体的自我满足感和愉悦感；最后，良好的规范、共同的愿景有助于增强社会凝聚力、维持社会秩序和社会控制、表达和维护合作，从而提高居民的幸福感。

三、社会资本与环境保护的关系

目前，人类面临着复杂的环境问题，如温室气体排放、全球变暖、生物多样性损失、水土流失、沙漠化、水资源短缺……这些问题是动态联系的，任何一个国家或地区都不可能单独处理，因为它们很多都跨越传统管辖区域、超越地方能力，解决这些问题需要新方法、新框架、新的参与者和工具，仅提高当前操作模型远远不够，而需要社会、经济和政府结构以及文化和习惯的整体改变。这种必要的重大变化需要全世界的集体行动，然而只有高水平的社会资本才能为集体行动提供潜力，才能够在集体层面"看到"问题，并在地方、国家乃至全球范围内采取人类行为和价值观上的必要行动，否则集体行动将不能进行。可以说，社会资本是实现可持续发展的最关键资本。

（一）集体行动

作为生态环境保护的基石，社会资本可以打破生态环境保护中的"囚徒困境"，促使人们遵守生态环境保护的相关规则，解决人们在生态环境保护中的利益冲突，并抵御外来污染转嫁。

很多文献都提到，地方社团与制度的缺失会导致自然资源恶化。Jodha（1986）对印度 7 个州 82 个村庄的研究发现，与 20 世纪 50 年代相比，只有 10%的村庄仍然控制放牧或提供看守人，没有人征收放牧税或对违反当地规定的行为进行惩罚，仅有16%的村庄仍然责成使用者维护和修复公共资源，这种公共资源管理系统的缺失成为过度开发日益严峻的关键因子；Cernea（1987）对25项已完成的世界银行农业项目的研究发现，项目可持续性与地方制度建设紧密联系在一起，12项获得长期可持续性的项目都处于地方制度严格的地区，而在那些不关注制度发展与当地参与的地区，项目都不可持续。

地方社团和协会为环境可持续发展所做出的贡献已被逐渐认识，只要人们管理自然资源，就需要参与某种形式的集体行动，这就意味着需要在地方层面上发展适合自然资源管理与环境保护的社会组织。目前，建设性的资源管理规则与规范已经体现在许多文化与社会中，农户在森林管理、草场管理、水资源管理等方面已开展了广泛合作，这种合作已经以多种地方协会的形式而制度化。最近几年，随着对社会资本与环境保护关系的认识加深，环境保护组织发展迅速，涉及流域管理、灌溉管理、森林管理、有害物质管理以及农业等领域，使得以团体与协会为主的社会资本显著增加。已有研究也发现，社会资本在可持续资源的再生和培育中起着重要作用，在整合度较高的农业社区中较易采取环保技术，而且基于社会资本的社区主导型资源共管模式有利于自然资源的可持续管理，例如中国云南勐冒村在遭受由于森林过度砍伐带来的缺水、滑坡和农田被泥石流冲毁等自然灾害的影响后，村民自筹资金、自发组织森林共管小组，采用集体管理方式看护和经营社区的森林，经过10年的植树造林和生态系统的自然修复，该村周边的植被和生态明显恢复，滑坡和泥石流现象也基本绝迹。

（二）社会资本与适应能力

Ohlsson（2000）强调，在所有的基础性资源中应当考虑社会适应能力，即适应自然资源稀缺时必需的可调用的社会资源量。社会资本是检验适应能力的透镜，通过社会资本可以了解人类对环境变化的适应能力，社会资本作为一种分析范畴与工具，将打开深入研究适应行为的大门。Mark Pelling 与 Chris High（2005）对社会资本在适应未来气候变化中的作用进行了研究，他们指出社会资本是理解适应行为的工具，作为一种减轻风险的资源，社会资本可以产生针对减轻气候变化脆弱性与响应背景压力的物质干涉以及制度变革，以增加适应能力（图1-6）。Rayner 与 Malone（2001）也指出，当面对气候变化与其他外部压力时，组成社会生活的人与人之间关系的密度是促进个体与集体变化的基础资源。

通过社会资本可以理解气候变化的适应能力。图1-6中，适应能力沿着两条轴被分解，纵轴区分了目的性干预与偶然性干预，其中目的性干预针对特定气候变化，偶然性干预针对影响气候变化脆弱性的背景压力；横轴区分了物质干预与制度修正，在物质干预中社会资本作为一种减轻风险的资源被动员，而制度修正的目的在于改变最终限制资源使用的决策力量的平衡。两条轴对分建立了社会行动的4个领域：在第一象限，社会资本产生减轻气候变化脆弱性的物质干预，例如，通过集体行动可以提高河流堤坝质量；在第二象限，社会资本产生响应背景压力的物质干预，例如，通过投资孩子的教育提高他们的人力与社会资本以增加家庭应对未来社会、经济风险的抵抗力；在第三象限，社会资本产生响应气候变化压力的制度修正，例如，刺激潜在的社会资本；在第四象限，社会资本产生响应背景压力的制度修正，例如，在当地或国家选举中投票。实际上，这4个领域并不相互排斥，可以同时采取两个或更多的行动；这些领域也不是独立的，一个领域的行动会影响另一个领域的行动。

```
                    目的性
                      │
         1            │            3
   动员现有的社会资本   │    刺激潜在的社会资本
                      │
物质干预 ─────────────┼───────────── 制度修正
                      │
         2            │            4
        教育           │           选举
                      │
                    偶然性
```

图1-6 社会资本与适应能力

资料来源：Mark Pelling，Chris High. 2005. Understanding adaptation：What can social capital offer assessments of adaptive capacity? Global Environmental Change，15：308-319

（三）社会资本对生态环境的影响机理

Jules Pretty（2003）提出，社会资本与人力资本是自然资本改善的先决条件。虽然短期内社会资本与人力资本即使不改变，自然资本也会被改善，例如，通过建立严格的保护区、制定侵蚀控制法规或农业保护法规、栖息地保护激励机制、杀虫剂税征收等规章与经济激励机制，会鼓励私人行为的改变，使生态环境得以改善。但大量证据显示，尽管这些规则及经济激励改变了私人行为，但对他们的态度却很少或没有积极影响,当经济激励结束或法规不再被执行时,农民通常会采取旧的行为。但当人们被很好地组织在团体中时,基于信任、互惠、行为的同一规则与规范的社会制度能够调停这种无拘无束的私人行动。

由于共同规则、规范与制裁将集体利益置于个体利益之上,集体中的每个成员都承担责任与义务,规则、规范确保他们的权益不受侵害,而那些违犯共同规则、规范的人也知道他们将受到惩罚,这无形中增强了个人投资集体或参与团体活动的信心,他们知道不需要监督,集体中的每个人都相信别人会像期望的那样做,这不仅节约了资金与时间,也建立了一种社会责任感——信任别人引起相互信任,这种互惠将增加人们之间的联系,引起更大的信任、信心与改革能力,使社会资本自我强化。高度信任由于减少交易成本、释放资源而使合作变得顺利,这有助于长期相互责任与义务的培养,确保集体中的成员不参与引起环境恶化的私人活动;同时,可增强人们改革和采用技术与实践的能力,从而促使自然资本得以改善,并取得积极的环境效果(图1-7)。

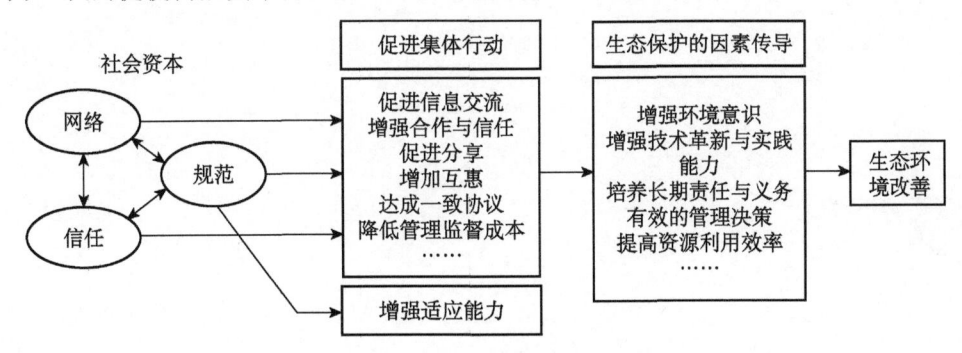

图1-7 社会资本与生态环境保护的关系

然而,已建立的集体能否确保持续、公平地管理自然资源、保护生态环境,有赖于该集体能否从依赖阶段走向相互依存阶段。处于反应-依赖阶段的团体,虽对团体价值有了一些认识,但是规则与规范是外部强加的或模仿来的,成员仍在寻找外部解决方案并依赖于外部协调,他们仍有可能回到以前的行为。这些团体关心可持续技术的发展,关注通过降低成本与危害而产生的生态效应,例如,在农业生产中降低杀虫剂剂量,但还没有使用再生成分;处于认识独立阶段的团体,开始发展自己的规则与规范,培育与其他团体的水平联系。随着逐渐认识到团体有能力解决现存问题,成员对团体的信任增加,对团体的投资意愿增强,个体更愿意参与积极的实验,例如,在农业生产中采用再生技术以充分利用自然资本而不仅局限于关注简单的生态效应。该阶段团体变得更强壮、更有弹性，但假如成员认为他们已经达到了最初目的而不愿意为新目标投资，该团体仍会崩溃；直到团体走向意识相互依存阶段，团体才能真正地持续管理自然资源、保护生态环境，此时个体具备了新的世界观与思考方式，越来越自觉地认识到团体的价值。为了达到更高层次的目标，团体更愿意团结在顶层组织、平台或联盟周围。在该阶段，农业系统很可能按照生态原理重新设计，不再采用新技术去适应旧的系统，而是通过改革建立全新的系统，以实现充分利用自然资源与保护环境的目标。

第二章
社会资本的空间异质性

作为实现可持续发展的最关键资本，社会资本是高度嵌入区域中的，它是在特定的自然、历史和文化背景下逐步演变并累积而成的。我国作为一个人口众多、幅员辽阔、多民族的国家，不同区域拥有的自然环境与资源禀赋、历史基础与经济发展水平、传统文化与宗教信仰等存在显著差异，致使社会资本呈现明显的空间异质性，进而导致不同区域的发展模式和发展路径各具特色。鉴于此，亟须系统而深入地解析不同区域的社会资本特征，探明社会资本的空间异质性及其关键影响因素。

第一节 空间异质性表象

一、研究区与研究方法

（一）研究区与样本特征

1. 研究区

为了更好地探明社会资本的空间异质性及其致因，本章特选择自然环境、资源禀赋、经济发展、历史文化、宗教信仰等存在显著差别的甘肃省张掖市、临夏回族自治州（以下简称临夏州）、甘南藏族自治州（以下简称甘南州）作为案例区。

张掖市地处黑河流域中游、河西走廊中段，海拔1420～1680m，年均降水量113～120mm，年均蒸发量2047mm，光热资源丰富，属温带大陆性气候，植被覆盖度较低，黑河分水后，张掖绿洲人均水资源量为1190m^3，相当于全国平均水平的 57%；人口集中分布在绿洲区，绿洲区人口密度达 117.8 人/km²；以汉族为主，汉族人口占总人口的 98%；2013 年农民人均纯收入为 4989 元，种植业收入占 38.67%，恩格尔系数为 40.12%（甘肃年鉴编委会，2014）。

甘南州地处青藏高原东缘，大部分区域海拔 3000～3600m，气候寒冷湿润，年均温度普遍低于 3℃，年均降水量在 400～700mm，植被以高寒草甸、灌丛和山地森林为主，水系发达，多年平均补给黄河水资源 65.9 亿 m³；人口分布稀疏，人口密度为 16.15 人/km²，其中玛曲县仅为 4.82 人/km²；以藏族为主，藏族人口占总人口的 53.54%，玛曲县该比例高达 93.30%，藏族人口均信仰佛教；2013 年农民人均纯收入为 2301 元，牧业收入占 29.14%，其中纯牧区该比例高达 63.02%，恩格尔系数为 57.0%。

临夏州地处黄河上游、青藏高原与黄土高原过渡地带，地势由西南向东北递降，呈倾斜盆地状，平均海拔 2000m，年均气温 6.3℃，年均降雨量 537mm，蒸发量 1198～1745mm，境内有黄河、洮河、湟水及其支流大夏河等 30 多条河流，年过境径流量 332.5 亿 m³；人口分布集中，人口密度达 243 人/km²，其中临夏市高达 2419.863 人/km²；以回族、东乡族、保安族、撒拉族为主，占总人口的 56.73%，东乡族、保安族、撒拉族的生活习俗与回族相似，均信仰伊斯兰教；2013 年农户人均收入为 2089 元，恩格尔系数为 45.73%（甘肃年鉴编委会，2014）。

2. 样本特征

采用参与式农村评估法获取研究所需的数据。2011 年 7～8 月，采用分层随机抽样法进行入户调查。在张掖市抽取 7 个村，每村抽取 30～35 户；临夏州抽取 6 个回族村，每村抽取 35～40 户；甘南州抽取 7 个藏族村，每村抽取 20～40 户。调查中均主要由户主回答问题，家庭其他成员进行补充。每个地区发放问卷 230 份，删除信息不全的问卷，共收回有效问卷 665 份，其中张掖市 223 份、临夏州 225 份、甘南州 217 份。

张掖市、甘南州、临夏州受访农户特征存在差别（表 2-1）：张掖市的农户户主受教育程度远高于临夏州与甘南州，其中，张掖市初中以上文化程度的户主比例高达 63.23%，户主受教育指数为 2.84，而临夏州与甘南州初中以上文化程度的户主比例分别为 28.0%、9.68%，户主受教育指数分别仅为 2.08、1.60，说明少数民族地区的农户户主受教育水平普遍低于汉族地区，而藏族地区更低于回族地区；张掖市的农户家庭规模低于临夏州与甘南州，其中，张掖市的农户家庭规模仅为 4.29 人/户，分别比临夏州、甘南州少 1.24 人/户、0.98 人/户，这主要是因为汉族地区实行严格的计划生育政策，而少数民族地区的生育政策较宽松；张掖市的农户家庭劳动力比重高于临夏州与甘南州，达 70.93%，后者分别为 63.26%、57.30%，说明汉族地区的农户家庭负担系数低，而少数民族地区的农户家庭负担系数较高；张掖市的农户家庭劳动力受教育水平远高于临夏州与甘南州，其中，张掖市的农村文盲劳动力比重仅为 8.85%，家庭劳动力平均受教育指数为 2.94，而甘南州、临夏州的农村文盲劳动力比重高达 59.40%、39.54%，家庭劳动力平均受教育指数仅为 1.68、2.09，这进一步说明，汉族地区农户受教育水平高于少数民族地区，而回族地区又明显高于藏族地区；张掖市的农户收入水平远高于甘南州与临夏州，张掖市的农户人均收入高达 9219.1 元，分别相当于甘南州与临夏州的 3.02 倍、3.30 倍；张掖市的农户生活满意度最高，满意度指数达 3.42，临夏州次之，甘南州最低。

表 2-1 受访农户特征

农户特征	张掖市		甘南州		临夏州		Levene 统计量	F 值
	均值	标准差	均值	标准差	均值	标准差		
户主年龄（岁）	44.87	7.33	48.70	11.13	48.55	10.93	29.99	11.71
户主受教育程度[①]	2.84	0.89	1.60	0.69	2.08	0.89	2.69***	126.94***
家庭规模（人/户）	4.29	1.21	5.27	1.25	5.53	1.64	5.07***	46.40***
家庭劳动力比重（%）	70.93	22.34	57.30	19.08	63.26	21.28	4.68***	23.22***
家庭劳动力受教育程度[①]	2.94	0.67	1.68	0.73	2.09	0.79	3.01***	167.23***
家庭收入（元/人）	9 121.90	6 362.00	3 016.60	2 543.60	2 764.40	2 451.00	96.89	160.80
生活满意度[②]	3.42	0.92	3.27	0.85	3.40	0.92	0.78**	3.47**

注：①文盲=1、小学=2、初中=3、高中=4、大专及以上=5；②非常不满意=1、不太满意=2、一般=3、比较满意=4、非常满意=5。
在 0.05 水平上显著，*在 0.001 水平上显著。

（二）研究方法

1. 社会资本测量量表设计

受经费、时间、人力等条件所限，本章将区域层面的变量放在个人层面进行测量。在测量中，首先基于 Putnam（1993）提出的分析框架从网络、规范、信任三个方面对农户层面的社会资本进行测量；然后，对农户层面的社会资本值进行汇总、平均，最终得到三个区域的社会资本指标。

其中，社会网络可用农户是否参与志愿组织/协会、参加组织/协会活动的频率来测量；信任包括普遍信任与制度信任，普遍信任可用农户对同质群体（本民族、相同信仰、相同方言者）的信任以及对异质群体（其他民族、不同信仰、不同方言者）的信任来测量，制度信任可用农户对法官与警察的信任、对医务人员的信任、对中央政府官员的信任、对地方政府官员的信任、对村委会成员的信任来测量；规范可用互助（农户是否愿意帮助遭遇不幸的人）、奉献（农户是否能自愿维修公共设施）、和睦（农户是否和睦相处）来测量（表2-2）。社会资本测量量表中，除"是否参与志愿组织"采用 0~1 赋值（是=1，否=0）外，其余测量指标均采用 1~5 赋值，以"1"表示"强烈反对"、"2"表示"反对"、"3"表示"中立"、"4"表示"同意"、"5"表示"完全同意"。为便于比较，研究中将 0~1 赋值调整为 1~5 赋值。

表 2-2 社会资本测量量表

维度	指标		测量问题	赋值
网络	志愿组织参与		是否参与了志愿组织	是=1，否=0
			是否经常参与该组织的活动	从不参与（1）~一般（3）~经常参与（5）
信任	普遍信任	对同质群体的信任	是否信任本民族、信仰、方言的人	根本不信任（1）~一般（3）~非常信任（5）
		对异质群体的信任	是否信任其他民族、信仰、方言的人	
	制度信任	对法官、警察的信任	是否信任法官、警察	
		对医务人员的信任	是否信任医务人员	
		对中央政府官员的信任	是否信任中央政府官员	
		对地方政府官员的信任	是否信任地方政府官员	
		对村委成员的信任	是否信任村委成员	
规范	互助		是否愿意帮助遭遇不幸的人	不愿意（1）~一般（3）~非常愿意（5）
	奉献		是否自愿维修公共设施	不愿意（1）~一般（3）~非常愿意（5）
	和睦		邻里之间是否和睦相处	不和睦（1）~一般（3）~非常和睦（5）

2. 量表的信度与效度分析

一般认为，如果量表的信度系数在 0.7 以上，则说明量表的信度较好。利用

SPSS 17.0 中 Scale 模块的可靠性分析功能考察上述社会资本量表的信度,其 Cronbach's α 系数为 0.773,各维度分量表的 Cronbach's α 系数也均在 0.7 以上,说明该量表具有较好的信度(表 2-3)。量表的结构效度可通过因子分析进行测量,首先运用 KMO 和球形 Bartlett 检验进行因子分析的适用性检验,其中,KMO 检验变量间的偏相关性,当 KMO 统计量大于 0.7 时因子分析效果较好,球形 Bartlett 检验用于考察变量间的相关性。经检验,KMO 统计量为 0.766,球形 Bartlett 检验的卡方值为 2402.56,相伴概率为 0.000,在 0.05 水平上显著,说明各指标间具有较高的相关性,适合进行因子分析。利用主成分分析法提取公因子,选取特征根大于 1 的 4 个公因子,4 个公因子的贡献率分别为 29.97%、14.48%、12.19%、9.28%,累积贡献率达 66.42%。据旋转后的因子载荷表可知,第 1 公因子、第 2 公因子、第 3 公因子、第 4 公因子分别在制度信任维度、普遍信任维度、规范维度、网络维度的相应测项上有较大载荷,据此可将这 4 个公因子分别命名为制度信任因子、普遍信任因子、规范因子、网络因子,这说明量表具有较好的结构效度(表 2-3)。

表 2-3 社会资本测量量表的效度与信度

维度		指标	公因子				贡献率(%)	Cronbach's α 系数
			1	2	3	4		
网络		志愿组织参与 是否参与	0.176	-0.150	-0.075	0.810	9.28	0.709
		参与活动频率	-0.031	0.108	0.109	0.847		
信任	普遍信任	对同质群体的信任	0.098	0.249	0.752	-0.023	14.48	0.738
		对异质群体的信任	0.134	0.039	0.866	0.052		
	制度信任	对法官警察的信任	0.856	0.065	0.007	0.041	29.97	0.840
		对医务人员的信任	0.635	0.122	-0.017	0.090		
		对中央政府官员的信任	0.656	0.085	0.241	-0.343		
		对地方政府官员的信任	0.864	0.030	0.174	0.067		
		对村委成员的信任	0.824	0.116	0.105	0.115		
规范		互助	0.187	0.712	0.289	-0.097	12.19	0.723
		奉献	0.091	0.817	-0.129	0.044		
		和睦	0.050	0.657	0.247	-0.011		

3. 社会资本指数计算方法

将社会资本不同维度所有测项的得分值加总平均，计算各维度的指数；在此基础上，利用不同维度的贡献率（表2-3），将各维度指数加权平均，计算农户的社会资本指数。具体计算方法如下：

$$S_d = \frac{1}{m}\sum_{j=1}^{m} D_j \quad (2-1)$$

$$S = \sum_{d=1}^{4} S_d \cdot W_d \quad (2-2)$$

式中，S 为社会资本指数；S_d 为社会资本 d 维度的指数；D_j 为 d 维度第 j 个测项的得分；m 为 d 维度的测项个数；W_d 为 d 维度的权重。

二、社会网络的空间异质性

受自然环境、发展历史、文化传统、宗教信仰等的影响，张掖市、甘南州、临夏州农户的社会资本特征存在差别。甘南州农户的社会资本指数最高，达3.650，临夏州次之，张掖市最低，仅为3.228；农户社会资本诸维度中，水平最高的维度在张掖市与临夏州均为网络维度，而在甘南州为规范维度，水平最低的维度在张掖市与甘南州均为普遍信任维度，而在临夏州则为制度信任维度。

临夏州农户的网络水平最高，张掖市次之，甘南州最低，三个地区的差距较小，最高与最低之间的差值仅为0.151（表2-4）。进一步分析发现：①张掖市农户的协会/组织参与率高于甘南州与临夏州，其中，张掖市参与协会/组织的农户占87%，而甘南州与临夏州该比例分别为82.03%、76.89%。②张掖市农户参与率最高的协会/组织为医疗合作组织，而甘南州与临夏州为宗教协会，其中，张掖市农户参与的前三位协会/组织依次为医疗合作组织、农村信用组织、经济合作组织，分别占受访户的65.02%、58.74%、8.07%；甘南州依次为宗教协会、农村信用组织、医疗合作组织，分别占受访户的53.37%、43.26%、34.83%；临夏州依次为宗教协会、医疗合作组织、农村信用组织，分别占受访户的69.94%、39.88%、25.43%。③临夏州农户参与协会/组织活动的频率远高于甘南州与张掖市，其中，临夏州经常参与协会/组织活动的农户占 48.89%，而张掖市、甘南州该比例分别为 17.04%、15.21%。这主要因为，穆斯林群众在每日的五时礼拜、每周的聚礼，尤其是大型宗教节日期间，都要参加清真寺举行的寺坊宗教活动，因而临夏州农户参与协会活动的频率很高。

表 2-4 张掖市、甘南州、临夏州农户的社会资本

社会资本	张掖市		甘南州		临夏州	
	均值	标准差	均值	标准差	均值	标准差
网络维度	3.772	1.063	3.631	1.131	3.782	1.427
是否参与协会/组织	4.300	1.522	4.115	1.664	3.88	1.800
参与协会/组织活动的频率	3.144	1.030	3.148	0.951	3.684	1.443
普遍信任维度	2.917	0.687	3.601	0.545	3.487	0.557
对本民族、信仰、方言者的信任	3.287	0.752	4.005	0.505	3.933	0.668
对其他民族、信仰、方言者的信任	2.547	0.809	3.198	0.835	3.040	0.728
制度信任维度	3.158	0.853	3.607	0.538	2.784	0.715
对法官、警察的信任	3.194	1.026	3.396	0.781	2.600	1.069
对医务人员的信任	3.389	0.911	3.447	0.827	3.009	1.039
对中央政府官员的信任	3.153	1.111	3.945	0.731	3.209	1.076
对地方政府官员的信任	2.991	1.038	3.535	0.776	2.487	1.002
对村委成员的信任	3.041	0.995	3.714	0.661	2.649	0.985
规范维度	3.465	0.666	3.800	0.551	3.619	0.609
互助	3.596	0.832	4.244	0.733	3.862	0.858
奉献	3.484	0.915	3.581	0.819	3.649	0.833
和睦	3.311	0.806	3.576	0.684	3.347	0.765
社会资本总指数	3.228	0.543	3.650	0.351	3.276	0.483

三、社会信任的空间异质性

（一）普遍信任的空间异质性

甘南州农户的普遍信任度最高，临夏州次之，张掖市最低，三个地区的差距较大，最高与最低之间的差值为 0.684（表 2-4）。进一步分析发现：①对本

民族、信仰、方言者（同质群体）的信任度，甘南州与临夏州农户远高于张掖市，其中，甘南州、临夏州分别有 88.81%、80.44%的农户信任同质群体，而张掖市该比例仅为 39.91%，甘南州农户的该测项得分高达 4.005，临夏州也达 3.993，张掖市仅为 3.287；②对于其他民族、信仰、方言者（异质群体）的信任度，甘南州与临夏州农户也高于张掖市，其中，甘南州、临夏州分别有 42.39%、25.78%的农户信任异质群体，而张掖市该比例仅为 10.31%，甘南州农户的该测项得分为 3.198，临夏州为 3.04，张掖市仅为 2.547；③三个地区对同质群体的信任度均高于对异质群体的信任度，其中，临夏州对二者的信任度差距最大，差值达 0.893，甘南州次之，差值为 0.807，张掖市最小，差值仅为 0.74。

（二）制度信任的空间异质性

甘南州农户的制度信任度最高，张掖市次之，临夏州最低，三个地区的差距较大，最高与最低之间的差值达 0.823（表 2-4）。进一步分析发现：①对于法官警察与医务人员的信任，均为甘南州最高，张掖市次之，临夏州最低，其中，临夏州农户对法官警察的信任度指数仅为 2.600，比甘南州低 0.796；②对于中央政府官员的信任，甘南州最高，信任度指数高达 3.945，临夏州次之，张掖市最低，其中，甘南州信任中央政府官员的农户比例为 85.28%，临夏州与张掖市该比例分别为 36.79%、33.77%；③对于地方政府官员与村委委员的信任，均为甘南州最高，张掖市次之，临夏州最低，其中，甘南州分别有 57.6%、71.89%的农户信任地方政府官员与村委委员，张掖市该比例分别为 28.7%、30.5%，而临夏州分别仅为 16.0%、18.66%，该区农户对地方政府官员与村委委员的信任度指数仅为 2.487、2.649，分别比甘南州低 1.048、1.065；④三个地区农户对各级行政人员的信任度均呈不对称的"马鞍形"，即对中央政府官员的信任度最高、对村委委员的信任度次之、对地方政府官员的信任度最低。

四、社会规范的空间异质性

甘南州农户的规范水平最高，临夏州次之，张掖市最低，三个地区的差距不太大，最高与最低之间的差值为 0.335（表 2-4）。进一步分析发现：①甘南州农户的互助水平最高，得分高达 4.244，临夏州次之，张掖市最低，得分分别为 3.862、3.586，三个地区的差距较大，最高与最低之间的差值为 0.648，其中，甘南州有 88.18%农户愿意帮助遭遇不幸的人，临夏州该比例为 69.33%，张掖市为 53.81%；②临夏州农户的奉献水平最高，甘南州次之，张掖市最低，得分分别为 3.649、3.581、3.484，三个地区的差距较小，最高与最低之间的差值仅为 0.165，其中，临夏州有 62.21% 的农户愿意维修村里的公共设施，甘南州该比例为 56.68%，张掖市为 51.12%；③甘南州农户的和睦程度最高，临夏州次之，张掖市最低，得分分别为 3.576、3.347、3.311，三个地区的差距不大，最高与最低的差值为 0.265，其中，甘南州有 62.21%的农户认为本村村民之间和睦，临夏州该比例为 49.33%，张掖市为 43.05%；④三个地区农户的互助水平均高于奉献水平、和睦程度。

第二节　空间异质性致因

一、宏观致因

一个地区的社会资本存量是不能被复制或替代的，它是在特定的自然、历史与文化背景中逐步演变并累积形成的，具有长期稳定性。由于我国不同民族地区所处的地理环境、发展历史、传统文化、经济发展水平等截然不同，致使嵌入其中的社会资本呈现明显的空间异质性。

1. 自然环境

自然地理环境通过影响非正式接触的可能性与可控性而影响社会资本。张掖市、甘南州、临夏州所处的自然地理环境差异较大，特殊的自然地理环境不仅决定了各地区的地域经济类型和地域文化类型，而且影响着人居模式及其基本区位指向，进而影响居民非正式接触的可能性与可控性，使得社会资本具有空间异质性。

张掖市地处河西走廊中段，水资源是其赖以发展的命脉，受水资源空间分布格局的约束，人口集中分布在光、热、水、土配置良好的绿洲区，绿洲区人口密度达 117.8 人/km^2，邻里之间的"实用距离"较短，非正式接触的可能性与可控性比较高，社会交往比较频繁；而甘南州地处青藏高原东缘，山地、高原为主的地貌格局及逐水草而居的生活方式，致使该区人口分布稀疏，人口密度仅为 16.15 人/km^2，其中玛曲县仅为 4.82 人/km^2，使得居民非正式接触的可能性与可控性很低，社会交往程度较低；临夏州地处黄土高原与青藏高原的过渡带，属高原浅山丘陵区，人口分布集中，穆斯林居民"围寺而居"，人口密度达243人/km^2，其中临夏市高达 2419.863 人/km^2，加之该区区位条件优越，处于"农区"与"牧区"之间，区际交流频繁，居民非正式接触的可能性与可控性非常高，社会交往非常频繁。可以说，不同民族地区的特殊自然环境奠定了社会资本差异的地理基础。

2. 发展历史

社会资本具有历史继承性，Putnam（1993）发现意大利北部地区充满生机的市民生活源于几个世纪前的北部城邦区，而南部的不信任文化也同样植根于入侵与压迫历史、古老的天主教教堂保护人与等级特征的传统。社会资本的路径依赖性会使两个区域之间产生持久的绩效差距，即便这两个区域的正式制度、资源、相对价格和个人偏好相差无几。张掖市、甘南州、临夏州的发展历史差别较大，独特的发展历史造就了各地区特殊的社会关系，从而使社会资本的空间异质性凸显。

地处河西走廊的张掖市，作为中原汉族与西域少数民族联系的必经通道，特殊的区位使其成为汉族与匈奴、突厥等少数民族的必争之地，历代政权屏蔽关陇、经略西域、隔绝羌胡、割据自保的总后方与根据地，统治民族代有更替，汉族与诸多游牧民族的关系时有变化，不断发生分异与重组，形成较为复杂的社会关系；甘南州历史上是中原民族向西扩张和高原民族挥师东进的跳板，"青藏高原各部落向东拓展，总是在河曲草原休整繁衍和积蓄力量，黄河河曲成为这些游牧部落前进的基地，青藏高原以外的民族，也多数以黄河河曲为头站"，使得该区成为以藏族人口为主的多民族交融地区，各民族和睦相处；临夏州地处丝绸之路唐蕃古道要冲，早在氏族社会就有羌人生活，秦汉以后汉族人增多，魏晋南北朝时匈奴、氐、羌、鲜卑等族的统治者先后涉足此地，元代时逐步形成了回族穆斯林聚居区，该区与外界交往密切，在唐朝就有大食、波斯等国家的商人和宗教人士来往经商、传教和定居，历史上就是一个多民族杂居、消长融合、民族关系较为复杂的地区，各民族虽有冲突，但以和睦友好为主。可以说，不同民族地区的特殊发展轨迹奠定了社会资本差异的历史基础。

3. 传统文化

社会资本具有长期稳定性，植根于传统文化，并被相应的制度、期望与社交模式强化,这被 Rice 等(1997)的研究充分证实,他们发现美国的社会资本区域差异实际上与其祖先所在国之间的社会资本差异相符,社会资本最高的明尼阿波利斯市就移民于具有高信任度的斯堪的纳维亚。张掖市、甘南州、临夏州的传统文化各具特色,不同文化背景下形成的社会网络关系、共享的规范、价值观等也存在显著差别,致使社会资本具有明显的空间异质性。

张掖市主要受儒家文化的影响,以农耕经济为主,形成了以亲属关系(姻缘、血缘)为基础、以家庭为核心向外扩展的具有差序格局的社会关系网以及基于亲缘、地缘等基础上的特殊信任,其封闭性强而信任半径小,缺乏团体生活;在长期演化过程中,甘南州形成了以自然宗教、苯教文化为基础,以牧业文化为背景,以藏传佛教文化为主导,以吸收其他民族文化为充实的文化体系,独具特色的藏族传统文化支配着藏族人的价值观念、道德标准和行为规范,促成了其开朗、热情、好客、恪守道德的民族个性与极强的民族凝聚力;临夏州受伊斯兰文化的影响,在八坊地区形成了一体多元的中国伊斯兰教派门宦文化体系,构建了具有相对严密的组织性、高度的参与性、反应的敏锐性和内部联系高效的社会网络系统,该网络包括寺坊社区内的社会互动网络、跨区域的回族经堂教育网络、跨区域的宗教仪式互动网络和组织网络,其中,共同的民族文化成为该网络系统的基础构件,共同的伊斯兰信仰则成为联络回族穆斯林族群情感的重要纽带。可以说,不同民族地区的特殊传统文化奠定了社会资本差异的关键内核。

4. 经济发展

社会资本与经济发展相互作用、相互影响,Sztompka(1999)、陆铭(2007)等发现在市场化水平比较低的地区,市场化会显著地减少公共信任,而在市场化程度较高的地区,市场化将增加公共信任。张掖市、甘南州、临夏州的市场化程度及经济发展模式存在显著差异,加剧了社会资本的空间异质性。

张掖市作为甘肃省乃至西北地区重要的农产品基地,市场化程度较高,加之交通通信较为便利,农民流动性较高,关系网络规模随之扩大,使得信任关系的契约性增强,差序格局逐渐减弱,合作日益成为社会资本的主要运作方式;甘南州以传统牧业为主,受传统价值观与财富观的影响,轻商重牧,市场化程度低,社群内部成员之间的关系型合约在经济发展中仍发挥着非常重要的作用;临夏州受伊斯兰文化的影响,崇商重商,且处于农耕经济区与牧业经济区之间，使其成为商贸及货物集散的"旱码头"、陇右著名商埠，随着市场化与全球化程度的提高，亲缘、血缘、地缘、族缘关系等逐渐发生变异，传统的宗教派别观念发生变化，形成了"求同存异，和而不同"的价值观，增进了不同教派门宦群众间的交流与互动，使该区在"尊重差异，和而不同"中变得更加和谐，促进了一体多元回族伊斯兰文化的延续和发展，尤其是在朝觐活动中，加强了与现代世界的经济文化交流与互动，使其价值观、社会关系网络等都发生了变化。可以说，不同民族地区特殊的经济发展模式构成了其社会资本差异的新源泉。

二、微观致因

1. 模型拟合

Putnam（2000）在《独自打保龄球》一书中将美国社会资本受到侵袭的原因归结为美国人面临的时间和金钱压力、频繁的居住迁徙、技术和大众传媒的发展以及代际交替。已有经验研究也显示，农户层面的社会资本与收入、财富、教育、职业、社会地位及社会阶层等家庭特征有关。本节利用户主受教育程度、家庭规模、劳动力数量、人均收入、生活满意度、与外界的联系强度（从不联系=1、偶尔联系=2、一般=3、比较密切=4、非常密切=5）、社会地位（家里是否有村委成员，是=1、否=0）等指标反映农户的家庭特征，利用虚拟变量（汉族=1、回族=2、藏族=3）反映农户的民族属性，来考察农户家庭特征及民族属性对农户社会资本的影响。研究中将社会资本各维度指数及社会资本总指数作为因变量，将上述因素作为自变量，利用最小二乘法分析各因素对农户社会资本的影响（表2-5）。

从表2-5可以看出：①户主受教育程度对农户的制度信任度、社会资本指数有显著影响，且均呈正相关关系，户主受教育程度每提高1个单位，二者将分别提高0.119、0.077个单位；②家庭规模对农户的网络水平、普遍信任度、规范水平及社会资本指数均有显著影响，p值均小于0.05，且均呈负相关关系，家庭规模每增加1个单位，它们将分别降低0.101、0.038、0.036、0.037个单位；③家庭劳动力数量对农户的网络水平、普遍信任度、制度信任度有显著影响，p值均小于0.001，它与农户的网络水平、普遍信任度呈正相关关系，与制度信任度呈负相关关系，它每提高1个单位，农户的网络水平、普遍信任度分别提高0.046、0.024个单位，但制度信任度降低0.024个单位；④人均收入对农户的制度信任度、规范水平、社会资本指数有显著影响，且均呈负相关关系，但人均收入变化对它们的影响非常微弱；⑤社会满意度对农户的普遍信任度、制度信任度、规范水平、社会资本指数均有显著影响，且呈正相关关系，社会满意度每提高 1 个单位，它们分别提高 0.065、0.190、0.090、0.110 个单位；⑥与外界联系强度对农户的普遍信任度、制度信任度及社会资本指数有显著影响，且均呈正相关关系，与外界的联系强度每提高 1 个单位，它们分别提高 0.093、0.079、0.039 个单位；⑦社会地位对农户的网络水平、制度信任度、规范水平及社会资本指数有显著影响，除规范水平外，p 值均小于 0.001，且均呈正相关关系，社会地位每提高 1 个单位，它们分别提高 0.400、0.395、0.142、0.238 个单位；⑧民族属性对农户的普遍信任度、制度信任度、规范水平及社会资本指数均有显著影响，p 值均小于 0.001。

表 2-5　影响农户社会资本的因素

变量	网络水平	普遍信任度	制度信任度	规范水平	社会资本指数
截距	3.391*** (0.394)	2.084*** (0.196)	1.448*** (0.232)	3.244*** (0.198)	2.232*** (0.147)
户主受教育程度	0.091 (0.056)	0.044 (0.028)	0.119*** (0.033)	0.021 (0.028)	0.077*** (0.021)
家庭规模	-0.101** (0.035)	-0.038** (0.017)	-0.012 (0.021)	-0.036** (0.018)	-0.037** (0.013)
家庭劳动力数量	0.046*** (0.011)	0.024*** (0.005)	-0.024*** (0.006)	0.007 (0.006)	0.004 (0.004)
农户人均收入	0.000 02 (0.000)	-0.000 01 (0.000)	-0.000 01* (0.000)	-0.000 01** (0.000)	-0.000 01* (0.000)
农户的生活满意度	-0.004 (0.053)	0.065** (0.026)	0.190*** (0.031)	0.090*** (0.027)	0.110*** (0.020)
农户与外界联系强度	-0.057 (0.063)	0.093*** (0.031)	0.079** (0.037)	-0.050 (0.032)	0.039* (0.023)
农户的社会地位	0.400*** (0.102)	-0.030 (0.051)	0.395*** (0.060)	0.142** (0.051)	0.238*** (0.038)
民族属性	0.098 (0.074)	0.373*** (0.037)	0.289*** (0.044)	0.158*** (0.037)	0.260*** (0.028)
R^2	0.068	0.234	0.225	0.088	0.239
f 值	5.159***	24.901***	23.712***	7.837***	25.598***

注：*在 0.1 水平上显著，**在 0.05 水平上显著，***在 0.001 水平上显著。
括号内为标准差。

2. 关键影响因素

（1）受教育程度。研究结果显示，户主受教育程度对农户的制度信任度、社会资本指数有显著影响，而且随着户主教育程度的提高，农户的制度信任度、社会资本指数也随之提高。Hall（1999）、Bynner（2002）、Putnam（1993）等也发现，在个人与集体层面上，教育均与较高水平的社会资本相联系，这主要因为个人受教育时间越长，社会网络规模越大、结构越复杂，拥有的信息来源越多，结构性视野也越好，社会交往范围更广，更容易出入资源丰富的社会圈子，因而使其社会资本提高。可见，加大人力资本投资、提高农户的受教育程度是增加农户社会资本存量的有效措施。

（2）劳动力数量。研究结果显示，家庭劳动力数量对农户的网络水平、普遍信任度有显著影响，而且随着劳动力数量的增加，农户的网络水平、普遍信任度也随之提高。边燕杰（2004）、邹宇春（2011）等也发现社会资本受职业活动的影响。这主要因为人们的大部分时间是在职业活动场域中度过的，职业活动所提供的稳定交往场域已成为社会交往的发展源泉，家庭劳动力数量越多，意味着家庭的业缘网络规模越大，网络异质性越强，与不同群体交往的机会越多，因而其网络水平、普遍信任度较高。但研究结果显示，家庭规模与农户的网络水平、普遍信任度、规范水平及社会资本总指数呈负相关关系，这可能是因为较高的家庭负担系数会使农户与外界的交往受限，从而使其社会资本降低。可见，提高农户的生计多样化程度，有助于农户获得发展社会网络的不同业缘基础，从而增加农户的社会资本。

（3）社会地位。研究结果显示，社会地位对农户的网络水平、制度信任度、规范水平及社会资本指数有显著影响，而且随着社会地位的提高，农户的网络水平、制度信任度、规范水平及社会资本指数也提高。Lin Nan（2001）、边燕杰（2004）也指出，社会地位越高，获取良好社会资本的可能性就越大。这主要因为处于高位置的人对有价值的资源具有更大的获取机会和控制权，与低位置相比，高位置具有以更高的速率积累资源的能力，从而使其在获取和动员拥有好的社会关系上具有优势；而且，个人及其家庭所处的社会地位会影响他们的社会交往方式和范围，从而影响其社会网络大小、网顶高低、网差大小及网络构成。

（4）信息交流。研究结果显示，与外界的交流频率对农户的普遍信任度、制度信任度及社会资本指数具有显著影响，且随着交流频率的提高，农户的普遍信任度、制度信任度及社会资本指数随之提高。这主要因为对于嵌入在社会网络中的个体或家庭而言，日常的、非正式的交流是维系社会关系的主要力量，而且这些交流中承载着资本（信息、影响、社会信用和自我身份认同）。这种日常的、重复不断的交流不仅会扩大和提高个体或家庭对外界的察觉与了解程度，而且高强度的信息流动会给社会交流中的参与者带来重要的潜在价值。可见，加强农户与外界的交流是提高农户社会资本的有效途径。

（5）生活质量。研究结果显示，生活满意度对农户的普遍信任度、制度信任度、规范水平及社会资本指数具有显著影响，且呈正相关关系。这主要因为较高的生活满意度不仅能增强家庭对共享规范、价值观等的认同，更有助于提高其他家庭对其的认同度与信任度，促使其社会地位提高、社会交往范围扩大，从而使农户能够获得较高的社会资本。可见，提高生活质量是促进农户社会资本积累的关键举措。

（6）民族属性。研究结果显示，民族属性对农户的普遍信任度、社会信任度、制度信任度、规范水平及社会资本指数均有显著影响。这主要因为不同民族农户信仰的宗教不同，不同民族地区的传统文化特色各异，致使不同民族农户参与的社会网络、共享标准、规范、价值观、态度等均不相同。可见，农户的社会资本培育必须考虑其所在区域的传统文化。

第三章
社会资本与经济发展

区域经济发展差异是世界各国发展过程中普遍存在的现象,探寻引起差异的原因一直是国内外学术界与决策层广泛关注的问题。20 世纪以来,虽然经济学的分析工具得到了较大发展,但仍难以很好地解释相同资源禀赋下的区域经济发展差异。近年来,越来越多的研究开始从历史、文化和制度等层面考察区域经济发展,解释因素从专业化、集聚转向社会与文化资本,包括信任、社会网络、社会认知、企业合作及创新环境等。作为实现区域可持续发展的关键资本,社会资本主要通过减少机会主义行为、促进技术和市场信息传播、减少"搭便车"行为以及降低交易成本而促进区域经济发展。尤其随着自然资源禀赋对经济发展的重要性日益下降以及人力资本在一定程度上的收敛,社会资本在区域经济发展中的地位和作用日渐凸显。

第一节 社会资本与信贷行为

一、农户的信贷行为

信贷获取对农户的生产生活安排、农村经济发展具有重要作用。从信贷获取途径出发,可将信贷分为正规信贷和民间信贷,由于存在明显的信息不对称,加之信贷机构难以有效鉴别农户,为了控制信贷风险,信贷机构往往对农户贷款附加许多限制,导致一部分真正需要贷款的农户无法获得贷款,出现信贷约束。目前,信贷约束已成为发展中国家农村地区的普遍现象,我国也仅有27%的农户能获得正规渠道贷款,在有贷款需求的农户中,大约有 40%的农户不能获得正规贷款支持，因此，大多数农户转向了民间贷款。近年来，大量研究发现，社会资本对信贷行为尤其是民间信贷具有重要影响。

（一）数据来源

课题组以甘南州、临夏州和张掖市为研究区，2011年7～8月在三个地区采取分层抽样法选取受访户开展了入户调查。调查中，在每个县选取了1～2个乡，在每个乡镇分别选取了一个村，共调查了667户农户，收回有效问卷665份，其中，甘南州217份、临夏州225份、张掖市223份。调查内容主要包括：①农户的信贷情况，主要为是否申请过农村信用社贷款，如果没有，原因是什么，如果申请过，那么是否申请到了足额的贷款？②农户的社会资本，包括对同质群体的信任、对异质群体的信任、是否参加社团、参加组织活动的频率、奉献程度、互惠程度；③农户的家庭属性，包括家庭总人口、户主年龄、人均耕地面积、人均草地面积、家庭年收入、家具价值、房屋数量、劳动力比重、劳动力受教育程度。

（二）农户的信贷行为

调查结果显示，张掖市申请贷款的农户数量远大于甘南州和临夏州。其中，张掖市有65.91%的受访户申请过贷款，而临夏州的该比重仅为30.67%。进一步分析发现，申请过贷款的农户中有26.5%的农户未获得贷款，46.2%的农户未获得足额贷款，仅有27.4%的农户获得了足额贷款。

总体来看，未获得贷款和未获得足额贷款的最主要原因是手续麻烦，其次是利率太高，再次为未还清贷款，持上述观点的农户比重分别为29.33%、20.80%、14.40%。进一步分析发现，在甘南州，农户未申请贷款的最主要原因是手续麻烦，持此观点的农户比重为49.25%；在临夏州，主要原因是缺少抵押品，持此观点的农户比重为23.46%；而张掖市的主要原因是利率太高，持此观点的农户比重为32.91%。

二、社会资本对农户信贷行为的影响

（一）假设的提出

曾康霖和叶敬忠（2004）发现，拥有较多社会资本的农户更容易成为农村正规金融机构的发贷对象；张建杰（2008）在研究中也发现，社会资本较高的农户，其正规信贷的实际发生率也较高，且户均信贷规模明显较大；张晓明

(2007)则指出,借助社会资本,金融机构可通过农户团体贷款业务、还款安排、后续贷款激励机制等,将单一的外部监督转化为内外双重监督并重,通过组织内部的制度压力和社会压力,提高农户还款率,降低监督和交易成本;费孝通(1999)指出,在农村信贷市场,信任与合作成为农户和农村金融服务机构双方最优的选择,并形成无形的抵押品,可有效控制违约现象的发生。课题组在调查中也发现,社会资本高的地区信贷发生比例也高。基于此,提出以下研究假设:

H_1:信任对信贷行为发生率有正向影响。

H_2:网络对信贷行为发生率有正向影响。

H_3:规范对信贷行为发生率有正向影响。

(二)研究方法

1. 指标选取

已有研究与实地调研均发现,信贷行为除受社会网络、共享规范及社会信任的影响外,还受家庭收入、户主年龄、劳动力受教育程度等因素的影响。而且,与制度信任相比,普遍信任对农户信贷行为(尤其是非正规信贷行为)的影响更为关键。鉴于此,在分析社会资本对信贷行为的影响时,以社会网络、规范及普遍信任(对同质群体及异质群体的信任)作为解释变量,以家庭收入、户主年龄、劳动力受教育程度等作为控制变量(表3-1)。

2. 模型设计

按照贷款意愿,可将正规信贷行为分为有贷款意愿和无贷款意愿两种,在此仅考虑有贷款意愿的农户,把有贷款意愿的农户分为三类:向信贷机构贷款而未获得贷款的农户,其信贷行为发生率赋值为1;向信贷机构贷款而未获到足额贷款的农户,其信贷行为发生率赋值为2;向信贷机构贷款且获到足额贷款的农户,其信贷行为发生率赋值为3。

采用多项Logistic回归模型分析社会资本对信贷行为的影响,并利用最大似然估计法对其回归参数进行估计。设计模型时,为了清晰、简明地估算社会资本变化引起的信贷发生概率变化,把信贷行为发生率简化为1~3型因变量,具体模型如下:

$$P = e^{(b_0+b_1x_1+b_2x_2+\cdots+b_mx_m)} / (1 + e^{(b_0+b_1x_1+b_2x_2+\cdots+b_mx_m)}) \quad (3-1)$$

式中,P表示信贷行为发生率;x_m表示解释变量,指影响因素,包括社会资本、控制变量和民族属性。发生比率(Odds Ratio,OR)为$P/(1-P)$,发生比

率用来对各自变量的 Logistic 回归系数进行解释,发生比率用参数估计值的指数来计算:

$$odd(P_i) = Exp(\beta_0 + \beta_1 x_1 + \cdots + \beta_m x_m) \qquad (3\text{-}2)$$

式中,β_m 表示解释变量 x_m 变化 1 单位时 $\ln(OR)$ 变化 β_m 个单位。β_m 为正值,表示解释变量每增加一个单位,发生比会相应增加 β_m 个单位;β_m 为负值,则表示解释变量每增加一个单位,发生比会相应减少 β_m 个单位。

表 3-1 变量及其赋值

变量	指标	赋值
社会信任	对同质群体的信任	1(完全不信任)~5(完全信任)
	对异质群体的信任	
社会网络	社团、组织或协会的参与	1(是),0(否)
	参加社团活动的频率	1(从不)~3(经常/每次)
社会规范	是否做过对村里有益的事	1(是),0(否)
	是否愿意维护公共设施	1(肯定不会)~5(肯定会)
控制变量	家庭人口	家庭的总人口数,用来表示家庭规模
	户主年龄	用来表示家庭形态
	人均耕地面积	家庭人均耕地面积
	人均草地面积	家庭人均草地面积
	家庭年收入	家庭年收入
控制变量	家具价值	家里所有家具的总价值
	房屋数量	家庭拥有房屋的间数
	劳动力比重	家庭劳动力占家庭人口的比重
	劳动力受教育程度	劳动力平均受教育程度
虚拟变量	是否汉族	是=1,否=0
	是否藏族	是=1,否=0

(三)社会资本对农户信贷行为的影响

为了检验上述假设,将社会资本不同维度及控制变量作为自变量引入多项 Logistic 回归模型。采用向后逐步剔除法拟合模型,首先将控制变量和虚拟变量引入多项 Logistic 回归模型,然后将社会资本的三个维度依次引入模型,以此观察社会资本对农户信贷行为发生率的影响。模型(1)只引入控制变量和虚拟变量进行分析,模型(2)则引入了网络维度、信任维度和规范维度。在进行模型拟合时，家庭总人口、家具价值、房屋数量、户主年龄和劳动力比重等指标没有进入上述模型，故被剔除。

模型（1）的 $H\text{-}L$ 拟合优度统计量为 9.37，p 值为 0.31（$p>0.05$），R^2 为 0.37，说明该模型具有很好的拟合优度，且该模型中的变量对信贷行为的发生具有一定的解释力。模型（2）的 $H\text{-}L$ 拟合优度统计量为 10.01，p 值大于 0.05，R^2 为 0.54，说明该模型具有很好的拟合优度，而且引入网络维度、信任维度和规范维度后，模型的解释度提高了 17%。可见，社会资本对农户信贷行为发生率有显著的影响。

模型（1）中，家庭年收入、劳动力受教育程度与农户信贷行为发生率在 0.01 水平上显著正相关。与没有获得贷款的农户相比，家庭年收入、劳动力受教育程度每提高 1 个单位，农户无法获得足额贷款的概率将分别提高 0.78、0.25 个单位，获得足额贷款的概率将提高 0.79、0.11 个单位。而人均草地面积、人均耕地面积与农户信贷行为发生率在 0.001 水平上显著负相关，人均草地面积、人均耕地面积每增加 1 个单位，农户无法获得足额贷款的概率将降低 0.03、0.18 个单位，获得足额贷款的概率将分别降低 0.02、0.31 个单位。与此同时，与回族农户相比，汉族和藏族农户获得贷款的概率更高。

模型（2）中，信任度、网络水平和规范度与农户信贷行为发生率在 0.01 水平上正相关。与没有获得贷款的农户相比，信任度、网络水平和规范度每提高 1 个单位，农户无法获得足额贷款的概率将分别增加 0.03、0.02、0.04 个单位，获得足额贷款的概率将分别增加 0.12、0.03、0.07 个单位。可见，社会资本的每个维度都对信贷行为发生率有促进作用，这个结果证实了 H_1、H_2 和 H_3（表 3-2）。

综上所述，社会资本的信任、网络和规范维度均与信贷行为发生率呈显著正相关关系；人力资本、物质资本和金融资本对农户信贷行为也有促进作用，但自然资本对农户信贷行为有负面影响。鉴于此，政府应大力支持农业合作社、互助组等社团，引导农户参与各种合作组织，拓宽农户的社会关系网，增强农户对同质群体和异质群体的了解与信任，增加社会资本存量，从而提高信贷信息的可靠性，减少信贷约束。与此同时，应建立完备的信贷体系，改善贷款环境和优化贷款程序，方便农户信贷，减少信贷约束。

表 3-2 模型参数及其检验

变量	模型（1）				模型（2）			
	没有获得足额贷款		获得足额贷款		没有获得足额贷款		获得足额贷款	
	估计系数	优势比	估计系数	优势比	估计系数	优势比	估计系数	优势比
常数	1.38***		2.50***		1.54***		2.45***	
信任度					0.03**	1.03	0.12**	1.13
网络水平					0.02**	1.02	0.03**	0.97
规范度					0.04**	1.06	0.07**	0.94
人均草地面积	-0.03***	1.03	-0.02***	1.01	-0.03***	1.03	-0.01***	1.01
人均耕地面积	-0.18***	1.20	-0.31***	0.73	-0.19***	1.20	-0.34***	0.72
家庭年收入	0.78**	1.46	0.79**	1.50	0.78**	1.60	0.76**	1.63
受教育程度	0.25**	1.05	0.11**	1.11	0.25**	1.05	0.10**	1.11
汉族	0.14**	1.04	0.32**	1.10	0.16**	1.05	0.33**	1.10
藏族	0.49**	1.80	0.48**	1.41	0.49**	1.79	0.47**	1.42

注：**在 0.01 水平上显著，***在 0.001 水平上显著。
参考类别为没有获得贷款的农户。

第二节 社会资本与农户增收

一、社会资本对农户收入的影响程度

（一）农户的社会资本

1. 数据来源

课题组采用参与式农村评估法获取研究所需的数据。2011 年 7~8 月，采用分层随机抽样法进行入户调查。在张掖市抽取 7 个村，每村抽取 30~35 户；临夏州抽取 6 个回族村，每村抽取 35~40 户；甘南州抽取 7 个藏族村，每村抽取 20~40 户。调查中均主要由户主回答问题，家庭其他成员进行补充。每个地区发放问卷 230 份，删除信息不全的问卷，共收回有效问卷 665 份，其中张掖市 223 份、临夏州 225 份、甘南州 217 份。调查内容包括农户个体特征、家庭特征、收入情况、农户对外界的信任、社会网络状况以及规范等六个方面。

2. 研究方法

（1）社会资本测量指标。Putnam（1993）及众多学者都认为社会资本的核心要素包括信任、网络与规范。基于此，从信任、网络、规范等维度选取替代

指标测量社会资本。信任通常包括建立在血缘关系、社会关系之上的特殊信任和基于社会规则、制度约束的普遍信任，故分别采用对家人及陌生人的信任程度来测量特殊信任与普遍信任；网络的结构、个体在网络中所处位置以及网络中所嵌入的资源反映着社会网络的基本特征，考虑到数据的可得性和测量的简便性，采用社团参与及网络中嵌入的资源来测量网络；规范通常包括管理规范和互惠规范，故采用不参加集体活动（如，修路、打扫公共卫生等）而受到惩罚的可能性以及村里人帮助发生不幸的人的可能性来测量（表3-3）。

表3-3 社会资本的测量指标

要素	测量指标	测量问题	赋值
信任	特殊信任	对家人的信任程度如何	1（极不信任）～5（极度信任）
	普遍信任	对陌生人的信任程度如何	
网络	社团参与	是否参与社团	1（是），0（否）
	嵌入网络中的资源	亲戚会借钱给你吗	
规范	管理规范	不参加集体活动会受到惩罚吗	1（肯定不会）～5（肯定会）
	互惠规范	村里人会帮助发生不幸的人吗	

（2）社会资本的测量方法。由于熵值法能够克服多指标变量人为确定权重的主观性，所给出的指标权重值比层次分析法和专家经验评估法有更高的可信度，故采用熵值法确定各指标的权重，然后利用加权求和法计算社会资本指数。

具体步骤如下：

① 指标标准化，由于所选取的指标均为正向指标，故标准化公式为

$$x'_{ij} = x_{ij} / x^*_{j\max} \tag{3-3}$$

式中，x_{ij} 为第 i 个样本第 j 个指标的指标值，x'_{ij} 为其标准化值，$x^*_{j\max}$ 为指标 j 的最大值。

② 计算第 j 项指标下第 i 个样本指标值的比重 p_{ij}：

$$p_{ij} = x'_{ij} / \sum_{i=1}^{m} x'_{ij} \tag{3-4}$$

③ 计算第 j 项评价指标的熵值 e_j：

$$e_j = -1/\ln m \cdot \sum_{i=1}^{m} p_{ij} \ln p_{ij} \tag{3-5}$$

④ 计算第 j 项评价指标的权重 w_j：

$$w_j = (1 - e_j) / \sum_{i=1}^{n} (1 - e_j) \tag{3-6}$$

⑤ 农户社会资本指数的计算：

$$\text{SCI}_i = \sum w_j \cdot x'_{ij} \qquad (3\text{-}7)$$

式中，SCI_i 为第 i 个农户的社会资本指数；w_j 为各指标的权重；x'_{ij} 为各指标的标准化值。

3. 农户的社会资本特征

从信任维度来看，张掖市受访农户的信任度最高，达 0.2691；甘南州次之，为 0.2355；临夏州最低，仅为 0.2074（表 3-4）。进一步分析发现，农户对家人信任度的区域差异非常小，其中，甘南州、临夏州、张掖市分别有 88%、86.2%和 86.5%的受访户对家人非常信任，表明三个地区基于血缘关系的特殊信任度都很高，并未表现出明显的空间异质性。与此相反，农户对陌生人信任度的区域差异较大，其中，张掖市农户对陌生人的信任度最高，有 21.1%的受访户对陌生人非常信任，而甘南州、临夏州该比例仅分别为 12.9%、3.1%。

从网络维度看，张掖市网络指数高达 0.3468，其后依次为临夏州和甘南州，网络指数分别为 0.3106 和 0.3104（表 3-4）。进一步分析发现，张掖市、甘南州和临夏州农户的社团参与度依次降低，三个地区参与社团的农户比重分别为 87%、82.03% 和 76.89%；但张掖市嵌入网络中的资源最丰富，临夏州次之，甘南州最低，其中，甘南州仅有 12.4%的农户可从亲友处借到钱，而临夏州和张掖市分别有 18.2%和 49.3%的农户可从亲友处借到钱。

表 3-4 社会资本不同维度的权重及评价值

要素	指标	权重	张掖市	甘南州	临夏州
信任	普遍信任	0.0181	0.2516	0.2177	0.1897
	特殊信任	0.3300	0.0176	0.0177	0.0177
	信任指数	—	0.2691	0.2355	0.2074
网络	社团参与	0.2075	0.1894	0.1846	0.1785
	嵌入网络中的资源	0.1780	0.1574	0.1258	0.1321
	网络指数	—	0.3468	0.3104	0.3106
规范	管理规范	0.1389	0.0938	0.0882	0.0931
	互惠规范	0.1275	0.1057	0.1036	0.1017
	规范指数	—	0.1995	0.1918	0.1948
	社会资本指数		0.8154	0.7377	0.7128

从规范维度看，张掖市规范度最高，为 0.1995，其次是临夏州，规范指数为 0.1948，甘南州仅为 0.1918（表 3-4）。进一步分析发现，张掖市、临夏州和甘南州管理规范度依次降低，但互惠规范度由高到低依次是张掖市、甘南州和临夏州。其中，张掖市有73.5%的农户愿意积极帮助发生不幸的人，甘南州、临夏州该比重分别为68.2%、62.2%。

（二）社会资本对农户收入的影响程度

1. 研究假设及变量选取

社会资本作为一种重要的促进经济增长的非市场化力量，对劳动者收入产生重要影响。唐为等（2011）发现，信任作为社会资本的核心，是经济活动的润滑剂，通过建立高效率、低成本的交易而提高农民收入水平；网络作为社会资本最普遍的形式，宏观上对区域经济发展有一定的影响，对农村居民间的收入差距贡献很大；各种规范和约束对收入分配也有着重要影响。基于已有研究，课题组提出以下假设：

H_4：信任对农户收入有显著的正向影响。

　　H_{41}：普遍信任对农户收入有显著的正向影响；

　　H_{42}：特殊信任对农户收入有显著的正向影响。

H_5：网络对农户收入有显著的正向影响。

　　H_{51}：社团参与对农户收入有显著的正向影响；

　　H_{52}：嵌入网络中的资源对农户收入有显著的正向影响。

H_6：规范对农户收入有显著的正向影响。

　　H_{61}：管理规范对农户收入有显著的正向影响；

　　H_{62}：互惠规范对农户收入有显著的正向影响。

大量研究表明，人力资本、自然资本、物质资本、地区属性都会对农户收入产生影响。鉴于此，将上述要素作为控制变量引入解释方程。其中，用成年劳动力比重、劳动力素质及劳动者经验表征人力资本，用人均耕地面积和人均草场面积表征自然资本，以房屋数量、生产生活用品价值表征物质资本（表 3-5）。同时，将地区属性作为虚拟变量引入解释模型（回族地区：是=1，否=0；藏族地区：是=1，否=0）。

2. 模型设计

鉴于半对数模型在以往文献中被普遍应用，且通过比较各种形式的收入方程，发现半对数模型或优于其他模型，或与其他模型相比没有显著的拟合优度

表 3-5 变量特征

变量		最小值	最大值	均值	标准差
人力资本	成年劳动力比重	0.00	1.00	0.64	0.22
	人均受教育年限	0.00	15.00	6.55	2.59
自然资本	人均草地面积	0.00	95.00	5.63	18.12
	人均耕地面积	0.00	30.00	2.06	2.92
物质资本	生产生活用品价值	6.91	12.47	9.57	0.85
	房屋数量	1.00	97.00	25.92	13.36
地区属性	藏族地区	0.00	1.00	—	—
	回族地区	0.00	1.00	—	—
社会资本	普遍信任	0.1100	0.3300	0.2196	0.0687
	特殊信任	0.0091	0.0181	0.0177	0.0013
	社团参与	0.1038	0.2075	0.1841	0.0434
	嵌入网络中的资源	0.0593	0.1780	0.1386	0.0316
	管理规范	0.0463	0.1389	0.0917	0.0186
	互惠规范	0.0425	0.1275	0.1037	0.0199
	社会资本	0.4475	1.0000	0.7553	0.1140

差异,故采用以明瑟收入方程为基础的半对数模型,将社会资本各要素及上述控制变量、虚拟变量引入模型进行拟合。所采用的模型可表述为

$$\ln Y = \beta_0 + \beta_1 x_1 + \cdots + \beta_k x_k + \varepsilon \tag{3-8}$$

式中,Y 为人均收入;x 为自变量;k 为引入方程的自变量个数;β_0 为常数项;β_k 为回归系数;ε 为随机扰动项。

3. 社会资本不同维度对农户收入的影响程度

为了更好地分析社会资本对农户收入的影响,模型(1)仅考察人力资本、自然资本、物质资本及地区属性等控制变量对收入的影响;模型(2)~模型(4)在模型(1)的基础上分别引入社会资本的信任、网络、规范维度;模型(5)在模型(1)的基础上引入社会资本指数,考察社会资本指数是否对收入具有解释力。其中,模型(1)的 f 统计量在 0.01 水平上显著,调整的 R^2 为 0.470,说明人力资本、自然资本、物质资本、地区属性可以解释农户收入的 47.0%;模型(2)~模型(5)的 f 统计量均在 0.01 水平上显著,调整的 R^2 较模型(1)均有提高,充分说明社会资本对农户收入有显著影响。进一步分析发现,模型(5)调整的 R^2 值达到 0.608,远高于其他模型,说明社会资本

三要素协同作用对收入的影响更显著，且网络对农户收入的解释度高于信任与规范（表 3-6）。

表 3-6 模型参数和检验

变量	模型（1）	模型（2）	模型（3）	模型（4）	模型（5）
成年劳动力比重	0.024	0.037	0.017	0.031	0.037
人均受教育年限	0.134***	0.125***	0.055*	0.113***	0.088***
人均草地	0.288***	0.199***	0.147***	0.233***	0.131***
人均耕地	0.077**	0.074**	0.088***	0.082***	0.066*
生产生活用品价值	0.054**	0.034	0.039	0.059*	0.033
房屋数量	0.245***	0.204***	0.130***	0.223***	0.148***
普遍信任		0.348***			
特殊信任		0.012			
社团参与			0.057**		
嵌入网络中的资源			0.439***		
管理规范				0.022	
互惠规范				0.179***	
社会资本总指数					0.445***
藏族地区	-0.489***	-0.398***	-0.292***	-0.471***	-0.337***
回族地区	-0.519***	-0.374***	-0.359***	-0.501***	-0.342***
调整的 R^2	0.470	0.566	0.600	0.499	0.608
f 统计量	74.506***	87.398***	100.193***	66.964***	114.924***

注：*在 0.1 水平上显著，**在 0.05 水平上显著，***表示在 0.01 的水平上显著。

（1）信任对农户收入的影响程度。模型（2）中，调整的 R^2 与模型（1）相比提高了 0.096，即引入社会资本的信任维度使模型的解释力有所提高。其中，普遍信任的回归系数为正数，且在 0.01 水平上显著，特殊信任的回归系数虽为正值但不显著，说明农户对陌生人的信任度越高，越有助于其收入增加，且普遍信任度每增加 1 个单位，农户收入的对数增加 4.549 个单位，而农户对家人的信任度对其收入无显著影响，即假设 H_{41} 成立，而假设 H_{42} 不成立。究其原因，主要在于对陌生人的信任度越高，农户的社会网络就越丰富，获得的信息与资源也就越多，因而越有利于其增收。

（2）社会网络对农户收入的影响程度。模型（3）的 R^2 较模型（1）增加了 0.13，可见网络要素对农户收入有较强的解释力。其中，社团参与和嵌入网络中的资源的回归系数分别为 0.057 和 0.439，且分别在 0.05 和 0.01 水平上显著。这说明，参与社团的农户比未参与社团的农户的收入要高 0.057 个单位，且农户借到钱的能力每增加 1 个单位，其收入的对数值增加 0.439 个单位。因此，假设

H_{51} 和 H_{52} 均成立。

进一步分析发现，网络是社会资本三要素中对农户收入影响最大的因素，且网络中所蕴涵的资源对农户增收具有重要作用。张顺等（2011）的研究也得出类似结论，认为社会网络中的人情资源和信息资源与个体收入具有正相关关系，Zhang 等（2003）也认为社会网络在增加收入、缓解贫困中扮演着重要作用，赵剑治（2009）则认为社会网络的不对等是造成农户收入差距的重要原因。本研究也发现，社团参与对农户收入也有显著的正向影响，这主要是因为社团组织在沟通和联系网络方面具有重要作用，通过参与社团可促进人际之间的沟通合作，提高调动社会资源的能力，从而促进农户增收。

（3）规范对农户收入的影响程度。模型（4）调整的 R^2 为 0.499，比模型（1）增加了 0.029，说明社会资本的规范维度对收入也有影响。其中，管理规范度的回归系数为正值但不显著，互惠规范度在 0.01 水平上与农户收入的对数呈显著的正相关，且互惠程度每提高 1 个单位，收入的对数增加 0.179 个单位。因此，假设 H_{62} 成立而 H_{61} 不成立，即互惠规范度对收入有正向影响，而管理规范度对收入的影响不显著。

虽然已有研究发现管理规范有助于建立良好的投资和发展环境，从而吸引外来投入，增加当地就业和居民收入，促进区域经济发展，但因张掖市、甘南州与临夏州均未建立起完善的管理规范，且相关规范执行力度不足，故管理规范对农户收入的影响不显著；而互惠可促进信息共享和合作，有助于农户获得就业信息、市场信息、技术信息，从而促进农户增收，王燕（2007）的研究也得出了互惠可增加农户收入的结论。

二、社会资本对农户收入的影响机理

（一）研究假设

社会资本对农户收入具有直接影响，究其原因在于社会资本也是一种形式的资本，它对经济增长的直接作用类似于物质资本和人力资本。

社会资本通过提高农户的能力而对其收入产生影响。较高的社会资本意味着农户具有更广阔的交际圈和更丰富的社会资源，可以获得更多的教育、培训和交流机会，有助于提高个体获取信息和新技术的能力，使农户的人力资本存量得以提高，从而对劳动者的就业机会、薪资水平、职位性质等产生影响，进而影响劳动者收入。明瑟（1974）建立的人力资本差异决定个人收入差异的理论模型也表明，经验和教育水平是形成个人收入差距的显著性因素。

另有研究表明，拥有较高社会资本的农户，其正规信贷的实际发生率也较高，且户均信贷规模明显较大；同时，较高的社会资本有助于提高农户的抗风险能力。通常农户应对各种风险最有效的办法是储蓄，包括储蓄物质资源和人际关系资源，拥有丰富社会资本的农户往往可以凭借自己的地位、网络、信誉等获取更多的抗风险资源。而农户的信贷能力、抵御风险能力等均会对农户收入产生影响，国外有研究发现贷款可显著提高农户的劳动生产率和收入水平，国内研究也发现小额信贷会通过影响农户的非农就业、受教育程度等促进农户增收。课题组在实地调研中也发现，具有较强抗风险能力的家庭，其家境一般比较殷实，他们通常依靠较丰富的物质资本来缓解意外风险带来的压力。

除此之外，社会资本存量较高的农户更乐于参与各种活动，包括政治活动，而政治资源也有助于增加收入，尤其在我国农村地区，能够参与村庄事务决策的农户往往具有较高的社会地位，占据着大量的资源，掌握着一定的政治权力，他们的收入明显高于一般人。已有研究也发现，较大的政治资本一方面有助于社会的组织与合作；另一方面也有助于社会对政府的规制与约束，因而能够推动经济增长与政治发展的良性循环。

综上所述，社会资本不仅对农户收入具有直接作用，而且通过影响农户的信息获取能力、新技术获取能力、信贷能力、抗风险能力及政治参与能力而影响农户收入。基于此，提出以下假设：

H_7：社会资本对农户增收具有直接的促进作用。

H_8：社会资本通过影响农户的能力而间接地促进农户增收。

H_{81}：社会资本通过影响农户的新技术获取能力而促进增收；

H_{82}：社会资本通过影响农户的信息获取能力而促进增收；

H_{83}：社会资本通过影响农户的政治参与能力而促进增收；

H_{84}：社会资本通过影响农户的信贷能力而促进增收；

H_{85}：社会资本通过影响农户的抗风险能力而促进增收。

基于上述分析，将社会资本作为外因显变量，将农户的新技术获取能力、信息获取能力、抗风险能力、信贷能力及政治参与能力作为中介潜变量，以收入作为结果潜变量，建立原始路径模型，如图3-1所示。

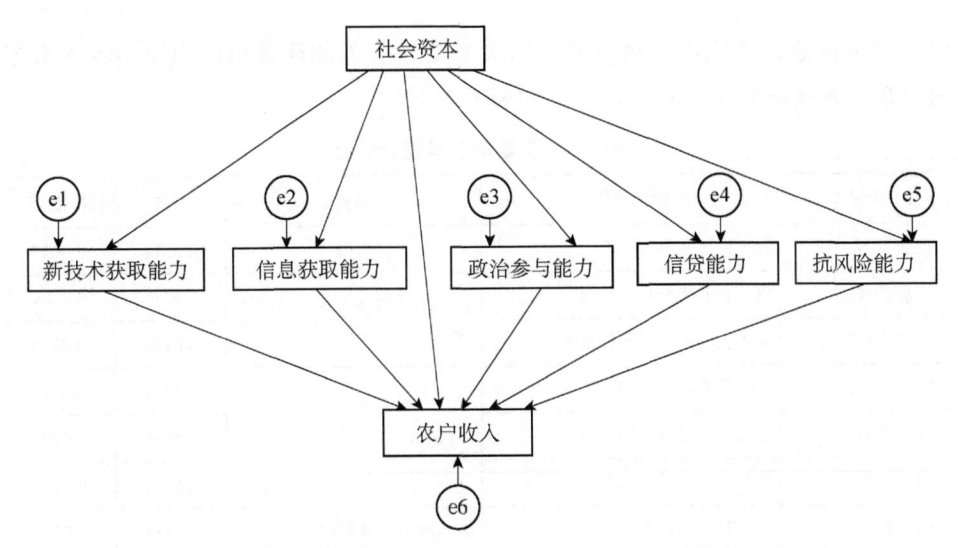

图 3-1　社会资本对农户收入的影响机理（假设模型）

（二）研究方法与变量选择

1. 研究方法

结构方程模型是当代行为与社会领域量化研究的重要统计方法，它融合了传统多变量统计分析中的"因素分析"与"线性模型之回归分析"等统计技术，对于各种因果模型可进行模型辨识、估计和验证。鉴于此，利用路径分析模型来解析社会资本对农户收入的影响机理，它是不含测量模型、只有结构模型的结构方程模型。当结构方程模型中各潜变量均只有一个观察变量或测量指标时，所有的测量指标均能 100%解释潜在变量的变异，其测量误差是 0，即各潜变量只有一个观察变量，这种潜在变量间的结构模型称为路径分析。潜在变量间的因果关系模型表达式为

$$\eta = B\eta + \gamma\xi + \zeta \text{ 或 } \eta = \gamma\xi + \zeta \tag{3-9}$$

式中，η 为内因潜变量；B 为内因潜变量间的回归系数矩阵；γ 为外因潜变量与内因潜变量间的系数矩阵；ξ 为外因潜变量；ζ 为残差项。

2. 变量选取

基于 Putnam（1993）提出的分析框架，从信任、网络、规范角度来建立社会资本测算指标体系。利用熵值法确定社会资本各指标的权重，运用加权求和法测算三个地区的农户社会资本指数，以此作为外因变量；通过问卷调查获取农户的新技术获取能力、信息获取能力、抗风险能力、信贷能力及政治参与能

力等相关信息,作为中介潜变量;结果潜变量收入的测量指标为原始收入数据的对数。各变量的赋值及统计特征如表 3-7 所示。

表 3-7 变量赋值及统计特征

变量	指标选择	赋值	均值	标准差
社会资本	社会资本指数	实测值计算所得	0.6524	0.0047
信息获取能力	别人会和您分享信息吗	1(肯定不会)~5(肯定会)	3.5579	0.0384
新技术获取能力	别人会和您分享新技术吗		3.6135	0.0375
抗风险能力	是否具有抗风险能力		0.3729	0.0188
信贷能力	是否具有信贷能力	1(是),0(否)	0.3173	0.0181
政治参与能力	是否参与村委会选举		0.6571	0.0184
农户收入	农户收入的对数	由实测值计算所得	8.0451	0.0393

(三)社会资本对农户收入的影响路径

作为一种验证性方法,结构方程模型必须有理论或经验法则的支持,在理论引导的前提下才能构建假设模型。根据已有研究,初步构建路径模型,运用 AMOS17.0 软件进行分析,根据模型修正提示,对原有路径进行调整,直至模型能较好地识别(图 3-2)。

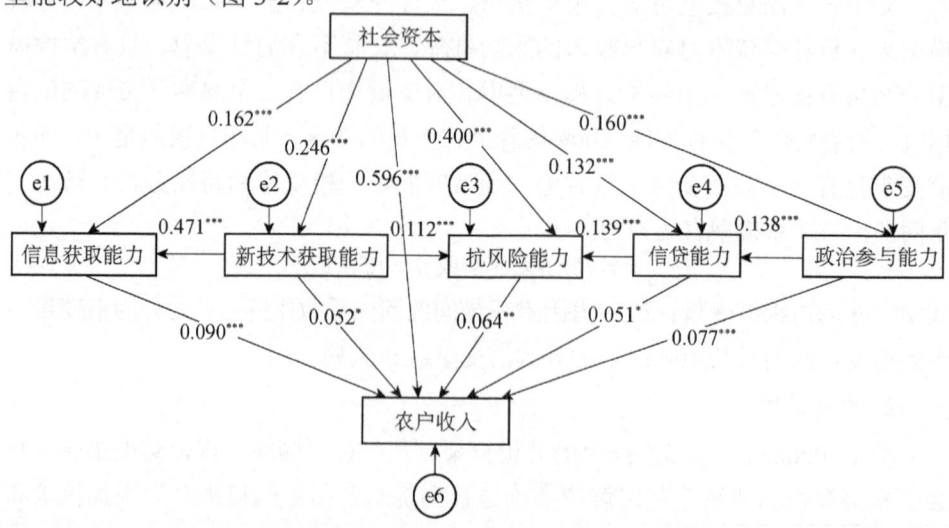

图 3-2 社会资本农对户收入的影响机理(标准化模型)

***在 0.01 水平上显著,**在 0.05 水平上显著,*在 0.1 水平上显著

1. 模型拟合情况

最终确定的模型整体适配度检验的卡方值自由度等于 1 时为 11.122，显著性概率 p=0.085，未达到 0.05 显著水平，接受虚无假设，表示理论模型与样本数据间可以适配。从其他适配指标来看，卡方自由度比值（CMIN/DF）为 1.854<2，CN 值=752>200，REMSEA 值=0.036<0.05，GIF 值=0.995、AGFI 值=0.978、NFI 值=0.988、RFI 值=0.959、IFI 值=0.995、TLI 值=0.981、CFI 值=0.994，均大于 0.9 的标准，预设模型的 AIC 值、BCC 值、BIC 值、CAIC 值、ECVI 值均小于独立模型的数值，也小于饱和模型的数值，表示整体模型的适配情形良好，理论模型与实际数据可以适配。

2. 社会资本对农户收入的总效应

从 AMOS 估计结果来看，社会资本对收入影响的总效应为 0.683。其中，0.596 是直接效应，且在 0.01 水平上统计显著，即当社会资本增加 1 个单位时，收入增加 0.596 个单位，说明社会资本对农户增收具有显著的促进作用，社会资本的培育对农户增收意义重大，而各种间接效应为 0.087，说明社会资本作为资本要素之一参与生产，且这种直接作用要远大于社会资本通过各中介变量而对收入产生的间接影响，假设 H_7 成立。

3. 社会资本对农户收入的间接效应

研究证实，社会资本除了对农户收入产生巨大的直接影响外，还通过提高农户的新技术获取能力、信息获取能力、抗风险能力、信贷能力及政治参与能力等间接地影响其收入（表 3-8）。

（1）以新技术获取能力为中介变量。社会资本对新技术获取能力的直接效应为 0.246，且在 0.01 水平上显著，表明社会资本对农户的新技术获取能力有显著的正向影响，社会资本每变化 1 个单位，农户收入相应地变化 0.246 个单位，但社会资本未通过其他途径而间接地影响农户的新技术获取能力。与此同时，农户的新技术获取能力又对其收入产生正向影响，且在 0.1 水平上显著，农户的新技术获取能力每增加 1 个单位，农户收入相应地增加 0.052 个单位，这充分说明农户的新技术获取能力对增收起到一定的促进作用。总体来看，社会资本通过影响新技术获取能力而对收入产生的间接效应达 0.013，假设 H_{81} 成立。

表 3-8　变量间的总效应、直接效应、间接效应

原因变量	结果变量	总效应	直接效应	间接效应
社会资本	政治参与能力	0.160	0.160	—
	新技术获取能力	0.246	0.246	—
	信贷能力	0.154	0.132	0.022
	抗风险能力	0.449	0.400	0.049
	信息获取能力	0.277	0.162	0.116
	人均收入对数	0.683	0.596	0.087
政治参与能力	信贷能力	0.138	0.138	—
	抗风险能力	0.019	—	0.019
	人均收入对数	0.085	0.077	0.008
新技术获取能力	抗风险能力	0.112	0.112	—
	信息获取能力	0.471	0.471	—
	人均收入对数	0.102	0.052	0.050
信贷能力	抗风险能力	0.139	0.139	—
	人均收入对数	0.059	0.051	0.009
抗风险能力	人均收入对数	0.064	0.064	—
信息获取能力	人均收入对数	0.064	0.090	—

（2）以信息获取能力为中介变量。社会资本对信息获取能力的总效应为 0.277。其中，直接效应为 0.162，且在 0.01 水平上显著，表明社会资本对农户的信息获取能力有显著的正向影响，社会资本每增加 1 个单位，信息获取能力平均提高 0.162 个单位；此外，社会资本还通过影响农户的新技术获取能力而间接地提升农户的信息获取能力，该间接效应达 0.116。其中，农户的新技术获取能力每增加 1 个单位，其信息获取能力增加 0.471 个单位，且在 0.01 水平上显著，而农户的信息获取能力又对其收入具有显著的正向影响，当农户信息获取能力增加 1 个单位时，农户收入增加 0.090 个单位，该影响在 0.01 水平上显著。总体来看，社会资本通过影响信息获取能力而对收入产生的间接效应达 0.025，假设 H_{82} 被证实。

（3）以政治参与能力为中介变量。社会资本对政治参与能力的直接效应为 0.160，且在 0.01 水平上显著，表明社会资本对农户信息获取能力有显著的正向影响，社会资本每变化 1 个单位，农户收入相应地变化 0.160 个单位。与此同时，农户的政治参与能力对其收入也具有正向影响，且在 0.01 水平上显著，当

政治参与能力增加 1 个单位时,农户收入增加 0.077 个单位。总体来看,社会资本通过影响政治参与能力而对收入产生的间接效应为 0.012,假设 H_{83} 成立。

(4) 以信贷能力为中介变量。社会资本对农户信贷能力的总效应为 0.154。其中,直接效应为 0.132,且在 0.01 水平上显著,表明社会资本对农户信贷能力有显著的正向影响,社会资本每变化 1 个单位,农户信贷能力相应地变化 0.132 个单位。此外,社会资本还通过影响农户的政治参与能力而间接地影响农户的信贷能力,其路径系数为 0.138,且在 0.01 水平上显著,该间接效应达 0.022。与此同时,农户的信贷能力对其收入具有正向影响,具有信贷能力的农户比不具有的农户平均收入增加 0.051 个单位,该影响在 0.1 水平上显著。总体来看,社会资本通过影响信贷能力而对收入产生的间接效应为 0.007,假设 H_{84} 成立。

(5) 以抗风险能力为中介变量。社会资本对抗风险能力的直接效应为 0.400,且该路径在 0.01 水平上显著,表明社会资本对农户的抗风险能力有正向影响,即社会资本每增加 1 个单位,农户的抗风险能力增加 0.400 个单位。与此同时,社会资本还通过影响农户的新技术获取能力和信贷获取能力而影响其抗风险能力,二者的路径系数分别为 0.112 和 0.139,均在 0.01 水平上显著,即社会资本通过影响新技术获取能力和信贷能力而间接作用于抗风险能力的效应为 0.049;而抗风险能力对收入的影响效应为 0.064,且在 0.05 水平上显著。总体来看,社会资本通过影响农户的抗风险能力而对收入产生的间接效应为 0.029,假设 H_{85} 成立。

比较社会资本对农户各种能力的总效应,发现社会资本对农户抗风险能力的总效应最大,为 0.449,对信息获取能力、新技术获取能力、政治参与能力和信贷能力的总效应依次减小,分别为 0.277、0.246、0.160 和 0.154,这充分说明提高社会资本有助于提升农户的能力。在社会资本对收入的间接影响效应中,以新技术获取能力、信息获取能力、政治参与能力、信贷能力、抗风险能力等为中介的各条途径的贡献率分别是 15.12%、29.07%、13.95%、8.14%和 33.72%,说明农户抗风险能力对收入的影响力最大,而信贷获取能力的影响力最小。

模拟结果也显示,农户收入的多元平方数为 0.51,表明社会资本的直接作用及间接作用仅能解释农户收入的 51%,说明除上述因素外,还有其他因素影响着农户的收入,未来还应从历史、文化、制度、技术等方面出发,探索影响农户收入的关键因素,进一步完善上述理论模型。

总体来看，社会资本不仅对收入具有直接的促进作用，而且通过影响农户的信息获取能力、新技术获取能力、抗风险能力、信贷能力、政治参与能力等而间接作用于农户收入。因此，应从培育农户的社会资本、增强农户能力出发，寻找农户增收的新途径。首先，应积极鼓励农户拓展社会网络关系，并增强农户之间的了解、信任与互助，从而增强其信息获取能力、新技术获取能力、抗风险能力与信贷能力；其次，应鼓励农户加强与他人的交流，同时引导其及时搜寻市场、技术、就业等信息，积极学习新知识、新技术，并向他人分享自己的新信息、新知识与新技术；最后，应鼓励农户积极参与政治活动，合理维护自己的政治权利，了解各种惠农、强农、富农政策。与此同时，政府要积极推行有利于增强农户能力的各种政策措施，例如改善贷款环境、减少贷款程序、完善各种保障体系等。

第三节　社会资本与经济增长

一、社会资本与经济增长的变化轨迹

本节以地处黄土高原、青藏高原和内蒙古高原过渡区的甘肃省为案例区，分析省域尺度社会资本对经济增长的影响。甘肃省是丝绸之路经济带的重要组成部分，该区地貌类型复杂多样，以山地、高原为主，大部分地区海拔超过 1000 m，降水稀少且时空分布不均匀，属大陆性温带季风气候。常住人口为 2590.78 万人，城镇人口比重为 41.68%，拥有汉族、回族、藏族、东乡族、土族等 41 个民族，少数民族人口占总人口的 12.48%。

（一）社会资本的变化轨迹

基于相关学者的研究成果，采用相对劳动争议受理率和工会组织数表征区域社会资本（图 3-3）。其中，相对劳动争议受理率指历年相关管理部门所受理的劳动争议案件数与 GDP 的比值，它可反映一个地区的市场环境是否规范，其值越大，说明社会规范度越低；工会组织个数可反映一个地区居民的活动活跃程度和对外交往程度，工会社团数越多，说明当地参与社团的居民越多。在测算过程中，首先采用专家打分法确定各指标的权重，然后运用加权求和法计算社会资本指数。

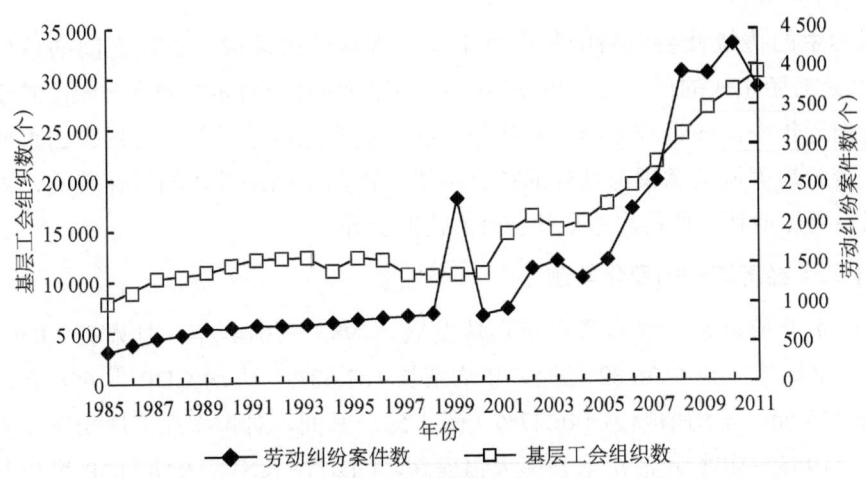

图 3-3 1985~2011 年甘肃省劳动纠纷案件与基层工会组织变化趋势

1985~2011 年,甘肃省社会资本指数在波动中稳步提升,由 1985 年的 0.071 增加到 2011 年的 1,年均增幅为 62.30%。其中,1985~1996 年社会资本指数上升速度较快,年均增幅达 51.88%;1997~2007 年社会资本指数出现缓慢上升,年均增幅为 5.37%;2009 年后社会资本指数又快速上升,年均增幅达 10.93%(图 3-4)。究其原因,主要在于改革开放后,随着经济社会改革的逐步深化,各种经济社会组织相继建立,社会资本得到了有效积累。同时,经济政策法规逐步完善,市场经济的规范度不断提高,劳动纠纷案件也随之减少。因此,1985~1996 年社会资本指数出现快速增长。

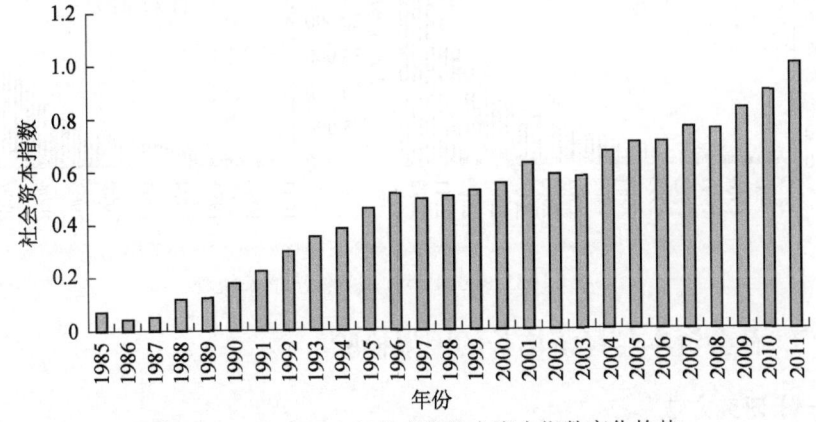

图 3-4 1985~2011 年甘肃省社会资本指数变化趋势

然而,在社会经济转型过程中,随着经济的高速增长、城市化的快速推进,传统伦理观念趋于淡化,居民之间的交流频率与交流深度减弱,以血缘、地缘为主的传统社会网络的紧密度下降，人情变得淡薄，居民之间的信任度（尤其是对陌生人的信任度）也逐渐降低，因而使社会资本指数上升幅度趋于降低。但近年来，各级政府越来越认识到社会资本在区域可持续发展中的重要作用，着力培养诚信意识与良好的社会网络，再加上网络技术的日益普及，人们的联系更加便利，使得沟通型社会资本快速上升。

（二）经济增长的变化轨迹

改革开放以来，甘肃省经济迅速发展。1985～2014年，甘肃省GDP由123.39亿元增加到6836.82亿元，年均增长187.62%；人均GDP由608元增加到26 433元，年均增幅为146.47%（图3-5）。其间，甘肃省经济增长速度波动较大，1985～1996年经济增长率大幅提高，GDP增长率、人均GDP增长率分别由14.06%、12.50%增加到29.54%、27.20%，1996年经济增长率达到近30年来的最高点，此后经济增长率趋于下降，但也存在较大的波动。其中，1996～2009年经济增长速度在波动中下降，GDP、人均GDP增长率由29.54%、27.20%下降到9.80%、9.69%；2009～2011年经济增长速度大幅回升，至2011年，GDP与人均GDP增长率达到20.95%、20.73%；2011年以来经济增长速度又开始回落，至2014年GDP与人均GDP增长率降为7.99%、7.72%（图3-6）。

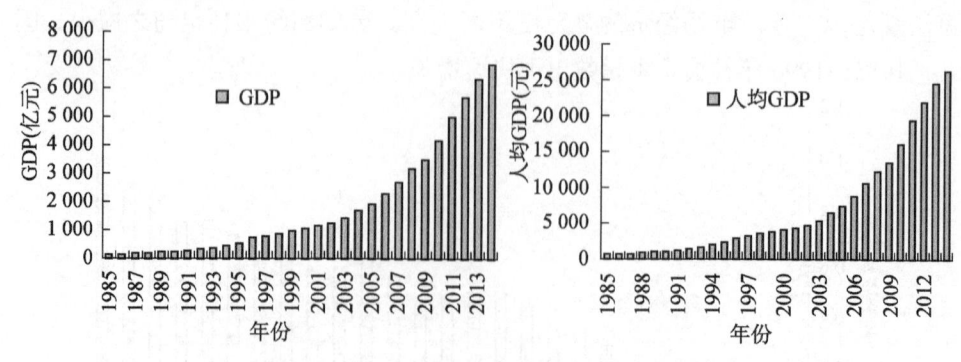

图3-5　1985～2014年甘肃省经济增长轨迹

二、社会资本与经济增长的因果检验

（一）研究方法

利用格兰杰因果检验模型分析省域尺度社会资本与经济增长之间的因果关系。格兰杰因果检验是从时间序列上界定因果关系，提出"欲判断X是否引起Y，

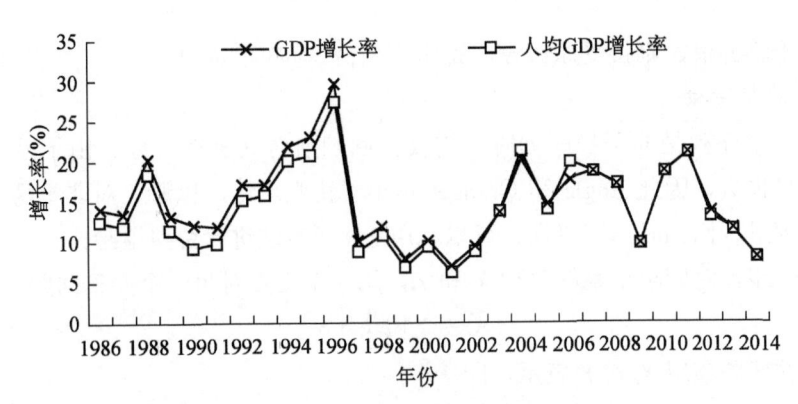

图 3-6　1986～2014 年甘肃省经济增长率变化趋势

则考察 Y 的当前值在多大程度上可由 Y 的过去值解释，然后考察加入 X 的滞后值是否能改善解释程度。如果 X 的滞后值有助于改善对 Y 的解释程度，则认为 X 是 Y 的格兰杰原因"。在格兰杰因果检验之前，首先要对研究数据做平稳性检验，只有当随机变量是平稳序列时，才可做格兰杰因果检验，如果随机变量是非平稳序列，则格兰杰因果检验的结果会出现伪回归①现象，由此得出的结论很可能是错误的。因此，在进行格兰杰因果检验之前，先要对数据进行单位根检验，检验随机变量是否为平稳序列，然后再进行因果性检验。若变量是非平稳序列，则需要对随机变量进行差分，直到变量变成平稳序列为止。

1. 平稳性检验

平稳序列将围绕一个均值波动，并有向其靠拢的趋势，而非平稳过程则不具有这个性质。若变量是平稳过程，表示为 $I(0)$；若在一阶差分后变为平稳过程，则称为单位根过程，表示为 $I(1)$。检验变量是否稳定的过程称为单位根检验，这里利用增广的迪基-福勒检验（ADF 检验）来进行单位根检验。ADF 的具体方法是估计回归方程：

$$\Delta Y_t = Y_t - Y_{t-1} = \alpha + \beta_t + (\rho - 1)Y_{t-1} + \sum_{j=1}^{p} \gamma_j \Delta Y_{t-j} + \mu_t \quad (3-10)$$

式中，Y_t 为原始时间序列；t 为时间趋势项；Y_{t-1} 为滞后 1 期的原始时间序列；ΔY_t 为一阶差分时间序列；ΔY_{t-j} 为滞后 j 期的一阶差分时间序列；α 为常数；β_t、ρ、γ_j 为回归系数；p 为滞后阶数；μ_t 为误差项。若 t 检验值小于 ADF 分布的临界值，则拒绝原假设，接受备择假设，说明序列 $\{Y_t\}$ 是平稳过程；如果 t 检

---

① 所谓伪回归现象，是指当随机变量服从单位根过程时，即使变量之间不存在任何线性关系，回归后得到的系数估计值也有显著的 t 统计值，如果就这样用 t 统计值作判断，很容易形成错误的结论。

验值大于临界值，则接受原假设，说明序列$\{Y_t\}$存在单位根。

2. 协整检验

当两个序列是非平稳序列时，需要在回归前对其进行差分。由于差分可能导致信息损失，因此 Engle 和 Granger 提出了协整理论，以避免对非平稳变量的时间序列进行回归时出现错误。可以利用 EG 两步法进行协整检验：

第一步，对同阶单整的序列 X_t 和 Y_t，用一个变量对另一个变量回归，即

$$X_t = \alpha + \beta Y_t + \varepsilon_t \tag{3-11}$$

将模型的残差项用 X_t 和 Y_t 表示，即

$$\varepsilon_t = X_t - \alpha - \beta Y_t \tag{3-12}$$

式中，X_t、Y_t 为原始时间序列；t 为时间趋势项；Y_{t-1} 为滞后 1 期的原始时间序列；α 和 β 为系数；ε_t 为模型残差估计值。

第二步，对式（3-12）中的残差项 ε_t 进行 ADF 检验。若检验结果表明 ε_t 为平稳序列，则得出 X_t 和 Y_t 具有协整关系，式（3-12）为协整回归方程。

3. 格兰杰因果检验

一般而言，只有经过单位根检验，证明时间序列是平稳过程后，才能进行格兰杰因果检验。设两个平稳时间序列$\{X_t\}$和$\{Y_t\}$，建立 Y_t 关于 y 和 x 的滞后模型：

$$Y_t = c + \sum_{i=1}^{n} \alpha_i Y_{t-i} + \sum_{i=1}^{n} \beta_i X_{t-i} \tag{3-13}$$

式中，Y_t 为原始时间序列；t 为时间趋势项；Y_{t-1} 为滞后 1 期的原始时间序列；α_i 和 β_i 为回归系数；c 为常数项，n 为滞后期。检验 x 的变化不是 y 变化的原因相当于对统计原假设 H_0：$B_1=B_2=\cdots=B_n=0$ 进行 f 检验。RSS_1 表示方程（3-13）的回归残差平方和，RSS_0 表示方程（3-12）在原假设成立时的回归残差平方和，统计检验值为

$$F = \frac{(RSS_0 - RSS_1)/n}{RSS_1/(N-2n-1)} \tag{3-14}$$

式中，N 为样本量；f 统计检验值服从标准的 F 分布，若 f 检验值大于标准 F 分布的临界值，则拒绝原假设，说明 x 的变化是 y 变化的原因；否则，接受原假设，说明 x 不是 y 变化的原因。

（二）社会资本与经济增长的格兰杰因果关系

1. 平稳性检验结果

利用 EG 两步法进行协整检验。

$$Y = c + \beta_1 X_1 + \beta_2 X_2 \tag{3-15}$$

式中，Y 为经济增长指数；X_1 和 X_2 为社会资本指数；β_1 和 β_2 是回归系数；c 为常数项。

模型回归结果为

$$Y = -4\,269.908 + (-4\,026.694)X_1 + 0.735X_2 \tag{3-16}$$

对回归方程进行正态性检验、自相关检验和异方差检验，检验结果显示方程随机扰动项是正态性，存在异方差，但方程存在自相关，说明估计模型违反经典假设，会导致参数估计值不具有最小方差性，即丧失有效性。鉴于此，需对数据做对数处理后再做检验，对数处理后得到的回归模型为

$$Y = -9.280 + (-1.161)X_1 + 1.689X_2 \tag{3-17}$$

对修正过的方程进行正态性检验、自相关检验和异方差检验，结果显示方程随机扰动项是正态性，存在异方差，且不存在自相关，说明修正后的数据可做单位根检验（表 3-9）。

表 3-9 单位根检验

变量	检验类型 (C, T, K)	DW值	ADF值	临界值 (1%)	临界值 (5%)	临界值 (10%)	平稳性
PGDP	(C, T, 2)	1.873	-2.465	-4.394	-3.612	-3.243	不平稳
△PGDP	(0, 0, 1)	1.890	-3.621	-2.669	-1.956	-1.608	平稳
工会组织	(0, 0, 1)	1.959	1.918	-2.661	-1.955	-1.609	不平稳
△工会组织	(C, 0, 1)	1.940	-2.969	-2.665	-1.956	-1.609	平稳
劳动纠纷案件率	(0, 0, 2)	1.839	0.982	-2.665	-1.956	-1.609	不平稳
△劳动纠纷案件率	(0, 0, 1)	1.804	-2.113	-2.669	-1.956	-1.608	平稳

注：C、T、K 分别表示常数项、趋势项和滞后期阶数；△表示一阶差分算子。

对修正后指标的对数做 ADF 单位根检验，检验结果显示原有的时间序列数据即使在 0.1 的显著性水平下仍是不平稳的，而 PGDP 和社会资本中的工会组织一阶差分后的序列在 0.1 的显著水平下平稳，社会资本中的劳动纠纷案件率一阶差分后的序列在 0.05 的显著水平下平稳。可见，原有变量的对数序列均是一阶单整的，表明它们之间可能存在协整关系。

2. 协整检验结果

检验结果显示，迹统计值为 25.887，大于 0.05 显著水平下的临界值 24.275，$p<0.05$，说明至少有一个协整关系存在（表 3-10）。

表 3-10　协整检验

原假设	特征根	迹统计值	0.05 显著水平下临界值	p 值
至少 1 个	0.448	25.887	24.275	0.026
最多 1 个	0.185	6.011	12.320	0.134
最多 2 个	0.035	3.893	4.129	0.098

协整检验发现，虽然经济增长与劳动案件纠纷率和工会组织之间存在着稳定的长期关系，但它们彼此之间是否存在因果关系以及因果关系的方向并不明确，因此需要对这些变量之间的关系进行格兰杰因果检验。检验结果显示，经济增长不是劳动纠纷案件率的格兰杰原因的接受概率为 0.044，劳动纠纷案件率不是经济增长的格兰杰原因的接受率为 0.046，工会组织不是经济增长的格兰杰原因的接受概率为 0.037，且三者均在 0.05 的显著水平上拒绝原假设，说明劳动案件纠纷率及工会组织是经济增长的格兰杰原因，经济增长是劳动案件纠纷率的格兰杰原因，但经济增长不是工会组织的格兰杰原因（表 3-11）。

表 3-11　格兰杰因果检验

原假设	f 统计量	p 值	结论
PGDP 不是劳动纠纷的格兰杰原因	3.658	0.044	PGDP 是劳动纠纷的格兰杰原因
劳动纠纷不是 PGDP 的格兰杰原因	3.155	0.046	劳动纠纷是 PGDP 的格兰杰原因
组织不是 PGDP 的格兰杰原因	4.886	0.037	组织是 PGDP 的格兰杰原因
PGDP 不是组织的格兰杰原因	1.055	0.315	PGDP 不是组织的格兰杰原因

三、社会资本对经济增长的作用机理

（一）理论模型

采用分别建立于 Lucas、Romer 和 Jones 提出的人力资本、"干中学"、科技发展模型的典型内生经济增长模型分析社会资本在经济增长中的作用。在这些模型中，社会资本通过以下途径影响经济增长：①通过积累人力资本促进经济增长；②通过影响金融发展促进经济增长；③通过促进技术创新与扩散促进经济增长。因为社会资本具有多元特征，上述每个模型都力求建立社会资本的一个特殊维度与经济增长之间的关系。

第三章 社会资本与经济发展

1. 推动人力资本积累以促进经济增长的模型

该模型是 Lucas 人力资本模型的扩展,该模型抓住了人力资本与社会资本积累之间的互相依赖性。允许每项活动的人力资源达到最佳配置(不管是人力资本还是劳动时间),从而决定具有公共产品属性的社会资本创造活动的资源配置程度,并检验了每一个模型的相对静态性与动态性。

(1)模型建立。该模型合并了以下要素:①建立与积累社会资本时,需要被转移到其他用途中的资源;②社会资本没有新投资,长期将会衰减;③社会资本存量对新的社会资本建立有溢出效应;④社会资本对人力资本积累具有正效应,但对最终产品生产没有直接影响;⑤人力资本在积累中有正溢出;⑥人力资本是最终产品生产的重要输入。具体模型为

$$\dot{K} = Y - C - \delta_K K \tag{3-18}$$

$$\dot{H} = E(\mu_H H)^{1-\psi} S^\psi - \delta_H H \tag{3-19}$$

$$\dot{S} = P(\mu_S H)^{1-\sigma} S^\sigma - \delta_S S \tag{3-20}$$

$$Y = AK^\alpha (\mu_Y H)^{1-\alpha} \tag{3-21}$$

式中,$\dot{K}$ 为物质资本存量;Y 为总产出;C 为总消费量;H 为人力资本存量;S^ψ 为社会资本存量;δ_H 为人力资本折旧率;δ_S 为社会资本折旧率;μ_H、μ_S 和 μ_Y 表示人力资本存量分配给新的人力资本、社会资本建设和物质资本积累的份额;A、E 和 P 是生产力参数,而 ψ、σ 和 α 为在(0,1)区间的弹性参数。ψ 为社会资本对人力资本的溢出效应程度,σ 为外部社会资本的建设程度。上述方程描述了物质资本、人力资本和社会资本存量的演变。式(3-18)、式(3-19)和式(3-20)表示每单位时间物质资本、人力资本和社会资本存量的变化,式(3-21)是最终的经济增长函数。该模型改变了 Lucas 的人力资本和经济增长模型。

(2)解释模型。在稳定状态(或均衡增长路径)下,所有变量包括 K 和 H 以恒定的速度增长。假定在稳定状态下比率恒定,分别为 $k \equiv K/H$(物质资本与人力资本比)、$s \equiv S/H$(社会资本与人力资本的比)、$c \equiv C/H$(消费量与人力资本的比)和 $y \equiv Y/H$(产出与人力资本的比),则人力资本优化配置下的人力资本积累和社会资本积累以及最佳的社会资本与人力资本比率分别为

$$\mu_H^* = \frac{(1-\psi)(\gamma_H^* + \delta_H)}{\rho + \theta \gamma_H^* + \delta_H} \tag{3-22}$$

$$\mu_S^* = \frac{\psi(1-\rho)(\gamma_S^* + \delta_S)}{(1-\psi)(\rho + \theta \gamma_H^* + \delta_S)} \mu_H^* \tag{3-23}$$

$$s^* = \left(\frac{\rho}{\gamma_H^* + \delta_S}\right)^{1/1-\rho} \mu_S^* \qquad (3-24)$$

式中，γ_H^* 是稳步增长的经济增长率。

定义隐函数 $f(\gamma_H^*) = 0$，而 $f(\gamma_H^*) \equiv \gamma_H^* + \delta_S - E\mu_H^{*1-\psi}S^{*\psi}$，求出 γ_H^* 后，代入上面等式中求 μ_H^*、μ_S^* 和 s^*，此外还可求出：

$$k^* = \left(\frac{A\alpha}{\rho + \theta\gamma_H^*}\right)^{1/1-\alpha}(1 - \mu_H^* - \mu_S^*) \qquad (3-25)$$

$$c^* = \frac{\rho + \theta\gamma_H^* - \alpha\gamma_H^*}{\alpha}k^* \qquad (3-26)$$

$$y^* = Ak^{*\alpha}(1 - \mu_H^* - \mu_S^*)^{1-\alpha} \qquad (3-27)$$

2. 推动金融资本投资以促进经济增长的模型

社会资本通过影响金融资本而影响经济增长。Guisoetal（2003）通过家庭和企业的微观经济数据发现了该渠道，并在控制一组家庭特征和其他变量（如，法律执行质量和人均国内生产总值）的前提下，探寻了意大利不同地区在信任方面的差异。他们发现，在高度社会信任的地区，人们通常投入的现金较少，股票较多，且与信用机构的联系密切，较少采取非正规信贷。在这些地区，公司拥有的信贷机会较多，拥有多个股东的可能性也较高。

（1）模型建立。在社会资本与金融发展模型中，社会资本通过把用在企业最终产品部门中的个人或家庭储蓄变成生产投资来提高金融部门的效率，从而促进经济增长。个体可在非市场活动中投入时间，这些个体间的相互作用增加了沟通型社会资本。这反过来又刺激了金融机构的发展，从而导致金融中介能更好地协调借款者与储户之间的需求。

具体来说，社会资本的数量决定着转变为有用新资本的储蓄。这种关系可通过一个非线性的参数来表示：

$$\dot{K} = \left(\frac{S}{L}\right)^t(Y - C) - \delta_K K \qquad (3-28)$$

$$\dot{S} = P(\mu_S L)^{1-\sigma}S^\sigma - \delta_S S \qquad (3-29)$$

$$Y = AK^\alpha(\mu_Y L)^{1-\alpha} \qquad (3-30)$$

$$1 = \mu_S + \mu_Y \qquad (3-31)$$

式中，L 表示工作者的数量；μ_Y 和 μ_S 分别表示分配到最终商品生产和创造社会资本的时间；A 和 P 代表生产力参数；α、σ 是 （0，1）区间的弹性参数。物质资本积累方程建立在 Pagano 基础之上。在 Pagano 中，$I=\phi S$，该式中 ϕ 是一个外生参数，表示金融发展的水平，S 和 I 分别代表储蓄和投资。

（2）模型解释。类似于第一个模型，将以下变量恒定在稳定状态：$k \equiv K/L$（人均物质资本）、$s \equiv S/L$（人均社会资本）、$c \equiv C/L$（人均消费量）、$y \equiv Y/L$（人均产出），则金融中介的效率由 s^l 给出。

稳态的解决方案是

$$\mu_S^* = \frac{\gamma}{\gamma + \phi} \tag{3-32}$$

$$\gamma = \alpha l(1-\sigma)(n+\delta_S)(n+\delta_K) \tag{3-33}$$

$$\phi = (1-\alpha)(\rho+\delta_K)[\rho+\delta_S - \sigma(n+\delta_S)] \tag{3-34}$$

$$\mu_Y^* = 1 - \mu_S^* \tag{3-35}$$

$$s^* = \left(\frac{P}{n+\delta_S}\right)^{1/1-\sigma} \mu_S^* \tag{3-36}$$

$$k^* = \left(\frac{s^{*l} A\alpha}{\rho+\delta_K}\right)^{1/1-\alpha} \mu_Y^* \tag{3-37}$$

$$c^* = \frac{\rho+\delta_K - \alpha(n+\delta_K)}{\alpha} \frac{k^*}{s^{*l}} \tag{3-38}$$

3. 推动技术创新以促进经济增长的模型

20 世纪 90 年代的新经济政策及新千年政策发现，合作与联盟有助于加强组织之间的相互联系及引力，目前已有许多行业的公司与其他公司、实验室和大学以及当地和国家政府形成了富有成效的合作关系。究其原因，主要在于维持技术开发的资金通常都比较高，而单个企业往往无法承担创新所带来的风险，而合作可提高竞争力、实现信息共享、产生关联利益，声誉与诚信则可确保互惠和公平竞争。Fountain（1998）也指出，经济绩效和创新能力方面的收益取决于这些关系的体制效率，而这些效率可用社会资本来衡量。Maskell（2000）则提出，传统产业的公司在处理和开发资源管理、物流、生产组织、市场营销、劳资关系、其他任务与活动等方面的创新时，社会资本也促进了"低科技"学习与创新的发生。他提出，当公开的市场关系被稳定的和基于信任基础上的互惠交换所取代时，企业之间知识交流的市场失灵可以被克服。事实上，信任代表着企业之间的一种关系，当人们现在的价值与其他所有可预见的未来现值超过可能利益时，这种交换关系将会被打破，但关键问题是需要时间和资源建立一种随社会资本存量而变动的关系。

（1）模型建立。在该模型中，创新或新科技的创造遵循着一个过程，类似于 Romer 和 Jones 提出的创新速度取决于分配到研发部门以及经济中的劳动力。反过来，社会资本部分是通过"干中学"作为公司过去创新活动溢出效应的后果而建立的。然而，创新的速度还取决于生产活动中的社会资本存量。但是，为了充分利用社会资本，公司不得不投入一些劳动力资源来寻求合适的网络合作伙伴并确认生产协作活动。该方程描述了物质资本、技术和社会资本的演变：

$$\dot{K} = (Y - C) - \delta_K K \tag{3-39}$$

$$\dot{A} = B(\mu_A L)^\eta S^\beta A^\psi \tag{3-40}$$

$$\dot{S} = P(\mu_S L)^\sigma S^\phi \hat{K}^\lambda - \delta_S S \tag{3-41}$$

$$Y = K^\alpha (\mu_Y A L)^{1-\alpha} \tag{3-42}$$

其中，A 表示技术；$\hat{K}$ 表示每个企业外生给出的物质资本存量总额；B 和 P 是生产力常数；α、β、η、ψ、σ、ϕ、λ是（0，1）区间的弹性参数。式（3-40）为 Romer（1990）和 Jones（1995）提出的研发随着社会资本溢出而增强的等式。A^ψ 为先前的研究结果对目前研究的溢出效应。式（3-41）中的 $\hat{K}^\lambda$ 为社会资本创造中"干中学"的效果。

（2）模型解释。在平衡增长路径中，技术和社会资本的增长率为

$$\gamma_A^* = \frac{\eta(1-\phi) + \beta(\sigma + \lambda)}{(1-\psi)(1-\phi) - \beta\lambda} \tag{3-43}$$

$$\gamma_S^* = \frac{(\sigma + \lambda)n + \lambda\gamma_A^*}{1-\phi} \tag{3-44}$$

可以用代数方法表示γ_A^*和γ_S^*在 A 和 S 弹性参数方程中的增长。此外，人均消费、人均资本和产出都将在稳定状态下获得技术进步率γ_A^*方面的增长。

假设以下变量在稳定状态下是恒定的，$\hat{K} \equiv K/AL$（单位劳动实物资本）、$\hat{S} \equiv S/AL$（人均社会资本）、$\hat{c} \equiv C/AL$（单位劳动消费）、$\hat{y} \equiv Y/AL$（单位劳动产出），则模型的解法如下：

$$\mu_S^* = \frac{1}{1+(1+\gamma)\phi} \tag{3-45}$$

$$\mu_A^* = \frac{\phi}{1+(1+\gamma)\phi} \tag{3-46}$$

$$\mu_Y^* = \frac{\gamma\phi}{1+(1+\gamma)\phi} \tag{3-47}$$

上式中,

$$\gamma \equiv \frac{\rho+(\eta-1)n+\beta}{\eta\gamma_A^*} \tag{3-48}$$

$$\phi \equiv \frac{\eta\left[\rho+(1-\phi)\delta_S+(\sigma+\lambda-1)n+(\theta+\lambda-1)\gamma_A^*\right]}{\sigma\beta(\gamma_S^*+\delta_S)} \tag{3-49}$$

$$\hat{k}^* = \left(\frac{\alpha}{\rho+\theta\gamma_A^*+\delta_K}\right)^{1/1-\alpha} \mu_Y^* \tag{3-50}$$

$$\hat{c}^* = \frac{\rho+\theta\gamma_A^*+\delta_K-\alpha(n+\gamma_A^*+\delta_K)}{\alpha}\hat{k}^* \tag{3-51}$$

$$\hat{y}^* = \hat{k}^{*\alpha}\mu_Y^{*1-\alpha} \tag{3-52}$$

(二)社会资本对区域经济增长的贡献

1. 研究假设

前述理论模型提出社会资本可通过积累人力资本、推动金融发展、技术创新与扩散而促进经济增长。基于此,建立社会资本对经济增长影响的理论假设模型,并利用结构方程进一步验证社会资本对经济增长的影响路径(图3-7)。

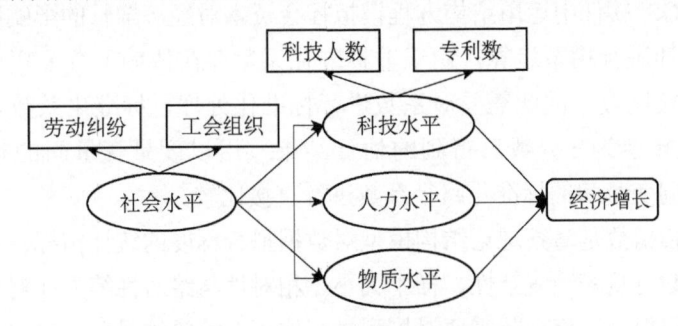

图3-7 社会资本影响区域经济增长的理论模型

模型中有 2 个内生变量和 7 个可测变量,第一个内生变量为社会资本,测量指标为相对劳动争议受理率和工会组织数;第二个内生变量为科技水平,测量指标为科技人员数和发明专利申请批准数。7 个可测变量分别为相对劳动争议受理率、工会组织数、科技人员数、发明专利申请批准数、人力资本、物质资本和 PGDP(表 3-12)。数据主要来自 1985~2012 年的《中国劳动统计年鉴》、《甘肃统计年鉴》、《甘肃发展年鉴》和中经网统计数据库。

表 3-12　变量解释

指标		指标解释及权重	平均值	标准差
经济增长	人均 GDP	人均 GDP	2 239.60	3 138.14
物质资本	固定资产投资	固定资产投资	741.97	1 055.67
人力资本	劳动力受教育程度	劳动力文化程度构成/劳动力人数（小学=1，中学=2，大专及以上=3）	162 956.43	44 514.01
科技水平	科技人员数	从事科技工作的人员数（0.5）	380 279.74	92 712.62
	发明专利申请批准数	发明专利申请批准数（0.5）	546.00	558.05
社会资本	相对劳动争议受理率	劳动争议案件数/GDP（0.5）	1 451.37	1 172.67
	工会组织数	工会组织数（0.5）	15 009.59	6 256.66

注：括号内数值为指标的权重。

根据理论模型，提出以下研究假设：

H_9：社会资本对经济增长有直接促进作用。

H_{10}：社会资本通过影响人力资本积累而促进经济增长。

H_{11}：社会资本通过影响物质资本积累而促进经济增长。

H_{12}：社会资本通过影响科技发展而促进经济增长。

2. 社会资本在甘肃省经济增长中的贡献

对数据进行信度检验。检验结果显示，测量指标的标准化信度为 0.982，远大于 0.7，说明测量指标通过了信度检验，数据具有较高的内在一致性。

在 AMOS 软件中运用结构方程模拟社会资本对经济增长的影响路径。选择最大似然估计进行模型运算，由于非标准化系数存在依赖于有关变量的尺度单位，无法直接比较，因此需要对系数进行标准化处理。标准化系数是将各变量的原始分数转换为 z 分数后得到的估计结果，用以度量变量间的相对变化水平，可对不同变量间的标准化路径系数进行直接比较。

模型拟合指数是考察理论结构模型对数据拟合程度的统计指标。不同类别的模型拟合指数可从模型复杂性、样本大小、相对性与绝对性等方面对理论模型进行度量。如果拟合不好，就需要对模型进行修正。检验结果显示，修正前模型的拟合度与标准值有一定的差距（表 3-13）。因此，需要对模型进行修正。

表 3-13　模型检验

拟合指数	卡方值	CFI	NFI	IFI	RMSEA	AIC	BCC
标准	越小越好	>0.9	>0.9	>0.9	<0.05	越小越好	越小越好
调整前结果	66.8	0.865	0.850	0.871	0.078	113.832	131.224
调整后结果	49.0	0.935	0.910	0.971	0.028	67.306	82.194

检验发现，科技水平对人力资本、人力资本对科技水平、人力资本对物质资本、社会资本对经济增长、物质资本对经济增长以及科技水平对经济增长的系数均在 0.05 水平上不显著。因此，逐一删减和增加路径对模型进行调整，直到模型拟合度达到最好。删除社会资本对经济增长、人力资本对物质资本、人力资本对科技水平的影响等三条路径后，模型得到了优化，卡方值比原模型有所改善，其他拟合指数也得到了优化，并达到了标准值（表3-13），且其他路径的系数均在 0.05 水平上显著（表3-14）。可见，社会资本对甘肃省经济增长没有直接影响，H_9 不成立，但社会资本通过积累人力资本、推动金融发展、加强技术创新与扩散而促进了甘肃省经济增长，H_{10}、H_{11}、H_{12} 成立。同时，人力资本对物质资本和科技水平均无直接影响。因此，将删除社会资本对经济增长、人力资本对物质资本、人力资本对科技水平的影响等三条路径后的模型作为最终模型。

表 3-14 最优模型各路径系数估计

变量路径			未标准化路径系数	标准化路径系数	S.E.	C.R.	p
科技人员数	←	科技水平	1.000	0.999			
专利数	←	科技水平	0.007	0.858	0.001	7.332	***
劳动纠纷率	←	社会资本	1.000	0.986			
工会组织数	←	社会资本	14 291.008	0.843	1 340.269	10.663	***
科技水平	←	社会资本	185 142.386	0.982	27 379.398	6.762	***
人力资本	←	社会资本	90 588.996	0.932	12 750.016	7.105	***
人力资本	←	科技水平	0.454	0.766	0.306	1.484	**
物质资本	←	科技水平	0.015	1.045	0.003	5.043	
科技水平	←	物质资本	55.186	0.776	13.989	3.945	***
人力资本	←	物质资本	25.360	0.601	15.884	1.597	**
物质资本	←	社会资本	2 471.012	0.963	209.275	11.808	***
经济增长	←	科技水平	0.029	1.451	0.013	2.288	**
经济增长	←	人力资本	0.010	0.284	0.003	3.899	***
经济增长	←	物质资本	1.078	0.717	0.856	2.259	**

注：***在 0.05 水平上显著；**在 0.1 水平上显著。

路径系数可反映不同潜变量对经济增长的影响程度。研究结果发现，甘肃省社会资本对科技水平的影响强度最大，社会资本每增加1个单位，科技水平提高0.982个单位；社会资本对物质资本的影响次之，社会资本每增加1个单位，物质资本增加0.963个单位；社会资本对人力资本的影响强度最弱，社会资本每增加1个单位，人力资本增加0.932个单位。进一步分析发现，甘肃省科技水平对经济增长的影响强度最大，科技水平每提高1个单位，经济增长提高1.451个单位；其次是物质资本对经济增长的影响，物质资本每增加1个单位，经济增长提高0.717个单位；人力资本对经济增长的强度最弱，人力资本每提高1个单位，经济增长仅提高0.284个单位。与此同时，甘肃省科技水平与物质资本之间相互影响，科技水平每提高1个单位，物质资本随之提高1.045个单位，而物质资本每提高1个单位，科技水平随之提高0.776个单位；科技水平和物质资本对人力资本也有促进作用，科技水平和物质资本每提高1个单位，人力资本分别随之提高0.766和0.601个单位（表3-14）。

（1）社会资本对经济增长的直接效应。结构方程模型的主要作用是解释变量之间的结构关系，这些关系在模型中通过路径系数来体现。其中，用原因变量到结果变量的路径系数来衡量直接效应。研究结果显示，社会资本对甘肃省经济增长没有直接效应。

（2）社会资本对经济增长的间接效应。原因变量通过影响一个或多个中介变量而对结果变量产生间接效应，当只有一个中介变量时，间接效应的大小是两个路径系数的乘积。研究结果显示，社会资本通过影响物质资本而对经济增长产生的间接效应为0.690，说明当其他条件不变时，社会资本每提高一个单位，通过物质资本的作用，可使甘肃省经济增长间接提高0.690个单位；社会资本通过影响人力资本而对经济增长产生的间接效应为0.265，说明当其他条件不变时，社会资本每提高一个单位，通过人力资本的作用，可使甘肃省经济增长间接提高0.265个单位；社会资本通过影响科技水平而对经济增长产生的间接效应为1.425，说明当其他条件不变时，社会资本每提高一个单位，通过科技水平的作用，可使甘肃省经济增长间接提高1.425个单位（图3-8）。

（3）社会资本对经济增长的总效应。社会资本对经济增长的总效应是直接效应和间接效应之和。研究结果显示，社会资本对甘肃省经济增长的总效应为2.380，说明其他条件不变时，社会资本每提升一个单位，甘肃省经济增长将提升2.380个单位；同样，物质资本、人力资本和科技水平对经济增长的总效应分别为 0.717、0.284 和 1.451，说明其他条件不变时，物质资本、人力资本和科技水平每提升一个单位，甘肃省经济增长将分别提升 0.717、0.284 和 1.451 个单位（图 3-8）。

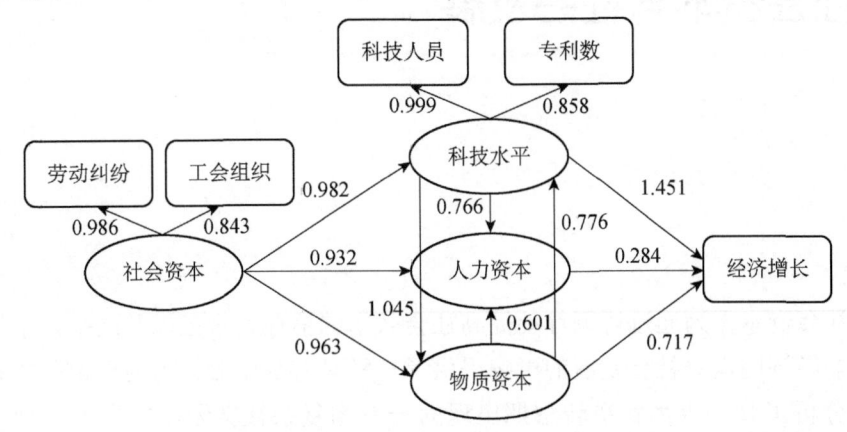

图 3-8　社会资本在甘肃省经济增长中的作用

总体来看，甘肃省社会资本与经济增长之间存在着因果关系，但社会资本并未对经济增长产生直接效应，而是通过影响物质资本积累、人力资本积累和推动技术创新与扩散来促进经济增长的。可见，社会资本对区域经济发展具有重要的促进作用。鉴于此，应努力提升区域社会资本存量，为促进区域经济持续发展提供助推器。首先，政府应努力实现善治，增强公众对政府的持久忠诚和信任；其次，应为民间组织提供良好的发展空间，拓展各个阶层之间的沟通渠道，提高公众在社会异质性网络中的社会地位，增强其在异质性社会网络中获取丰富资源的能力；再次，应鼓励企业大力培育结合型与沟通型社会资本，鼓励并监督企业诚信生产、诚信经营，促使其与外部利益相关者之间建立起高度信任关系，加强企业与技术研发部门的合作；最后，应鼓励居民积极参与各种社团或组织活动，拓展社会网络，树立诚信意识，合理利用人际关系资源，增强互惠和共享行为。

第四章
社会资本与社会发展

社会资本作为通过协调行动提高社会效率的信任、规范以及网络，不仅为解释非经济因素对社会发展的影响提供了一种具有高度概括力的理论范式和有效的分析工具，也为解决转型期出现的一系列复杂社会矛盾提供了一种新思路。作为社会信任与社会凝聚力的基本来源、公民社会的黏合剂与润滑剂、社会自治的前提条件，社会资本不仅有助于推进民主化进程、减少暴力犯罪、和平解决冲突，也有助于提高教育绩效、改善健康状况、增强生活幸福感，更有助于产生响应风险冲击与减轻脆弱性的物质干涉及制度变革。

第一节 社会资本与抗风险能力

一、农户的生计风险

个人或家庭所处的环境中始终存在着各种生计风险，自然灾害、经济危机、健康打击、家庭结构变化、失业等风险因素都会使个人或家庭福利水平降低，使非贫困人口陷入贫困、已经贫困的人口持续或永久贫困。在我国，农户作为农村社会中最小的生计单位，承受着自然、市场、政策等多重生计风险，尽管他们采取了种种应对策略，但其福利状况仍可能遭受损失，尤其是贫困农户因缺乏有效应对风险冲击的能力，更容易陷入生计无保障、健康无保障或受教育无保障等困境，而长期处于脆弱状态。近年来，农户生计风险已引起了学术界与决策层的关注，但缺乏对不同区域、不同类型农户面临的生计风险及其特征与来源的全面认识，更缺乏对农户风险偏好以及风险处理行为的深入理解，致使难以深入评估农户的风险认知及其行为对相关政策的影响。鉴于此，当前亟须辨明不同区域、不同类型农户面临的关键生计风险，探索阻碍农户抵御风险冲击的潜在因素，了解遭遇风险的人群分布、风险发生的成因以及风险带来的损害，并寻求有效的风险应对策略，增强农户的风险抵御能力。

（一）农户的生计风险识别

1. 研究区

本小节仅以地处河西走廊东端的石羊河流域为案例区来剖析农户面临的生计风险及其采取的应对策略。石羊河流域属于典型的干旱内陆河流域，目前已成为我国内陆河流域中人口最密集、水资源开发利用程度最高、用水矛盾最突出、生态环境问题最严重的流域之一。其中，民勤县地处石羊河下游，西、北、东三面被巴丹吉林沙漠与腾格里沙漠包围，土地面积达 1.59×10^4 km^2，辖 18 个乡镇，人口集中分布在面积为 0.144×10^4 km^2（仅占全县总面积的 9%）的绿洲上，绿洲区人口密度高达 190.87 人/km^2。受气候变化与人类活动的影响，上游祁连山区出山径流量减少，而中游用水量增加，导致位于下游的民勤绿洲入境水量大幅度减少，从 20 世纪 50 年代的 5.81×10^8 m^3 降至 90 年代的 1.7×10^8 m^3，2000 年更降至 1.3×10^8 m^3，水资源供需矛盾日趋尖锐，致使地下水超采严重，地下水位以 0.5~1.0m/a 的速度下降，地下水矿化度高达 4~6 g/l，天然植被大面积死亡，荒漠化扩展，原本脆弱的生态环境急剧恶化，对食物、水安全、公共健康、自然资源和生物多样性等造成严重威胁，使得 7 万余人、12 万头牲畜饮水困难，30 多万亩农田被迫弃耕，部分农户沦为"生态难民"。为遏制生态环境恶化态势，2007 年国家投资 47.97 亿元，启动了石羊河流域综合治理项目。

根据地理位置、输水渠系配置、作物种植方式等可将民勤绿洲分成坝区、泉山区及湖区。其中，坝区位于绿洲南部，地下水水质较好、矿化度为 0.8~2.0g/l，是典型的井灌农业区，主要种植小麦、玉米等粮食作物及棉花、向日葵、瓜类、油料等经济作物，人口密度为 138.86 人/km^2，农民年人均纯收入为 7770.38 元；泉山区位于绿洲中部及西北部，处于湖区与坝区的过渡带，地下水矿化度为 2.0~4.0g/l，主要种植小麦、玉米等粮食作物及棉花、瓜类等经济作物，人口密度为 143.37 人/km^2，农民年人均纯收入为 7152 元；湖区位于绿洲东北部、石羊河最下游，是石羊河流域的水盐聚集区，地下水水质很差、矿化度高达 3~16g/l，基本不种植粮食作物，主要种植棉花、茴香、向日葵等经济作物，人口密度仅为 10.96 人/km^2，农民年人均纯收入为 5511.75 元。

农户作为该区最主要的经济活动主体，暴露于严峻的自然风险之中，自然风险与其他生计风险叠加，放大了农户的生计脆弱性，致使农户生计安全遭受严峻挑战，严重制约了流域可持续发展。当前，科学地分析与解释该区农户面临的主要生计风险以及风险应对策略已成为准确把握石羊河流域开发方向与目标、统筹人地和谐发展的关键。

2. 数据来源

课题组于 2013 年 7 月、2014 年 1 月在石羊河下游民勤绿洲进行了 20 余天的野外调查。课题组首先在县级部门和各乡镇收集了资源环境、社会经济统计资料；然后采用调查问卷、观察法、小型座谈会等参与式农村评估（PRA）工具进行入户调查，以获取研究所需的数据及信息。入户调查中，采取分层随机抽样法选取受访农户，首先按照坝区、泉山区、湖区所辖乡镇数量的 50%抽取调查乡镇，然后按照该乡镇农户数量的 1.5%随机抽取受访农户。两次共调查491 户农户，删除信息不全的问卷，收回有效问卷 484 份，其中，坝区 259 份、泉山区 117 份、湖区 108 份。

基于预调查中对村社干部及农户的访谈，设计了调查问卷。调查内容主要包括如下内容。①农户拥有的生计资本，包括自然资本（耕地的质量与面积等）、物质资本（住房、家庭耐用消费品等）、金融资本（现金收入、现金支出、信贷机会、是否有储蓄等）、人力资本（劳动力数量、健康状况及受教育程度等）、社会资本（领导潜力、对周围人的信任度、遇到风险能否得到援助等）。②农户所从事的生计方式，包括家庭劳动力的投入方向、农户的收入来源等。③农户面临的生计风险，问卷中设计了自然灾害与生态环境退化、农产品价格下跌、自己或家人患重病、子女学费困难、子女就业困难、养老没有保障、耕地被征用或退耕、国家政策变化等八个风险识别问题，分别测量自然风险、市场风险、健康风险、教育风险、就业风险、养老风险、耕地风险、政策风险。通过询问农户"目前您担心哪些生计问题"以及"您最担心的生计问题"来获取相关的生计风险信息。④农户采取的风险应对策略，问卷中设计了减少消费、动用储蓄、向亲友寻求帮助、向银行借贷、出售资产、外出务工、改进生产技术、孩子辍学、社会保险与政府救济等应对策略，通过询问农户"遇到风险时您采取哪些应对策略"以及"您的首选策略是什么"来获取相关的风险行为信息。

3. 农户面临的生计风险

石羊河下游农户面临着多重生计风险的冲击（表4-1），担心自然风险的农户（87.60%）最多，担心市场风险（79.1%）及教育风险（72.11%）的农户次之。其中，农户最担心的前三位生计风险依次为市场、教育及自然风险，分别有26.03%、25.83%和14.05%的受访户最担心遭受上述风险的冲击。调查发现，石羊河下游农户对自然风险（尤其生态退化）的认知度较高，有87.60%的农户担心自然风险，大部分农户提到水资源紧缺、水质下降、荒漠化扩展、沙尘暴频发等一系列资源环境问题已使他们的生产、生活成本大幅增加，福利状况遭受严重影响。然而，仅有14.05%的农户认为自然风险是其当前最担心的生计风险。究其原因，主要在于自国家启动石羊河流域综合治理项目以来，石羊河下游生态环境有所改善，民勤绿洲入境水量增加，2012年民勤蔡旗断面过水总量达3.48亿m^3，地下水开采量下降到0.86亿m^3，地下水位回升，干涸多年的青土湖出现了季节性水域，大部分农户认为未来生态环境将得到进一步改善，故最担心自然风险的农户比重不高。

进一步分析发现，石羊河下游纯农户、一兼户、二兼户、非农户面临的主要生计风险存在差异（表4-1）。对比不同类型农户最担心的生计风险，发现纯农户最担心的前三位风险依次为市场、教育及自然风险，分别有28.02%、23.67%、14.01%的该类农户最担心这三类风险；一兼户为教育（29.38%）、市场（25.63%）及自然风险（16.88%）；二兼户为市场（29.27%）、健康（24.39%）及教育风险（23.17%）；而非农户为教育（28.57%）、健康（22.86%）及养老风险（20.00%）。其中，自然风险是纯农户与一兼户面临的主要生计风险，市场风险则是纯农户、一兼户与二兼户都面临的主要生计风险，究其原因在于这三类农户的生计方式均以农业为主，因而其既要应付自然灾害与生态退化对农业生产的影响，又要应付农业生产资料及农作物的市场价格变动；教育风险是各类农户都面临的主要生计风险，究其原因主要在于石羊河下游人居环境恶劣，农户大都希望子女借助上大学而实现"移民"，子女学费成为家庭主要支出，但由于绝大部分农户现金收入有限，故子女学费成为各类农户最担心的问题，部分农户甚至"因学致贫"。然而，目前就业形势严峻，"就业风险"与"教育风险"叠加在一起，放大了"教育风险"，致使少部分农户对子女教育投资失去信心，但教育投资减少又将会降低农户的风险抵御能力，使其陷入生计恶性循环。

表 4-1　石羊河下游农户面临的生计风险

风险类型	纯农户		一兼户		二兼户		非农户	
	担心该风险（%）	最担心该风险（%）	担心该风险（%）	最担心该风险（%）	担心该风险（%）	最担心该风险（%）	担心该风险（%）	最担心该风险（%）
自然风险	86.09	14.01	94.38	16.88	80.56	12.20	82.38	11.43
市场风险	81.16	28.02	76.88	25.63	82.93	29.27	68.57	8.57
健康风险	71.50	9.67	63.13	8.75	76.83	24.39	77.14	22.86
教育风险	73.43	23.67	75.00	29.38	65.85	23.17	65.71	28.57
就业风险	72.73	13.04	70.83	13.13	59.76	3.66	74.29	8.57
养老风险	60.39	8.21	55.00	3.75	59.76	6.10	71.43	20.00
耕地风险	48.86	2.90	42.50	2.50	37.81	1.22	33.33	0.00
政策风险	9.24	0.48	7.95	0.00	13.43	0.00	17.39	0.00

（二）农户采取的生计风险应对策略

1. 风险应对策略选择

作为风险回避者，石羊河下游农户已发展出多样化的风险防范和处理手段，但不同类型农户采取的风险应对策略存在差异（表 4-2）。外出打工已成为石羊河下游各类农户选择最多的风险应对策略，纯农户（61.84%）、一兼户（60.63%）、非农户（74.29%）中选择外出打工的农户比重均最高，二兼户中也有 57.32% 的农户选择外出打工（仅次于向银行借贷的该类农户比重（62.20%））；减少消费也是各类农户选择较多的应对策略，其中非农户中选择该策略的农户比重（71.43%）远高于其他类型农户。进一步分析发现，纯农户、一兼户、二兼户中将减少消费作为首选策略的农户均最多，分别占各类农户的 29.55%、25.63%、30.49%；而非农户中将外出打工作为首选策略的农户最多（28.57%），将减少消费（22.86%）作为首选策略的农户次之。总体来看，减少消费、外出打工、动用储蓄、向亲友寻求帮助、向银行借贷已成为当前石羊河下游农户采取的主要风险应对策略，有 78.12% 的农户首选上述五种应对策略。其中，动用储蓄是农户通过正规信贷市场实现跨时期收入转移的主要形式之一，其实现程度受到农户金融资产积累情况的影响。调查发现，石羊河下游 72.97% 的受访户收入有结余，户均收入结余 24 785.71 元，故选此策略的农户比重较高，其中有 40.08% 的农户选此策略、13.15% 的农户首选此策略。

表 4-2　石羊河下游农户采取的风险应对策略

应对策略	纯农户		一兼户		二兼户		非农户	
	选择该策略(%)	首选该策略(%)	选择该策略(%)	首选该策略(%)	选择该策略(%)	首选该策略(%)	选择该策略(%)	首选该策略(%)
减少消费	46.38	29.55	56.88	25.63	56.10	30.49	71.43	22.86
动用储蓄	38.64	12.50	36.11	11.11	40.00	18.29	66.67	14.29
向亲友寻求帮助	44.32	7.95	47.22	12.50	53.33	12.20	50.00	11.43
向银行借贷	44.93	9.09	59.38	15.28	62.20	4.88	57.14	8.57
出售资产	27.54	4.55	48.13	2.78	48.13	2.44	54.88	5.71
孩子辍学	11.36	0.00	1.39	0.00	0.00	0.00	0.00	0.00
外出打工	61.84	20.45	60.63	13.89	57.32	7.32	74.29	28.57
改变生产技术	38.64	14.77	38.89	17.50	46.67	13.41	25.00	5.71
参加社会保险	40.10	1.14	50.00	1.39	54.88	10.98	65.71	2.86

与减少消费、外出打工、动用储蓄策略相比，向亲友寻求帮助、向银行借贷策略在各类农户风险规避中的作用均较弱。究其原因在于，亲友网络内风险统筹的实现程度受到网络的规模、紧密度与支持能力等因素的制约，而石羊河下游大部分农户的亲友网络规模有限，亲友成员在经济地位上具有较强的同质性，支持能力较低，加之在社会经济转型过程中，传统伦理观念趋于淡化，亲友网络的紧密度下降，因而亲友网络内的风险统筹作用相对较弱。向银行借贷是农户通过正规信贷市场实现跨时期收入转移的另一种主要形式，但由于目前我国农村金融市场普遍发育不足，加之石羊河下游农户经营规模较小，缺乏可用于抵押的资产，而信用社在贷款时非常重视偿还能力，致使真正困难的农户难以获得贷款，农户面临比较严重的信贷约束，故向银行借贷策略的风险规避作用较弱，访谈中大部分农户也反映向银行贷款比较困难。进一步分析发现，向亲友寻求帮助、向银行借贷策略在不同类型农户应对风险中的作用存在差别，纯农户与一兼户中将向银行借贷作为首选策略的农户比重高于向亲友寻求帮助的农户比重，二兼户与非农户则相反。究其原因在于，纯农户与一兼户的社会网络仍主要以地缘及血缘为基础，规模有限且网络内成员在经济地位上的同质性较强，遭受普遍灾害或经济困难时往往自顾不暇，因而纯农户与一兼户更多地首选向银行借贷；而二兼户与非农户以非农活动为主，活动范围较大，网络内成员的异质性较强，遭遇风险时能获得较大的支持，故二兼户与非农户更多地首选向亲友寻求帮助。

石羊河下游各类农户的倒数前三位首选策略均为子女辍学、依靠社会保险、出售资产,各类农户均不愿将子女辍学作为应对风险的首选策略,调查中发现"再穷不能穷教育"的观念早已植根在各类农户心中。此外,由于农村正式社会保障体系尚未健全,社会保障与商业保险等正规风险规避机制在石羊河下游农户风险规避中所起的作用非常微小,与其他类型农户相比,非农户将社会保险作为首选策略的比重相对较高,但该比重也仅为 2.6%,而纯农户中该比重仅为 1.44%,远低于农户对其他几种风险应对策略的选择。调查发现,农户参加的社会保险以政府组织的农村合作医疗保险或养老保险为主,参加商业保险的农户非常少,这一方面是因为进入农村的商业性保险企业较少;另一方面是因为农户的现金收入有限,购买能力不足,加之保险业务复杂,故农户的参保率较低。总体来看,石羊河下游农户的风险应对策略选择具有一定的顺序性,面临风险冲击时农户首先会选择减少消费、外出打工、改变生产技术、动用储蓄等策略;如果这些策略不足以应对困境,则向亲友寻求帮助或向银行借贷;在寻求帮助或借贷无果,或困境仍无法有效缓解时,他们就出售固定资产来维持生计;如果出售资产仍不足以维持生计,则会依赖于社会保险或政府救济。

2. 风险应对策略选择的影响因素

(1)模型构建。以农户的首选风险应对策略作为因变量,采用多元 Logistic 模型分析影响农户风险应对策略选择的关键因素。为了更清晰地解析风险应对策略选择的影响因素,仅选择外出打工、向银行借贷、向亲友寻求帮助、动用储蓄、减少消费等五种主要的风险应对策略,并将因变量的取值限定在[0, 4],即把"外出打工""向银行借贷""向亲友寻求帮助""动用储蓄""减少消费"分别定义为多项无序性变量 y_0、y_1、y_2、y_3、y_4,并将 y_4 作为模型的参照水平,自变量为 $X=(x_1, x_2, \cdots, x_p)$。

那么 y 的条件概率为

$$P(y=k|x) = exp(Y_k) / 1 + \sum_{i=1}^{2} exp(Y_i) \qquad (4-1)$$

相应的 Logistic 回归模型为

$$Y_k = \ln\left[\frac{p(y=k|x)}{p(y=0|x)}\right] = \beta_{0k} + \beta_{1k} \cdot x_1 + \beta_{2k} \cdot x_2 + \cdots + \beta_{pk} \cdot x_p \qquad (4-2)$$

(2)变量选择。研究发现,个人或家庭的资本状况是理解个人或家庭所拥有的选择机会、所采用的生计策略和应对所处环境风险的基础。为此,以农户拥有的生计资本作为影响其风险应对策略选择的自变量。英国国际发展部

（Department for International Development，DFID）开发的可持续生计分析框架将生计资本分为人力资本、自然资本、物质资本、金融资本与社会资本，基于该框架，笔者及其他学者已在相关研究中设计出了各类生计资本的测量指标及指标量化数值。本研究根据石羊河下游的生态环境、资源禀赋、农户生计的特殊性对上述相关指标进行了修订，利用专家咨询法确定了指标权重，采用极差标准化方法对各指标值进行了标准化处理，运用加权求和法测算出了石羊河下游农户的各类生计资本指数（表4-3）。

（3）生计资本对风险应对策略选择的影响。将人力资本、自然资本、物质资本、金融资本、社会资本等五种生计资本指数作为自变量引入多元 Logistic 回归模型，以"减少消费"策略作为模型的参照水平（表4-4）。模型的对数似然值为514.572，Chi-square 检验值为120.498，显著性水平为0.000（<0.05），模型具有显著性意义；该模型的拟合优度较好，p（sig.）=0.657＞0.05；模型的 Nagelkerke R-Square 为0.714，说明该模型具有一定的解释力，生计资本可解释71.4%的风险应对策略选择。

表 4-3 模型变量描述

生计资本	测量指标及权重	指标赋值	均值	标准差
人力资本	家庭整体劳动能力 I_{11}（0.44）	非劳动力为0，半劳动力为0.5，全劳动力为1.0	3.89	1.02
	成年劳动力受教育程度 I_{12}（0.56）	文盲为0，小学为0.25，初中为0.5，高中为0.75，大专及以上为1.0	1.94	0.98
自然资本	人均耕地面积 I_2（1.0）	人均实际耕种面积（亩）	2.99	1.75
物质资本	家庭固定资产拥有量 I_{31}（0.24）	所拥有的固定资产项数占所列选项的比例	0.53	0.15
	住房类型及面积 I_{32}（0.18）	混凝土房为1.0，砖瓦/砖木房为0.75，土木房为0.5，棚圈0.25；5间房及以上为1.0，4间房为0.75，3间房为0.5，2间为0.25，1间为0	0.57	0.19
	牲畜数量 I_{33}（0.58）	马/骡为1.0，牛为0.8，羊为0.3，猪为0.2	17.19	10.94
金融资本	人均现金收入 I_{41}（0.75）	人均现金收入（元）	6628.34	4359.56
	获得信贷的机会 I_{42}（0.25）	有为1，无为0	0.82	0.39
社会资本	领导潜力 I_{51}（0.20）	家庭有村委成员为1，无为0	0.14	0.35
	对周围人的信任 I_{52}（0.25）	非常信任为1，比较信任为0.75，一般为0.5，不太信任为0.25，极不信任为0	0.41	0.29
	遇到风险能帮助自己的人数 I_{53}（0.55）	非常多为1，比较多为0.75，一般为0.5，比较少为0.25，没有为0	0.41	0.25

注：括号里数据为每个指标的权重。

拟合结果显示，影响"外出打工"策略的最关键因素为人力资本，其 Wald 值高达 19.389，其次为社会资本，其 Wald 值为 2.490；影响"向银行借贷"策略的最关键因素为金融资本，其 Wald 值为 1.571，其次为物质资本，其 Wald 值为 1.087；影响"向亲友寻求帮助"策略的最关键因素为社会资本，其 Wald 值高达 19.897，其次为自然资本，其 Wald 值为 2.768；影响"动用储蓄"策略的最关键因素为金融资本，其 Wald 值高达 6.864，其次为物质资本，其 Wald 值为 3.627。

具体来看，人力资本是影响"外出打工""向银行借贷""动用储蓄"策略的显著性因素，其中，人力资本对"动用储蓄"策略具有负向影响，其回归系数为-9.082，即农户拥有的人力资本越丰富，越不愿采取"动用储蓄"策略来应对风险；但人力资本对"外出打工""向银行借贷"策略具有正向影响，即农户拥有的人力资本越丰富，越愿意采取"外出打工"与"向银行借贷"策略来应对风险，其回归系数分别为 24.925、1.396，说明拥有较多人力资本的农户往往更愿意选择外出打工来抵御风险，其次是选择向银行贷款。

表 4-4 生计资本对农户风险应对策略选择的影响

应对策略	变量	回归系数	标准误	Wald值	应对策略	变量	回归系数	标准误	Wald值
外出打工	常数	-6.640***	1.798	13.642	向亲友寻求帮助	常数	-2.157*	1.590	1.840
	人力资本	24.925**	5.661	19.389		人力资本	2.879	4.933	0.341
	自然资本	-1.231	2.591	0.226		自然资本	-4.953*	2.977	2.768
	物质资本	-0.346	1.970	0.031		物质资本	0.400	2.204	0.033
	金融资本	0.132	2.553	0.003		金融资本	-3.946	3.048	1.676
	社会资本	2.392*	1.516	2.490		社会资本	7.528***	1.688	19.897
向银行借贷	常数	-2.872**	1.496	3.683	动用储蓄	常数	-0.613	1.762	0.121
	人力资本	1.396*	4.528	1.009		人力资本	-9.082*	4.780	3.610
	自然资本	-2.119	2.502	0.717		自然资本	-5.074	3.422	2.198
	物质资本	1.943**	1.864	1.087		物质资本	-4.628*	2.430	3.627
	金融资本	3.376*	2.694	1.571		金融资本	11.658***	4.450	6.864
	社会资本	-0.141	1.568	0.008		社会资本	3.708*	1.762	0.121

注：由于以"减少消费"策略作为模型的参照水平，故表中没有出现该因变量。
*在 0.1 水平上显著，**在 0.05 水平上显著，***在 0.01 水平上显著。

自然资本是影响"向亲友寻求帮助"策略的显著性因素，但其对该策略具有负向影响，其回归系数为-4.953，即农户拥有的自然资本越充裕，越不愿采取

"向亲友寻求帮助"策略来应对风险。

物质资本是影响"向银行借贷""动用储蓄"策略的显著性因素,其回归系数分别为1.943、-4.628,即物质资本对"向银行借贷"策略具有正向影响,而对"动用储蓄"策略具有负向影响,说明拥有较多物质资本的农户往往更愿意采取"向银行借贷"策略来应对风险,而不愿意采取"动用储蓄"来应对风险。

金融资本是影响"向银行借贷""动用储蓄"策略的显著性因素,对"向银行借贷""动用储蓄"策略均具有正向影响,即农户拥有的金融资本越多,越愿意采取"向银行借贷""动用储蓄"策略来应对风险。其回归系数分别为3.376、15.658,说明拥有较多金融资本的农户往往更愿意选择动用储蓄来抵御风险,其次是选择向银行贷款。这主要是因为收入水平较低时,人们维持当前的生活已相当艰难,资产积累率较低;而收入水平较高时,人们会更多地为将来考虑,资产积累率较高,故有能力动用储蓄来应对风险,但依靠资产积累(储蓄)应对风险冲击会降低农户在生产领域的投资水平,不利于农村经济的长期发展。

社会资本是影响"外出打工""向亲友寻求帮助""动用储蓄"策略的显著性因素,对上述策略均具有正向影响,即农户拥有的社会资本越多,越愿意采取"外出打工""向亲友寻求帮助""动用储蓄"策略来应对风险,其回归系数分别为2.392、7.528、3.708,说明拥有较多社会资本的农户往往更愿意选择向亲友寻求帮助来抵御风险、其次是动用储蓄、再次是外出打工的方式。这主要是因为中国农村在本质上是一个"熟人"社会,拥有较多社会网络的农户,其通过这种网络动员和获取社会资源的能力就较强,因而在面临风险冲击时能得到更多的援助;此外,社会网络能够降低交易成本并提供更广泛的信息,有助于为农户传递劳动力市场的就业信息,帮助农户找到待遇更好的工作岗位,拥有更多的社会网络也意味着农户进入城市打工的机会越多。

总体来看,市场风险、教育风险、自然风险已成为当前石羊河下游农户面临的主要生计风险,但不同类型农户面临的主要生计风险存在差异,其中纯农户与一兼户主要面临市场、教育及自然风险冲击,二兼户主要面临市场、健康及教育风险冲击,而非农户主要面临教育、健康及养老风险冲击;减少消费、外出打工、动用储蓄、向亲友寻求帮助、向银行借贷是石羊河下游农户采取的主要风险应对策略,但不同类型农户采取的风险应对策略不同,纯农户、一兼户、二兼户中将减少消费作为首选策略的农户最多,而非农户中将外出打工作为首选策略的农户最多;人力资本、金融资本、社会资本是影响石羊河下游农户风险应对策略选择的最显著因素,物质资本次之,自然资本的影响最弱。

二、社会资本对农户抗风险能力的影响

(一)研究假设

社会网络内的风险统筹是农户最常用的一种风险应对策略,当面临风险时,农户拥有的社会网络水平越高,其抵御风险的能力就越强;余思新(2008)指出,信任集体选择是应对风险的另一种有效措施,通常信任度高的农户比信任度低的农户更有机会获得周围人的帮助,更容易获得较高收入和借款,从而使其具有更高的抗风险能力;此外,当风险来临时,农户往往会求助集体和政府相关部门,集体意识、互帮互助也成为农民抵御风险的主要方式,让·德雷兹和阿玛蒂亚·森也提出互助是一种分担风险机制,一个生活在特定社区的居民在面临风险冲击时,往往会受到社区其他成员的帮助,并因此而降低自己所遭受的损害。基于此,提出以下假设:

H_{13}:社会资本对农户抗风险能力有促进作用。

高虹等(2010)发现,社会资本对人力资本具有正向的促进作用;孙蕾蕾(2011)在研究社会资本对农村家庭人力资本投资行为的影响时发现农村家庭的社会资本对其人力资本投资的影响不容忽视;边燕杰(2004)也认为社会关系网络中的"信息"和"影响"资源对于工作搜寻成功有着非常重要的作用。与此同时,由于社会资本可增强信息交流与信任度,能使农户通过租赁或转让的方式获取更多的自然资本,还可使农户获取更多的就业机会和更高的收入,从而增加其物质资本。张建杰(2008)发现,社会资本是农户发生信贷行为的"特质性资源",农户的社会资本状况对其信贷需求以及实际信贷发生率、信贷途径、信贷规模均存在一定的影响;王燕(2007)指出互惠可增加农户收入;赵剑治(2009)则提出社会网络的不对等是造成农户收入差距的重要原因。可见,社会资本影响着农户拥有的人力资本、金融资本及物质资本。已有研究也显示,农户拥有的人力资本、金融资本、物质资本和自然资本对农户抗风险能力有显著影响。基于此,提出以下假设:

H_{14}:社会资本对人力资本与农户抗风险能力之间的关系有正向调节效应。

H_{15}:社会资本对自然资本与农户抗风险能力之间的关系有正向调节效应。

H_{16}:社会资本对物质资本与农户抗风险能力之间的关系有正向调节效应。

H_{17}:社会资本对金融资本与农户抗风险能力之间的关系有正向调节效应。

（二）研究方法

1. 变量选取

基于 Putnam（1993）提出的分析框架，从信任、网络、规范出发建立社会资本测量指标体系。其中，信任用农户对制度的信任和对周围人的信任来测算；网络用农户是否参加社团和参加社团活动的频率来测算；规范用互惠程度和奉献程度来测算。利用专家打分法确定社会资本各指标的权重，运用加权求和法测算甘南州、临夏州、张掖市的社会资本指数。

农户的抗风险能力除了受社会资本影响外，还受人力资本、自然资本、物质资本和金融资本等因素的影响。因此，以社会资本各维度作为解释变量，以人力资本、自然资本、物质资本和金融资本为控制变量，并引入民族属性虚拟变量来分析社会资本对农户抗风险能力的影响（表 4-5）。

表 4-5 解释变量

解释变量	指标及权重	赋值	均值	标准差
社会信任 XR (0.35)	制度信任度 XR_1 (0.175)	1（完全不信任）~5（完全信任）	3.18	0.88
	普遍信任度 XR_2 (0.175)		3.10	0.60
社会网络 WL (0.35)	是否参加社团组织 WL_1 (0.175)	1（是），0（否）	0.77	0.42
	经常参加组织的活动 WL_2 (0.175)	1（从不）~3（经常/每次）	2.16	0.60
社会规范 GF (0.30)	是否愿意维护公共设施 GF_1 (0.09)	1（肯定不会）~5（肯定会）	3.57	0.86
	是否愿意帮助发生不幸的人 GF_2 (0.12)		3.90	0.85
	不参加活动是否会遭谴责 GF_3 (0.09)		2.96	0.80
人力资本 RL	劳动力比重 RL_1	劳动力占家庭人口的比重	0.65	0.21
	劳动力受教育程度 RL_2	劳动力平均受教育程度	7.02	3.65
自然资本 ZR	人均耕地面积 ZR_1	家庭总耕地面积/总人口	1.90	2.14
	人均草地面积 ZR_2	家庭总草地面积/总人口	10.98	36.40
物质资本 WZ	其他固定资产价值 WZ_1	家里拥有交通工具的总价值	6 539.55	7 339.10
	房屋数量 WZ_2	砖混结构×0.7+土木结构×0.3	3.43	2.05
	家畜数量 WZ_3	拥有的家畜数换算成羊单位	82.78	266.61
金融资本 JR	家庭年收入 JR_1	家庭每年总收入	24 481.58	21 578.19
	信贷能力 JR_2	家庭是否有能力贷款	0.32	0.47
民族属性 DQ	是否汉族 DQ_1	1（是），0（否）	0.34	0.47
	是否藏族 DQ_2		0.33	0.47

注：括号内数据为每个指标的权重。

2. 社会资本对农户抗风险能力影响的分析方法

采用二元 Logistic 回归模型分析社会资本对农户抗风险能力的影响，并利用最大似然估计法对其回归参数进行估计。为了更清晰地解析影响农户抗风险能力的关键因素，在设计模型时将农户的抗风险能力简化为 0-1 型因变量，即认为自身具有抗风险能力的农户为 0，认为自身不具备抗风险能力的农户为 1。

具体模型如下：

$$P = e^{(b_0 + b_1 x_1 + b_2 x_2 + \cdots + b_m x_m)} / (1 + e^{(b_0 + b_1 x_1 + b_2 x_2 + \cdots + b_m x_m)}) \qquad (4-3)$$

式中，P 表示农户抗风险能力大小的变化，x_m 表示解释变量，指影响因素，包括社会资本（信任、网络和规范）、控制变量（劳动力比重、劳动力受教育程度、人均草地面积、人均耕地面积、房屋数量、其他固定资产价值、牲畜数量、家庭年收入和信贷能力）和民族属性。

发生比率的计算公式为

$$odd(P_i) = Exp(\beta_0 + \beta_1 x_1 + \cdots + \beta_m x_m) \qquad (4-4)$$

式中，β_m 表示解释变量 x_m 变化 1 单位时 ln（OR）变化 β_m 个单位。若回归系数 β_m 为正值，表示解释变量每增加一个单位，发生比会相应增加 β_m 个单位；相反，若回归系数 β_m 为负值，则表示解释变量每增加一个单位，发生比会相应减少 β_m 个单位。Logistic 回归模型的预测能力通过回归系数的显著性水平、Wald 统计量和模型优度等来评价。

3. 社会资本调节效应的分析方法

利用有乘积项的二元 Logistic 回归模型分析农户的社会资本对其抗风险能力的调节作用。其具体步骤是：首先，做 y（因变量）对 x（自变量）和 m（调节变量）的回归，得拟合度 R_1^2、相应的 f 值和 t 检验结果；接着，做 y 对 $x \cdot m$ 项的回归，得相应的 R_2^2、f 值和 t 检验结果。若 $R_2^2 > R_1^2$，两次回归的 f 值和 t 值变化显著（交互前不显著而交互后显著或交互前显著而交互后不显著），则调节效应显著。

（三）社会资本对抗风险能力的直接影响

采用向后逐步剔除法拟合模型。首先，将控制变量和民族属性作为自变量引入二元 Logistic 回归模型；然后，将社会资本各维度依次引入模型，以此观察社会资本各维度对农户抗风险能力的影响。模型（1）只引入控制变量和虚拟变量进行分析，模型（2）～模型（4）依次引入网络维度、信任维度和规范维度。在进行模型拟合时，因劳动力受教育程度、制度信任、参加社团的频率和牲畜数量等指标没有进入模型而被剔除。

模型（1）的 $H\text{-}L$ 拟合优度统计量为 13.28，p 值为 0.103（$p>0.05$），R^2 为 0.31，说明该模型具有很好的拟合优度，且模型中的变量对抗风险能力具有一定的解释力。模型（2）~模型（4）的 $H\text{-}L$ 拟合优度统计量分别为 9.87、8.46 和 5.80，p 值均大于 0.05，R^2 分别为 0.42、0.51 和 0.70，说明模型具有很好的拟合优度，而且引入网络维度、信任维度和规范维度后，模型的解释度分别提高了 11%、9% 和 19%，说明社会资本对农户抗风险能力有显著的影响，该结果证实了假设 H_{13}。

模型（1）中，年收入、信贷能力与农户抗风险能力在 0.001 水平上显著正相关，劳动力比重和房屋数量与农户抗风险能力在 0.01 水平上显著正相关，其他固定资产与农户抗风险能力在 0.05 水平上显著正相关，且年收入、信贷能力、劳动力比重、房屋数量、其他固定资产每提高 1 个单位，农户抗风险能力分别提高 0.35、0.36、0.89、0.62 和 0.22 个单位；人均草地面积、人均耕地面积与农户抗风险能力在 0.001 水平上显著负相关，且人均草地面积、人均耕地面积每提高 1 个单位，农户抗风险能力分别降低 0.18 和 0.52 个单位（表 4-6）。

表 4-6 社会资本对农户抗风险能力的影响

变量	模型（1）		模型（2）		模型（3）		模型（4）	
	回归系数	标准差	回归系数	标准差	回归系数	标准差	回归系数	标准差
常量	0.51***	0.40	0.22***	0.41	1.89***	0.70	3.15***	0.96
是否参加社团			0.45**	0.18	0.48**	0.19	0.40**	0.19
普遍信任					1.71**	0.57	1.32**	0.59
不参加活动是否遭惩罚							1.16**	0.39
是否愿意维护公共实施							1.04*	0.54
是否愿意帮助不幸的人							1.57**	0.62
劳动力比重	0.89**	0.32	0.90**	0.32	0.84**	0.33	0.85**	0.33
人均草场	-0.18***	0.05	-0.17***	0.05	-0.13**	0.05	-0.15**	0.05
人均耕地	-0.52***	0.14	-0.48***	0.14	-0.48***	0.14	-0.40**	0.14
其他固定资产	0.22*	0.10	0.22*	0.10	0.19*	0.10		
房屋数量	0.62**	0.20	0.53**	0.20	0.52**	0.20	0.41**	0.20

续表

变量	模型（1）		模型（2）		模型（3）		模型（4）	
	回归系数	标准差	回归系数	标准差	回归系数	标准差	回归系数	标准差
年总收入	0.35***	0.13	0.35***	0.13	0.36***	0.13	0.46***	0.13
信贷能力	0.36***	0.07	0.39***	0.07	0.36**	0.07	0.43***	0.07
藏族地区	0.29***	0.08	0.29***	0.08	0.22**	0.09	0.16*	0.09
汉族地区	0.45***	0.24	0.43***	0.21	0.42***	0.12	0.39**	0.13
R^2	0.31		0.42		0.51		0.70	
H-L	13.28（0.103）		9.87（0.274）		8.46（0.390）		5.80（0.674）	
样本量	665		665		665		665	

注：*在0.05水平上显著，**在0.01水平上显著，***在0.001水平上显著。

模型（2）中，社团参与度与农户抗风险能力在0.01水平上正相关；模型（3）中，普遍信任度与农户抗风险能力在0.01水平上正相关；模型（4）中，惩罚和互助程度与农户抗风险能力在0.01水平上正相关，公共设施维护程度与农户抗风险能力在0.05水平上正相关。在上述模型中，社团参与度、普遍信任度、惩罚程度、互助程度及公共设施维护程度每提高1个单位，农户抗风险能力随之提高0.45、1.17、1.16、1.57和0.54个单位（表4-6）。

上述结果证实了假设H_{13}，说明社会资本对农户的抗风险能力具有显著的正向影响。

（四）社会资本对农户抗风险能力的调节效应

研究发现，社会资本对自然资本、物质资本与农户抗风险能力的关系均没有显著的调节效应，这一结论证实假设H_{15}和H_{16}不成立。

1. 社会资本对人力资本与农户抗风险能力关系的调节效应

以农户是否有抗风险能力为因变量，以人力资本各指标为自变量，分别加入网络维度、信任维度和规范维度为调节项，对数据进行层次回归处理。结果显示，在第一步中，分别引入人力资本各指标值和社会资本各维度得分；在第二步中，分别引入社会资本各维度与人力资本各指标的交互项，解释度在网络维度和信任维度分析中有显著提高，而在规范维度分析中没有显著提高。可见，规范维度对人力资本与农户抗风险能力的关系没有显著的调节作用，而网络维度和信任维度对人力资本与农户抗风险能力的关系具有调节作用，但二者均对劳动力比重与农户抗风险能力关系的调节作用更显著，而对劳动力受教育程度与农户抗风险能力关系的调节作用不太显著。这一结论证实假设 H_{14} 成立（表 4-7）。

表 4-7 社会资本对人力资本与农户抗风险能力关系的调节作用

网络维度调节作用分析				信任维度调节作用分析			
第一步		第二步		第一步		第二步	
自变量	估计系数	自变量	估计系数	自变量	估计系数	自变量	估计系数
RL_1	0.80**	$RL_1 \cdot WL$	1.63**	RL_1	0.32	$RL_1 \cdot XR$	0.29**
RL_2	0.21	$RL_2 \cdot WL$	0.17*	RL_2	0.15**	$RL_2 \cdot XR$	0.54*
WL	0.49**			XR	1.05**		
R^2	0.12	R^2	0.20	R^2	0.10	R^2	0.17
f	5.90**	f	10.05**	f	7.29**	f	11.37**

注：*在 0.05 水平上显著，**在 0.01 水平上显著，***在 0.001 水平上显著。

2. 社会资本对金融资本与农户抗风险能力关系的调节效应

以农户是否有抗风险能力为因变量，以金融资本各指标为自变量，分别加入网络维度、信任维度和规范维度为调节项，对数据进行层次回归处理。结果显示，在第一步中，分别引入金融资本各指标值和社会资本的各维度得分；在第二步中，分别引入社会资本各维度与金融资本各指标的交互项，解释度在三个维度的分析中均显著提高。可见，网络维度、信任维度和规范维度均对金融资本与农户抗风险能力的关系有调节作用，只是三者调节的具体变量存在差异。其中，网络维度对信贷能力与抗风险能力关系的调节效应最大，估计系数为 0.86；信任维度对年收入与抗风险能力关系的调节效应次之，估计系数为 0.71；规范维度对年收入与抗风险能力关系的调节效应最低，估计系数为 0.68。这一结论证实 H_{17} 成立（表 4-8）。

表 4-8 社会资本对金融资本与农户抗风险能力之间关系的调节作用

网络维度调节作用分析				信任维度调节作用分析				规范维度调节作用分析			
第一步		第二步		第一步		第二步		第一步		第二步	
自变量	估计系数	自变量	估计系数	自变量	估计系数	自变量	估计系数	自变量	估计系数	自变量	估计系数
JR_1	0.38***	$JR_1 \cdot WL$	0.28**	JR_1	0.45***	$JR_1 \cdot XR$	0.71**	JR_1	0.46***	$JR_1 \cdot GF$	0.68**
JR_2	0.36**	$JR_2 \cdot WL$	0.86**	JR_2	0.39**	$JR_2 \cdot XR$	0.52*	JR_2	0.43***	$JR_2 \cdot GF$	0.55**
WL	0.45**			XR	0.66**			GF	1.06**		
R^2	0.12	R^2	0.22	R^2	0.15	R^2	0.26	R^2	0.09	R^2	0.20
f	6.39**	f	11.46**	f	7.28**	f	9.10**	f	7.00**	f	11.01**

注：*在 0.05 水平上显著，**在 0.01 水平上显著，***在 0.001 水平上显著。

综上所述，社会资本对抗风险能力不仅具有直接促进作用，而且具有正向调节作用。为此，应大力培育各种合作组织，鼓励农户参加专业协会、经济合作组织等社会组织，以拓宽农户的社会关系网，为抵御风险提供有力保障；应建立诚信机制，增强农户间的了解与信任，密切其与周围人的关系，以便在风险来临时可以相互帮助、共同抵御风险；应积极引导农户参与集体活动，增强互惠与合作。同时，应不断完善技术培训体系与农业保险机制，加大财政支持力度，制定适当的优惠税收政策，切实提高农户的抗风险能力。

三、社会资本的生计风险分担效果

在发展中国家，农户作为农村社会中最小的生计单位，承受着自然、市场、健康、政策等多重生计风险，尤其贫困农户往往处于"水深及颈"的状态，即使是收入和支出方面的"细波微澜"也可能使其陷入生计无保障、健康无保障或受教育无保障等困境，这就需要通过正式的保险市场或一系列非正式的转移支付实现风险统筹，或通过储蓄和信贷市场实现跨时期消费平滑。但在发展中国家农村地区，社会保障体系、商业保险市场以及金融市场很不完善，缺乏保险支持的农户在风险面前非常脆弱，为减轻风险冲击所带来的负面影响，农户往往采用基于社会网络的非正规风险分担机制，通过礼金互赠、相互帮工、非正规借贷等形式来实现风险统筹，降低风险冲击的负面影响。这种基于社会网络的非正规风险分担机制已成为发展中国家农户应对风险的主要手段，通常社会关系越多的家庭在遭受冲击时越容易寻求并获得帮助，社会网络在增加收入、促进非农就业、民间信贷、储蓄、风险分担、贫困脆弱性等方面的作用已得到了部分证实，但目前较少关注农户社会网络对其风险分担行为的影响机制。

（一）研究区、数据来源与研究方法

1. 研究区与数据来源

本小节仅以地处青藏高原东缘的甘南高原作为案例区来阐释社会资本的风险分担效果。甘南高原属于典型的高寒生态脆弱区，农户作为该区最主要的经济活动主体，不仅面临着疾病、经济波动、政策变化、快速城镇化的冲击，承受着资源获取不足、基础设施薄弱、社会保障系统脆弱的约束，更遭受着草地退化、水资源紧缺、水土流失、生物多样性损失等环境问题的影响，使其生计安全遭受严重挑战，生计脆弱性加剧。然而，该区的社会保障体系、商业保险市场以及金融市场尚不完善，农户仍主要通过社会网络内风险统筹机制和跨时

期消费平滑机制等传统方式来应对风险,以地缘和血缘为纽带的社会网络在农户风险分担中起着重要作用。当前,急需辨明农户的社会网络对其风险分担行为选择的影响,揭示基于社会网络的非正规风险分担行为的效果,以便寻求更有效的风险规避手段。

课题组于 2014 年 7~8 月在甘南高原进行了 20 余天的野外调查。采用调查问卷、观察法、小型座谈会等参与式农村评估(PRA)工具进行入户调查,以获取研究所需的数据及信息。入户调查中,采取分层随机抽样法选取受访农户。由于甘南高原地域辽阔、农户居住分散,访谈难度较大,因此本次调查在纯牧区抽取 18 个乡、半农半牧区抽取 10 个乡、农区抽取 9 个乡,共调查 548 户农户,删除信息不全的问卷,收回有效问卷 540 份,问卷有效率为 98.54%,其中纯牧区 187 份、半农半牧区 168 份、农区 185 份。调查内容主要包括:①农户的户主特征及家庭特征,包括户主性别、年龄、受教育程度、健康状况以及家庭规模、劳动力人数、家庭收入及消费等;②农户的社会网络,包括农户的亲友数量、亲友间的关系、亲友的富裕程度;③农户的风险分担行为,包括家庭是否购买了商业保险,遇到风险是否向银行借贷、是否向亲友寻求援助等;④遇到严重风险时农户的消费波动情况。

2. 研究方法

(1) 农户社会网络的测量。不同研究领域采用的社会网络测量指标存在较大差异,但农户行为研究中采用的指标相对一致,多采用亲友数量、礼金支出、政治关系等指标测量社会网络。我国属于传统的关系型社会,农户拥有的社会网络通常基于家庭的亲友关系,因此采用亲友网络的规模、紧密度及支持能力来反映农户的社会网络特征。其中,规模用亲友的多少来度量,紧密度用亲友的交往状况来度量,支持能力用亲友中相对富裕家庭的多少来度量(表 4-9)。

(2) 模型设计。采用二元 Logistic 模型分析农户的社会网络对其风险分担行为选择的影响以及基于社会网络的非正规风险分担行为的效果,利用最大似然估计法对其回归参数进行估计。在分析社会网络对农户风险分担行为选择的影响时,将农户的风险分担行为设置为 0-1 型因变量 y_i,其中,非正规风险分担行为设定为 $y_i=1$,否则,$y_i=0$;在分析基于社会网络的非正规风险分担行为效果时,以农户遭遇严重风险时的消费波动情况作为因变量。为了简便起见,将消费波动简化为二元变量,即将"降低较明显、降低很明显"归为"降低明显",赋值为 1;将"保持不变、变化不大"归为"基本不变",赋值为 0。其

体模型为

$$\ln\frac{P_i}{1-P_i}=A+B_1S_i+B_2Z_i+B_3M_i+X_i \tag{4-5}$$

式中，P_i 为采取非正规分担行为（或消费明显降低）的概率；$1-P_i$ 为采取正规分担行为（或消费基本不变）的概率；$P_i/(1-P_i)$ 为采取非正规分担行为（或消费明显降低）的发生比；S_i 为社会网络变量集；M_i 为正规风险应对机制变量集；Z_i 表示控制变量集；B_1、B_2、B_3 分别为对应变量的估计系数集；X_i 是随机误差项。

（3）变量选择。非正规风险分担行为的基础是社会网络，农户亲友网络的规模、紧密度、支持能力等因素制约着亲友网络内非正规风险分担行为的实现程度，如果亲友网络规模有限、亲友间交往不密切、亲友网络内的其他成员收入较低、支持能力不足，则遭遇风险冲击的农户得到的亲友援助相对有限，这就会限制非正规风险分担机制的作用。此外，农户家庭负担过重（抚养人口比过高、家人健康状况较差等）会降低农户应对风险的能力，使其面临风险时脆弱性增强，消费下降明显，向亲友寻求援助的可能性增大，而劳动力受教育程度较高、家里有村委委员（具有一定的政治地位），则更容易采取正规风险分担机制应对风险。随着农户收入的增加，农村居民的储蓄率往往会随之增加，进行消费平滑的能力增强，使其选择向亲友借贷的可能性降低，风险冲击时的消费波动也减小。正规风险应对机制虽能够为遭遇外部冲击的农户提供风险统筹，但当农户面临正规风险应对机制约束时，将促使农户采用非正规风险分担行为应对风险。

鉴于此，特将农户的风险分担行为选择、农户遭遇严重风险时的消费波动情况作为被解释变量，将农户亲友网络的规模、紧密度及支持能力作为解释变量，将户主特征与家庭特征、正规风险应对机制作为控制变量，来分析社会网络对农户风险分担行为选择的影响及非正规风险分担行为的作用。其中，户主特征包括户主性别、年龄及性格特征（户主的性格特征会影响其对消费波动的主观体验）；家庭特征包括家庭规模、抚养人口比重（15 岁以下与 60 岁以上人口占家庭总人口的比例）、家庭成员健康状况、劳动力受教育程度、人均收入、政治地位（家里是否有村委委员）、交通便捷度；正规风险应对机制包括是否购买了商业保险（表 4-9）。

表 4-9 变量及赋值

变量		赋值	均值	标准差
消费波动	消费波动情况	保持不变或保持不变=1；下降较明显=2；下降很明显=3	1.86	0.64
社会网络	规模	亲友数量：很少=1；较少=2；一般=3；较多=4；很多=5	2.81	1.02
	紧密度	亲友交往情况：很差=1；较差=2；一般=3；较好=4；很好=5	4.00	0.74
	支持能力	富裕亲友数量：很少=1；较少=2；一般=3；较多=4；很多=5	2.51	0.78
户主特征	性别	男=1，女=0	0.80	0.40
	年龄	户主年龄（岁）	43.22	9.77
	性格特征	遇到困难：很沮丧=1；较沮丧=2；一般=3；较乐观=4；很乐观=5	3.89	0.82
家庭特征	家庭规模	家庭总人口（人）	5.52	1.48
	抚养人口比重	少儿及老年抚养人口占家庭总人口的比例（%）	40.65	21.37
	家人健康状况	很差=1；较差=2；一般=3；较好=4；很好=5	3.41	1.44
	人均收入	家庭总收入/人数（万元/人）	5974.34	6005.43
	政治地位	是否有村委委员：有=1；无=0	0.28	0.45
	交通便捷度	很不便捷=1；较不便捷=2；一般=3；较便捷=4；很便捷=5	3.37	0.94
正规风险应对机制	是否购买了商业保险	是=1，否=0	0.14	0.34

（二）农户的社会网络与风险分担行为

1. 农户的社会网络

研究认为，甘南高原农户的社会网络规模有限（仅有 25.73% 的农户认为自家的亲友多），但亲友间的交往状况好（有 75.55% 的农户认为自己与亲友交往密切），亲友网络的支持能力较差（仅有 8.21% 的受访户认为亲戚中相对富裕的家庭多）。进一步分析发现，与纯牧区、农区农户相比，半农半牧区农户的亲友网络规模相对较大，有 35.12% 的农户认为自己的亲友多，而纯牧区、农区该比重分别为 31.01%、12.97%。但与农区、半农半牧区农户相比，纯牧区农户的亲友网络紧密度相对较强、支持能力相对较高。其中，纯牧区有 81.29% 的农户认为与亲友交往密切，而农区、半农半牧区该比重分别为 78.92%、69.05%；纯牧区有 35.83% 的农户认为亲戚中相对富裕的家庭少，而半农半牧区、农区该比重分别为 42.26%、68.11%（表 4-10）。总体来看，甘南高原农户的亲友网络紧密度较高，但规模及支持能力极为有限，这在一定程度上导致农户遭遇风险时社网络难以为其提供有效的援助。

表 4-10 甘南高原农户的社会网络

农户	亲友网络规模（%）				亲友网络紧密程度（%）				亲友网络支持能力（%）			
	少	一般	多	规模指数	差	一般	好	紧密程度	少	一般	多	支持能力
纯牧区农户	36.89	32.09	31.01	2.89	2.67	16.04	81.29	4.06	35.83	57.22	6.95	2.63
半农半牧区农户	35.72	29.17	35.12	2.98	2.98	27.98	69.05	3.90	42.26	45.83	11.91	2.61
农区农户	48.65	38.38	12.97	2.57	0.00	21.08	78.92	4.03	68.11	25.41	6.49	2.29
全体受访户	40.10	32.85	25.73	2.77	1.82	21.17	75.55	3.94	48.31	42.15	8.21	2.47

2. 农户的风险分担行为

遇到风险冲击时，甘南高原农户采取多种策略应对风险。其中，向亲友寻求援助成为最主要的风险应对策略，有 60.56% 的农户向亲友寻求援助，该比重远高于动用储蓄（48.70%）、减少开支（48.52%）、出售牲畜（45.74%）、外出务工（45.74%）、向银行借贷（43.33%）。其中，纯牧区向亲友寻求援助的农户比重最低、半农半牧区次之、农区最高，比重分别为 56.15%、62.50%、63.24%；农户首选的风险应对策略中，向亲友寻求援助仍最重要，首选该策略的农户比重达 29.63%，而首选动用储蓄（27.78%）、出售牲畜（12.28%）、减少开支（11.85%）等策略的农户较少。其中，半农半牧区首选向亲友寻求援助的农户比重最高，占该区受访户的 38.69%，纯牧区次之（26.74%），农区最低（24.32%）。可见，基于社会网络的非正规风险分担行为已成为甘南高原农户应对风险的最重要手段。

表 4-11 甘南高原农户的风险分散性

农户	风险分担者（%）			风险分担者所在地（%）				
	女方亲属	男方亲属	双方亲属	本村	本乡	本县外乡	本省外县	外省
纯牧区农户	17.65	25.13	57.22	33.69	45.45	19.25	1.60	0.00
半农半牧区农户	24.40	23.21	52.38	45.24	29.17	16.67	8.33	0.60
农区农户	11.89	36.76	51.35	17.30	45.41	34.59	2.16	0.54
全体受访户	17.78	28.52	53.70	31.67	40.37	23.70	3.89	0.37

进一步分析发现（表 4-11），在利用社会网络分担风险的农户中，依靠男女双方亲戚分担风险的农户占 53.70%，仅依靠男方亲戚的占 28.52%，仅依靠女方

亲戚的占 17.78%。可见，随着女性在家庭中的地位提升，仅依靠男方亲属的传统风险分担模式发生了变化，男、女方亲属在家庭风险分担中均起着重要作用，但这种风险分担行为不利于风险的分散，访谈中也发现，部分农户遭遇重大冲击（如子女结婚、上学或家人生病）时，不仅使自家陷入贫困，还使亲戚陷入贫困。

甘南高原农户的风险分担者大部分居住在本乡或本村，其中，风险分担者居住在本村的农户占 31.67%、居住在本乡的占 40.37%。相比之下，农区农户的风险分散空间较大，半农半牧区农户次之，纯牧区农户最小，农区、半农半牧区、纯牧区风险分担者居住在本村及本乡以外的农户比重依次为 37.30%、25.60%、20.86%。可见，甘南高原农户的非正规风险分担行为的风险分散空间较小。这种狭小的风险分散空间，会使农户在普遍遭受灾害时陷入更大的困境。访谈中，大部分农户反映当遭遇暴雪、冰雹等灾害时，亲戚均受到严重影响，往往自顾不暇，没有能力为其提供援助。

（三）社会网络对农户风险分担行为选择的影响

将农户的风险分担行为选择、户主特征（性别、年龄）、家庭特征（家庭规模、劳动力受教育程度、抚养人口比重、家人健康状况、人均收入、政治地位、交通便利程度）、正规风险应对机制及亲友网络的规模、紧密度、支持能力引入二元 Logistic 模型分析社会网络对农户风险分担行为选择的影响［模型（1）］。为了进一步考察社会网络对不同收入水平农户风险分担行为选择的影响，依据家庭人均收入的大小，等量地将所有样本分为较低收入家庭和较高收入家庭，分别对较低收入家庭［模型（2）］与较高收入家庭［模型（3）］进行回归（表 4-12）。

模型（1）的拟合结果显示，亲友网络紧密度及支持能力的系数均显著为正，且支持能力的 *Wald* 值（4.972）高于紧密度的 *Wald* 值（3.581），说明亲友网络对甘南高原农户风险分担行为选择的影响不仅取决于网络紧密度，更取决于网络支持能力。劳动力受教育程度、政治地位的系数显著为负，说明劳动力受教育程度及政治地位高的农户更倾向于选择正规风险分担行为；而交通便捷度的系数显著为正，说明交通便捷度高的农户更倾向于选择非正规风险分担行为。此外，男性与较大年龄户主、家庭规模及抚养人口多的农户更倾向于选择非正规风险分担行为，而家人健康状况良好、收入高、购买商业保险的农户更倾向于选择正规风险分担行为，但这些因素的作用均不显著。

表 4-12 社会网络对农户风险分担行为的影响拟合结果

变量	模型（1）			模型（2）			模型（3）		
	系数	Wald值	Exp(b)	系数	Wald值	Exp(b)	系数	Wald值	Exp(b)
常量	-2.337	1.602	0.097	-0.516	0.036	0.597	-7.802*	2.786	0.000
户主性别	0.274	1.323	1.315	-0.021	0.004	0.979	0.705*	3.041	2.024
户主年龄	0.065	0.025	1.067	0.274	0.269	1.315	-0.173	0.052	0.841
家庭规模	0.097	1.665	1.102	0.090	0.796	1.094	0.152	1.114	1.164
劳动力受教育程度	-0.218*	1.951	0.804	-0.354*	2.422	0.702	-0.140	0.287	0.870
抚养人口比重	0.002	0.075	0.998	0.008	0.739	0.992	0.010	1.020	1.010
家人健康状况	-0.128	1.271	0.880	-0.174	0.715	1.190	-0.220	1.120	0.803
人均收入	-0.005	0.003	0.995	-0.394**	4.072	.675	0.717**	4.365	2.048
政治地位	-0.601***	8.247	0.548	-0.271	0.725	0.763	-0.818***	7.105	0.441
正规风险应对机制	-0.183	0.437	0.833	-0.740*	3.667	0.477	0.299	0.366	1.348
交通便捷度	0.260**	6.360	1.297	0.112	0.645	1.118	0.530	7.501	1.698
亲友网络规模	0.098	0.573	1.103	0.162	0.768	1.176	0.076*	0.139	1.079
亲友网络紧密度	0.368*	3.581	1.444	0.514**	4.211	1.672	-0.169	0.224	0.844
亲友网络支持能力	0.375**	4.972	1.456	0.599**	5.599	1.821	0.243	0.955	1.276
对数似然值	663.480			331.935			318.551		
Chi-square 检验值	34.382***			28.904***			32.480***		
Nagelkerke R	0.085（0.114）			0.136			0.157		

注：*在 0.1 水平上显著；**在 0.05 水平上显著；***在 0.01 水平上显著。

模型（2）、模型（3）的拟合结果显示，亲友网络规模对较低收入农户的作用不显著，但对较高收入农户的作用显著为正；紧密度与支持能力对较低收入农户的作用显著为正，但对较高收入农户不显著。可见，亲友网络的不同维度对高、低收入农户风险分担行为选择的影响存在差异，其中，亲友网络对低收入农户风险分担行为选择的影响不仅取决于紧密度，而且取决于支持能力，但对高收入农户的影响仅取决于网络规模。总体来看，网络紧密度与支持能力高的较低收入农户及网络规模大的较高收入农户更倾向于选择非正规风险分担行为。

模型（2）、模型（3）的拟合结果中，劳动力受教育程度、正规风险应对机制对较低收入农户风险分担行为选择的作用显著，但对较高收入农户不显著；政治地位对较低收入农户的作用不显著，但对较高收入农户的作用显著。其中，模型（2）中劳动力受教育程度、正规风险应对机制及模型（3）中政治地位的系数均显著为负，说明劳动力受教育程度高与购买商业保险的较低收入农户、政治地位高的较高收入农户均更倾向于选择正规风险分担行为。可见，在农村社会保障相关制度尚不健全的状况下，家庭政治关系有利于农户获得正规风险分担机制的援助。

模型（3）中人均收入的系数显著为正，但模型（2）中人均收入的系数显著为负。可见，富裕程度对不同收入农户风险分担行为选择的作用全然不同，在较高收入农户中，收入提高将增加非正规风险分担行为的发生比，而在较低收入农户中，收入提高将增加正规风险分担行为的发生比，这进一步反映了正规金融机构对发放贷款对象的严格选择，即只有那些较为富裕的农村家庭才可能获得正规金融机构贷款。

（四）社会网络的风险分担行为效果

将农户遇到严重风险时的消费波动状况、户主特征（性别、年龄及性格特征）、家庭特征（家庭规模、劳动力受教育程度、抚养人口比重、家人健康状况、政治地位、人均收入、交通便捷度）、正规风险应对机制、亲友网络的规模、紧密度及支持能力引入二元 Logistic 模型分析基于社会网络的非正规风险分担行为的效果［模型（4）］。为辨明非正规风险分担行为对不同收入群体的作用，仍将受访户等量地分为较低收入农户［模型（5）］与较高收入农户［模型（6）］，分别对其进行回归（表4-13）。

结果显示，亲友网络的规模与支持能力对甘南高原农户的消费波动均有显著的负向影响。这说明，亲友网络在平滑甘南高原农户消费波动中具有非常重要的作用，其对农户消费波动的影响不仅取决于规模大小，而且取决于亲友网络的支持能力。但是，亲友网络的紧密度对农户消费波动的影响不显著，这可能是因为甘南高原农户的亲友网络主要基于血缘、姻缘、共同的宗教信仰等，交往关系都相当密切，亲友网络内部交往的密切程度差别非常小，不足以对社会网络内风险统筹产生影响，从而对消费波动的影响不显著。

表 4-13 非正规风险分担行为平滑消费的作用拟合结果

变量	模型（4）			模型（5）			模型（6）		
	系数	Wald值	Exp(b)	系数	Wald值	Exp(b)	系数	Wald值	Exp(b)
常量	5.038**	6.527	154.166	2.665	0.812	14.375	6.440	1.651	626.324
户主性别	0.106	0.186	1.112	0.213	0.423	1.238	0.036	0.006	1.037
户主年龄	0.015	0.001	1.015	0.461	0.741	1.585	−1.081	1.399	0.339
户主性格特征	−0.255**	4.349	0.775	0.019	0.015	1.019	−0.843***	9.562	0.431
家庭规模	0.018	0.056	1.018	−0.086	0.699	0.917	0.079	0.270	1.083
劳动力受教育程度	0.234	2.048	1.264	0.393*	2.867	1.481	0.350	1.493	1.418
抚养人口比重	0.004	0.434	0.996	0.005	0.258	1.005	0.005	0.192	0.995
家人健康状况	−0.508***	11.093	0.601	−0.527**	5.892	0.590	−0.659**	6.535	0.517
人均收入	−0.020	0.037	1.020	−0.163	0.651	0.849	0.651*	2.827	1.917
政治地位	−0.055	0.062	0.946	−0.225	0.446	0.798	−0.313	0.876	0.731
正规风险应对机制	−0.190	0.425	1.209	−0.618	2.006	1.855	−0.487	1.060	0.615
交通便捷度	−0.102	0.942	0.903	−0.134	0.947	1.144	−0.486**	5.570	0.615
亲友网络规模	−0.487***	13.541	0.614	−0.332*	3.108	0.718	−0.654***	8.472	0.520
亲友网络紧密度	0.009	0.002	1.009	0.071	0.071	1.074	0.467	1.629	1.594
亲友网络支持能力	−0.682***	16.648	0.505	−0.724***	8.051	0.485	−0.685***	7.110	0.504
对数似然值	631.941			324.387			255.708		
Chi-square检验值	81.205***			37.653***			74.356***		
Nagelkerke R	0.1911			0.174			0.353		

注：*在 0.1 水平上显著，**在 0.05 水平上显著，***在 0.01 水平上显著。

对不同收入农户而言，亲友网络的规模与支持能力在平滑消费中的作用存在差异。对较低收入农户而言，亲友网络支持能力对消费波动的影响高于网络规模，支持能力的 Wald 值为 8.051，而网络规模的 Wald 值仅为 3.108；但对较高收入农户而言，亲友网络规模对消费波动的影响高于支持能力，其中，网络规模的 Wald 值为 8.472，而支持能力的 Wald 值为 7.110。这说明，亲友网络支持能力对低收入农户平滑消费的作用更重要，而网络规模对较高收入农户的作用更重要。

户主性格特征对较高收入农户的消费波动具有显著的负向影响，但对较低收入农户的影响不显著，这一方面说明主观因素对农户的消费波动感知有影响；另一方面说明遇到困难时，户主的乐观程度对高收入农户平滑消费更有效。家人健康状况对较低、较高收入农户的消费波动均具有显著的负向影响，说明改善家人健康状况，较低与较高收入农户的消费波动发生比均会下降。劳动力受教育程度仅对较低收入农户的消费波动具有显著的正向影响，说明提高劳动力受教育程度会显著增加较低收入农户消费波动的发生比，究其原因主要在于劳动力受教育程度提高意味着家庭教育支出的增加，而这无形中会加剧较低收入农户的经济压力，使其消费波动性增加。

家庭收入对较高收入农户的消费波动有显著的正向影响，对较低收入农户的影响为负但不显著，说明收入增加会加剧较高收入农户的消费波动发生比，但会平滑较低收入农户的消费波动。交通便捷度对较高收入农户的消费波动有显著的负向影响，但对较低收入农户的影响不显著，说明交通便捷能够有效地平滑农户的消费波动，但对较高收入农户的作用更显著。回归结果还表明，抚养人口比重会增加消费波动发生比，而政治地位、正规风险应对机制均具有平滑消费的作用，但这些因素的影响均不显著。

综上所述，甘南高原农户的社会网络规模有限、支持能力低，但紧密度高；基于社会网络的非正规风险分担机制是甘南高原农户应对风险的最重要手段，但风险分散空间较小；社会网络对农户风险分担行为选择及平滑消费具有重要作用。其中，提高社会网络的紧密度与支持能力将增加农户非正规风险分担行为的发生比，而增加社会网络的规模与支持能力则有助于平滑农户消费波动。鉴于此，广大农村应积极组织集体活动，建立各种专业化的农民协会、合作社，拓展农户的社会网络，有效发挥农村家庭社会网络的保障功能。同时，应积极推广正规风险分担方式。

第二节 社会资本与生活满意度

一、农户的生活满意度

生活质量既是一个描述人们总体生活水平的关键参数，也是衡量社会整体发展水平的重要指标。提高生活质量作为社会发展的最终目标和最高原则，一直以来都是各国政府、学界和民众关注的热点话题。生活质量研究起源于20世纪30年代的美国，早期的生活质量研究主要关注客观生活质量，70年代后期关注焦点逐渐转向主观生活质量，生活满意度作为衡量主观生活质量的重要指标和参数，得到了学术界的广泛关注。

（一）生活满意度研究进展

作为个体基于自身设定的标准对其生活质量的主观评价，生活满意度不仅受个人因素的影响，而且受社会、文化与环境等诸多因素的影响。已有研究从人口特征、经济与社会地位、社会公平、代际差异等角度探寻了影响生活满意度的因素。例如，Andrews等（1991）从自我评价、娱乐、健康、收入和生活水平、工作状况、婚姻与孩子、休闲时间和社会活动、邻里和社区关系、当地及国家政府等出发研究了1971~1988年美国居民的主观满意度水平与结构；Kimberly Fu等（2005）对比研究了澳大利亚和中国台湾中年男性及女性的生活满意度，分析了地区、性别、文化差异、福利政策差别因素对生活满意度的影响。但这些因素不能充分解释生活满意度的差异，近年来社会资本作为新的工具集被引入生活质量分析领域，成为解释生活满意度的新视角。Francesco Sarracin（2010）对西欧11个国家的研究发现社会资本与主观福利之间呈显著的正相关关系，Seyed等（2011）对伊朗农户的研究发现社会信任与生活满意度高度相关；C. Lim等（2010）则指出，家庭关系、朋友关系和邻居关系等非正式网络对主观幸福感有显著影响，Chou（1999）、Luo Lu等（1999）也发现社会支持与个体的生活满意度存在显著正相关。

国内关于主观生活质量的实证研究始于20世纪80年代中期。林南等（1987）发现影响城市居民生活满意度的主要因素体现在工作、家庭和环境三个方面，其中职业性的工作是影响人们对生活的态度和评价的最重要因素；卢淑华等（1992）发现婚姻满意度是家庭生活质量的主要影响因素；而风笑天等（2000）发现影响城市居民家庭生活满意度的最大因素是居住满意度和婚姻满意度。近年来，农户生活满意度引起了政府与学术界的关注，胡荣华等（2012）发现家庭年收入、居住区域和对社会公平的看法对农户生活满意度有显著影响；另有学者探讨了经济发展、生计资本、收入差距、公民公平观、社会支持等对农户生活满意度的影响。

社会资本作为能够通过促进合作行为提高社会效率的网络、信任与规范，通过多种路径与形式影响着生活满意度。一方面，较高的社会资本可增强社会互动与社会支持，有助于人们成功处理外部冲击、克服各种困难、增加喜悦感与归属感，从而使其产生较高的生活满意度；另一方面，社会资本通过影响收入、教育、就业、健康、抗风险能力等，而对生活满意度产生间接影响，通常具有高水平社会资本的人们往往更容易获取工作机会及较高的收入，并拥有良好的健康状况，从而使其生活满意度较高。

（二）农户生活满意度的区域差异

本研究对农户的生活满意程度采用打分的方法赋值，共分为五个等级，即"很满意"=5、"比较满意"=4、"一般"=3、"不太满意"=2、"不满意"=1。张掖市农户生活满意度均值最高，达 3.41，甘南州次之，为 3.40，临夏州最低，为 3.27（表 4-14）。对张掖市、甘南州、临夏州农户生活满意度的区内差异性进行分析，发现三个地区农户的生活满意度基尼系数均小于 0.2，说明三个地区农户生活满意度的区内差异均较小；但对张掖市、甘南州、临夏州农户的生活满意度进行多独立样本 Median 检验，其 Chi-Square 检验值为 9.93，对应的相伴概率为 0.007，小于显著性水平 0.01，说明三个地区间的农户生活满意度存在显著差异。进一步分析发现：临夏州对生活满意的农户比例最高，达 58.67%，张掖市次之（52.92%）、甘南州最低（47.93%），其中，张掖市有 8.07% 的农户对生活非常满意，但临夏州、甘南州该比例仅为 4%、1.84%；甘南州对生活极不满

表 4-14　农户的社会资本与生活满意度

指标	张掖市			甘南州			临夏州			共同中位数	Chi-Square 值
	均值	标准差	基尼系数	均值	标准差	基尼系数	均值	标准差	基尼系数		
社会资本指数	3.316	0.528	0.09	3.637	0.326	0.04	3.278	0.454	0.06	3.44	125.29[***]
非正式网络指数	3.742	0.777	0.07	3.509	0.610	0.12	3.469	0.681	0.17	3.5	15.972[***]
正式网络指数	3.772	1.063	0.13	3.631	1.131	0.14	3.782	1.427	0.19	4.00	65.85[***]
普遍信任度	2.917	0.687	0.12	3.601	0.545	0.07	3.487	0.557	0.08	3.50	51.60[***]
制度信任度	3.158	0.853	0.15	3.607	0.538	0.06	2.784	0.715	0.14	3.20	200.00[***]
规范指数	3.465	0.666	0.12	3.8	0.551	0.09	3.619	0.609	0.07	3.67	37.00[***]
生活满意度	3.41	0.92	0.13	3.40	0.92	0.13	3.27	0.85	0.14	4.00	9.93[**]

注：**在 0.01 水平上显著，***在 0.001 水平上显著。

意的农户比例最低，仅为 0.92%，该比例低于张掖市（2.24%）与临夏州（3.11%），但甘南州对生活较不满意的农户比例（21.20%）要高于张掖市（15.25%）与临夏州（16.89%）。

二、社会资本对农户生活满意度的影响

（一）研究方法

1. 变量选择

已有研究显示，收入、受教育程度、相对生活水平、抗风险能力等是解释生活满意度的重要指标。课题组在访谈中也发现，农户在评价自己的生活满意度时，往往会以他人、自己以前的以及期望的生活水平作为参照点，而且农户的抗风险能力、收支平衡状况都会影响其生活满意度。鉴于此，以生活满意度为因变量，以人均收入、受教育程度、抗风险能力、横向与纵向相对生活水平、民族属性等家庭特征为控制变量，以社会资本为解释变量，来解析社会资本对农户生活满意度的影响。本小节仍基于 Putnam（1993）提出的分析框架，从网络、信任及规范三个维度出发测量农户的社会资本，为了深入分析社会资本不同维度对生活满意度的影响，借鉴已有研究，将网络维度进一步分解为非正式网络与正式网络，将信任维度分解为普遍信任与制度信任。同时，用与同村人相比的生活水平状况（很差=1、较差=2、一般=3、较好=4、很好=5）表征横向相对生活水平；用近 5 年来的生活水平变化（大幅下降=1、略有下降=2、没有变化=3、略有提高=4、大幅提高=5）表征纵向生活水平；用虚拟变量（抗风险能力：有=1，无=0；是否汉族：是=1，否=0；是否藏族：是=1，否=0）表征农户的抗风险能力与民族属性（表 4-15）。

2. 非参数检验

采用非参数检验分析各控制变量对农户生活满意度是否存在影响。其中，以抗风险能力、民族属性对生活满意度分组时，采用两独立样本 Mann-Whiteney U 检验；以其余变量分组时，采用多独立样本 Kruskal Wallis 检验。结果显示，以户主受教育程度、劳动力受教育程度分组时，相伴概率均大于 0.1；以抗风险能力、收支平衡状况、纵向相对生活水平、横向相对生活水平分组时，相伴概率均小于 0.01；以家庭收入、民族属性分组时，相伴概率小于 0.1。这说明，不同家庭收入、不同抗风险能力、不同收支平衡状况、不同相对生活水平、不同民族属性的农户生活满意度均存在显著差别，即上述解释变量对农户的生活满意

表 4-15　变量及赋值

变量		变量性质与赋值	均值	标准差
受教育程度	户主	定序变量，文盲=1、小学=2、初中=3、高中=4、大专及以上=5	2.18	0.974
	劳动力		2.22	0.913
人均收入		定序变量，1000 元以下=1、1000～2000 元=2、2000～3000 元=3、3000～4000 元=4、4000 元以上=5	3.48	1.47
收支平衡状况		定序变量，亏损较大=1、略有亏损=2、持平=3、略有盈余=4、盈余较多=5	3.12	1.37
抗风险能力		虚拟变量，有=1、无=0	0.22	0.41
横向相对生活水平		定序变量，很差=1、较差=2、一般=3、较好=4、很好=5	3.44	0.96
纵向相对生活水平		定序变量，大幅下降=1、略有下降=2、没有变化=3、略有提高=4、大幅提高=5	3.93	0.71
是否少数民族		虚拟变量，是=1，否=0	0.70	0.46
非正式网络		亲密朋友数量及愿意提供借款的外人数量：定序变量没有=1、较少=2、一般=3、较多=4、很多=5	3.742	0.777
正式网络		是否参与协会/组织：虚拟变量，是=1、否=0 参与协会/组织活动的频率：定序变量，从不参加=1、偶尔参加=2、一般=3、参加较多=4、经常参加=5	3.772	1.063
普遍信任度		对本民族、信仰、方言的人及其他民族、信仰、方言的人的信任度：定序变量，不信任=1、不太信任=2、一般=3、比较信任=4、非常信任=5	2.917	0.687
制度信任		对法官警察、医务人员、中央政府官员、地方政府官员、村委会成员的信任度：定序变量，不信任=1、不太信任=2、一般=3、比较信任=4、非常信任=5	3.158	0.853
规范		村民是否愿意帮助遭遇不幸的人、是否能自愿维修公共设施、是否能和睦相处：定序变量，不愿意=1、不太愿意=2、一般=3、比较愿意=4、非常愿意=5	3.465	0.666

度均有显著影响；而不同受教育程度农户的生活满意度不存在显著差别，即受教育程度对农户的生活满意度没有显著影响。但也有学者发现农民受教育程度与其生活满意度呈显著正相关，究其原因，一方面可能因为研究区处于西部地区，发展水平较低，受教育程度较高农户的发展空间受到一定限制，使其难以通过文化知识提高生活质量；另一方面，可能因为农户受教育程度越高，其对生活质量的要求与期望也越高，虽然当前相对生活状况较好，但因与期望值存在较大差距而使其生活满意度降低。这些原因都弱化了受教育程度对生活满意

度的影响，最终使其不显著。

3. 模型拟合

由于在以户主与劳动力受教育程度分组对生活满意度进行非参数检验时发现，相伴概率均大于 0.1，说明受教育程度对农户生活满意度不存在显著影响，故在模型拟合中将其删除。利用最小二乘法拟合社会资本与生活满意度的关系。在估算过程中，为了避免多重共线性问题，逐一将不同维度的社会资本指数引入模拟模型（表 4-16）。其中，模型（1）检验除社会资本之外的其他因素对生活满意度的影响；模型（2）～模型（7）分别在模型（1）解释变量的基础上增加了非正式网络、正式网络、普遍信任、制度信任、规范以及社会资本指数。

模型（1）的 F 统计量达 79.605，在 0.001 水平上显著，模型拟合优度 R^2 达到 0.521，说明人均收入、抗风险能力、横向相对生活水平、纵向相对生活水平、地区民族属性能解释生活满意度的 52.1%；模型（2）～模型（7）在模型（1）解释变量的基础上分别增加了社会资本的不同维度及社会资本指数，f 统计量均在 0.001 水平上显著，模型的拟合优度 R^2 从 0.521 提高到 0.594～0.617，说明增加社会资本指标后，生活满意度差异能够得到更好的解释，解释度增加了 7.3%～9.6%。

拟合结果显示，社会资本指数在 0.01 水平上显著，且其系数大于 0 小于 1，说明提升社会资本存量有助于提高农户的生活满意度；从社会资本的不同维度来看，非正式网络在 0.01 水平上显著，普遍信任度与制度信任度均在 0.1 水平上显著，且其系数均大于 0 小于 1，说明非正式网络、普遍信任度与制度信任度的提高将增强生活满意度，但提高非正式网络、普遍信任度与制度信任度引起的生活满意度提升速度低于它们自身的变化速度；正式网络、规范与生活满意度均呈正相关关系，但在统计上均不显著。

引入社会资本指数及其不同维度后，收入、相对生活水平、抗风险能力、民族属性等家庭特征仍与生活满意度显著相关。其中，人均收入在 0.1 水平上显著，纵向相对生活水平在 0.01 水平上显著，抗风险能力与横向相对生活水平在 0.001 水平上显著，且其系数均大于 0，说明增加农户收入、改善相对生活水平、增强抗风险能力均有助于提高生活满意度；民族属性虚拟变量也在 0.01 水平上显著，充分说明民族属性对农户生活满意度有显著影响。

表 4-16 社会资本对农户生活满意度影响的最小二乘法估计结果

变量	模型（1）	模型（2）	模型（3）	模型（4）	模型（5）	模型（6）	模型（7）
常数	0.475* (0.291)	0.187 (0.317)	0.497* (0.294)	0.276 (0.324)	0.288 (0.300)	0.432 (0.331)	0.133* (0.332)
人均收入	0.056* (0.033)	0.058* (0.033)	0.060* (0.034)	0.055* (0.033)	0.059* (0.033)	0.057* (0.033)	0.054* (0.033)
抗风险能力	0.262*** (0.069)	0.232*** (0.070)	0.258*** (0.069)	0.249*** (0.070)	0.254*** (0.069)	0.260*** (0.070)	0.248*** (0.069)
横向相对生活水平	0.553*** (0.030)	0.544*** (0.030)	0.554*** (0.030)	0.550*** (0.030)	0.534*** (0.031)	0.553*** (0.030)	0.537*** (0.031)
纵向相对生活水平	0.116** (0.040)	0.115** (0.040)	0.115** (0.040)	0.116** (0.04)	0.107** (0.040)	0.116** (0.040)	0.111** (0.040)
非正式网络		0.091** (0.040)					
正式网络			0.013 (0.022)				
普遍信任				0.064* (0.04)			
制度信任				0.095* (0.03)			
规范						0.012 (0.045)	
社会资本指数							0.134** (0.063)
是否汉族地区	0.042** (0.077)	0.014** (0.078)	0.038** (0.077)	0.080** (0.082)	0.003** (0.078)	0.043** (0.077)	0.038** (0.077)
是否藏族地区	-0.001** (0.987)	-0.004** (0.068)	-0.002** (0.068)	-0.007** (0.068)	-0.083** (0.075)	-0.003** (0.068)	-0.05** (0.072)
R^2	0.521	0.615	0.593	0.594	0.617	0.593	0.615
f 统计量	79.605***	69.407***	68.212***	68.619***	69.619***	68.147***	69.246***
Durbin-Watson 统计量	1.897	1.913	1.921	1.935	1.923	1.937	1.923
样本量	665	665	665	665	665	665	665

注：*在 0.1 水平上显著，**在 0.01 水平上显著，***在 0.001 水平上显著。
括号内为标准差。

（二）社会资本不同维度对生活满意度的影响

研究结果显示，社会资本指数与生活满意度呈显著正相关关系，这说明社会资本能够很好地解释农户生活满意度的差异。Roslan Abdul-Hakim 等（2010）

对马来西亚的研究发现社会资本对生活质量有积极影响;Francesco Sarracin（2010）对西欧 11 个国家的研究也得出相同结论,即社会资本与主观福利之间呈显著的正相关关系。

1. 社会网络对生活满意度的影响

研究结果显示,非正式网络与生活满意度呈显著正相关关系,而正式网络虽与生活满意度呈正相关关系,但在统计上不显著,这说明亲戚、朋友等非正式社会网络对生活满意度的影响比正式社会网络更显著。已有研究也强调了非正式社会网络与生活满意度的关系,指出家庭关系、朋友关系和邻居关系对主观幸福感有显著影响,Chou（1999）、Luo Lu（1999）、邢占军（2007）等都发现社会支持与个体的生活满意度存在显著正相关,社会关系对主观幸福感具有预测作用。这一方面是因为有广泛社会网络的家庭及其成员能获得较多的社会支持,有助于他们成功处理外部冲击、克服各种困难、增加喜悦感与归属感、提高自尊感和自信心、减少脆弱性与不确定性,从而产生较高的生活满意度;另一方面,家庭成员、朋友、亲戚等社会关系的质量与数量是积极情感的一个重要来源,良好的社会关系能够获得支持性的信息,有助于确定自我价值,维持良好健康的心态,因而使其生活满意度提高。可见,建立广泛的社会网络是提高农户生活满意度的关键举措。

2. 社会信任对生活满意度的影响

研究发现,普遍信任度、制度信任度与生活满意度也呈显著正相关关系,意味着信任度的增强会提高生活满意度。Tokuda（2010）等利用 29 个亚洲国家的横截面数据探究了个体层面和国家层面的社会信任对个体幸福感的影响,发现个体的社会信任和总体的社会信任都独立地与幸福感相关,生活在较高社会信任度国家中的人们比生活在较低社会信任度国家中的人更幸福;Seyed 等（2011）对伊朗农户的研究也发现社会信任与生活满意度高度相关;裴志军（2010）也发现,人际信任、制度信任对生活满意度有显著影响。这主要是因为普遍信任作为信任者对被信任者行为的一种心理预期,可以带来更深入的合作、社会凝聚与互惠,尤其在遇到危机时,出于信任,往往会提供一种非正式的保险,进而增加福利、改善生活;农户对制度、政府等的制度信任有助于维持社会秩序和社会控制、表达和维护合作,从而会提高生活满意度。总之,对他人或制度有较好的信任感,不仅会对人们的身体和心理产生积极效应,而且会提高区域或社会凝聚力,使农户对区域和社会生活充满信心,从而产生较高的生活满意度。可见,构建诚信社会是提高农户生活质量最根本的出路之一。

(三) 社会经济地位对生活满意度的影响

1. 收入水平对生活满意度的影响

研究结果显示,农户的收入与生活满意度呈显著正相关关系。这主要是因为高收入能带来更多的选择,能更好地满足个人偏好和需求,从而引发了较高的生活满意度。Diener 等 (2000) 利用世界价值观调查数据分析发现,收入与主观幸福感呈适度的正相关关系。但越来越多的经验研究指出,经济收入与主观幸福感之间并不是一种简单的线性关系,金钱并不能买到幸福。Easterlin (2001) 指出,在给定时间内,幸福水平与收入水平之间存在着正向关系,但随着收入水平增高,幸福感增加逐渐变小,最终趋于稳定,二者呈曲线关系。但本研究尚未发现二者呈曲线关系,这可能是因为研究区属于西部地区,发展水平较低,基本生活需求能否满足仍是当前决定农户生活满意度的关键要素。可见,促进农户增收仍是当前研究区急需解决的关键问题。

2. 相对生活水平对生活满意度的影响

研究结果显示,横向与纵向相对生活水平均与生活满意度呈正相关关系,且对生活满意度的影响超过绝对收入的影响,这说明提高农户的相对生活水平会改善其生活满意度。大量经验研究发现,相对生活水平对生活满意度产生显著影响。这主要是由于生活满意度是个体基于自身设定的标准对其生活质量的主观评价,在评价自己的生活满意度时,人们往往会以他人、自己以前的以及期望的生活水平作为参照点。在很多情况下,虽然生活水平提高了,但个体的参照点和期望水平也升高了,从而会抵消由绝对生活水平提高而带来的生活满意度增加;但基于一定的参照标准,相对生活水平越高的人,其幸福感也就越强。

3. 抗风险能力对生活满意度的影响

研究发现,农户的抗风险能力与其生活满意度呈正相关关系,这主要是因为当农户具备抗风险能力时,他们的日常生活已得到良好保障,而且为未来的需求和不可预见风险进行了储备,在这种情况下,农户生活没有压力,因而生活满意度较高。

4. 民族属性对生活满意度的影响

在以民族属性分组进行生活满意度非参数检验以及多元回归中,均发现民族属性对农户生活满意度具有显著影响,说明不同民族地区的文化差异对农户的生活满意度有显著影响。这与史耀疆（2006）、Lim（2010）等人的研究结论一致，他们也发现民族属性、宗教信仰对生活满意度有显著影响。这一方面是因为不同文化背景下形成的价值观、财富观及幸福观等存在差别，从而影响了不同民族农户的主观生活质量评价标准设定，致使不同民族地区农户的生活满意度存在显著差异；另一方面是因为不同文化背景下所形成的社会网络、信任、规范等存在显著差别，例如，张掖市主要受儒家文化的影响，形成了以亲属关系为基础、以家庭为核心向外扩展的具有差序格局的社会关系网以及基于亲缘、地缘等基础的特殊信任，缺乏团体生活；而甘南州主要受藏传佛教文化的影响，藏区群众全民信仰藏传佛教；临夏州受伊斯兰文化的影响，形成了具有相对严密的组织性、高度参与性、反应敏锐性和内部联系高效的社会网络系统，而且三个地区农户的信任度、遵循的规范也存在显著差别，这种独特的社会网络、信任、规范等会通过不同的渠道与形式影响农户的生活满意度，从而使不同民族地区农户的生活满意度存在显著差别。

综上所述，培育社会资本有助于提高农户的生活满意度。因此，一方面应鼓励农村各种合作组织的建设，改善农村居民的社会网络结构，培育具有公共精神和共同价值取向、信任度强的社会关系网络；另一方面，应加强社会信任体系构建，包括构建基于人与人之间的人际信任和基于制度的权威性和合法性的制度信任，通过社会舆论引导人们逐渐形成信任意识，养成信任人格。同时，应积极拓宽农户的收入渠道，提高农户收入；应通过加强技能培训、文化教育、改善医疗条件、培育各种合作组织，提高农户应对风险的能力；应不断促进基本公共服务均等化，尤其是要提高少数民族地区公共服务的覆盖率，满足农户的基本公共需求，为其发展与生存提供良好的社会保障。

第五章
社会资本与环境保护

水资源短缺、生物多样性损失、水土流失、荒漠化扩展、全球变暖等生态环境问题已成为 21 世纪人类面临的最严峻挑战,严重制约着人类社会的可持续发展,当前急需寻求有效措施解决这些复杂的问题。然而,这些问题不仅是动态联系的,而且往往跨越传统管辖区域、超越地方能力,解决它们需要社会、经济、政府结构以及文化和习惯的改变,而这种重大改变需要全世界的集体行动。事实上,只有高水平的社会资本才能集体"看到"问题,才能为集体行动提供潜力,并在地方、国家乃至全球范围内采取人类行为和价值观上的必要行动。可以说,社会资本是生态环境保护的基石以及改善生态环境的先决条件。

第一节 社会资本与环境影响

一、环境影响的区域差异

农户作为我国最主要的经济活动主体与最基本的决策单位,具有自主的发展权与决策权,他们的生产行为与消费行为对生态环境产生强烈影响,使其成为影响生态环境的最主要单元。但由于我国不同地区的自然环境、资源禀赋、经济发展水平等存在明显差异,而且不同地区农户的价值观、宗教信仰、消费习惯、生计方式、发展能力等具有显著差别,致使农户对生态环境的影响存在区域差异性。

(一)数据来源与研究方法

1. 数据来源

本小节以甘肃省张掖市、甘南州、临夏州为研究区,基于参与式农村评估法(PRA),采用调查问卷、观察法、小型座谈会等 PRA 工具进行入户调查。2011 年 7~8 月,采用"市(州)—县—乡(镇)—村—户"的分层随机抽样法,在张掖市抽取 7 个村,每村抽取 30~35 户;临夏州抽取 6 个村,每村抽取 35~40 户;甘南州抽取 7 个村,每村抽取 20~40 户(由于农区、半农半牧区、纯牧区村庄人口规模存在较大差别,因而每村的抽样数量差别较大)。由于户主对农村家庭的生产、生活安排往往起着决定性作用,因此调查对象以户主为主,家庭其他成员对相关问题进行补充。删除信息不全的问卷,本次调研共回收有效问卷 665 份,其中张掖市 223 份、临夏州 225 份、甘南州 217 份。问卷内容主要为:①农户的家庭属性,包括家庭规模、户主及劳动力受教育程度、家庭收入、劳动力就业情况;②农户的日常生活消费,包括农户的食物、生活用品、居住、交通、生活用能、生活废弃物等消费类型。问题设计采用封闭式和开放式两种形式,封闭式问题是为了获得可以进行统计研究的数据,开放式问题一般在每个封闭式问题的后面列出,以便对农户的环境影响进行深入分析。

对张掖市、甘南州、临夏州农户的家庭特征进行方差分析(表 5-1),发现户主受教育程度、家庭劳动力受教育程度、恩格尔系数、非农就业比重的 Levene

表 5-1 受访农户的特征

家庭特征	张掖市		甘南州		临夏州		Levene 统计量	f 值
	均值	标准差	均值	标准差	均值	标准差		
户主受教育程度☆	2.84	0.89	1.60	0.69	2.08	0.89	2.84 (0.059)	126.07** (0.000)
家庭规模(人/户)	4.29	1.21	5.27	1.25	5.53	1.64	7.14** (0.001)	50.06** (0.000)
家庭劳动力比重(%)	70.93	22.34	57.30	19.08	63.26	21.28	6.62** (0.001)	22.80** (0.000)
家庭劳动力受教育程度☆	2.94	0.67	1.68	0.73	2.09	0.79	2.66 (0.071)	141.56** (0.000)
家庭人均收入(元/人)	9121.9	6362.0	3016.6	2543.6	2764.4	2451.0	96.54** (0.000)	162.74** (0.000)
恩格尔系数	0.30	0.146	0.421	0.192	0.392	0.164	3.73 (0.024)	32.26** (0.000)
非农就业比重(%)	36.69	28.32	23.84	25.24	47.10	31.06	2.59 (0.076)	37.27** (0.000)

注:☆文盲=1、小学=2、初中=3、高中=4、大专及以上=5;括号内数据为 p 值。
**在 0.01 水平上显著。

统计量分别为 2.84、2.66、3.73、2.59，p 值均大于 0.01，组间方差在 0.01 水平上具有齐性，f 值分别为 126.07、141.56、32.26、37.27，均在 0.01 水平上显著；但是，家庭规模、家庭劳动力比重、家庭收入的 Levene 统计量的 p 值均小于 0.01。这说明，张掖市、甘南州、临夏州的农户户主受教育程度、家庭劳动力受教育程度、恩格尔系数、非农就业比重存在显著差异；但家庭规模、家庭劳动力比重、家庭收入不存在显著差异。

2. 研究方法

（1）环境影响的测算。生态足迹作为一种有效测度人类活动对生态环境影响的指标已得到了广泛应用。鉴于此，基于入户调查所获取的主要生活消费品消费量及废弃物产生量数据，采用成分法计算农户的家庭生态足迹，借助家庭生态足迹了解农户活动带来的环境影响。因基于家庭尺度分析农户的环境影响差异，且家庭消费品的贸易数据难以收集，故未进行贸易调整。农户生态足迹的计算方法如下：

$$EF = \sum_{j=1}^{6} R_j \cdot A_{ij} \tag{5-1}$$

式中，EF 为生态足迹；A_{ij} 为第 i 种消费项目占用的第 j 种生物生产型土地面积；R_j 为第 j 种生物生产型土地的均衡因子，采用全球平均值；i 为消费项目类型，包括食物、生活用品、居住、交通、生活用能、生活废弃物等六种消费类型。

（2）环境影响的差异性测度。衡量区域差异性的测度方法主要有变异系数、基尼系数和 Theil 指数等，在此采用变异系数与基尼系数分析农户的环境影响差异性。

变异系数可以反映环境影响的离散程度。变异系数越大，说明分散程度越高，环境影响差异越大；反之，说明环境影响差异越小。变异系数的计算公式为

$$CV = \frac{\sqrt{\frac{1}{n}\sum_{i=1}^{n}(y_i - u)^2}}{u} \tag{5-2}$$

式中，y_i 是第 i 个样本的生态足迹；u 是生态足迹均值；n 为样本数。

基尼系数能够很好地反映一个国家和地区的环境影响差异状况。该系数的取值区间为 0～1，数值越低，表明环境影响的差异越小；反之亦然。联合国有关组织规定，基尼系数若低于 0.2，表示收入绝对平均；0.2～0.3 表示收入比较平均；0.3～0.4 表示相对合理；0.4～0.5 表示差距较大；0.6 以上表示差距悬

殊，通常把 0.4 作为收入差距的"警戒线"。基尼系数的计算公式为

$$G = 1 - \frac{1}{n}(2\sum_{i=1}^{n-1} w_i + 1) \qquad (5-3)$$

式中，n 为组数；w_i 为从第 1 组到第 i 组的累积生态足迹占总生态足迹的比重。

（3）STIRPAT 模型。经典的 IPAT 等式将影响生态环境的人文因素简单地分解为人口、富裕和技术，但由于人文驱动因素与环境影响之间常存在非单调、不同比例的影响变化，而 IPAT 等式只是一个账户恒等式，驱动力与环境影响之间只存在同比例的变化，因此 IPAT 等式并不适合用来测算人文因素对环境的影响。为了克服 IPAT 等式的局限性，Dietz 和 York 等（2003）将 IPAT 等式改成随机形式的模型（STIRPAT 模型），用来测算人口、富裕和技术条件变化对环境的影响。STIRPAT 模型通常具有以下形式：

$$I = aP^b A^c T^d e \qquad (5-4)$$

式中，a 为标度该模型的常数项；b、c、d 为 P、A 和 T 的指数项；e 为误差项。为了衡量人文因素对环境影响的作用，可将方程（5-4）转换成对数形式：

$$\ln(I) = a + b\ln(P) + c\ln(A) + e \qquad (5-5)$$

式中，a、e 为式（5-4）中 a 和 e 的自然对数；b 和 c 表示如果其他影响因素维持不变时，人文因素（P 或 A）变化 1%引起的环境影响变化百分比。该模型容许增加社会或其他控制因素来分析它们对环境的影响，但是增加的变量要与式（5-4）指定的乘法形式具有概念上的一致性。

（二）农户对生态环境的影响

1. 农户的环境影响

生态足迹反映了农户日常生活对生态环境的影响以及对生态系统的压力。张掖市、甘南州、临夏州农户的环境影响存在差别（表 5-2）。甘南州农户的环境影响最大，生态足迹高达 1.538 ghm²/人；张掖市次之，为 1.055 ghm²/人；临夏州最低，为 0.656 ghm²/人，仅相当于甘南州农户人均生态足迹的 42.65%。

从农户生态足迹的组分来看（表 5-2）：①甘南州农户的人均耕地足迹、人均林地足迹、人均草地足迹均高于张掖市与临夏州农户。其中，甘南州农户的人均耕地足迹分别相当于张掖市、临夏州农户的 1.22 倍和 2.58 倍，人均林地足迹分别为张掖市、临夏州农户的 1.23 倍和 1.48 倍，人均草地足迹分别相当于张掖市、临夏州农户的 7.42 倍和 3.81 倍；②张掖市农户的人均水域足迹、人均建筑用地足迹、人均化石能源用地足迹均高于甘南州与临夏州农户。其中，张掖市农户的人均水域足迹分别相当于甘南州、临夏州的 1.26 倍和 12 倍，人均建筑

用地足迹分别为甘南州、临夏州农户的1.91倍和2.25倍,人均化石能源用地足迹分别相当于甘南州、临夏州农户的4.07倍和2.0倍。这说明,甘南州农户对耕地、草地、林地的影响超过张掖市与临夏州农户,而张掖市农户对水域、建筑用地、化石能源用地的影响高于甘南州与临夏州农户。

从生态足迹各组分的比重来看,张掖市、甘南州与临夏州农户的耕地足迹均为最重要的成分,除临夏州农户的耕地足迹比重低于50%外,张掖市与甘南州该比重均高于50%;农户的水域足迹、建筑用地足迹比重在三个地区均最低,占总足迹的比重均不足1%,表明张掖市、甘南州与临夏州农户的耕地足迹对个人生态足迹的影响最大。对比张掖市、甘南州与临夏州农户的生态足迹各组分,张掖市农户的耕地足迹所占比重(60.31%)高于甘南州(50.43%)与临夏州(45.92%),化石能源用地足迹比重(20.83%)也高于甘南州(3.53%)与临夏州(16.70%),但草地足迹比重(7.24%)远低于甘南州(36.68%)与临夏州(22.57),表明张掖市农户对耕地、化石能源用地的影响高于甘南州与临夏州,而对草地的影响低于甘南州与临夏州。

表5-2 张掖市、甘南州与临夏州农户的生态足迹

土地类型	张掖市			甘南州			临夏州		
	人均占用面积(hm^2/人)	人均足迹(ghm^2/人)	占总足迹的比重(%)	人均占用面积(hm^2/人)	人均足迹(ghm^2/人)	占总足迹的比重(%)	人均占用面积(hm^2/人)	人均足迹(ghm^2/人)	占总足迹的比重(%)
耕地	0.227	0.636	60.31	0.277	0.776	50.43	0.108	0.301	45.92
草地	0.153	0.076	7.24	1.128	0.564	36.68	0.296	0.148	22.57
林地	0.102	0.112	10.59	0.125	0.138	8.96	0.084	0.093	14.12
水域	0.000 4	0.001 2	0.12	0.000 3	0.000 95	0.06	0.000 03	0.000 1	0.01
建筑用地	0.046	0.009	0.87	0.024	0.004 7	0.31	0.022	0.004	0.67
化石能源地	0.200	0.220	20.83	0.049	0.054	3.53	0.100	0.110	16.70
生态足迹(ghm^2/人)	1.055			1.538			0.656		

2. 环境影响的区域差异性

生态足迹的变异系数与基尼系数反映了农户环境影响的差异性(表5-3)。尽管张掖市、甘南州、临夏州农户人均生态足迹的基尼系数均小于0.3,但三个地区农户的环境影响差异程度仍存在差别。其中,甘南州农户环境影响的差异性最大,变异系数与基尼系数分别为0.697与0.292,张掖市次之,临夏州的差

异性最小，其变异系数与基尼系数分别为 0.456 与 0.239。

从农户生态足迹各组分来看，甘南州除耕地足迹与建筑用地足迹的基尼系数小于 0.4 外，其余足迹的基尼系数均大于 0.6；张掖市除耕地足迹、建筑用地足迹、化石能源用地足迹的基尼系数小于 0.4 外，其余足迹的基尼系数均大于 0.5；临夏州除耕地足迹、化石能源足迹的基尼系数小于 0.4 外，其余足迹的基尼系数均大于 0.4。总体来看，三个地区农户的耕地足迹基尼系数均小于 0.4，水域足迹基尼系数均高于 0.7，人均林地足迹基尼系数均大于 0.5，人均草地足迹基尼系数均大于 0.4，表明三个地区农户对耕地影响的差异均较小，而对水域、林地、草地影响的差异均较大。

对比张掖市、甘南州与临夏州农户生态足迹各组分的基尼系数，临夏州农户的耕地足迹基尼系数（0.230）低于张掖市（0.291）与甘南州（0.331），表明临夏州农户对耕地影响的差异程度低于张掖市与甘南州；临夏州农户的建筑用地足迹基尼系数为 0.463，而张掖市与甘南州的建筑用地足迹基尼系数均小于 0.4，其林地足迹基尼系数（0.671）也高于张掖市（0.506）与甘南州（0.607），表明临夏州农户对建筑用地、林地影响的差异程度超过张掖市与甘南州；此外，甘南州农户的草地足迹、化石能源用地足迹、水域足迹基尼系数均高于张掖市与临夏州，表明甘南州农户对草地、化石能源用地、水域影响的差异程度超过了张掖市与临夏州。

表 5-3 张掖市、甘南州与临夏州农户环境影响的差异性

差异性		耕地足迹	草地足迹	林地足迹	建筑用地足迹	水域足迹	化石能源用地足迹	人均生态足迹
变异系数	甘南州	1.019	1.533	1.289	0.499	4.882	2.256	0.697
	临夏州	0.482	1.107	1.802	3.005	3.266	0.641	0.456
	张掖市	0.585	1.394	0.999	0.799	2.149	2.682	0.694
基尼系数	甘南州	0.331	0.651	0.607	0.262	0.793	0.641	0.292
	临夏州	0.230	0.493	0.671	0.463	0.791	0.306	0.239
	张掖市	0.291	0.585	0.506	0.350	0.719	0.361	0.244

（三）农户环境影响差异的原因

由经典 IPAT 等式发展而来的 ImPACT 等式进一步将影响生态环境的人文因素分解为人口、富裕、消费和技术；Ryu（2006）通过 "Ecological Footprint Quiz" 对达拉斯市 500 户家庭的生态足迹进行调查计算，发现家庭生态足迹差

第五章　社会资本与环境保护

异来源于家庭收入、受教育程度、环境意识等因素；另有研究显示，区域社会发展状态、生计模式、态度和信仰等因素也对环境产生重要影响。基于上述研究，选择家庭规模、户主及劳动力受教育程度、家庭人均收入、生活质量、生计模式作为影响农户生态足迹的关键因素进行分析，其中，用家庭恩格尔系数反映生活质量，用非农化水平（劳动力非农就业比重）反映生计模式。研究中，首先，采用相关分析法分析农户生态足迹及其组分与影响因子的相关程度，从而判断出对农户生态足迹及其组分具有重要影响的因子；其次，在此基础上将诸因素引入 STIRPAT 模型，分析各因素对农户生态足迹的作用大小。

1. 农户的生态足迹与影响因素的相关性

农户的生态足迹与家庭规模呈显著正相关关系，而与户主及劳动力受教育程度、非农化水平呈显著负相关关系，且相关系数均在 0.01 水平上显著，表明家庭规模的扩大将加剧环境影响，而提高农户的受教育程度及非农就业水平将减缓环境影响（表 5-4）。

表 5-4　农户生态足迹及其组分与驱动因素的相关矩阵

影响因素	耕地足迹	草地足迹	林地足迹	建筑用地足迹	水域足迹	化石能源用地足迹	生态足迹
家庭规模	0.143***	0.060	0.164***	-0.016	0.062	0.025	0.144***
户主受教育程度	-0.110**	-0.162***	-0.192***	0.063	0.046	0.168***	-0.144***
劳动力受教育程度	-0.068*	-0.193***	-0.152***	0.076**	0.064*	0.165***	-0.126***
家庭人均收入	-0.054	-0.008	-0.035	0.209***	0.009	0.059	-0.013
恩格尔系数	0.060	-0.063	0.029	0.009	-0.127***	-0.082***	-0.002
非农化水平	-0.095*	-0.111***	-0.130***	-0.128***	0.081**	0.082***	-0.121***

注：*在 0.1 水平上显著，**在 0.05 水平上显著，***在 0.01 水平上显著。

从农户生态足迹的各组分来看，耕地足迹与家庭规模呈显著正相关关系，而与户主及劳动力受教育程度、非农化水平呈显著负相关关系，表明家庭规模小、受教育程度高、非农化水平高的农户具有较低的耕地足迹；草地足迹与户主及劳动力受教育程度、非农化水平呈显著负相关关系，表明受教育程度高、非农就业水平高的农户具有较低的草地足迹；林地足迹与家庭规模呈显著正相关关系，而与户主及劳动力受教育程度、非农化水平呈显著负相关关系，表明家庭规模大、受教育程度低、非农化水平低的农户具有较高的林地足迹；建筑用地足迹与劳动力受教育程度、人均收入呈显著正相关关系，而与非农就业水平呈显著负相关关系，表明高受教育程度、高收入、低非农就业水平的农户具有较高的建筑用地足迹；水域足迹与劳动力受教育程度、非农化水平呈显著正相关关系，而与恩格尔系数呈显著负相关关系，表明受教育程度高、非农化水平高、恩格尔系数低的农户具有较高的水域足迹；化石能源用地足迹与户主及劳动力受教育程度、非农化水平呈显著正相关关系，而与恩格尔系数呈显著负相关关系，表明高受教育程度、高非农化水平、低恩格尔系数的农户具有较高的化石能源用地足迹。

2. 关键因素对农户环境影响的作用

将农户生态足迹作为因变量，将家庭规模、户主及劳动力受教育程度、人均收入、恩格尔系数、非农化水平作为自变量引入 STIRPAT 模型。由于恩格尔系数检验不显著，故在回归中去掉了该因子。因户主受教育程度与劳动力受教育程度存在较强的自相关性（Pearson 相关系数达到 0.647），为避免自相关性，分模型进行模拟，模型（1）采用户主受教育程度指标，模型（2）采用劳动力受教育指标。

由于 STIRPAT 模型是随机形式，如果理论上合适，可以增加人文因素对数形式的二项式或多项式来验证是否存在环境 Kuznets 曲线假说。为此，在 STIRPAT 模型（2）自变量中增加了人均收入的二次平方项，构成 STIRPAT 模型（3）。为避免引入人均收入二次项与人均收入的共线性问题，对人均收入的二次项进行标准化处理。人均收入二次项标准化的具体处理过程为用人均收入的对数减去人均收入对数的平均值，然后平方，来减少与人均收入的共线性；为了进一步分析民族属性对农户生态足迹的影响，引入民族属性虚拟变量（藏族：是=1，否=0；回族：是=1，否=0）。采用最小二乘法估计上述人文因素对农户生态足迹的作用大小，结果见表 5-5。

模型（1）的拟合优度达到 0.713，f 统计量为 32.725，在 0.001 水平上显著，说明方程拟合较好，家庭规模、户主受教育程度、人均收入、非农化水平、民族属性能解释农户生态足迹差异的 71.3%；模型（2）利用劳动力受教育程度来模拟，拟合优度达到 0.722，f 统计量为 34.108，在 0.001 水平上显著，说明方程拟合程度较模型（1）稍好，家庭规模、劳动力受教育程度、人均收入、非农化水平、民族属性能解释农户生态足迹差异的 72.2%。

表 5-5 影响因素对农户生态足迹作用的估计结果

变量	模型（1）		模型（2）		模型（3）	
	非标准化系数	t 检验值	非标准化系数	t 检验值	非标准化系数	t 检验值
常数项	-0.040（0.336）	-1.645*	-0.218（0.342）	-1.648*	-0.459（0.371）	-1.652*
家庭规模	0.483（0.090）	5.396***	0.519（0.090）	5.731***	0.527（0.090）	5.823***
户主受教育程度	-0.053（0.060）	1.683**				
劳动力受教育程度			-0.164（0.074）	2.225**	-0.162（0.074）	2.205**
人均收入	0.064（0.030）	2.118**	0.063（0.030）	2.112**	0.162（0.067）	2.422**
人均收入的平方项					-0.145（0.088）	-1.649*
非农化水平	-0.108（0.052）	-2.083**	-0.116（0.052）	-2.244**	-0.120（0.052）	-2.314**
藏族	0.509（0.081）	6.274***	0.563（0.081）	6.971***	0.588（0.082）	7.169***
回族	-0.241（0.067）	-3.617***	-0.204（0.068）	-3.008***	-0.183（0.069）	-2.653***
R^2	0.713		0.722		0.725	
f 统计量	32.725***		34.108***		29.731***	
样本量	665		665		665	

注：*在 0.1 水平上显著，**在 0.05 水平上显著，***在 0.001 水平上显著。
括号内为标准差。

（1）农户家庭规模、受教育程度对环境的影响。模型（1）、模型（2）、模型（3）中，家庭规模的非标准化回归系数均大于 0 小于 1，分别为 0.483、0.519、0.527，说明扩大家庭规模具有加剧生态环境影响的作用，但是扩大家庭规模引起的生态环境影响加剧速度低于家庭规模自身的变化速度。龙爱华等（2006）也指出人口数量是驱动生态足迹、水足迹变化的主要因子。这主要因为，随着家庭规模的扩大，为了维持新增家庭成员的基本需求，即使生活质量维持原状，也将导致消费品需求的扩张，从而会加剧对生态环境的影响。可见，控制人口数量是缓解环境影响的根本举措。

模型（1）中户主受教育程度的系数小于 0，模型（2）与模型（3）中的劳动力受教育程度的系数也都小于 0，分别为-0.164、-0.162，说明提高农户受教育程度具有减缓生态环境影响的作用，但是提高农户受教育程度引起的生态环境影响减缓速度低于受教育程度自身的变化速度。Ryu（2006）在对达拉斯市 500 户家庭的生态足迹进行调查时，也发现受教育程度是影响生态足迹的重要因素；Pretty（2001）等也指出人力资本是自然资本改善的重要条件。这主要因为具有较高的人力资本时，不仅会约束引起环境恶化的私人行动，而且会增强人们改革和采用新技术以适应新条件的能力，从而促使自然资本得以改善。可见，提高农户的受教育程度是遏制环境退化的重要策略。

(2) 农户富裕水平及非农化水平对环境的影响。模型（1）、模型（2）、模型（3）中，人均收入的非标准化系数均大于 0 但小于 1，分别为 0.064、0.063、0.162，说明提高富裕水平引起的环境影响加剧速度低于富裕水平自身的变化速度，富裕水平已成为影响农户生态足迹的关键因素，现阶段它与环境影响之间呈正相关关系。李明明等（2010）在对徐州市主城区个人生态足迹空间变异性进行研究时，也发现个人生态足迹与家庭收入具有较强的正相关性；龙爱华等（2006）也指出提高富裕水平会加剧环境影响。这可能是因为，随着收入水平的提高，人们变得有能力将一些原来只有需求欲望但无实际需求的消费品转变为有效需求，从而导致生产、生活消费品的消费量增加，致使对生态环境的影响加剧。

模型（3）在模型（2）的基础上增加了人均收入的二次项，模型（3）的拟合优度高于模型（2），达到了 0.725，系数显著，f 统计量达 29.731，在 0.001 水平上显著，说明方程拟合较好。模型（3）中，人均收入二次项的系数为负（-0.145），且在 0.1 水平上显著不为零，说明张掖市、甘南州、临夏州的现有样本数据支持环境 Kuznets 曲线假说，即随着富裕水平的提高，环境影响存在压力转折点，这表明随着收入水平的进一步提高，农户对生态环境的影响会逐渐减弱，生态环境会逐渐得到改善。大量研究也表明，与穷人相比，富人往往具有更多的选择权及较强的处理胁迫和冲击、发现和利用机会的能力，以确保其生计安全并可持续地使用自然资源；而穷人往往缺乏开发替代资源的能力，从而使其在自然灾害面前显得脆弱无助，只能依赖于免费的公共资源，从而加剧了环境退化。可见，提高富裕水平是有效缓解农户环境影响的关键举措。

模型（1）、模型（2）、模型（3）中，非农化水平的系数均小于 0，分别为-0.108、-0.116、-0.120，说明提高非农化水平具有减缓环境影响的作用，但是提高非农化水平引起的生态环境影响减缓速度低于其自身的变化速度。阎建忠等（2009）指出非农化是农户响应环境退化的关键因素。大量研究也表明，以非农活动为主的生计多样化不仅有利于降低生计脆弱性、减少饥荒威胁，而且能增强农户对生态环境变化的响应能力，有效地减轻生态压力。肯尼亚的研究也发现农民对干旱的有效响应方式已从传统的种植策略转移到就业多样化，以非农化为主的生计多样化已成为当前发展中国家农户采取的一种重要生计策略。可见，促进农户生计非农化是保护生态环境的关键。

(3) 农户民族属性对环境的影响。模型（1）、模型（2）、模型（3）中，民族属性虚拟变量的系数均在 0.05 或 0.001 水平上显著，充分说明民族属性对农户的生态足迹具有显著影响。这一方面是因为，不同民族农户的生产、生活习惯不同，使其对生产、生活消费品的需求迥异，例如，汉、藏、回族农户的饮食结构与生活用能结构就存在较大差别，藏族与回族农户对牛羊肉的消费量较大，而汉族农户相对较少；目前汉族与回族地区农户生活用能主要依赖于电、煤炭、天然气等，而藏族地区农户生活用能主要依赖于牛粪、薪柴等，从而使得不同民族地区农户对生态环境的影响出现较大差别；另一方面是因为，不同民族信仰的宗教、遵循的道德规范、拥有的价值观等存在差异，例如，藏族群众信仰佛教，主要受藏传佛教文化的影响，回族群众信仰伊斯兰教，主要受伊斯兰文化的影响，而汉族农户主要受儒家文化的影响，这就使得汉、藏、回族地区农户的环境意识与环境态度、消费观念等出现差别，从而使其对生态环境的影响产生差别。可见，解决生态环境问题必须关注社会维度的作用。

二、社会资本与环境影响的关系

目前，国外已有一些文献利用微观数据证实了社会资本与环境效果之间呈正相关关系；另有文献利用多国数据检验了国家层面上社会资本与环境绩效的关系，发现社会资本的差异能够解释国家间环境绩效的差异，且某些社会资本维度与环境绩效之间具有显著的正相关关系；国内学者卢宁等（2009）利用我国 1995~2007 年的面板数据，基于环境 Kuznets 曲线分析了社会资本对环境质量的影响，发现社会资本在解释工业二氧化硫污染排放量中具有重要作用；刘晓峰（2011）发现，组织层面的社会资本与环境治理绩效呈显著正相关关系，而个体层面的社会资本并未对环境治理绩效产生较大影响。为了进一步分析社会资本与环境影响的关系，考察社会资本差异能否解释地区间的环境影响差异，特在甘肃省张掖市、甘南州、临夏州抽取 20 个村，以网络、信任、规范为指标测度社会资本，以生态足迹为指标测度环境影响，基于村域层面的社会资本与环境影响数据，利用计量经济模型分析社会资本与环境影响的关系，旨在为我国开展社会资本与环境影响的关系研究提供理论借鉴。

(一）研究方法

1. 村域社会资本的测量方法

限于经费、时间、人力等条件，本节将村域层面的社会资本放在个人层面进行测量。在测量中，首先基于 Putnam（1993）提出的分析框架，从网络、规范、信任等维度对农户层面的社会资本进行测量；然后，对农户层面的社会资本值进行汇总、平均，最终得到村域社会资本指标。其中，社会网络用是否参与志愿组织/协会、参加组织/协会活动的频率来描述；规范采用村民是否愿意帮助遭遇不幸的人、村民是否能自愿维修公共设施、村民是否能和睦相处来描述；普遍信任用对同质群体（本民族、相同信仰、相同方言者）的信任以及对异质群体（其他民族、不同信仰、不同方言者）的信任来描述；制度信任用对医务人员、警察法官及政府官员的信任来描述。

将调查村农户的不同维度社会资本测项值加总平均，可计算出村域不同维度的社会资本指数：

$$S_{mj} = \frac{1}{n}\sum_{i=1}^{n} D_{mij} \qquad (5\text{-}6)$$

式中，S_{mj} 为 m 村的 j 维度社会资本指数；D_{mij} 为 m 村的第 i 个农户 j 维度测项的平均值；n 为 m 村的受访户数。

2. 社会资本对环境影响的作用分析方法

（1）模型构建。York 等（2003）在经典的 IPAT 等式基础上改造而成的人口、富裕和技术随机回归影响模型（STIRPAT 模型），由于能够很好地解析人文因素对环境影响的作用而得到了广泛应用。鉴于此，本研究将社会资本引入 STIRPAT 模型，分析其对环境影响的作用。STIRPAT 模型的通用形式如下：

$$I = aP^b A^c T^d e \qquad (5\text{-}7)$$

式中，a 为该模型的常数项；b、c、d 为 P、A、T 的指数项；e 为误差项。该模型容许增加社会或其他控制因素来分析它们对环境的影响，但是增加的变量要与式（5-7）指定的乘法形式具有概念上的一致性。

为了衡量人文因素对环境影响的作用大小，可将方程（5-7）转换成对数形式：

$$\ln(I) = a + b\ln(P) + c\ln(A) + e \qquad (5\text{-}8)$$

式中，a、e 为方程（5-7）中 a 和 e 的对数；b、c 表示其他影响因素维持不变时，驱动因素（P 或 A）变化 1% 所引起的环境影响变化百分比。

（2）变量选择。经典的 IPAT 等式将影响生态环境的人文因素简单地分解为人口、富裕和技术，认为这三种独立人文因素的联合作用造成了环境影响，尽管这三种人文因素通常并不是独立的。在 IPAT 等式基础上发展而来的 ImPACT 等式进一步将人文因素分解为人口、富裕、消费和技术。按照这一思路，人文因素又被分解为人口、经济活动、技术、政治和经济制度、态度和信仰。为了考察社会资本对环境影响的作用大小，利用生态足迹来测算人类活动对环境影响的程度，将社会资本作为解释变量，将人口、富裕、生计方式作为控制变量，人口被进一步分解为人口数量与人口质量，其中，人口数量用人口规模来表征；人口质量用劳动力受教育程度（文盲=1、小学=2、初中=3、高中=4、大专及以上=5）来表征；富裕状况用人均收入来表征；生计方式用非农就业比重（从事非农生产的乡村劳动力占乡村劳动力的比重）来表征。

（二）社会资本与环境影响的村域差异

1. 社会资本的村域差异

社会资本是高度嵌入在区域中的，由于张掖市、甘南州、临夏州的发展历史、文化传统、宗教信仰等存在差别，致使村域社会资本出现明显的空间异质性（表5-6）。①村域社会网络存在差异，虽然临夏州村域社会网络指数均值达3.792，分别比张掖市与甘南州村域均值高 0.059 和 0.075，但农户参与的协会/组织类型差别较大，张掖市农村参与率最高的协会/组织为医疗合作组织，而甘南州与临夏州均为宗教协会，且临夏州农户参与协会活动的频率远高于甘南州与张掖市农户，这主要是因为临夏州穆斯林居民在每日的五时礼拜、每周的聚礼，尤其大型宗教节日期间都要参加寺坊宗教活动，形成了组织严密、高度参与、内部联系高效的社会网络。②村域普遍信任度存在差异，甘南州与临夏州的村域普遍信任度较高，均值分别达到 3.615、3.491，而张掖市的村域均值仅为 2.934，这主要是因为甘南州、临夏州农户对同质群体、异质群体的信任度均高于张掖市农户。③村域制度信任度存在差异，甘南州村域制度信任度均值高达 3.654，而临夏州的村域均值仅为 2.802，这主要是因为甘南州农户对医务人员、司法人员及政府官员均具有较高的信任度。④村域规范水平存在差异，甘南州与临夏州村域规范指数均值分别达到 3.728、3.627，而张掖市仅为 3.484，但三个地区的村域互助水平均高于奉献水平、和睦程度。

表5-6　不同村域的社会资本与生态足迹

指标	最大值	最小值	极差	变异系数	村域均值		
					张掖市	甘南州	临夏州
社会资本指数	3.871	2.741	1.13	10.303	3.255	3.671	3.286
网络指数	4.625	2.385	2.24	6.133	3.733	3.717	3.792
普遍信任度	4.125	2.2	1.925	7.309	2.934	3.615	3.491
制度信任度	4.28	2.373	1.907	5.884	3.177	3.654	2.802
规范指数	4.47	2.989	1.481	10.402	3.484	3.728	3.627
人均生态足迹（ghm²/人）	2.186	0.56	1.626	2.058	1.029	1.596	0.659
人均耕地足迹（ghm²/人）	1.637	0.246	1.491	0.949	0.612	0.812	0.303
人均草地足迹（ghm²/人）	1.72	0	1.72	0.655	0.072	0.585	0.151
人均林地足迹（ghm²/人）	0.419	0	0.419	0.951	0.108	0.112	0.09
人均建筑用地足迹（ghm²/人）	0.002	0.000 06	0.001 94	1.174	0.001 2	0.001	0.000 1
人均水域足迹（ghm²/人）	0.024	0	0.024	0.872	0.008	0.007	0.005
人均能源用地足迹（ghm²/人）	0.484	0.000 14	0.483 86	1.202	0.228	0.078	0.11

上述被调查的村中，社会网络指数最高的村属于临夏州，该村的社会网络指数高达4.625，最低的村属于甘南州，其社会网络指数仅为2.385，极差达2.24，变异系数为6.133；普遍信任度最高的三个村均属于甘南州，而最低的三个村均属于张掖市，普遍信任度的极差为1.925，变异系数达7.309；制度信任度最高的三个村中有两个属于甘南州，而最低的三个村中有两个属于临夏州，制度信任度的极差为1.907，变异系数为5.884；规范指数最高的三个村中有两个属于甘南州，而最低的三个村中有两个属于张掖市，极差为1.481，变异系数高达10.402。总体来看，村域之间规范指数差异最大，其后依次为普遍信任度、网络指数、制度信任度（表5-6）。

2. 环境影响的村域差异

甘南州的村域环境影响均值远高于张掖市与临夏州，其农村人均生态足迹高达1.596 ghm²/人，分别比张掖市、临夏州高0.567 ghm²/人、0.937 ghm²/人。其中，甘南州农村人均耕地足迹、人均林地足迹、人均草地足迹均高于临夏州与张掖市，与其相比，张掖市与临夏州的农村人均耕地足迹分别低0.2 ghm²/人、0.509 ghm²/人，人均林地足迹分别低0.004 ghm²/人、0.022ghm²/人，人均草地足迹分别低0.513 ghm²/人、0.434 ghm²/人；而张掖市农村人均水域足迹、人均建筑用地足迹、人均能源用地足迹均高于甘南州与临夏州，与其相比，甘南州、临夏州的农村人均水域足迹分别低0.001 ghm²/人、0.003 ghm²/人，人均建筑用地足迹分别低 0.0002 ghm²/人、0.0011 ghm²/人，人均能源用地足迹分别低 0.15 ghm²/人、0.118 ghm²/人。这说明，甘南州农村对耕地、草地、林地的影响高于张掖市与临夏州，而张掖市农村对水域、建筑用地、化石能源用地的影响高于甘南州与临夏州（表 5-6）。

上述被调查村中，人均生态足迹最高的三个村均属于甘南州，最低的三个村均属于临夏州，人均生态足迹的极差为 1.626，变异系数达 2.058。进一步分析发现，人均能源用地足迹最低的三个村均属于甘南州，而最高的三个村均属于张掖市；人均耕地足迹、人均建筑用地足迹最低的三个村均属于临夏州；人均草地足迹最高的三个村均属于甘南州。其中，村域之间人均草地足迹的极差最大，高达 1.72 ghm²/人，但其变异系数仅为 0.655；人均建筑用地足迹的极差最小，仅为 0.001 94 ghm²/人，但其变异系数为 1.174，仅次于人均能源用地足迹的变异系数（1.202）。总体来看，村域之间人均能源用地足迹的差异最大，其后依次为人均建筑用地足迹、人均林地足迹、人均耕地足迹、人均水域足迹、人均草地足迹（表 5-6）。

（三）村域社会资本对环境影响的作用

利用最小二乘法拟合社会资本与环境影响的关系。在估算过程中，为了避免多重共线性问题，逐一将不同维度的社会资本指数引入模拟模型（表 5-7）。模型（1）检验了除社会资本之外的其他人文因素对环境影响的作用，f 统计量达 5.853，在 0.01 水平上显著，Durbin-Watson 统计量为 1.904（＞DU（5）），模型拟合优度 R^2 达到 0.564，说明人口数量、人口质量、富裕水平、生计方式等因素能解释村域环境影响差异的 56.4%。模型（2）～模型（5）在模型（1）解释变量的基础上增加了不同维度的社会资本指数，f 统计量均在 0.05 或 0.01 水平上显著，Durbin-Watson 统计量均大于 DU（6），模型的拟合优度 R^2 从 0.564 提高到 0.571～0.654，说明增加社会资本指标后，村域环境影响差异能够得到更好的解释，解释度增加了 0.7%～9.0%。

1. 社会资本对环境影响的作用

研究结果显示，社会资本不同维度对环境影响的作用存在差异，社会资本的信任维度与环境影响呈正相关关系，规范维度呈负相关关系，而网络维度在统计上不显著。Grafton 与 Knowles（2004）基于小样本量（35 个国家）分析社会资本（用一般信任、合作规范、集体成员测量）与环境绩效（用环境可持续指数测量)的关系时,发现社会资本与环境绩效之间的关系比较复杂,并非单一的正相关关系;Hari Bansha Dulal 与 Robero Foa(2011)基于大样本量(100多个国家)分析国家间社会资本(用性别平等、凝聚力、信任度、俱乐部与协会、市民活动测量)与环境绩效(用环境可持续指数与环境绩效指数测量)的关系时,仍然发现二者的关系比较复杂,社会资本的某些维度与环境绩效呈正相关关系,而有些维度在统计上不显著。

表 5-7 社会资本对环境影响作用的最小二乘法估计结果

变量	模型(1)	模型(2)	模型(3)	模型(4)	模型(5)
常数	2.803* (1.617)	2.817* (1.767)	0.838 (1.820)	0.413 (1.951)	3.207* (1.803)
人口数量	0.198 (0.210)	0.196 (0.223)	0.221 (0.194)	0.400* (0.221)	0.226 (0.220)
劳动力受教育程度	-1.087*** (0.357)	-1.089** (0.380)	-0.876** (0.348)	-1.105*** (0.330)	-1.064** (0.368)
人均收入	0.035 (0.204)	0.037 (0.229)	0.074 (0.189)	-0.098 (0.201)	0.004 (0.216)
非农就业水平	-0.201* (0.115)	-0.20* (0.120)	-0.206* (0.106)	-0.166 (0.108)	-0.196* (0.118)
网络度		-0.010 (0.423)			
普遍信任度			0.995* (0.526)		
制度信任度				0.719* (0.378)	
规范指数					-0.463* (0.819)
R^2	0.564	0.571	0.653	0.654	0.574
f 统计量	4.853***	3.624**	5.264***	5.281***	3.770**
Durbin-Watson 统计量	1.904	1.902	1.857	1.823	1.955
样本量	20	20	20	20	20

注:*在 0.1 水平上显著,**在 0.05 水平上显著,***在 0.01 水平上显著。
括号内为标准差。

2. 信任维度与环境影响的关系

研究结果显示,社会资本的普遍信任维度、制度信任维度均在 0.1 水平上统计显著，且其系数均大于 0 小于 1，说明信任维度的提高将加剧环境影响，但提高信任维度引起的环境影响加剧速度低于信任度自身的变化速度。Grafton 与 Knowles（2004）也发现信任与环境可持续指数呈显著负相关关系，即随着信任度的提高，环境可持续发展指数会显著下降，但 H.B. Dulal 与 R. Foa（2011）发现信任度与环境可持续指数、环境绩效指数的关系在统计上均不显著。这说明，社会资本信任维度与环境影响之间的关系比较复杂，还需要大量的经验研究证实二者之间的真实关系。

3. 规范维度与环境影响的关系

研究结果显示，规范维度的系数为负值，且在 0.1 水平上统计显著，说明规范程度的提高有助于减轻环境影响，但因提高规范程度引起的环境影响降低速度低于规范自身的变化速度。Grafton 与 Knowles（2004）也发现公民规范与环境可持续指数之间呈显著正相关关系，这充分说明提高规范程度有助于缓解环境影响。研究发现，社会网络虽与环境影响呈负相关关系，但在统计上不显著，H.B. Dulal 与 R. Foa（2011）也发现集体成员与环境可持续指数之间的关系在统计上不显著，但 Grafton 与 Knowles（2004）证实不同志愿组织的成员范围（表征社会网络状况）与环境可持续指数呈显著正相关关系，即紧密的社会网络有助于缓解环境影响。这主要是因为，遵守共享的规范、社会网络紧密，将有助于降低环境保护活动的交易成本，形成集体性的环境意识，促使人们自觉地采取符合集体目标的个体行为；也有助于促进信息溢出和知识传播，增强合作，提高人们改革和采用技术与实践以适应新条件的能力，使人们在面对环境恶化和外部挑战时能采取集体行动，共同渡过难关；还有助于加强自律和自我管理，对引起资源恶化的私人活动进行约束，从而促使自然资本得以改善，取得积极的环境效果。

综上所述，减轻和缓解村域环境影响可从提高农村劳动力受教育程度、促进非农就业、促使遵守共享规范、建立紧密的社会网络等方面入手。当前，亟需通过技能培训、文化教育等措施，提高农村劳动力的人力资本存量；应大力促进第二、第三产业发展，增加非农就业机会，为农村劳动力提供非农就业岗位，促使其实现生计多样化与非农化，降低对自然资源的依赖程度；应加强村规民约建设，提高农户对共享规范、价值观的认同度，充分发挥村规民约对环境破坏活动的约束作用；应积极建立各种合作组织，形成高效、紧密的社会网络，通过社团的集体行动促进社区层面的环境治理，提高生态环境保护绩效；

同时，要注重传统文化在环境保护中的作用，挖掘传统文化中蕴含的生态保护思想，提高农户的环境意识，引导其自觉地保护环境、自发地监管各种不良环境行为。

本研究结论与以往的经验结论虽有相似之处，但由于样本量较少，研究结果仅为高水平的社会资本及相关变量改善地区环境质量的假设提供了较少的经验支持。未来，应扩大样本量，进一步分析不同空间尺度（例如，省域尺度、国家尺度）上二者的关系，以便为高水平的社会资本改善地区环境质量的假设提供更坚实的支持；应将生态足迹与其他测量人类活动对自然资本占用情况的方法（例如，能值分析、物质流分析、信息流分析）结合起来评价环境影响，以便为农村可持续发展提出更有针对性和可操作性的政策建议；应加强社会资本的生成机制研究，尤其应关注宗教信仰、传统文化对不同民族地区社会资本的影响；应加强社会资本对环境影响的作用机制研究，探寻社会资本影响环境绩效的作用路径。

第二节 社会资本与生态补偿

一、生态补偿的内涵与基本思想

随着全球生态系统的退化及其提供有用生态服务的丧失和减少，生态补偿作为一种处理世界环境问题的政策工具集出现了。由于生态补偿不同于一般的环境经济政策与命令控制型环境政策，它强调增加环境的正外部性，注重环境正外部性内化，让环境保护者受益，因而得到了民众的大力支持与配合，自1997年纽约市在实施流域水资源保护规划中首次使用生态补偿概念以来，该问题就引起了社会各界的广泛关注，目前已在发展中国家和发达国家实施了几百个生态补偿项目，例如哥斯达黎加的森林生态补偿项目（PSA）、墨西哥森林水文环境服务补偿项目（Payment for Hydrologica Environmental Services）、法国东部的维泰勒（Vittel）流域保护项目、厄瓜多尔的水源保护区补偿项目、欧盟与美国的农业环境政策、玻利维亚的鸟类栖息地和集水保护区补偿项目、中国的退耕还林项目等。

第五章 社会资本与环境保护

（一）生态补偿的内涵

1. 生态补偿的科斯概念

迄今为止，生态补偿的主流思想基础仍是科斯经济学。科斯定理表明，无论资产的初始产权配置如何，社会最佳状态都可以通过讨价还价来实现，提出除了强制执行产权外，直接的政府调控是多余的。就环境问题而言，只要交易成本足够低、产权界定清晰，个体、社团甚至超级国家实体都可以交易他们的权利，直到环境物品和服务实现帕累托最优供给。因此，建立生态服务交易市场成为解决因市场失灵引起的生态服务供给不足的有效方案。

基于科斯经济学的基本理论，Wunder（2005）等提出"生态补偿是一种自愿交易、具有明确的生态系统服务或能保障这种服务的土地利用、至少有一个生态系统服务购买者和一个生态系统服务提供者、当且仅当服务提供者能够保障服务的供给（有条件的）"。目前，该概念在生态补偿文献中占据主导地位，它认为理想的生态补偿项目应该把生态系统服务整合到市场中，生态补偿应该尽力实行科斯定理，一个"真正"的生态补偿项目至少要具备三个条件：①必须清楚被提倡的土地利用类型与生态系统服务供给之间的关系；②利益相关者必须有终止合同关系的可能性（它是一种自愿交易）；③监督系统必须与干预相伴，以确保生态系统服务供给（支付的额外性与条件性）。为此，在生态补偿项目设计中，科斯方法把重点放在减少交易成本、产权分配、建立生态服务提供者与购买者之间的交易过程等方面。

2. 生态补偿科斯概念面临的挑战

基于科斯定理的生态补偿概念虽然构建了生态补偿的理论框架，但理论性太强，实践者无法模仿其构建的严格假定运行条件（例如，明确的产权、完全信息以及竞争），在实践中不太容易推广和实施。从当前国际生态补偿实践来看，大多数生态补偿项目不能严格遵守 Wunder 提出的这些标准。

（1）自愿性难以完全满足。生态补偿实际上是各种规模的集体组织（从小组织到国家政府）之间的谈判，受其干预影响的人们是否愿意自愿参与，依赖于他们能否有效地对服务收益施加控制以及能否处在谈判位置上。然而，现实中有些社团成员处于不利地位，他们的观点经常被忽视，这些成员往往是因为高压才参与生态补偿项目的，例如哥斯达黎加的 PSA 项目。Vatn（2010）指出目前大量的生态补偿案例严重依赖于政府和社团参与，有些政府操作的生态补偿项目并不是利用政府的财政收入筹集资金，而是通过向生态系统服务使用者强制收费实现的，因此，至少从购买者的视角出发，不能被看作是自愿的市场交易。有时，即使私人交易发生了，自愿性也不一定能够满足，例如在流域生态补偿项目中，上游土地管理者因改善土地利用实践而得到补偿，但下游水户并没有意识到他们是因生态补偿项目而支付了较高水费，他们虽然付费了但未必是自愿的。Farley等（2010）也指出，为了提供充足资源或确保付费公平分摊常常需要采用非自愿方法，例如税收或强制服务费。

（2）生态系统服务难以完全界定。生态系统服务与生态系统的结构及过程有关，依赖于具体的生态系统，而且受不同区域的地理、生态、气候以及人类活动等的影响。由于目前对生态系统结构与服务之间的复杂关系以及生态过程与服务发挥与保育之间的联系缺乏科学解释，致使生态系统服务物理量评价存在较大困难。因此，在生态补偿实践中大多采用土地利用变化替代生态系统服务，即简单地认为恰当的土地利用可以产生期望的生态系统服务。但事实上，由于土地利用与所提供生态系统服务之间的生物物理联系非常复杂，生态系统服务往往难以完全界定，生态补偿科斯概念采用的完全信息假设在实践中几乎很难遇到；并且，模拟土地用途与生态系统服务供给之间的因果关系所需的技术信息成本非常昂贵，致使交易成本增加。因此，大多数生态补偿项目是以不完全信息为特征的，实践者常常根据所提倡的土地用途对生态系统服务供给产生影响的假设（实际上是一种共享信念）进行决策，例如世界上开展的很多生态补偿项目都假设森林可以提供几乎所有期望的生态系统服务。

（3）条件性难以完全遵守。很多发展中国家的生态补偿案例都不符合条件性标准，Wunder（2008）指出，"许多项目要么被松散地监控，要么根本就没有监控。补偿是出于善意的给予，而不是取决于生态系统服务供给状况。通常，监控仅限于检查合同要求的土地利用实践是否遵守，而不是检查生态系统服务实际供给是否改变"。为此，Joshua Farley等（2010）提出严格的条件性并不太合适，首先，执行起来非常昂贵，交易成本会持续增加；其次，有条件的货币补偿有可能通过"挤出效应"产生事与愿违的结果。研究显示，如果对人们必须做的事情进行补偿，那么一旦补偿不足，人们就会不好好干；一旦补偿停止了，人们就有可能停止干。可是，假如把补偿看作期望活动所需成本的公平分摊，基于互惠原则，受益者会认为自己有回报的内在义务，即使不监控，他们也会自觉参与社会期望的活动（如植树造林），有时严格的监控（对于条件性是必要的）反而会降低积极性和绩效。因此，许多生态补偿项目都是以互惠为基础的,它们提前提供补偿,接受者则以保护或恢复生态系统作为回报。

(4)效率和公平的分离。基于科斯定理的生态补偿概念将效率放在首位,力求生态系统服务进入市场模型,认为生态补偿首先应该是改善自然资源管理效率的工具,不一定要减缓贫困。基于这种愿景,缓解贫困被看作是生态补偿的积极"副效应",即只有当穷人的参与不引起效率损失时,他们才能被纳入补偿项目。但在实践中,尤其在政府主导的生态补偿项目中,为了赢得政治上的支持,减少贫困常常被当成另一个目标,尤其在发展中国家政策领域,生态补偿常常被看作是保护环境与缓解贫困的双赢机制。

此外,生态补偿科斯概念有可能引发棘手的伦理问题。基于市场竞争标准,生态补偿科斯概念认为应优先补偿那些对环境额外性贡献最大且受偿意愿最低的人。通常情况下,贫困程度与所要求的补偿相反,如果按照受偿意愿确定生态系统服务供给者,那么穷人就会成为生态补偿项目的主要受益人,这虽然有可能实现效率与公平双赢,但会引发重要的伦理问题,一是穷人是否都自愿参与生态补偿项目,或在这种自愿协议背后,是否存在穷人因为他们的身份而不能拒绝补偿(即使很少)的情况;二是由于穷人的绝对机会成本较低,致使"环境保护责任"不相称地落在穷人身上,使得穷人选择可替代土地用途的自由度较低,这有可能引起生产性锁定,使贫穷的土地所有者以低价格专门生产生态系统服务,长此以往将限制穷人的发展能力。

(二)生态补偿的基本思想

1. 基本思想

生态补偿是一种为实现生态保护目标和维持生态系统健康状态的有效保护机制。图 5-1 显示了生态补偿机制的基本思想。生态系统的管理者,无论是农民、樵夫,还是保护区的管理者,他们从这种土地利用(如森林保护)中获取的收益往往少于从土地转换使用(如将森林转换成农田或牧场)中获取的收益,虽然牧场或农田能够为土地所有者带来更多的收入,但却增加了下游用户的成本,因为生物多样性减少和碳汇的丧失,使下游人口不再从水的过滤等服务中获得利益。然而,通过建立生态补偿机制,生态系统管理者将得到一定的补偿,获得更大的净利润(森林保护收益+下游用户的生态服务付费),使他们能够更加关注生态环境保护方案并促使他们采纳这种方案。与此同时,下游用户也可能受益,因为他们支付的生态服务费用要少于因森林转化为牧场而给他们造成的损失。

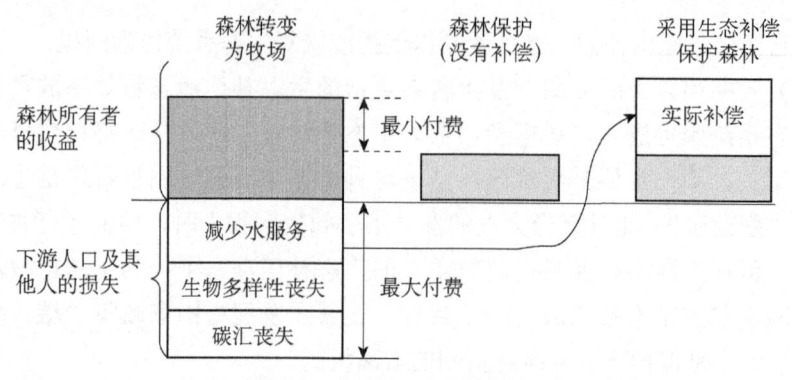

图 5-1　生态补偿的基本思想

资料来源：Engela S，Pagiola S，Wunder S. 2008. Designing payments for environmental services in theory and practice：An overview of the issues. Ecological Economic，65（4）：663-674

2. 生态补偿的核心标准

生态补偿作为一种将外在的、非市场环境价值转化为当地参与者提供生态服务的激励机制，目的在于把正面激励转让给生态服务提供者，并且生态服务的供给是有条件的。

（1）积极激励。激励是影响决策者参与行动动机的因素，生态补偿的目的就在于建立一种把个体和/或集体的土地利用决策与自然资源管理的社会利益连接在一起的激励。根据决策者的感知，可将其分为积极激励和消极激励。积极激励是生态补偿的核心，一方面积极激励可以改变生态系统服务供给决策，通常情况下生态系统服务由个人或集体供给，因为他们有权决定采取何种土地利用实践，通过积极激励可以改变个人或集体的土地利用决策，从而改变生态系统服务供给，例如中国的退耕还林项目；另一方面，积极激励还可以影响对规章或法律效力的态度，例如哥斯达黎加的 PSA 项目，因与反砍伐法案一致，而使其得到了社会支持。积极激励的贡献并不意味着消极激励的缺失，消极激励常以强制参与（由于其他社团成员施加社会压力而不得不参与）或罚款与惩罚等形式出现在生态补偿中。但是，在实践中积极激励的权重应超过消极激励，并且应该尽可能把积极激励转让给提供生态系统服务的个人。

（2）条件性。条件性是激励生态系统服务供给的核心方法，究竟以生态系统服务物理量还是以服务提供者采取的行动作为激励条件对项目设计至关重要，在实践中选择何种方法取决于技术和监督成本。由于测量生态系统服务变化很困难，因此，常以与生态系统服务供给有假定关系的生态指示器作为激励条件，而不是基于生态系统服务流量，例如，利用栖息地变化的卫星监测结果来估计碳服务供给;此外,由于生态补偿干预力求改变行动者的行为,也常以生态系统服务提供者的特殊行动作为激励条件,例如欧洲农业环境生物多样性补偿就是基于行动(种植灌木绿篱)与生态系统服务(生物多样性服务)供给之间的假定关系。这种以行动为基础的协议虽然增加了农户与决策者行为的确定性,但也增加了生态结果的不确定性。在生态补偿项目实施过程中,需要对是否满足激励条件进行监督,但恰当的监督不仅依赖于观测服务以及服务供给者努力程度的能力,而且依赖于服务供给者的行动与服务供给之间关系的强度与一致性。

二、社会资本对生态补偿参与意愿的影响

生态补偿作为一种处理世界各地环境问题的政策工具集,其目的在于在资金约束条件下获取最大的环境效益。农户是否愿意参与生态补偿项目,不仅影响生态补偿项目的绩效,更影响生态补偿项目的可持续性。Simon Zbinden 运用多元 Logistic 回归评价了哥斯达黎加农民和森林所有者参与 PSA 项目的意愿;Nicolas Kosoy(2007)以社区为基本单位,研究了影响社区参与墨西哥 Lacandon 雨林保护计划的因素;Tobias Wunscher(2010)等从经济学角度出发,分析了影响哥斯达黎加 Nicoya 半岛的居民接受生态补偿的影响因子,并建立了接受意愿模型。近年来,社会资本作为影响农户参与生态补偿意愿的重要因素,已受到广泛关注。为了更好地解析社会资本对农户生态补偿参与意愿的影响,特以退耕(牧)还林(草)工程为例,以甘肃省张掖市、甘南州、临夏州为研究区,分析农户的社会资本对其生态补偿参与意愿的影响。

(一)研究方法

1. 数据来源

采用参与性农户评估方法(PRA)获取相关数据。采用分层随机抽样法,在张掖市抽取 7 个汉族村,每村抽取 30~35 户;临夏州抽取 6 个回族村,每村抽取 35~40 户;甘南州抽取 7 个藏族村,每村抽取 20~40 户。共发放 690 份问卷,收回有效问卷 665 份,其中张掖市 223 份、临夏州 225 份、甘南州 217 份。调查内容主要包括:①农户的家庭属性,包括户主性别、户主年龄、人均耕地面积、人均草地面积、家庭年收入、家庭劳动力数量、劳动力受教育程度;②社会资本的信任维度,包括村民间的信任、对村领导的信任;③规范维度,包括需要帮助时是否有人给予帮助、是否有人愿意借钱给你、不参加集体

活动是否会受到责罚等；④网络维度，主要包括与外界的联系情况、上网的频率等。

2. 社会资本对农户参与意愿影响的分析方法

（1）变量选取。已有研究显示，农户参与生态补偿的行为是内、外部因素综合作用的结果，除受社会资本的影响外，还受替代生计、项目收益、农业收益和从事农业生产的流动资本投入等因素的影响。鉴于此，以社会资本的信任指数、网络指数、规范指数为解释变量，以户主性别、户主年龄、人均耕地面积、人均草地面积、家庭年收入、家庭劳动力数量、劳动力受教育程度为控制变量，民族属性为虚拟变量来分析社会资本对农户生态补偿参与意愿的影响（表5-8）。

表5-8 变量属性及赋值

变量	指标选取	变量赋值	均值	标准差
参与度	是否参与生态补偿	参加=1，不参加=0	0.710	0.457
信任指数	对周边人的信任度	1（完全不信任）~5（完全信任）	3.730	1.079
	对政府领导的信任度		3.130	0.996
网络指数	与外界的联系	1（非常少）~5（非常多）	3.250	0.765
	上网的频率	1（从不）~5（每天）	1.760	1.226
规范指数	不参加集体活动是否会受责罚	1（肯定不会）~5（肯定会）	2.960	0.804
	是否有人愿意借钱给你		4.030	0.775
户主性别		男=1，女=0	0.527	0.325
户主年龄		连续变量	47.320	9.886
劳动力受教育程度		1（文盲）~5（大专及以上）	2.290	0.989
家庭劳动力数量		连续变量	3.090	1.223
家庭年收入		连续变量	26 887.600	46 800.900
人均草地面积		连续变量	11.800	41.918
人均耕地面积		连续变量	1.895	2.137
民族属性	是否回族	1（是）~0（否）	0.335	0.131
	是否藏族	1（是）~0（否）	0.326	0.120

（2）模型建立。采用二元Logistic回归模型分析社会资本对农户生态补偿参与意愿的影响，并利用最大似然估计法对其参数进行估计。设计模型时，为了清晰、简明地估算社会资本变化引起的参与意愿变化概率，把农户的参与意愿简化为0-1型因变量，因变量为1时，表示农户愿意参与生态补偿项目；因变量为0时，表示农户不愿意参与生态补偿项目。具体模型如下：

$$\text{Logit}P = b_0 + \sum_{i=1}^{n} b_i x_i \qquad (5\text{-}9)$$

式中，P 表示被解释变量；指农户参与生态补偿的概率；b_0 为回归常数，b_i（$i=1, 2, \cdots, n$）为回归系数；x_i 表示各解释变量。定义发生比为 $P/(1-P)$，可用来对各自变量的 Logistic 回归系数进行解释，即当其他解释变量保持不变时，解释变量 x_i 每增加一个单位，将引起 $\text{Logit}P$ 增加（或减少）b_i 个单位，其计算公式为

$$odd = Exp(b_0 + \sum_{i=1}^{n} b_i x_i) \qquad (5\text{-}10)$$

（二）社会资本对生态补偿参与意愿的影响

1. 农户的生态补偿参与意愿

农户生态补偿参与意愿最高的是甘南州，其次是临夏州，最低的是张掖市（表 5-9）。其中，甘南州有 78.6%的农户非常愿意参与生态补偿项目，而临夏州、张掖市该比例分别为 72.9%、65.3%。进一步调查发现，三个地区农户参与生态补偿的原因存在差异。其中，甘南州有 68.9%的农户认为参与生态补偿项目可以改善环境；张掖市有 71.1%的农户认为可以增加收入；而临夏州有 47.4%的农户认为可以改善环境，34.3%的农户认为可以增加收入。当被问及未来的参与意愿时，张掖市有 80.1%的农户表示今后会继续参与生态补偿项目，其中，73.2%的农户认为实施生态补偿项目使当地水土流失面积、沙化面积有所减少；与此同时，研究发现参与退耕还林项目使农户的生态意识显著提高，有 46.1%的农户表示自己更加关注环境问题了，56.8%的农户表示参与环境保护的积极性提高了。但是，临夏州只有 62.5%的农户表示会继续参与生态补偿项目，甘南州该比例仅为 51.3%。

表 5-9 社会资本指数及农户的生态补偿参与意愿

指标	张掖市	甘南州	临夏州
网络指数	1.328	1.196	1.624
规范指数	1.635	2.300	2.345
信任指数	2.532	2.487	1.716
社会资本指数	1.777	1.382	1.420
参与意愿	0.653	0.786	0.729

2. 社会资本对农户参与意愿的影响

利用二元 Logistic 回归模型分析社会资本对农户参与意愿的影响。极大似然估计值为 188.438，模型总体的预测准确率为 79.9%，卡方值为 68.438，H-L 指数为 0.006，在 0.05 水平上统计不显著，表明模型拟合优度较好（表 5-10）。

（1）信任维度对参与意愿的影响。研究结果表明，信任维度与农户的生态补偿参与意愿呈正相关，且在 0.05 水平上显著，其系数为 4.630，说明信任维度每提高 1 个单位，农户参与生态补偿的概率将增加 4.630 个单位，即在其他因素不变的情况下，通过提高农户的信任度可使其参与率提高（表 5-10）。究其原因，主要在于当农户对周边人及当地村委会成员具有较高的信任度时，会使其更易于相信政府关于生态补偿项目的各种宣传，也更愿意积极响应政府号召，从而使生态补偿参与意愿提高。

表 5-10 模型估计结果及其检验

变量	回归系数	S.B	Wald 检验	显著性 Sig.	似然比 Exp(B)
规范	3.807***	1.273	8.944	0.003	1.103
信任	4.630**	0.290	4.711	0.030	1.030
网络	2.656***	0.598	7.666	0.006	1.206
户主年龄	−1.017**	0.012	2.078	0.049	0.049
户主性别	1.046*	0.087	3.279	0.097	0.192
户主受教育程度	4.098***	0.111	8.775	0.004	0.114
家庭劳动力数量	1.307***	0.338	4.924	0.000	0.370
家庭年收入	2.395**	0.030	2.821	0.020	0.120
人均草地	−2.022***	0.005	8.768	0.000	0.030
人均耕地	−2.281***	0.050	7.658	0.000	0.041
宗教信仰	1.123**	0.481	5.443	0.020	0.520
常量	0.628***	0.973	8.416	0.009	932.04
p 值	0.003		卡方	68.438***	
模型预测准确率	79.9%		H-L 指数	0.006	

注：*在 0.1 水平上显著，**在 0.05 水平上显著，***在 0.01 的水平上显著。

（2）规范维度对参与意愿的影响。研究结果表明，规范维度与农户的生态补偿参与意愿呈正相关关系，且在 0.01 水平上显著，其系数为 3.807，说明规范维度每提高 1 个单位，农户参与生态补偿的概率将增加 3.807 个单位。究其原因，主要在于清晰的规则能增强人们的参与意识，恰当的规范设置有助于农户更清晰地了解补偿标准、补偿方式、补偿年限、监督和相关法律法规等问题，同时有助于提高村庄的基层管理效率。

（3）网络维度对参与意愿的影响。研究结果表明，网络维度对农户的生态补偿参与意愿有显著的正向影响，其系数为 2.656，说明规范维度每提高 1 个单位，农户参与生态补偿的概率将增加 2.656 个单位。究其原因，主要在于社会关系资源越丰富，农户获取信息的渠道就会越多样，获取的信息和分享的社会资源就会越充分，这不仅会使其对生态补偿的认知深化，而且会使其非农就业机会增多，从而增强农户的生态补偿参与意愿。如果农户的社会网络以具有较高同质性的亲缘、地缘网络为主，则会限制其对生态补偿相关信息的获取，从而降低其生态补偿参与意愿；反之，如果农户的社会网络以异质性资源为主，则有利于促进其参与生态补偿。

3. 家庭属性对参与意愿的影响

研究结果表明，户主的性别、年龄与受教育程度、农户拥有的草地及耕地面积、家庭收入、劳动力数量等家庭属性也对农户的生态补偿参与意愿有显著影响（表 5-10）。

其中，农户拥有的草地及耕地面积、户主年龄与其参与意愿分别在 0.01、0.05 水平上呈显著负相关关系，它们每增加 1 个单位，农户参与生态补偿的概率分别降低 2.022、2.281、1.017 个单位。究其原因，主要在于农户拥有的草地及耕地面积越大，农户生计对自然资源的依赖程度越严重，而退耕（草）还林（牧）对其生计的影响越严重，其参与生态补偿的意愿就越低。

家庭劳动力数量、家庭年收入、户主受教育程度均与生态补偿参与意愿呈显著正相关关系。其中，家庭劳动力数量、年收入及受教育程度每增加 1 个单位，农户参与生态补偿的概率分别提高 1.307、2.395、4.098 个单位。究其原因，主要在于家庭劳动力越多，劳动力非农转移的需求就越迫切，往往会积极参与生态补偿；与此同时，农户受教育程度越高，接受新事物和新知识的速度越快，信息搜寻能力、机会把握能力以及创收能力也相对较强，对生态环境的关注程度也越高，因而其参与意愿更强烈。

户主性别对生态补偿参与意愿的影响在 0.1 水平上呈显著正相关关系，说明男性比女性更愿意参与生态补偿。究其原因，主要在于农村男性接受教育和与外界接触的机会要较女性多，加之男性的风险承受能力、信息接受能力和决策能力也强于女性，因此男性户主的生态补偿参与意愿更强烈。

三、社会资本对生态补偿绩效的影响

(一) 生态补偿效率分析框架及影响因素

作为一种处理世界各地环境问题的政策工具集,生态补偿的目的在于在资金约束条件下获取最大的环境效益。那么,生态补偿项目究竟能在什么程度上满足它们的目标?生态补偿项目能够确保买来的生态系统服务改善原来的情景吗?存在确保收益超过生态补偿项目持续时间的机制吗?生态补偿项目能够提供一种确保环境破坏不转移到其他地方去的机制吗?这些问题已成为近年来生态补偿理论研究者与实践者关注的焦点与热点,目前国际上已在生态补偿效率领域进行了一系列研究。例如,Alix Garcia 等(2005)比较分析了平均式付费和风险式付费两种补偿方案,发现后者在总体付费水平较低的基础上针对贫困对象进行重点补偿,效率较一般补偿手段得到很大提升;Morris 等(2000)对东英格兰 Fenland 地区生态补偿对农户土地利用行为变化的影响及其引致的经济影响进行了情景分析,研究表明不同农场的利益偏好和补偿可行性往往不同,要达成生产和生态目标的协调,需充分考虑地点特性,一刀切的政策效果可能不佳;Sierra 等(2006)检验了哥斯达黎加森林资源的生态补偿效率,发现由于土地覆被变化的滞后性以及土地所有者对土地利用决策扭转的非义务性,生态补偿的直接效果往往不够明显,指出高效的生态补偿应面向需补偿的人而非需补偿的地区;Wunder 则强调了生态补偿效率的动态基线评估法则。实践中,在20世纪90年代早期,环境成本有效就已成为美国农业环境政策开发的一个重要标准。但是,国内对于生态补偿项目效率的研究仍很少。

1. 生态补偿效率的分析框架

(1) 分析框架。生态补偿效率主要取决于社会盈利情况(即新增生态服务的供给情况)和参与者的私人盈利情况。因此,生态补偿项目效率分析就是对参与者的个人收益与项目最终提供的生态服务数量之间的关系进行损益比较。

Pagiola (2005) 提供了一个生态补偿效率分析框架(图 5-2)。其中,横轴表示土地所有者的净私人盈利,纵轴表示土地利用产生的生态系统服务净价值。从土地所有者私人盈利和产生正外部性的角度来看,图 5-2 中右上象限里的任何土地利用实践都是双赢的;左下象限里的任何土地利用实践都是双失的;右下象限里的土地利用实践虽私下有利可图,但产生了负外部性;左上象限里的土地利用实践对土地使用者无利可图,但产生了正外部性。45°斜线将社会总

第五章 社会资本与环境保护

价值分为正的（斜线上部）和负的（斜线下部）土地利用实践。虽然生态补偿的目的不是使私人获利，但是如果社会期望的土地利用实践对私人也有利可图，那么就会促使私人采取社会期望的土地利用方式（图 5-2 中的案例 A），从而增加生态系统服务供给量、提高社会福利，这种情形下的生态补偿项目才具有社会效率。

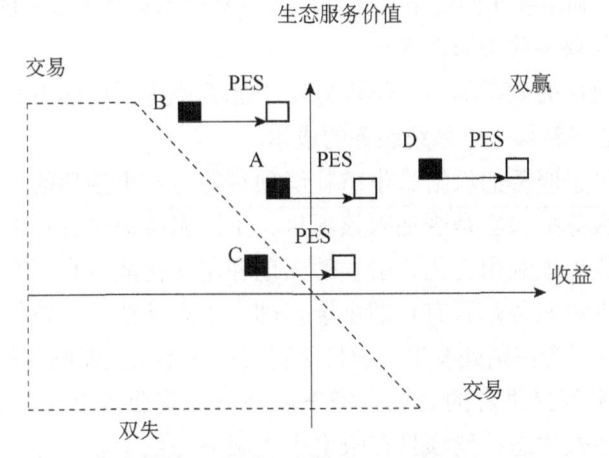

图 5-2　生态补偿效率的分析框架

资料来源：Pagiola S. 2005. Assessing the efficiency of payments for environmental services programs：A framework for analysis. Washington，D. C.：World Bank

（2）生态补偿无效率状况。在生态补偿项目实施中可能会发生 3 种社会无效率状况：①提供的支付不足以让土地所有者采用社会期望的土地利用方式（私人无利可图）（图 5-2 中的案例 B），即支付的金钱数量低于土地所有者由现有的土地利用方式转化为社会期望的土地利用方式所造成的损失；②参与者采用了社会福利小于社会成本的土地利用方式，尽管提供了服务，但成本高于提供服务的价值（图 5-2 中的案例 C）；③对到处都采用的土地利用方式付费，即对不实施生态补偿项目也会采取的土地利用实践付费（图 5-2 中的案例 D）。

其中，前两种情形（没有采用社会收益超过成本的实践活动或采用社会收益低于成本的实践活动）最终都会减少社会福利。生态补偿项目提供的付费类型和大小影响着这些问题出现的可能性。例如，哥斯达黎加的 PSA 项目，由于提供了一种较低的、无差异的、没有针对性的补偿，因此只倾向于吸引机会成本较低或为负的参与者。这种项目很可能因提供的补偿不充足而使社会期望的土地利用实践活动不被采用。但与此同时，这种较低的补偿意味着该项目不可能使引起社会无效率的土地利用实践在大尺度上采用（第二类问题）；第三种情形实际上是"钱花了，没发生什么变化"，通常被看作"缺乏额外性"，从某种意义上说，这不是一个社会无效率问题（所采取的土地利用实践实际上具有社会效率），而是财政无效率问题。可是，在资金有限的情况下，这也会导致社会无效率，因为对到处都采取的土地利用实践付费必然会减少用于引起其他地方社会有效率土地利用变化的资金，而且浪费交易成本也是无效率的。

2. 生态补偿效率的影响因素

生态补偿项目的效率如何，不仅取决于能否产生预期的生态系统服务，而且取决于提供这些新增生态系统服务的成本。

（1）预期生态服务的供给。生态补偿项目能否产生预期的生态服务，取决于潜在的生态服务提供者是否加入该项目、生态服务提供者是否遵守合同、遵守合同能否导致土地利用变化、引发的土地利用变化能否真正产生期望的生态服务、期望的生态服务是否有长期供给基础、生态补偿项目替代的破坏环境的土地利用实践是否会在别处发生、项目是否会引起不正当激励等问题。

潜在生态服务提供者的登记。潜在生态服务提供者必须加入生态补偿项目。目前，大多数生态补偿项目在吸引生态服务提供者参与方面不存在困难，很多情况下申请者远超过可用资金，但合适的潜在提供者是否愿意参与至关重要。事实上，即使在总体参与程度很高的地区，也存在参与度不高的情况，例如哥斯达黎加的 PSA 项目和墨西哥的 PSAH 项目，尽管申请率非常高，但在其所覆盖的高价值水服务区域内，申请率存在很大差别，许多能提供高价值生态服务的提供者并没有登记参与，造成这种现象的主要原因是这些地方的机会成本超过了项目提供的支付水平，这就导致了生态补偿项目无效率。一般来说，一刀切的生态补偿项目最容易出现该问题，因为它们的补偿标准往往较低，提供的支付不足以引起社会期望的活动。

生态服务提供者是否履约。生态服务提供者能否遵守合同直接影响着预期生态服务的供给。这就需要采取一些措施监测提供者的履约情况，并惩罚不遵守合同的行为。当前的生态补偿项目，除了一些面积非常大的项目通过遥感影像结合样方抽样进行监测外，大多数项目通过实地监测进行验收。受经费限制，即使发达国家也只进行有限度的监测，许多发达国家的农业环境项目年检率仅有 5%左右。但监测本身并不能确保生态服务提供者遵守合同，除非有相应的惩罚措施。目前，大多数生态补偿项目主要通过暂时或永久地失去未来补偿进行惩罚，有时也要求偿还以前的补偿。原则上，更严厉的惩罚措施可以减少监测成本，但从政治和实际操作角度来看，这些严厉的措施通常不具有可行性，事实上，有些项目不愿意进行处罚，甚至连扣缴未来补偿的简单处罚都不愿意采取。

额外性。额外性是指实施生态补偿项目后新增加的生态服务量。即使能确保生态服务提供者遵守合同，也只有当生态补偿项目能真正引起期望的土地利用变化时，才能增加生态服务供给，产生额外性。如果按照合同，生态服务提供者需要保护林地，但其承诺即使没有补偿也会从事完全相同的土地利用，那么该生态补偿项目的额外性为零。在实践中，为到处都采用的实践活动付费被看作缺乏额外性，这会导致生态补偿项目无效率，因此，生态补偿项目必须采用社会收益超过成本的实践活动。

土地利用与生态服务之间的关系。要做到补偿有效，就必须清楚哪些土地类型及土地利用方式能够产生期望的生态服务。然而，由于土地利用与所提供生态服务之间的生物物理联系非常复杂，目前尚不能很好地监测和评估二者之间的关系。因此，世界上开展的很多生态补偿项目都假设森林可以提供几乎所有期望的生态系统服务，但实际上对土地利用与生态服务之间的关系了解并不多，甚至存在很大争议。如果不清楚土地利用与生态服务之间的关系，生态补偿项目很可能因他们想要的生态服务而采用错误的土地利用实践，例如在缺水地区鼓励增加森林覆盖面积，这将导致补偿项目无效率。

项目的持久性。项目的持久性是指生态补偿项目实现环境服务供给长期改善的能力，外部条件变化或长期资金缺乏都会影响项目的持久性。生态补偿项目收益的持久性往往依赖于资金的持续流入，通常政府付费项目因受项目期限或政策周期的支配而缺乏长期资金，而使用者付费项目的资金来源受使用者对其得到的生态服务满意度的影响。生态补偿能够适应条件的变化，由于买卖双方的参与是自愿的，假如条件改变，双方都有权利在任何时刻退出。但是，当买卖双方具备重新协商契约的能力时（例如，定期重新谈判合同需求、设计灵活的合同等），就能保证项目的持久性。但是，如果条件变化太大，买卖双方之间的交易不再有空间，那么项目就应该停止，因为继续运行将导致社会无效率。

泄露与不正当激励。如果项目实施区改善生态服务供给的结果是以其他地方的环境破坏活动增加为代价的，这就产生了"泄漏"。如果存在泄露，那么生态补偿项目带来的生态系统服务就有被高估的可能，它仅仅在项目区实现了高额外性，但没有更宽泛的、全球化的目标。泄露可能直接发生，例如土地所有者在生态补偿项目的支持下保护了自己的森林，但将破坏活动转移到了其他地方；也可能通过市场机制间接发生，例如在生态补偿中为保护森林征收的土地可能会导致林产品或农产品价格上涨，从而鼓励了其他区域的森林向农业转化。项目效益的泄露问题除了与生态服务类型有关外，主要与项目规模有关，一般小规模项目不太可能造成间接泄漏，而大规模项目的可能性较大。此外，如果过分强调额外性，生态补偿项目可能会引发不正当激励，如为重新造林提供补偿，可能会引诱潜在申请人为获得补偿而故意砍伐森林，这无疑会降低生态补偿效率。

（2）提供预期生态服务的成本。通常，生态补偿项目设计时都需要寻求低成本的参与者。参与者的成本包括放弃替代活动收益的机会成本、维持土地利用变化的实施成本以及项目的交易成本。如果参与者是理性的决策者，只要参与是自愿的，生态服务提供者就不可能接受低于他们的机会成本、实施成本、交易成本总和的支付。

交易成本。交易成本是指那些不属于正常支付的成本，之所以产生交易成本，是因为实施生态补偿项目需要一些信息，例如评估土地利用与生态系统服务之间的联系、建立底线情景、监测合同遵守情况等都需要相关信息，而获取这些信息往往既耗时又费钱；另外，进行生态补偿交易也需要支付一定的物流成本，包括项目运行前需要承担的启动成本（信息采购、项目设计和协调成本等）和项目运行中的经常性成本（监测、制裁、管理成本等）。确定交易成本非常重要，但由于交易成本并不总是完全可比的，而且明显的低交易成本可能会导致监测或其他重要活动的次开支，使得廉价项目有时也可能无效。因此，必须仔细解释交易成本数据。通常，规模较小的使用者付费项目的启动成本较高，而政府付费项目由于规模大，且可通过公共部门来管理，交易成本较低，但有些政府付费项目因没有针对性、采用一刀切的支付标准，也不监测生态服务的产生，从而抵消了交易成本方面的优势。

机会成本。机会成本是指为确保生态服务供给而放弃的收益。如果支付水平低于参与者的机会成本，即使生态补偿项目存在，也很难引起社会期望的土地利用方式，尤其在发展中国家，农户收入主要来源于土地农业经营，如果不能弥补农民在土地经营上获得的收益，当地农民会选择继续经营土地而不参与生态补偿契约；但是，如果支付水平远超过参与者的机会成本，就会引起资金浪费，这两种现象都将造成补偿无效率。例如，我国退耕还林项目将补偿标准仅分为南方和北方，这种一刀切的补偿标准在一些地区导致了"过度补偿"现象，而在另一些地区却是"低补偿"，有的地区甚至出现"踩空"现象，导致补偿效率降低。

实施成本。实施成本是指当土地利用必须变化的时候，决策和维持这些变化的费用,即为保护和恢复生态系统而花费的成本。例如,我国退耕还林工程的实施费用主要包括造林费用(补植、抚育)、森林管护费用等。如果补偿标准低于实施成本,项目的吸引力就会降低,出现无效率状况。例如,哥斯达黎加对森林保护的补偿标准大约是 35~40 \$/ha·a,而造林则是五年总计给予 538 \$/ha 的补偿,由于森林保护的补偿标准较高,吸引了众多参与者,但由于造林的补偿标准不足以补偿造林的投资,导致项目的吸引力不高。

(二)社会资本对生态补偿绩效的影响

1. 研究方法

(1)农户调查。为了进一步分析社会资本对生态补偿绩效的影响,仍以退耕(牧)还林(草)工程为例,在甘肃省张掖市、甘南州、临夏州抽取 20 个村,进行入户调查。调查内容主要包括社会资本和生态工程绩效两部分。其中,社会资本主要包括:①信任,包括对同质群体的信任、对异质群体的信任等;②规范,包括村民是否联合解决公共问题、不参加集体活动是否会受到责罚等;③网络,主要包括拥有亲密朋友的个数、是否经常参加社团或协会组织的活动等。生态工程绩效主要包括是否愿意参加"退耕(牧)还林(草)"工程、对生态补偿工程执行效果的满意度、参加生态补偿工程后的成就感和退耕(牧)后对农户的影响等。

(2)社会资本测算方法。测量指标。本小节仍基于 Putnam(1993)提出的分析框架,从网络、信任及规范出发选择替代指标来测量村域社会资本(表 5-11)。

表 5-11 社会资本测量指标及赋值

维度	社会资本的测量指标	赋值	公因子 1	公因子 2	公因子 3	贡献率
信任 (0.78)	对同质群体的信任程度	1(根本不信任)~5(非常信任)	-0.019	0.254	0.856	31.310
	对同质群体的信任程度		0.180	0.414	-0.743	
网络 (0.82)	亲密朋友个数	1(0 个)~5(10 个以上)	0.322	0.747	0.196	26.989
	经常参加活动	1(从不)~3(经常/每次)	-0.270	0.802	-0.148	
规范 (0.76)	村民是否联合解决公共问题	1(肯定不会)~5(肯定会)	0.825	-0.016	-0.069	25.001
	不参加集体活动是否会受到责罚		0.809	0.034	-0.074	

社会资本量表的信度和效度。信任维度、网络维度、规范维度的 Cronbach's α 值分别为 0.78、0.82 和 0.76,说明本量表具有较高的信度。经检验,KMO 值

为 0.775，巴特利球形检验统计量为 1317.218，相应的伴随概率为 0.000，说明可进行因子分析。利用主成分分析法提取公因子，选取特征根大于 1 的 6 个公因子，6 个公因子的累计贡献率达到了 83.3%（表 5-11）。根据各指标在每个主因子上的载荷，参考社会资本研究中常用的测量维度，对主因子进行命名。旋转后的因子载荷显示，第 1 公因子、第 2 公因子、第 3 公因子分别在规范维度、信任维度、网络维度的相应测项上有较大载荷，据此将 F_1 命名为规范，F_2 命名为信任，F_3 命名为网络。这说明，该量表具有良好的结构效度。

社会资本指数的测算。采用因子分析法对社会资本进行测算，计算公式为

$$S = \sum_{i=1}^{3}\left(\frac{W_i}{W}\right) \cdot F_i \tag{5-11}$$

$$T = \left(\frac{W_i}{W}\right) \cdot \overline{X_{ij}} \tag{5-12}$$

式中，S 为农户的社会资本指数；T 为村庄的社会资本指数；W_i 为第 i 个维度的贡献率；F_i 为第 i 个维度的得分；W 为累计贡献率；$\overline{X_{ij}}$ 为第 i 个维度第 j 个村庄的平均值。

（3）生态补偿绩效评价方法。生态补偿绩效评价指标。生态补偿效率主要受参与率、持久性、额外性等因素的影响，参考国际研究案例并考虑资料的可得性，本研究以参与度、执行满意度、成就感、工程持久性作为替代指标，对生态补偿绩效进行评价（表 5-12）。

表 5-12　生态补偿绩效测量指标

指标	测量问题	赋值
参与度	是否愿意参与生态补偿	1（是）；0（否）
	愿意参与的原因	1（政府组织）；2（随大流）；3（增加收入、改善环境）
执行满意度	对生态工程的执行效果是否满意	1（不满意）～3（非常满意）
	当地生态环境的变化	1（变差）～3（变好）
	家庭总收入	1（降低）～3（增加）
成就感	改善环境做的贡献	1（不强烈）～3（强烈）
	外出打工的愿望	
	学习新技能的愿望	
工程持久性	是否愿意坚持退耕（牧）还林（草）	1（不愿意）～3（愿意）
	退耕（牧）后对环境的关注度	1（降低）～3（提高）
	退耕（牧）后农户的参与积极性	

生态补偿绩效测算方法。利用加权求和法计算村域生态补偿项目绩效：

$$D_{ijm} = \sum b_{ijm} \cdot q_{ijm} \quad (5\text{-}13)$$

式中，b_i 为第 m 村第 j 个维度中选择第 i 个答案的百分比；q_i 为选择第 i 个答案的赋值；j 表示参与度、执行满意度、成就感和工程持久性；D_{ijm} 表示第 m 村的第 j 个维度的得分。

2. **村域生态补偿绩效**

张掖市、甘南州、临夏州村域层面的生态补偿项目执行效果均较好（表5-13）。其中，工程绩效最好的是甘南州（3.872），其次是张掖市（2.691），再次是临夏州（2.297）。其中，村域参与度及村域成就感最强的均为甘南州，其指数分别达3.815、4.445，这两个指数分别比临夏州高 0.650、0.360，比张掖市高 0.775、0.325；村域满意度及村域工程坚持度最高的均为张掖市，其指数分别高达4.125、3.98，这两个指数分别比甘南州高 0.345、0.935，比临夏州高 0.555、0.520。这说明，甘南州农户对生态补偿项目的参与度和参与后的成就感均比张掖市与临夏州高；虽然张掖市农户对生态补偿项目的参与度低于甘南州和临夏州，但其对生态补偿项目的满意度和坚持度却比甘南州和临夏州高。

上述被调查村中，农户参与度最高的三个村均属于甘南州，而最低的三个村均属于张掖市，其极差为 4，变异系数达 0.692；农户对工程满意度最高的三个村均属于张掖市，而最低的三个村均属于临夏州，其极差为 4，变异系数达 0.970；成就感最强烈的三个村均属于甘南州，而最低的三个村均属于临夏州，其极差为 4，变异系数为 0.449；坚持度最高的三个村均属于张掖市，而最低的三个村均属于甘南州，其极差为 4，变异系数达 0.209。总体来看，村域之间农户对生态补偿项目满意度的差异最大，其后依次为参与度、成就感及坚持度（表5-13）。

表 5-13 村域社会资本指数与生态补偿项目绩效

指标	统计特征				村域均值		
	最大值	最小值	标准差	变异系数	甘南州	临夏州	张掖市
社会资本指数	3.435	0.411	0.442	0.351	1.382	1.420	1.777
网络指数	2.465	0.046	0.681	0.479	1.228	1.642	1.496
规范指数	4.339	0.197	1.330	0.639	1.635	2.345	2.300
信任指数	4.493	0.279	1.079	0.506	2.087	1.716	2.532
参与度	4	0	1.467	0.692	3.815	3.165	3.040
满意度	5	1	0.970	0.305	3.780	3.570	4.125
成就感	5	1	1.190	0.449	4.445	4.085	4.120
项目持久性	5	1	0.727	0.209	3.045	3.460	3.980
工程绩效	4.888	0.757	1.288	0.529	3.872	2.297	2.691

3. 社会资本对生态补偿绩效的影响

为了考察社会资本对生态补偿项目绩效的作用大小，将社会资本作为解释变量，将户主年龄、劳动力受教育程度（文盲=1、小学=2、初中=3、高中=4、大专及以上=5）、人均收入和人口规模作为控制变量。利用最小二乘法拟合社会资本与生态补偿绩效的关系。在估算过程中，为了避免多重共线性问题，逐一将不同维度的社会资本指数引入模拟模型。

模型（1）检验了除社会资本之外的其他人文因素对生态补偿绩效的作用，f 统计量达 4.928（$>f_{0.01}(4,15)$），Durbin-Watson 统计量为 1.834（$>D_{U0.01}(5)$），模型拟合优度 R^2 达到 0.598，说明户主年龄、劳动力受教育程度、人均收入和人口规模等因素能解释村域生态补偿绩效差异的 59.8%。模型（2）～模型（4）在模型（1）解释变量的基础上增加了不同维度的社会资本指数，f 统计量均在 0.05 或 0.01 水平上显著，Durbin-Watson 统计量均大于 $D_{U0.01}(6)$，模型的拟合优度 R^2 从 0.598 提高到 0.673～0.761，说明增加社会资本指标后，村域生态补偿绩效差异得到了更好的解释，解释度增加了 7.5%～16.3%（表 5-14）。

表 5-14 社会资本对生态补偿绩效的作用估计结果

变量	模型 1	模型 2	模型 3	模型 4
常数	2.495*（1.123）	1.474*（0.605）	2.738（1.823）	2.129*（0.936）
户主年龄	-0.860*（0.153）	-0.891（0.184）	-0.937*（0.308）	-0.176*（0.073）
劳动力受教育程度	1.403***（0.721）	1.197**（0.916）	1.282***（0.434）	1.121**（0.101）
人均收入	0.195（0.153）	0.196（0.000）	0.726*（0.027）	0.721（0.065）
人口规模	1.136（0.797）	0.089（0.921）	1.007*（0.981）	0.799（0.063）
信任度		1.121**（0.234）		
网络度			0.963（0.131）	
规范指数				0.733*（0.114）
R^2	0.598	0.673	0.761	0.681
f 统计量	4.928***	4.561***	5.190***	3.873**
Durbin-Watson 统计量	1.834	1.113	1.426	1.825
样本量	20	20	20	20

注：*在 0.1 水平上显著性，**在 0.05 水平上显著性，***在 0.01 水平上显著性。
括号内为标准差。

（1）信任度对生态补偿绩效的影响。研究结果显示，村域信任水平对生态补偿绩效有显著的正向影响，说明提高村域信任度将有效增强生态补偿绩效。这是因为，高度信任可减少交易成本、释放资源、降低政策执行成本，从而使农户间、农户与政府间的合作变得顺利。在对甘南州与临夏州调查时发现，69.7%的农户对当地政府比较信任，这不仅降低了政府实施生态补偿项目的交易成本，提高了政策执行效率，也有助于提高农户对生态补偿项目的参与度，进而提高生态补偿项目绩效。此外，甘南州藏族农户信仰佛教，而临夏州绝大多数农户信仰伊斯兰教，共同的信仰使当地民众对同质群体的信任度相对较高，这有助于促进农户采取集体行动。同时，高度信任也有助于农户规范自身行为，强化自我监督，从而在一定程度上提高农户的满意度和成就感，进而提高工程的坚持度，最终提升生态补偿绩效。

（2）社会网络对生态补偿绩效的影响。研究结果显示，网络对生态补偿绩效的影响并不显著。究其原因，主要在于良好的网络虽有利于个人获得相关信息以及资源，但由于张掖市、临夏州与甘南州农户的社会网络中异质性资源较少，尤其在临夏州与甘南州，农户的社会网络以血缘、地缘为基础，难以通过社会网络获取有效信息及生态补偿参与中急需的资源，故对生态补偿绩效的影响不显著。

（3）规范程度对生态补偿绩效的影响。研究表明，规范维度与生态补偿绩效在 0.1 水平上呈显著正相关关系，说明规范程度的提高有助于提高生态补偿绩效，但因提高规范程度引起的生态补偿绩效提升速度低于规范自身的变化速度。究其原因，主要在于良好的规范不仅有助于农户采取集体行动，增强社会凝聚力，为提高生态补偿绩效提供良好的制度环境和基本保障；而且恰当的规范设置有助于明确退耕（牧）还林（草）过程中补偿方式、补偿年限和相关法律法规等问题，增强农户参与生态补偿项目的信心，从而提高农户的参与度、满意度与坚持度。

综上所述，社会资本不仅有助于增强农户的生态补偿参与意愿，更有助于提高生态补偿绩效。为此，需要加大社会资本投资，提高社会资本存量。首先，应通过公开生态补偿项目的信息透明度、疏通农户的信息查询渠道与维权渠道等措施，提高农户对政府的信任度，以降低实施生态补偿项目的政策成本与交易成本；其次，应引导农户积极扩大社会关系网络，加强与异质群体的交往，拓宽农户获取生态补偿信息的渠道。

第三节 社会资本与生活垃圾管理

随着城镇化的快速推进，我国城镇垃圾产生量大幅增加，由 1980 年的 0.31 亿吨增加到 2012 年的 1.71 亿吨，全国超过 1/3 的城市遭垃圾围城，使得城市环境与居民健康遭受严峻挑战，当前急需实行生活垃圾源头化减量、循环化利用、分类化管理、末端化善治。社会资本作为通过促进合作行为而提高社会效率的网络、信任与规范，可促使公众采取集体行为保护环境，从源头上化解"垃圾围城"困境。

一、生活垃圾管理认知

（一）数据来源与研究方法

1. 数据来源

为了清晰地了解社会资本与社区生活垃圾管理的关系，以甘肃省兰州市安宁区为例，选择城中村改造型社区（和平村、水挂庄村、李家庄村、崔家庄村、刘家堡村）、单位制社区（东兴铝业兰州生活小区、兰州飞控仪器总厂家属院）、商品住宅型社区（科教城）等三类不同社区，利用分层随机抽样法选取样本，进行入户调查。每类社区抽取100户居民，发放100份问卷。其中，安宁科教城东、西两个小区分别抽取50户居民；东兴铝业兰州生活小区（简称铝厂家属院）、兰州飞控仪器总厂家属院（简称兰飞厂家属院）分别抽取50户居民；和平村、水挂庄村、刘家堡村等社区分别抽取20户居民。共发放300份问卷，收回有效问卷286份，其中科教城96份、铝厂家属院与兰飞厂家属院共96份、城中村改造社区94份。

调查内容主要包括受访家庭基本信息、社区生活垃圾管理以及社区社会资本。其中，家庭基本信息包括受访者性别、年龄、职业、受教育程度、家庭规模、月均家庭收入；社区生活垃圾管理包括综合管理指数、垃圾运输指数、垃圾分类指数、垃圾处理指数、垃圾收费指数；社区社会资本包括社区信任度、社区网络、社区规范度。

受访户的平均家庭规模为3.58人/户，其中，商品住宅型社区的家庭规模最小，仅为3.29人/户，而城中村社区的家庭规模最大，为3.79人/户；受访者的平均受教育程度指数为4.01，其中，商品住宅型社区受访者的受教育程度最高，达4.41，城中村社区受访者的受教育程度最低，仅为3.63（表5-15）。

表5-15 受访者特征

受访户	商品住宅型社区		单位制社区		城中村社区		f值
	均值	标准差	均值	标准差	均值	标准差	
性别	0.534	0.502	0.493	0.524	0.505	0.466	36.74**
年龄（岁）	31.87	5.23	38.70	8.13	36.55	10.93	11.71
受教育程度☆	4.41	0.89	3.99	0.69	3.63	0.74	126.94**
家庭规模（人/户）	3.29	1.21	3.47	1.25	3.79	1.44	46.40**

注：☆文盲=1、小学=2、初中=3、高中=4、大专及以上=5。
**在0.05水平上显著。

2. 社区生活垃圾管理认知度测量指标

城市生活垃圾管理包括垃圾的产生、收集、运输、储存、处理及最终处置等全过程。考虑到数据的可得性，仅从综合管理、垃圾收费、垃圾分类和垃圾处理等方面出发，选取指标测量居民对生活垃圾管理的认知度。其中，采用居民对生活垃圾管理知识的了解程度来测量综合管理认知度，采用居民对当前生活垃圾收费标准的看法来测量垃圾收费认知度，采用居民对垃圾分类的知晓度、对垃圾分类可行性的看法及其分类投放行为来测量垃圾分类认知度，采用居民对填埋为主、焚烧为辅方式的了解程度来测量垃圾处理认知度（表5-16）。

表5-16 社区生活垃圾管理认知度的测量指标及权重

认知度	测量问题	赋值	均值	标准差
综合管理认知度（0.212）	您是否了解生活垃圾管理的相关知识（0.212）	1（不了解）～3（很了解）	1.660	0.816
垃圾收费认知度（0.205）	当前生活垃圾收费标准是否合理（0.205）	1（不合理）～3（合理）	2.100	0.065
垃圾分类认知度（0.380）	您对生活垃圾分类的知晓度（0.077）	1（完全不知道）～5（非常了解）	3.190	0.883
	对实施垃圾分类的看法（0.075）	1（太麻烦）～3（可行）	1.830	0.464
	是否了解哪些生活垃圾可回收（0.078）	1（不了解）～3（很了解）	2.250	0.549
	是否接受过垃圾分类管理的宣传教育（0.066）	0（没有）～1（有）	0.370	0.588
	若有分类设施，您是否会分类投放（0.084）	1（不会）～4（一定会）	3.160	0.928
垃圾处理认知度（0.203）	生活垃圾采用填埋为主、焚烧为辅是否合理（0.203）	1（不合理）～3（合理）	1.830	0.818

注：括号内数据为各指标的权重。

3. 社区生活垃圾管理认知度评价方法

利用熵值法来确定各指标的权重，采用加权求和法计算社区生活垃圾管理认知度指数。

①指标标准化，计算公式为

$$x'_{ij} = x_{ij} / x^*_j \tag{5-14}$$

式中，x_{ij} 为第 i 个样本第 j 个指标的指标值；x'_{ij} 为其标准化值；x^*_j 为指标 j 的理想值。

②计算第 j 项指标下第 i 个样本指标值的比重 p_{ij}：

$$p_{ij} = x'_{ij} \bigg/ \sum_{i=1}^{m} x'_{ij} \qquad (5-15)$$

③计算第 j 项评价指标的熵值 e_j：

$$e_j = -1 \bigg/ \ln m \left(\sum_{i=1}^{m} p_{ij} \cdot \ln p_{ij} \right) \qquad (5-16)$$

④计算第 j 项评价指标的权重 w_j：

$$w_j = (1-e_j) \bigg/ \sum_{j=1}^{n} (1-e_j) \qquad (5-17)$$

⑤计算第 i 户居民的生活垃圾管理认知度指数：

$$\text{SCI}_i = \sum_{j=1}^{n} w_j \cdot x'_{ij} \qquad (5-18)$$

式中，SCI_i 为第 i 户居民的生活垃圾管理认知度指数。

（二）不同社区居民的生活垃圾管理认知度

研究结果显示，不同类型社区居民的生活垃圾综合管理认知度存在显著差异。其中，商品住宅型社区居民的生活垃圾管理认知度最高，为 0.349；单位制社区次之，为 0.286；城中村社区最低，仅为 0.271（表 5-17）。

表 5-17 不同社区居民的生活垃圾管理认知度

社区	综合管理认知度	垃圾收费认知度	垃圾分类认知度	垃圾处理认知度	认知度指数
商品住宅型社区	0.445	0.322	0.524	0.266	0.349
单位制社区	0.302	0.348	0.378	0.202	0.286
城中村社区	0.258	0.341	0.294	0.191	0.271

1. 综合管理认知度

调查结果显示，商品住宅型社区、单位制社区与城中村社区居民的生活垃圾综合管理认知度存在差异。其中，商品住宅型社区居民的认知度指数最高，为 0.445，其次为单位制社区，再次为城中村社区，其认知度指数分别为 0.302 和 0.258。进一步分析发现，不同类型社区居民对生活垃圾管理知识的了解程度存在差异，其中，商品住宅型社区有 51.0% 的居民表示对相关知识比较了解，而单位制社区、城中村社区该比例仅分别为 47.9%、38.2%（图 5-3）。与此同时也发现，居民获取生活垃圾管理知识的渠道越多，其对生活垃圾综合管理的认知度就越高。其中，商品住宅型社区有87.3%的居民通过广播电视、网络、报纸等多种途径获取生活垃圾管理的相关知识，而单位制社区、城中村社区居民获取相关知识的渠道较为单一，大部分居民主要通过电视广播，仅有17.8%的居民通过网络获取相关信息和知识。

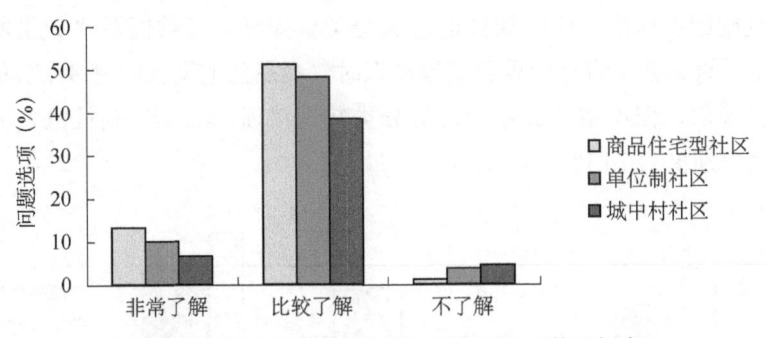

图5-3 不同社区居民对生活垃圾管理知识的了解度

2. 垃圾收费认知度

调查结果显示，不同类型社区居民的垃圾收费认知度差别不大。其中，单位制社区居民的生活垃圾收费认知度指数最高，为0.348，其后依次为城中村社区和商品住宅型社区，其垃圾收费认知度指数分别为0.341和0.322。究其原因，主要在于兰州市实行定额用户收费制度，收费一般委托物业管理部门、居委会收取，或者与水费、电费联合收取。但居民对所在社区当前垃圾收费标准的满意度均不高，其中，单位制社区仅有37.5%的居民满意当前的垃圾收费标准，而城中村社区、商品住宅型社区该比例仅分别为28.7%、27.1%。调查中发现，有43.6%的居民不清楚当前的收费标准，还有38.2%的居民认为生活垃圾收费已经包含在物业管理费中。

3. 垃圾分类认知度

调查结果显示，不同类型社区居民的垃圾分类认知度存在较大差异（图5-4）。其中，商品住宅型社区居民的垃圾分类认知度指数最高，为0.524，其后依次是单位制社区和城中村社区，其垃圾分类认知度指数分别为0.378和0.294。进一步分析发现，不同类型社区居民对垃圾分类知识的了解程度存在差异，其中，商品住宅型社区有70.9%的居民对垃圾分类知识比较了解，而单位制社区、城中村社区该比例仅分别为57.8%、53.6%。调查中发现，商品住宅型社区有35.4%的居民接受过分类知识宣传，而单位制社区、城中村社区该比例仅为28.1%、23.8%，这也充分说明垃圾分类知识越普及，居民对垃圾分类的认知度越高。

不同类型社区居民的垃圾分类投放态度以及对垃圾分类可行性的认知也不相同。其中，商品住宅型社区有61.5%的居民表示垃圾分类收集是可行的，单位制社区该比例为60.6%，而城中村社区该比例仅为38.5%，该社区居民普遍认为当前社区内缺少垃圾分类设备，希望在小区内配备分类垃圾桶。这说明社区垃圾分类设施配备情况影响着居民的垃圾分类认知度。当被问及"如果所在小区有垃圾分类设施会否进行垃圾分类投放"时，商品住宅型社区有87.5%的居民表示会分类投放，但希望能够接受垃圾分类知识培训，而单位制社区、城中村社区该比例分别仅为75.1%、71.3%。

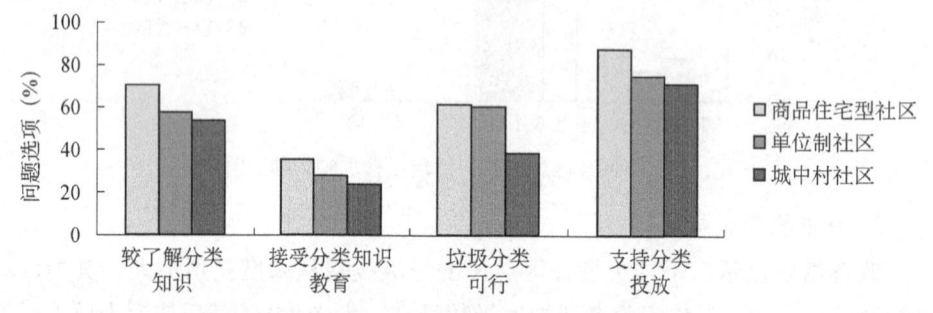

图 5-4　不同社区居民对生活垃圾分类的认知度

4. 垃圾处理认知度

目前，我国成熟且常用的垃圾处理方法为焚烧、堆肥和填埋三种。但调查结果显示，各种类型社区居民对垃圾处理方式均缺乏了解（图 5-5）。其中，商品住宅型社区居民的垃圾处理认知指数最高，为 0.266，其后依次是单位制社区和城中村社区，其垃圾处理认知指数分别为 0.202 和 0.191。进一步分析发现，商品住宅型社区有 36.4%的居民不了解目前的处理方式，仅有 29.3%的居民认为"填埋为主，焚烧为辅"的处理方式比较合理；而单位制社区、城中村社区分别有 47.4%、50.8% 的居民不了解目前的处理方式（图 5-5）。

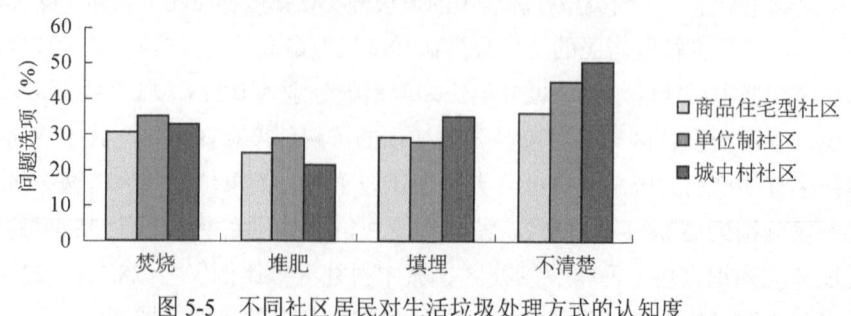

图 5-5　不同社区居民对生活垃圾处理方式的认知度

(三) 影响居民生活垃圾管理认知度的因素

调研中发现，影响居民生活垃圾管理认知度的主要因素是居民的个人情况和家庭情况。鉴于此，以居民生活垃圾管理认知度作为因变量，以居民个人属性和家庭属性作为解释变量进行分析。其中，个人属性以受访者性别、年龄、受教育程度、职业等表征，家庭情况以家庭规模、家庭年收入等表征，对被解释变量与解释变量进行最小二乘法回归分析。

1. 影响综合管理认知度的因素

研究结果显示，居民的生活垃圾综合管理认知度与居民年龄、受教育程度和职业在 0.05 水平上显著正相关。居民年龄和受教育程度每提高 1 个百分点，居民的生活垃圾综合管理认知度将分别提高 1.353 和 1.459 个百分点，表明在其他条件不变的情况下，居民年龄及其受教育程度越高，其对生活垃圾综合管理的认知度就越高（表 5-18）。究其原因，主要在于居民受教育程度越高，获取生活垃圾管理相关信息的渠道就越多；年龄越大，拥有的社会网络和社会阅历就越丰富，因而越有助于提高其对生活垃圾综合管理的认知度。公务员、事业单位人员与工人、自主经营和外来务工人员相比，他们有更多的机会了解与生活垃圾管理相关的法律、法规和知识，因而其生活垃圾综合管理认知度相对较高。

2. 影响垃圾收费认知度的因素

研究结果显示，居民的生活垃圾收费认知度与其受教育程度和职业在 0.05 水平上显著正相关，与家庭年收入在 0.1 水平上显著正相关，与居民性别在 0.05 水平上显著负相关，且居民受教育程度和家庭年收入每提高 1 个百分点，其生活垃圾收费认知度将分别提高 1.021 和 0.626 个百分点，表明在其他条件不变的情况下，居民受教育程度和家庭年收入越高，居民对生活垃圾收费的认知度也越高（表 5-18）。究其原因，主要在于居民收入水平越高，其对生活垃圾处理的支付能力就越强，而居民受教育程度越高，其环保意识、社会责任感也会越强，故而对垃圾收费的认知度也越高。与此同时，调查中还发现男性对垃圾收费的认知度高于女性，这主要是因为男性承担的社会角色更多，对社会责任与义务的担当感更强，因而支付意愿比女性强。

3. 影响垃圾分类认知度的因素

研究结果显示，居民的生活垃圾分类认知度与性别、家庭规模在 0.05 水平上显著正相关，与居民受教育程度在 0.1 水平上显著正相关，与居民年龄在 0.05 水平上显著负相关，且居民受教育程度每提高 1 个百分点，其生活垃圾分类认知度将提高 0.958 个百分点（表 5-18）。究其原因，主要在于居民受教育程度越高，获取垃圾分类知识的渠道和机会就越多，从而提高了其分类认知度；城市生活垃圾分类回收及减量化、资源化在我国刚刚兴起，年龄越小的居民，其接受新事物的能力越强，因而对垃圾分类的认知度高于年龄大的居民。调查中也发现，女性对垃圾分类的认知度高于男性，特别是家庭主妇在垃圾分类回收及减量化过程中起着很重要的作用。

4. 垃圾处理认知度的影响因素

研究结果显示，居民的生活垃圾处理认知度与受教育程度在 0.05 水平上显著正相关。居民受教育程度每提高 1 个百分点，其生活垃圾处理认知度提高 1.014 个百分点（表 5-18）。究其原因，主要在于居民的受教育程度越高，其环保意识越强，获取垃圾处理相关知识的渠道越多，从而对垃圾处理的认知度越高。

表 5-18 居民生活垃圾管理认知度的影响因素

变量	综合管理		垃圾收费		垃圾分类		垃圾处理	
	相关系数	标准差	相关系数	标准差	相关系数	标准差	相关系数	标准差
居民性别	0.291	0.012	-0.348**	0.008	0.698**	0.009	0.015	0.005
居民年龄	1.353**	0.049	1.067	0.062	-1.073**	0.074	2.612	0.043
居民受教育程度	1.459**	0.006	1.021**	0.000	0.958*	0.021	1.014**	0.102
居民职业	0.692**	0.054	0.135**	0.092	1.212	0.108	0.153	0.063
家庭规模	0.477	0.067	0.788	0.071	0.714**	0.084	0.257	0.049
家庭年收入	0.382	0.022	0.626*	0.046	1.212	0.055	0.104	0.002
样本数	286							
f 值	32.28**		46.40*		32.28*		49.72*	
调整后的 R^2	0.566		0.638		0.581		0.702	

注：*在 0.1 水平上显著，**在 0.05 水平上显著。

二、生活垃圾管理水平

（一）研究方法

1. 社区生活垃圾管理水平评价指标

基于国内外生活垃圾管理水平研究，从综合管理、垃圾收费、垃圾运输、垃圾分类与垃圾处理五个维度评价社区生活垃圾管理水平。其中，采用居民对社区垃圾管理状况的满意度、对社区生活垃圾管理人员工作的满意度、社区是否乱堆乱放垃圾等指标测量综合管理水平；采用居民对社区垃圾运输状况的满意度、运输过程中是否有垃圾散落、滴漏等指标测量垃圾运输水平；采用居民对小区生活垃圾分类现状的满意度、小区是否有分类设施和宣传分类知识的海报、生活垃圾分类管理的参与度等指标测量垃圾分类水平；采用小区内收集垃圾的频率、收废品人员的数量及小区是否发放分类垃圾袋等指标测量垃圾处理水平；采用居民支付垃圾管理费用的意愿来测量垃圾收费水平（表5-19）。

表5-19 社区生活垃圾管理水平测量指标及权重

管理水平	指标选取	赋值	均值	标准差
综合管理指数（0.197）	对所在社区的垃圾管理现状是否满意（0.051）	1（很不满意）～5（非常满意）	3.190	0.956
	物业相关部门对生活垃圾管理工作是否到位（0.047）	1（很不到位）～5（很到位）	2.800	0.986
	对社区居委会工作水平的满意度（0.056）	1（很不满意）～5（非常满意）	3.020	0.835
	所在社区是否有乱堆乱发垃圾的现象（0.043）	1（没有）～3（有）	0.540	0.526
垃圾运输指数（0.188）	您对您所在小区的垃圾运输现状满意吗（0.091）	1（很不满意）～5（非常满意）	3.160	0.775
	垃圾运输中是否有滴漏（0.097）	1（经常看到）～5（从来没有）	2.580	1.015
垃圾分类指数（0.264）	对所在社区生活垃圾分类现状满意度（0.072）	1（很不满意）～5（非常满意）	2.880	1.011
	是否愿意参与生活垃圾分类管理（0.074）	0（不愿意）～1（愿意）	0.860	0.251
	所在社区是否有分类投放设施（0.067）	0（没有）～1（有）	0.571	0.993
	是否有宣传垃圾分类回收的海报、活动（0.051）	1（从没有）～3（经常有）	1.460	0.533
垃圾处理指数（0.186）	所在社区是否有回馈措施（发垃圾袋等）（0.071）	1（从没有）～3（经常有）	1.260	0.464
	小区内是否有上门回收废品的人员（0.063）	1（从没有）～3（经常有）	1.930	0.800
	小区内收集垃圾的频率（0.052）	1（2天≤1次）～3（1天≥2次）	1.780	0.634
垃圾收费指数（0.165）	是否愿意支付垃圾管理费用（0.165）	0（不愿意）～1（愿意）	0.910	0.344

注：括号内数据为各指标的权重。

2. 生活垃圾管理水平评价方法

首先，利用前述的熵值法确定各指标的权重；然后采用加权求和法计算社区生活垃圾管理水平：

$$D_i = \sum b_i \cdot q_i \tag{5-19}$$

式中，b_i 为选择第 i 个答案的权重；q_i 为选择第 i 个答案标准化后的得分；D_i 表示第 i 户居民的生活垃圾管理指数。

（二）不同社区的生活垃圾管理水平

调查结果显示，不同社区的生活垃圾管理水平存在差异。其中，商品住宅型社区的生活垃圾管理水平最高，为 0.656，单位制社区次之，为 0.618，城中村社区最低，为 0.605。从社区生活垃圾管理水平的不同维度来看，垃圾收费水平最高，其指数为 0.388；垃圾分类水平、垃圾运输水平、垃圾处理水平次之，其指数分别为 0.772、0.561、0.542，综合管理水平最低，其指数为 0.529（表 5-20）。

表 5-20　不同社区的生活垃圾管理水平

社区	综合管理指数	垃圾收费指数	垃圾分类指数	垃圾处理指数	垃圾运输指数	管理指数
商品住宅型社区	0.534	0.917	0.792	0.570	0.564	0.656
单位制社区	0.579	0.844	0.775	0.535	0.577	0.618
城中村社区	0.506	0.787	0.709	0.521	0.542	0.605

1. 综合管理水平

调查结果显示，不同类型社区的生活垃圾综合管理水平存在差异（图 5-6）。其中，单位制社区的生活垃圾综合管理指数最高，为 0.579，商品住宅型社区次之，为 0.534，城中村社区最低，仅为 0.506。进一步分析发现，单位制社区有 85.9%的居民表示对社区垃圾管理现状比较满意，而商品住宅型社区、城中村社区该比例仅分别为 82.3%、70.6%；单位制社区有 83.9%的居民对社区居委会的生活垃圾管理工作比较满意，而商品住宅型社区、城中村社区该比例分别为 79.2%、71.7%；单位制社区有 71.5%的居民认为物业部门的生活垃圾管理工作比较到位，而商品住宅型社区、城中村社区该比例仅分别为 60.4%、57.3%。究其原因，主要在于不同类型社区的生活垃圾管理部门性质存在差异，其中，单位制社区由该单位的后勤部门管理，而商品住宅型社区是委托物业公司管理、城中村社区则由城市环卫部门直接管理。

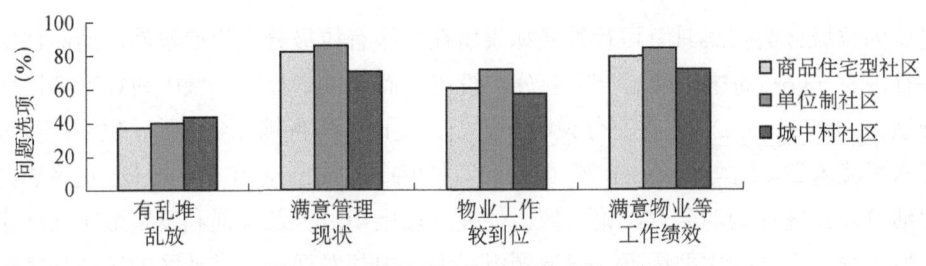

图 5-6　不同社区生活垃圾综合管理水平

2. 垃圾收费水平

调查结果显示，不同类型社区的垃圾收费水平存在差别。其中，商品住宅型社区的生活垃圾收费水平最高，其指数为 0.917；单位制社区次之，其指数为 0.844；城中村社区最低，其指数仅为 0.787。究其原因，主要在于商品住宅型社区居民的平均受教育程度高于单位制社区及城中村社区，而社区居民的受教育程度越高，其环保意识、社会责任感也就越强，生活垃圾管理的支付意愿也越高，故商品住宅型社区的生活垃圾收费水平较高。进一步分析发现，商品住宅型社区有 91.7% 的居民表示愿意支付生活垃圾管理费用，而单位制社区、城中村社区该比例仅分别为 84.4%、78.7%。问及不愿支付垃圾管理费用的原因，有 17.8% 的居民认为此费用应由国家或相关部门承担，不应由个人支付；23.7% 的居民认为应由乱倒垃圾者支付；47.2% 的居民认为垃圾分类管理没有用，因此不愿意支付该费用（图 5-7）。

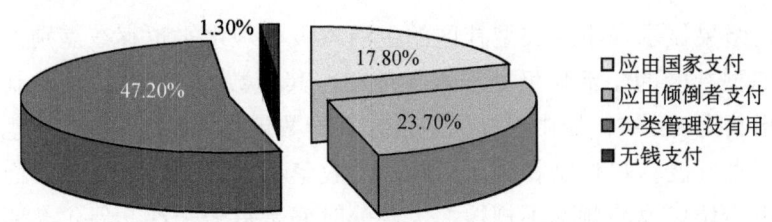

图 5-7　居民不愿支付垃圾管理费的原因

3. 垃圾分类水平

调查结果显示，不同类型社区的垃圾分类水平存在差别。其中，商品住宅型社区的生活垃圾分类水平最高，其指数为 0.792；单位制社区次之，其指数为 0.775；城中村社区最低，其指数仅为 0.709。进一步分析发现，有 63.3% 的居民对所在社区生活垃圾分类现状比较满意，其中，商品住宅型社区该比例为 66.7%，而单位制社区、城中村社区该比例分别为 65.7%、58.8%；有 64.7% 的居民认为垃圾分类收集具有可行性,如果所在社区有垃圾分类投放设施,商品住宅型社区有73.6%的居民表示一定会分类投放,而单位制社区、城中村社区该比例分别为68.5%、52.2%。这充分说明,垃圾分类设施配备越齐全,社区生活垃圾分类水平就越高。这与 Derksen 等(1993)对加拿大 Calgary 和 Edmonton 地区居民生活垃圾管理行为的研究结论一致,他提出垃圾箱设置及其便利度是影响社区生活垃圾分类水平的主要因素。但课题组在调查中却发现,三类社区的垃圾分类投放设施均较少,其中商品住宅型社区有 73.7%的居民表示小区分类投放设施太少,而单位制社区、城中村社区该比例分别为84.4%、88.3%(图5-8)。

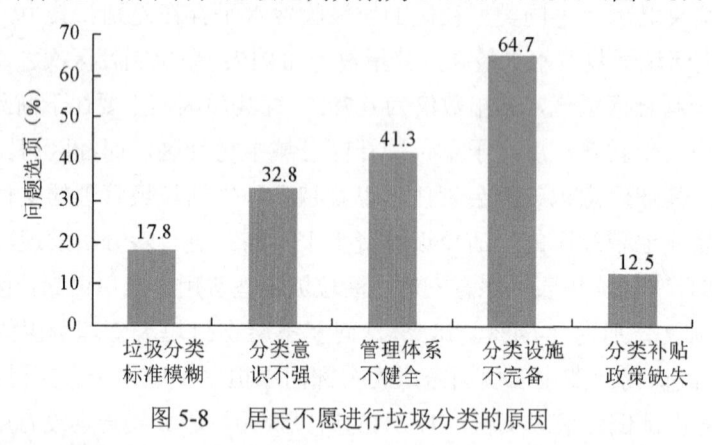

图 5-8　居民不愿进行垃圾分类的原因

4. 垃圾处理水平

调查结果显示,不同类型社区的生活垃圾处理水平也存在差别。其中,商品住宅型社区的生活垃圾处理水平最高,其指数为 0.570;单位制社区次之,其指数为 0.535;城中村社区最低,其指数仅为 0.521。调查中也发现,商品住宅型社区、单位制社区生活垃圾的收集频率均为一天一次,而城中村社区的生活垃圾收集频率不规律,大部分时间是每天一次,偶尔会两天或更长时间一次。

5. 垃圾运输水平

调查结果显示,不同类型社区的垃圾运输水平不同。其中,单位制社区的生活垃圾运输水平最高,其指数为 0.577;商品住宅型社区次之,其指数为 0.564;城中村社区最低,其指数仅为 0.542。调查中也发现,三类社区在垃圾运输中均偶尔出现滴漏现象。其中,单位制社区有 72.3%的居民对所在社区的垃圾运输现状比较满意,而商品住宅型社区、城中村社区该比例分别为70.1%、64.4%。

三、社会资本对生活垃圾管理的影响

（一）变量选择

社会资本决定着社区的活力、凝聚力及治理水平。如果一个社区的社会资本丰富且分布均衡，则居民的社区归属感强烈，必然导致良好的社区管理水平；反之，社区会因缺乏认同感而难以实现善治。已有研究也发现，社区生活垃圾管理不仅与社区垃圾管理配套设施、社区规范有关，也与社区居民的家庭规模、收入水平、受教育程度等因素紧密关联。鉴于此，以社区生活垃圾管理水平为因变量，以社区社会资本为解释变量，以居民个体因素为控制变量分析社会资本对社区生活垃圾管理水平的影响（表5-21）。本节仍基于Putnam（1993）提出的分析框架，从网络、信任及规范出发测度社区社会资本对生活垃圾管理的影响。

利用最小二乘法拟合社会资本对社区生活垃圾管理水平的影响，f统计量为91.325，在0.01水平上显著，模型的R^2为0.798，说明模型拟合较好，且所选变量对社区生活垃圾管理水平的解释度达79.8%（表5-21）。

表5-21 变量及赋值

变量		赋值	均值	标准差
个体特征	年龄	11~17岁=1，18~25岁=2，26~60岁=3，60岁以上=4	1.660	0.816
	性别	男=0，女=1	0.503	0.211
	家庭年收入	1万以下=1，1~3万=2，3万以上=3	1.690	0.699
	受教育程度	文盲=1，小学=2，初中=3，高中=4，大学及以上=5	4.010	0.908
	家庭规模	≤3人=1，4人=2，>4人=3	1.640	0.777
	是否关注环境污染	不关注=1，较少关注=2，一般=3，经常关注=4	2.852	0.671
	是否愿意支付生活垃圾处理费	不愿意=0，愿意=1	0.913	0.435
社区生活垃圾管理设施	是否有垃圾分类投放设施	没有=1，较少=2，较完备=3，很完备=4	2.691	0.883
	卫生管理人员数量	<8人=1，8~15人=2，>15人=3	1.830	0.464
	是否举办过环保活动	没有=1，较少=2，一般=3，很多=4	2.250	0.549
	是否有废品回收人员	从来没有=1，偶尔有=2，经常有=3	2.677	0.028
社区社会资本	规范 是否遵守社区规范	从不遵守=1，不太遵守=2，一般=3，比较遵守=4，完全遵守=5	4.030	0.756
	信任 是否信任小区居民	不信任=1，不太信任=2，一般=3，比较信任=4，非常信任=5	3.320	0.696
	网络 是否参与社区活动	不参加=1，较少=2，一般=3，很多=4	1.880	0.668

（二）社会资本对生活垃圾管理水平的影响

1. 社会规范对生活垃圾管理水平的影响

研究结果显示，社会规范与社区生活垃圾管理水平呈正相关关系，且在 0.01 水平上显著，说明增强社区规范度有助于提高社区生活垃圾管理水平（表 5-22）。究其原因，主要在于社会规范有助于提高集体行动结果的可预测性、增强公众对集体行动的信心。遵守共享的社区规范，不仅有助于降低生活垃圾管理的交易成本，形成集体性的管理意识，促使人们自觉地采取符合集体目标的个体行为；也有助于促进垃圾管理信息溢出和知识传播，增强合作，提高居民的垃圾分类及管理能力，促使居民采取集体行动管理社区生活垃圾；还有助于加强自律和自我管理，尤其当居民将规范内化为自我认知的组成部分后，规范不仅成为约束性规则，更成为个人习惯性偏好，从而对引起社区环境恶化的私人活动进行约束，有助于提高社区生活垃圾管理水平。

2. 社会信任对生活垃圾管理水平的影响

研究结果显示，社区信任度与社区生活垃圾管理水平呈正相关关系，且在 0.1 水平上显著，说明增强社区信任度有助于提高社区生活垃圾管理水平（表 5-22）。究其原因，主要在于邻里间的高度信任可给居民提供"如果自身这样做，其他社区居民也会这样做"的信念，这不仅可确保社区共有资源的节约利用、提高资源管理效率，也可避免社区制度变更过程中出现冲突和矛盾，还可促使居民更加重视公共环境卫生的维护，自觉地管理生活垃圾。陈捷等（2009）也发现，随着信任度的提高，社区居民委员会的治理水平会显著提高，而社区居委会或物业的治理水平增强无疑会提高社区生活垃圾的管理水平。

3. 社会网络对生活垃圾管理水平的影响

研究结果显示，社区网络虽与社区生活垃圾管理水平呈正相关关系，但在统计上不显著（表 5-22）。究其原因，在于社会网络作为社会资本的载体，通过促进信息流通和个体间互动，能够有效约束居民集体行为中的机会主义和"搭便车"倾向，从而降低行为人因信息缺乏而导致的不遵守行为；同时，社会网络有助于促进居民参与解决社区公共管理，进而提高生活垃圾管理水平。这与黄荣贵（2013）的研究结论相一致，即社区网络密度、居民的信任度越高，社区居民越有可能参与社区管理，从而无疑会导致社区管理水平提高。

表 5-22　社会资本对社区生活垃圾管理水平影响的拟合结果

变量	系数	变量	系数
常数	0.323**	社区规范	0.233***
年龄	−0.122*	社区信任	0.067*
性别	0.019	社区网络	0.011
家庭年收入	0.164*	垃圾分类投放设施	0.156***
受教育程度	0.533*	卫生管理人员数量	0.078***
家庭规模	0.473*	环境保护活动举办	0.105***
对环境污染的关注度	0.618***	上门回收废品人员	0.103***
生活垃圾处理支付意愿	0.250***	调整的 R^2　　0.798	f 统计量　　91.325***

注：*在 0.1 水平上显著，**在 0.05 水平上显著，***在 0.01 水平上显著。

（三）居民个体特征对社区生活垃圾管理水平的影响

研究结果显示，家庭年收入、受教育程度、家庭规模、对环境污染的关注度、生活垃圾处理支付意愿对生活垃圾管理水平的影响均在 0.1 水平上显著，且其系数均大于 0 小于 1，说明居民的收入水平与受教育程度越高、家庭规模越大、对环境污染的关注度及生活垃圾处理的支付意愿越强烈，社区生活垃圾管理水平就越高；但居民年龄与社区生活垃圾管理水平呈负相关关系（表 5-22）。究其原因，主要在于收入水平及教育程度越高，环保意识越强，对生活环境的要求也越高，因而会自觉地提高生活垃圾管理水平。Pretty 等（2001）也指出，人力资本是自然资本改善的重要条件，当具有较高的人力资本时，不仅会约束引起社区生活环境恶化的私人行动，而且会增强人们改革和采用适当措施改善不良环境的能力，从而使生活垃圾管理水平得以提高。此外，居民对环境污染的关注度越高、生活垃圾处理的支付意愿越强，意味着他们越愿意为改善生活环境做贡献，就越能自觉、有效地维护社区生活环境，从而使社区生活垃圾管理水平得以提高。

（四）社区垃圾管理设施对管理水平的影响

研究结果显示，垃圾分类投放设施、卫生管理人员数量、环境保护活动举办次数及上门回收废品人员对社区生活垃圾管理水平的影响均在 0.01 水平上显著，且其系数均大于 0 小于 1，说明完善垃圾分类设施、增加卫生管理人员数量、经常举办环境保护活动、上门回收废品人员的数量均有助于提高社区生活垃圾管理水平（表 5-22）。究其原因，主要在于宣传环保知识、开展环保活动有助于强化居民对生活垃圾危害的认识，增强居民参与生活垃圾管理的积极性和能力，从而提高社区生活垃圾管理水平；此外，上门回收废品人员和流动或固定的废品回收点作为环卫管理体系的重要补充，影响着垃圾流向。

综上所述，培育居民社会资本是提高居民集体行动效率、提升生活垃圾管理水平的重要途径。为发挥社会资本对环境保护集体行动的促进作用，应进一步加强社区规范建设，提高居民对共享规范、价值观的认同度，充分发挥社区规章制度对环境破坏活动的约束作用；充分发挥社区居委会的自治作用，将生活垃圾处置、投放设施维护和社区环境整洁等事项纳入社区规章制度；应加强居民间的互动沟通，构筑互信的邻里关系，完善互惠共享的社会规范；同时，应加大环保政策宣传和环境信息披露力度，普及生活垃圾分类知识和分类技巧。

第六章
社会资本与区域发展能力

提升区域发展能力、促进区域可持续发展已成为 21 世纪世界各国普遍追求的目标。随着自然资源禀赋对区域发展的重要性日益下降以及人力资本在一定程度上的收敛,社会资本作为通过创造、维持社会关系和社会组织模式而增强发展潜力的要素,在区域发展中的地位和作用日渐凸显,《全球 21 世纪议程》已将其列为可持续发展概念的四项内容之一,世界银行也将其与自然资本、人力资本和生产资本一起作为衡量全球或区域发展的新指标,高水平的社会资本已成为实现区域可持续发展的先决条件。

第一节 社会资本与区域创新能力

一、社会资本的时空动态

(一)研究方法

1. 区域社会资本测量指标

不同学者采用的区域社会资本测度指标存在差异,赵雪雁等(2015)采用无偿献血率、信任度和社会组织密度等指标测度区域社会资本;毛良虎(2017)采用社会组织数(表征社会资本的结构维度)、城市化水平(表征社会资本的认知维度)测量区域社会资本;楼永(2017)采用互联网与电话使用频率之和测量结构型社会资本,采用"劳动争议受理率"替代社会信任来测量认知型社会资本;马茹(2017)则采用信任(劳资关系和谐度)和信息交流维度(互联网普及率)测量社会资本。基于 Putnam(1993)的分析框架及已有研究成果，本章从社会网络、社会规范及社会信任三个维度对区域社会资本进行测量。其中，用社会组织数量表征社会网络度，用每万人交通事故发生数表征社会规范度，用劳资关系和谐度表征社会信任度。通常，社会组织数量越多，表明社会网络度越高；每万人交通事故发生数越少，表明社会规范度越高；每万元 GDP 的劳资纠纷案件数越多，表明劳资关系和谐度越差，社会信任度越低（表 6-1）。数据来源于 2005~2015 年《中国统计年鉴》、《中国劳动统计年鉴》与《中国工会统计年鉴》。

表 6-1 区域社会资本测量指标

维度	测量指标	含义	指标类型	权重
社会网络	社会组织数量	工会组织数量（个）	正向指标	1/3
社会规范	交通事故发生率	每万人交通事故发生数（起/万人）	负向指标	1/3
社会信任	劳资关系和谐度	劳资纠纷案件数/GDP（件/万元）	负向指标	1/3

2. 区域社会资本指数的测度

首先，利用极差标准化法对社会资本各指标进行归一化处理。

正向指标标准化公式为

$$z = (x - x_{\min}) / (x_{\max} - x_{\min}) \tag{6-1}$$

负向指标标准化公式为

$$z = (x_{\max} - x) / (x_{\max} - x_{\min}) \tag{6-2}$$

式中，$x_{\max}$ 为该指标的最大值；$x_{\min}$ 为该指标的最小值；x 为原始值；z 为标准化值。

其次，利用熵值法确定社会资本各指标权重；最后，采用加权求和法测算区域社会资本指数，计算公式如下：

$$S = x_1 f_1 + x_2 f_2 + x_3 f_3 \tag{6-3}$$

式中，S 为社会资本指数；x 为各指标标准化后的数值；f 为各个指标的权重。其中，社会网络度、社会规范度、社会信任度取等权重，即权重均为 1/3。

3. 区域差异性的测度

采用泰勒指数测度我国社会资本的区域差异程度，泰勒指数可将我国社会资本的总体差异分解为东、中、西三大地带内及地带间的差异。

$$Theil = \sum_{i=1}^{n} T_i \ln(nT_i) = T_{WR} + T_{BR} \tag{6-4}$$

$$T_{WR} = \sum_{i=1}^{n_d} T_i \ln\left(n_d \frac{T_i}{T_d}\right) + \sum_{i=1}^{n_z} T_i \ln\left(n_z \frac{T_i}{T_z}\right) + \sum_{i=1}^{n_x} T_i \ln\left(n_x \frac{T_i}{T_x}\right) \tag{6-5}$$

$$T_{BR} = T_d \ln\left(T_d \frac{n}{n_d}\right) + T_z \ln\left(T_z \frac{n}{n_z}\right) + T_x \ln\left(T_x \frac{n}{n_x}\right) \tag{6-6}$$

式中，T_{WR} 为三大地带内差异；T_{BR} 为三大地带间差异；n 为省区数；n_d、n_z、n_x 分别为东、中、西部省区数；T_i 为 i 省区的社会资本与全国平均水平的比值；T_d、T_z、T_x 分别为东、中、西部地区的社会资本与全国平均水平的比值。

4. 探索性空间数据分析法

利用探索性空间数据分析法（Exploratory Spatial Data Analysis，ESDA）分析我国社会资本的分布格局。其中，利用全局空间 Moran's I 判断社会资本的分布是否存在统计上的集聚或分散现象，计算公式为

$$\text{Moran's } I = \frac{\sum_{i=1}^{n}\sum_{j=1}^{n} W_{ij}(Y_i - \overline{Y})(Y_j - \overline{Y})}{S^2 \sum_{i=1}^{n}\sum_{j=1}^{n} W_{ij}} \tag{6-7}$$

式中，n 为观察值总数；Y_i 为位置 i 的观察值；W_{ij} 为空间权重矩阵（空间相邻为 1，不相邻为 0）；S^2 为属性值的方差；$\overline{Y}$ 为 Y_i 的平均值。在给定显著性水平时，若 Moran's I 显著为正，表示社会资本较高（或较低）的区域在空间上显著集聚；若 Moran's I 显著为负，则表明邻近区域的社会资本差异显著，社会资本较高（或较低）的区域在空间上显著分散。通常对 Moran's I 进行 Z 检验，Z 值为正且显著时，表明存在正的空间自相关；Z 值为负且显著时，表明存在负的空间自相关；Z 值为零时，观测值呈独立随机分布。

$$Z(I) = \frac{I - E(I)}{\sqrt{\text{Var}(I)}} \tag{6-8}$$

式中，$E(I)$ 为数学期望，$\text{Var}(I)$ 为方差。

采用 Getis-Ord G^* 反映社会资本在空间上的依赖性及异质性，计算公式为

$$G_i^*(d) = \sum_{i=1}^{n} W_{ij}(d) X_i \Big/ \sum_{i=1}^{n} X_i \tag{6-9}$$

式中，$G_i^*(d)$ 值显著为正，表明 i 地区周围的值相对较高，属于热点地区；反之，则为冷点地区。X_i 为 i 地区的观测值；W_{ij} 为空间权重矩阵，空间相邻取值为 1，不相邻取值为 0。

（二）社会资本的区域差异

1. 社会资本不同维度的区域差异

（1）社会网络的区域差异。2005~2014 年中国社会网络水平总体呈上升趋势，每万人基层工会组织数从 9.31 增加到 19.93，增幅为 114.17%（图 6-1）。其中，西部地区的社会网络度增幅最大，达 167.63%，东、中部地区的增幅分别为

71.62%、133.82%。但总体来看，2005～2014 年中国社会网络度一直保持"东—西—中"递减的格局。

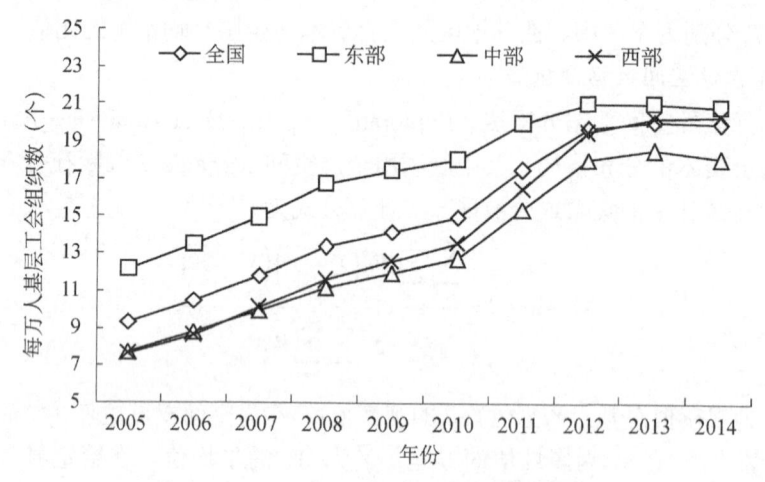

图 6-1　2005～2014 年中国社会网络变化趋势

2005～2014 年中国社会网络水平的区域差异波动较大，且整体呈缩小趋势，泰勒指数由 0.06 下降到 0.028，降幅为 54.06%（图 6-2）。其中，2005～2014 年地带内差异与地带间差异均趋于缩小，泰勒指数降幅分别为 23.28%、93.81%。具体来看，东、中、西部地带内社会网络水平的差异演变情况存在较大差别，其中，东部地带内差异呈缩小趋势，且波动较大，降幅为 58.26%；中部与西部地带内差异呈扩大态势，泰勒指数增幅分别为 62.81%、29.29%。

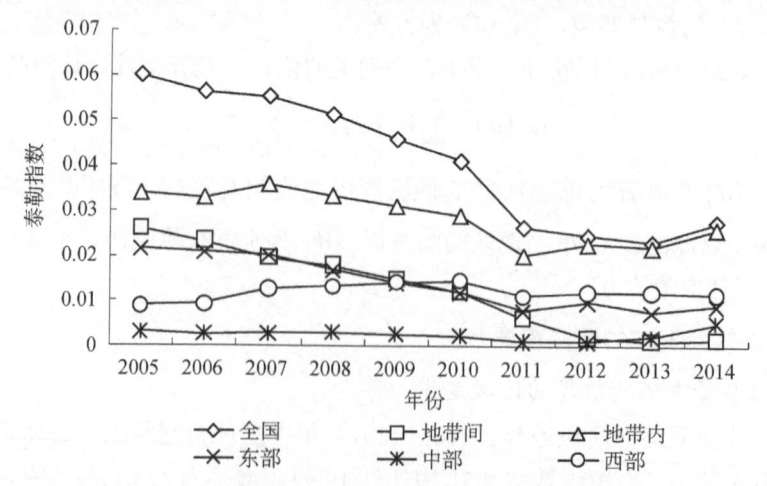

图 6-2　2005～2014 年中国社会网络的区域差异

（2）社会规范度的区域差异。2005~2014年中国社会规范度总体呈上升趋势，每万人交通事故发生数从3.49降为1.53，降幅为56.33%（图6-3）。其中，东、中、西部地区的降幅分别为58.74%、54.89%、53.67%。总体来看，2005~2014年中国社会规范度始终保持"东—西—中"递增的趋势。

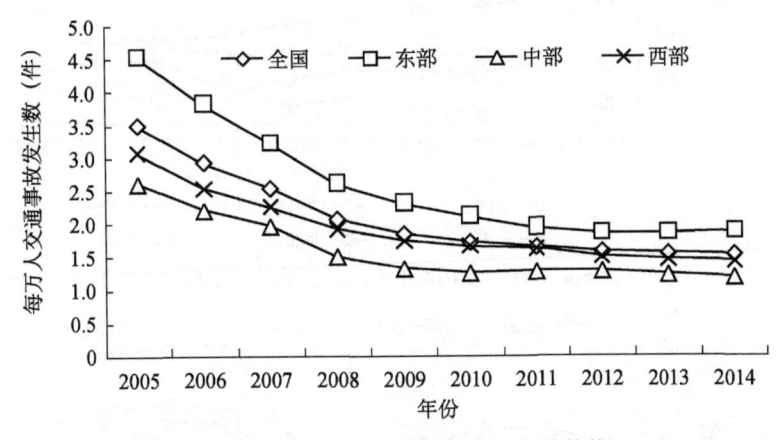

图6-3 2005~2014年中国社会规范度变化趋势

2005~2014年中国社会规范度的区域差异波动较小，且整体呈缩小趋势，泰勒指数由0.131下降到0.129，降幅为2.19%（图6-4）。其间，中国社会规范度的地带内差异整体趋于扩大，泰勒指数由0.105增至0.111，增幅为6.68%，而地带间的差异整体趋于缩小，泰勒指数由0.026降至0.017，降幅为36.53%。具体来看，东、中、西部地带内社会规范度的差异演变情况存在较大差别。其中，东、西部地带内差异呈缩小态势，泰勒指数降幅分别为3.8%、15.13%，而中部地带内差异呈扩大态势，泰勒指数增幅高达为186.98%。

（3）社会信任度的区域差异。2005~2014年中国社会信任度总体呈下降趋势，劳资关系和谐度从0.94上升为1.29，增幅为37.64%（图6-5）。其中，东、中与西部地区增幅分别为26.7%、39.76%、37.91%，总体来看，2005~2014年中国社会信任度始终保持"中—西—东"递增的趋势。

2005~2014年中国社会信任度的区域差异波动幅度较大，且整体呈缩小趋势，泰勒指数由0.1008上升为0.1043，增幅为3.4%（图6-6）。其间，中国社会信任度的地带内差异与地带间差异整体均呈扩大趋势，增幅分别为15.01%、0.616%。具体来看，东、中、西部地带内社会信任度的差异演变情况存在较大差别。其中，中部地带内差异呈缩小趋势，降幅为52.27%；东部与西部地带内差异呈扩大态势，泰勒指数增幅分别为8.08%、30.45%。

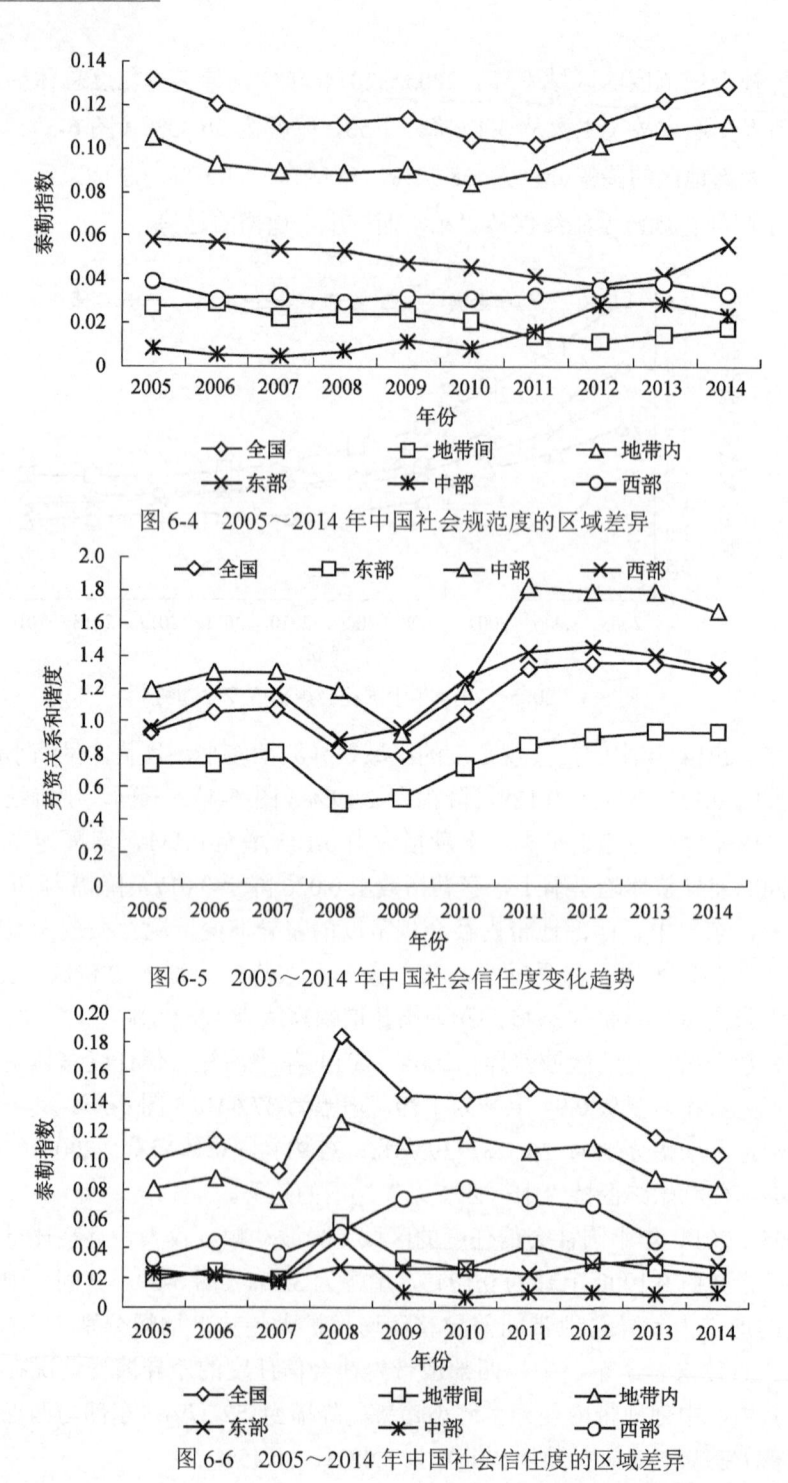

图 6-4　2005～2014 年中国社会规范度的区域差异

图 6-5　2005～2014 年中国社会信任度变化趋势

图 6-6　2005～2014 年中国社会信任度的区域差异

2. 社会资本指数的区域差异

2005～2014 年中国社会资本总体呈缓慢下降趋势,社会资本指数从 0.554 上升至 0.63,增幅达 13.7%(图 6-7)。其中,西部地区的社会资本指数从 0.53 增为 0.64,增幅达 21.13%,而东、中部地区增幅为 6.78%、13.99%。具体来看,2005～2010 年社会资本始终保持"东—中—西"递减的趋势,而 2010～2013 年社会资本呈"东—西—中"递减的趋势。

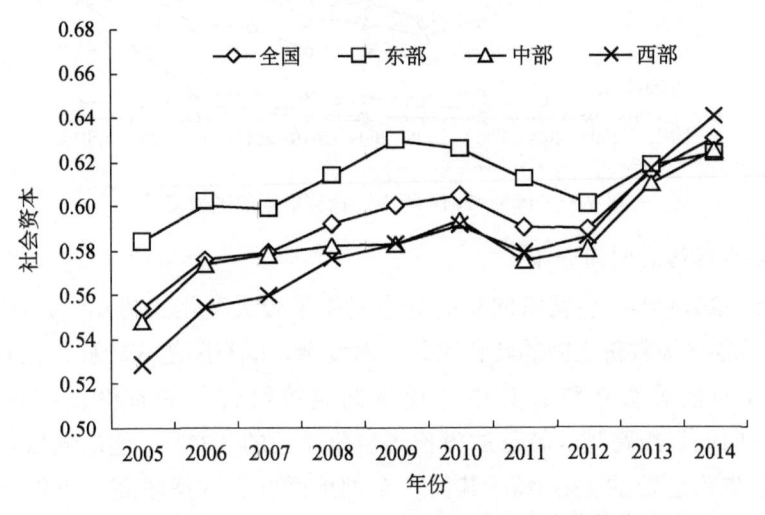

图 6-7　2005～2014 年中国社会资本变化趋势

2005～2014 年中国社会资本的区域差异波动幅度较大,且整体呈扩大趋势,泰勒指数由 0.005 上升至 0.009,增幅为 72.14%(图 6-8)。其间,社会资本的地带内差异整体趋于扩大,泰勒指数由 0.004 增至 0.009,增幅为 108.97%,地带间差异整体趋于缩小,泰勒指数由 0.0009 降至 0.000 07,降幅为 92.29%。具体来看,东、中、西部地带内社会资本的差异演变情况存在较大差别。其中,东、西部地带内差异呈缩小趋势,降幅分别为 47.46%、21.9%,而中部地带内差异呈扩大态势,泰勒指数增幅高达 153.32%。

(三)社会资本的空间分布

为了更直观地反映社会网络、社会规范、社会信任的空间分布特征,基于 2005 年、2010 年、2014 年每万人基层工会组织数、每万人交通事故发生数、劳资关系和谐度,利用 ArcGIS 软件,采用自然断点分级法将 30 个省(自治区、直辖市)划分为高水平区、较高水平区、中等水平区、较低水平

社会资本与区域发展

区、低水平区五个等级。

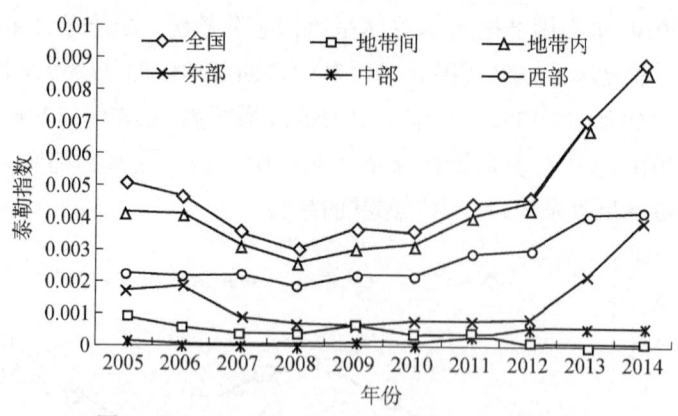

图 6-8　2005~2014 年中国社会资本的区域差异

1. 社会网络的空间分布

2005~2014 年社会网络的空间分布发生了较大变化（图 6-9）：① 2005~2010 年，各等级省份之间的转移路径相对复杂，既有跨越式转移，也有递次向高等级或向低等级转移。其中，递次向高等级转移的省份占省份总数的 16.67%；向低等级跨越式转移的省份占省份总数的 3.33%，递次向低等级转移的省份占省份总数的 13.33%。其间，东部地区社会网络较高水平以上省份居多，其比重高达 72.73%；中部地区以中等水平省份为主，其比重为 50%；西部地区以低水平及较低水平省份为主，其比重为 54.55%。② 2010~2014 年，各等级省份之间的转移路径相对复杂，既有跨越式转移，也有递次向高等级或向低等级转移。其中，向高等级跨越式转移的省份占省份总数的 10%，递次向高等级转移的省份占省份总数的 20%；向低等级跨越式转移的省份占省份总数的 3.33%，递次向低等级转移的省份占省份总数的 20%。其间，东部地区向低等级转移的省份占该区省份的 27.27%，中、西部地区向高等级转移的省份分别占该区省份数的 25%、63.64%。总体来看，2005~2014 年东部地区均以高水平与较高水平省份为主，中部地区以中等水平省份为主，西部地区社会网络水平有所提升，由低及较低水平省份为主向以中等及较高水平省份为主转变，表明社会网络整体趋于提升，但始终保持"东—西—中"递减的分布格局。

2. 社会规范度的空间分布

2005~2014 年中国社会规范度的空间分布发生了较大变化（图 6-10）：

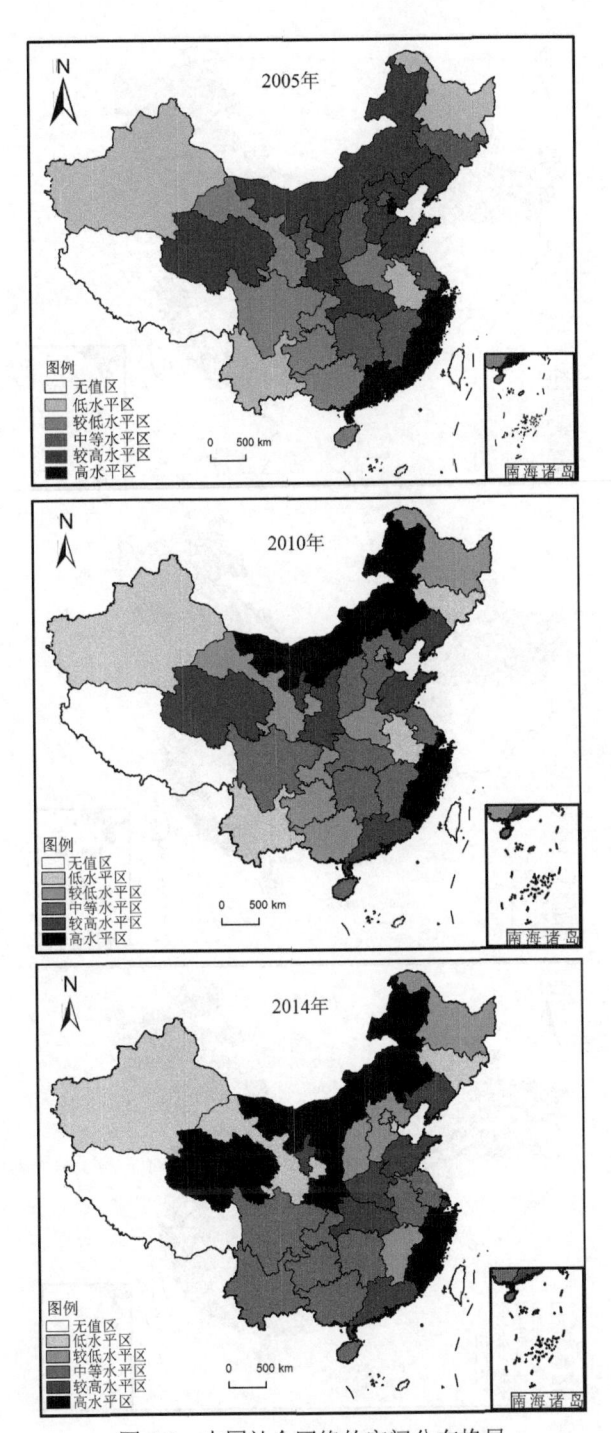

图 6-9 中国社会网络的空间分布格局

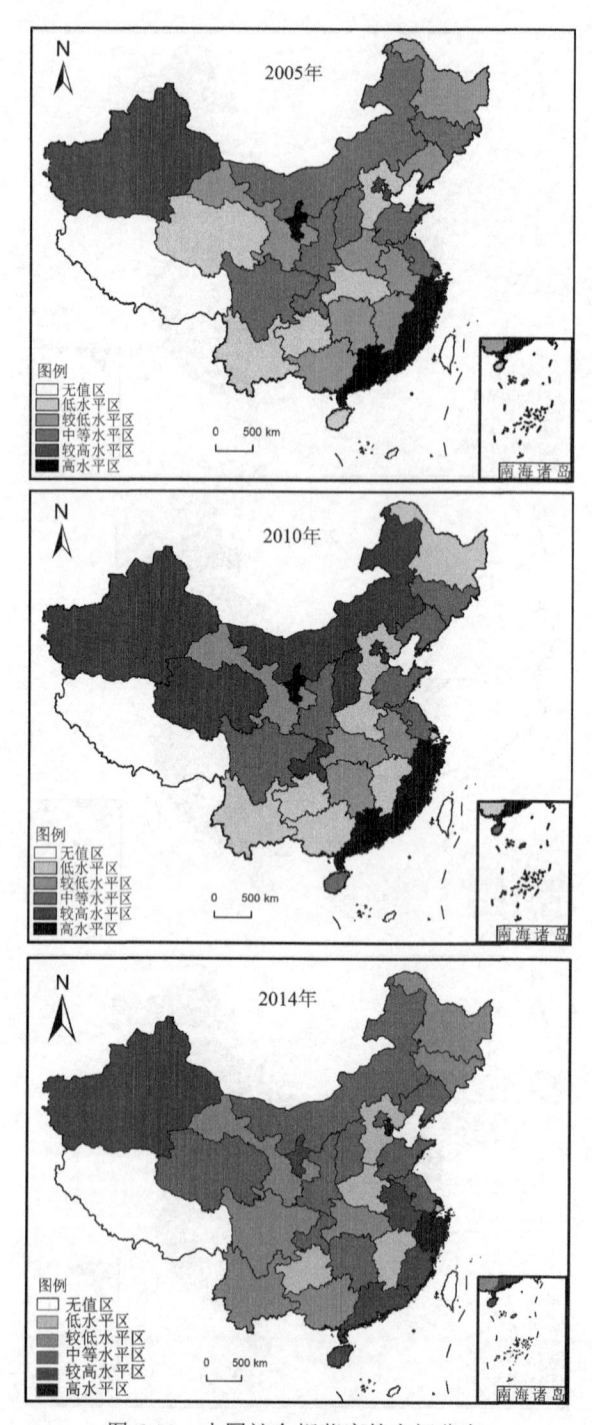

图 6-10 中国社会规范度的空间分布

① 2005～2010 年，各等级省份之间的转移路径相对复杂，既有跨越式转移，也有递次向高等级或向低等级转移。其中，向高等级跨越式转移的省份占省份总数的 6.67%，向高等级递次转移的省份占省份总数的 16.67%；向低等级跨越式转移的省份占省份总数的 3.33%，递次向低等级转移的省份占省份总数的 13.33%。其间，东部地区每万人交通事故发生数中等水平以上省份居多，其比重高达 81.82%；中部地区以低水平及较低水平省份为主，其比重为 75%；西部地区以中等水平以上的省份为主，其比重高达 63.64%。② 2010～2014 年，各等级省份之间的转移路径相对复杂，既有跨越式的转移，也有递次向高等级或向低等级的转移。其中，向高等级跨越式转移的省份占省份总数的 3.33%，向高等级递次转移的省份占省份总数的 20%，向低等级递次转移的省份占省份总数的 23.33%。其间，东、中、西部地区向低等级转移的省份分别占该区省份数的 18.18%、12.5%、36.36%。总体来看，2005～2014 年东部地区每万人交通事故发生数均以高水平与较高水平省份为主，中部地区则以较低水平省份为主向以中等水平省份为主转变，西部地区以较低水平及中等水平为主，表明中国社会规范度整体趋于提升，但始终保持"东—西—中"递增的分布格局。

3. 劳资关系和谐度的空间分布

2005～2014 年中国社会信任度发生了较大变化（图 6-11）：① 2005～2010 年，各等级省份之间的转移路径相对复杂，既有跨越式转移，也有递次向高等级或向低等级转移，其中，向高等级递次转移的省份占省份总数的 20%，向低等级跨越式转移的省份占省份总数的 10%，向低等级递次转移的省份占省份总数的 30%。其中，东部地区劳资关系和谐度以低水平及较低水平的省份为主，其占比高达 72.73%，中部地区以中等水平的省份为主，其比重为 50%，高水平区全部移至西部地区，其占该区比重为 18.18%。② 2010～2014 年，各等级省份之间的转移路径相对复杂，既有跨越式转移，也有递次向高等级转移或者向低等级转移，其中，向高等级跨越式转移的省份占省份总数的 3.33%，向高等级递次转移的省份占省份总数的 30%，向低等级转移的省份占省份总数的 13.33%。总体来看，2005～2014 年东部地区劳资关系和谐度以低水平省份以及较低水平省份为主；中部地区均以中等水平以上的省份为主；西部地区以较高水平以及高水平省份为主，表明社会信任整体趋于上升，但始终保持"中—西—东"递增的分布格局。

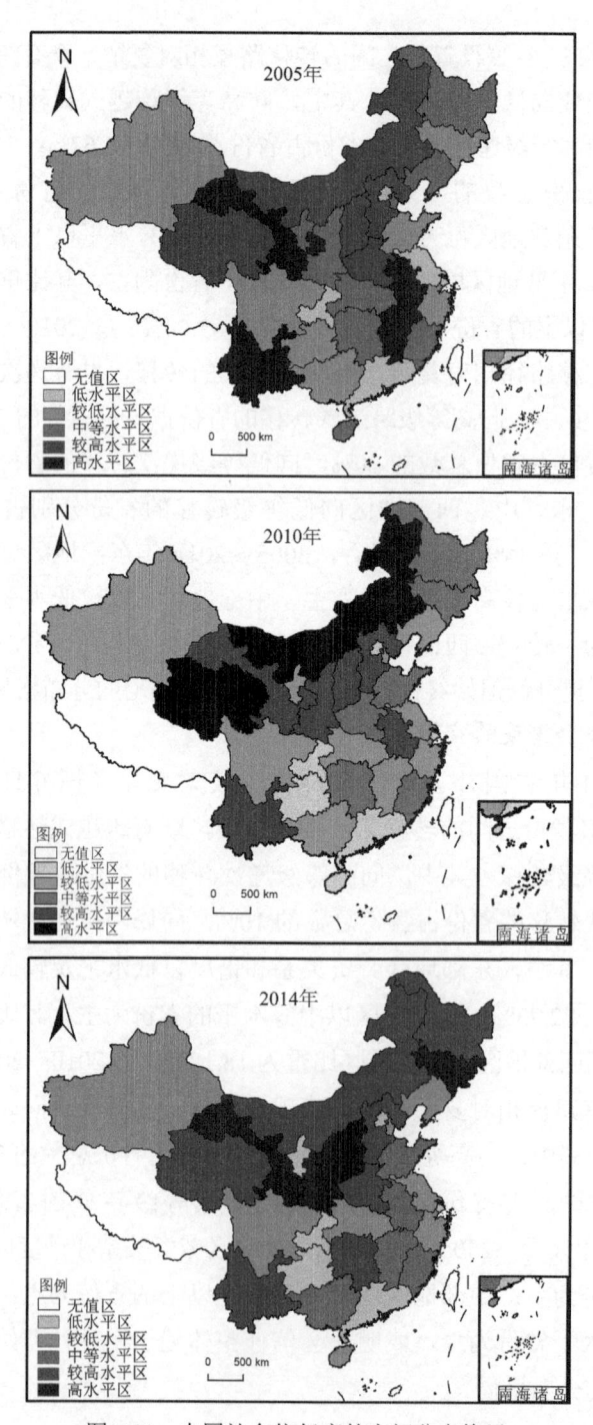

图 6-11 中国社会信任度的空间分布格局

4. 社会资本的空间分布

2005～2014年社会资本的空间分布发生了较大变化（图6-12）：① 2005～2010年，各等级省份之间的转移路径相对复杂，既有跨越式转移，也有递次向高等级转移或者向低等级转移。其中，向高等级跨越式转移的省份占省份总数的10%，向高等级递次转移的省份占省份总数的20%；向低等级跨越式转移的省份占省份总数的3.33%，向低等级递次转移的省份占省份总数的10%。其间，东部地区社会资本以中等水平以上的省份为主，其比重高达72.73%；中部地区以中等水平以上的省份为主，其比重为75%；高水平的省份大多位于西部，占该区比重的27.27%。② 2010～2014年，各等级省份之间的转移路径相对复杂，既有跨越式转移，也有递次向高等级转移或者向低等级转移。其中，向高等级跨越式转移的省份占省份总数的6.67%，向高等级递次转移的省份占省份总数的6.67%；向低等级跨越式转移的省份占省份总数的13.33%，向低等级递次转移的省份占省份总数的30%。其中，东部地区向低等级转移的省份占该区省份数的36.36%，中、西部地区向低等级转移的省份分别占该区省份数的50%、18.18%。总体来看，2005～2014年东部地区以中等水平的省份为主，中部地区也以中等水平省份为主，西部地区社会资本相对变化小。总体来看，2005～2010年我国社会资本保持"东—中—西"阶梯式递减的趋势，而2010～2014年社会资本保持"东—西—中"递减的趋势。

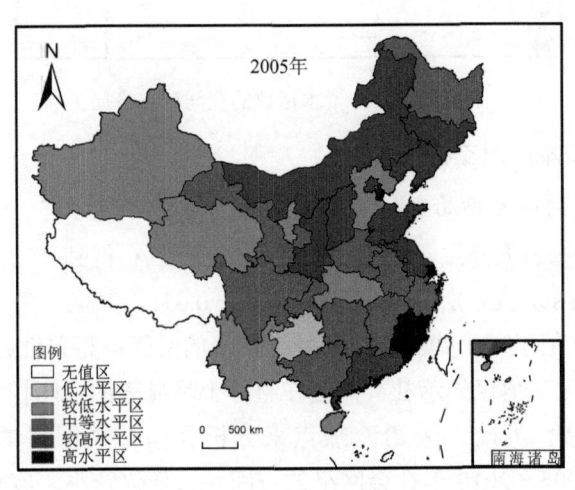

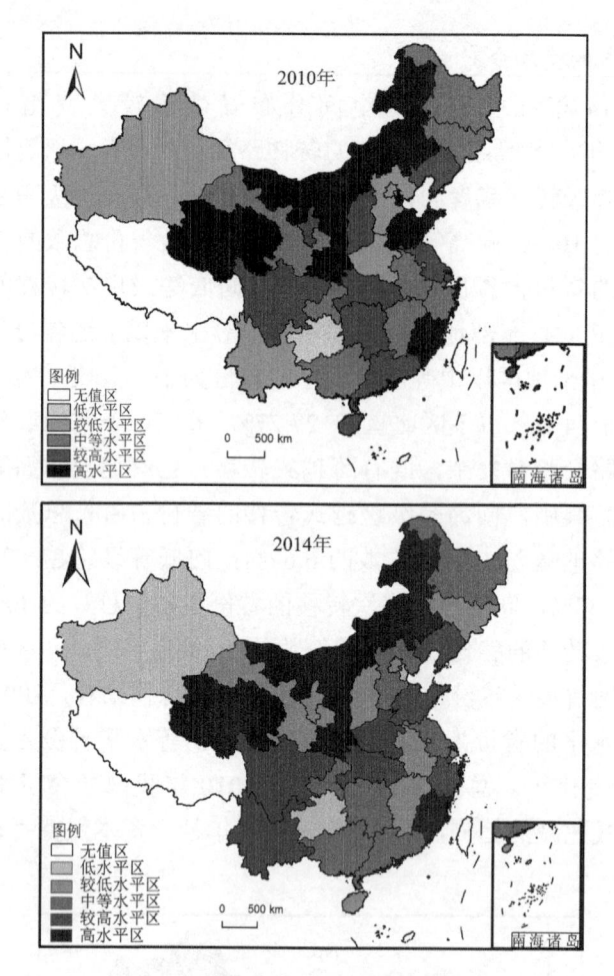

图 6-12　社会资本指数的空间分布格局

（四）社会资本的时空格局变化

1. 社会网络的时空格局变化

基于各省区每万人基层工会组织数，利用 ESDA 得到 2005 年、2010 年、2014 年的 Moran's I 值分别为 0.179、0.054、-0.071。其间，每万人基层工会组织数的 Moran's I 值呈减小趋势，说明社会网络的空间自相关性趋于减弱。

全局 Moran's I 值仅显示社会网络在整体上呈显著的空间相关性，但不能体现局部空间信息。为此，采用冷热点来分析我国社会网络的局部空间关系（图 6-13）。① 2005～2010 年社会网络的空间关系变化较小，冷点区与次热区均呈扩张态势，而热点区与次冷区呈收缩态势，冷点区主要集中在西南地区，热点区主要集中在东部沿海地区。其中,冷点区省份所占比重从 10%上升为 16.67%,而热点区省份所占比重由 26.67%降为 16.67%,其间稳定性省区占省区总数的比重为 73.33%,其中苏-沪-浙-闽-赣为稳定性热点区,而川-滇-黔为稳定性冷点区。② 2010~2014 年,社会网络的空间关系变化较大,热点区及次热区扩张,而冷点区及次冷区收缩,其中热点区省份占省区总数的比重由 16.67%上升为 20%,冷点区省份占省区总数的比重由 16.67%下降为 13.33%,期间稳定性省区占省区总数的 40%,其中沪-浙-闽-赣为稳定性热点区,内蒙古-黑-吉-鲁-湘-琼为稳定性次冷区。总体来看,2005~2014 年社会网络的热点区呈收缩态势,且在东南沿海地区形成稳定性热点,但未形成稳定性冷点。

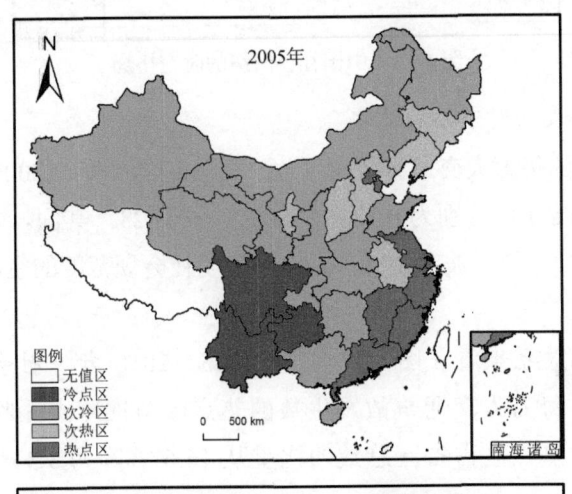

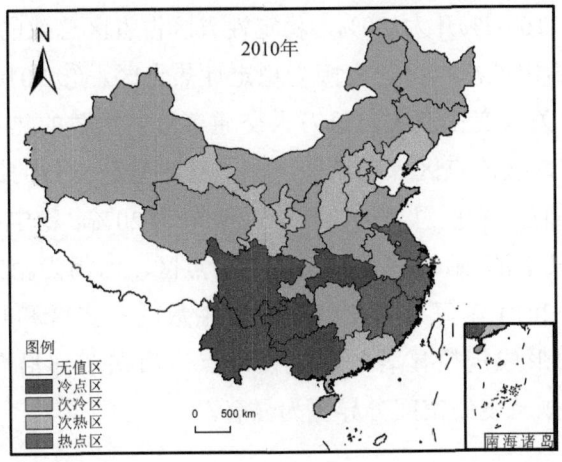

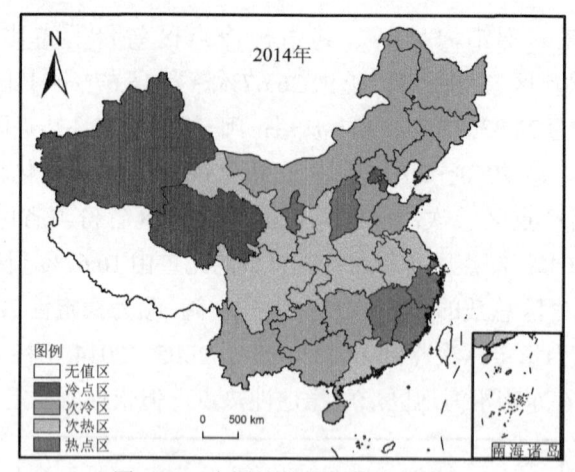

图 6-13　中国社会网络的时空格局

2. 社会规范度的时空格局变化

基于各省区的每万人交通事故发生数,利用 ESDA 得到 2005 年、2010 年、2014 年的 Moran's I 值分别为 0.1266、0.0505、-0.023。其间,每万人交通事故发生数的 Moran's I 值呈波动中减小趋势,说明社会规范度的空间自相关性趋于减弱。

从局部空间关系来看(图 6-14):① 2005~2010 年,社会规范度的空间关系变化较小,每万人交通事故发生数的热点区与次冷点区收缩,冷点区与次热点区扩张,热点区占省区总数的比重从 16.67%降为 3.33%,冷点区占省区总数的比重从 16.67%升为 30%,稳定性省区占省区总数的 60%,其中川-滇-黔-渝-鄂为稳定性冷点区,而闽为稳定性热点区。② 2010~2014 年,社会规范度的空间关系变化较大,每万人交通事故发生数的热点区扩张,冷点区与次热区收缩,次冷点区保持不变,热点区占省区总数的比重由 3.33%升为 23.33%,冷点区占省区总数的比重由 30%降为 20%,稳定性省区占省区总数的 46.67%,其中滇-黔-渝-湘为稳定性冷点区,而闽为稳定性热点区。总体来看,2005~2014 年每万人交通事故发生数的冷点区和热点区呈扩张态势,且在西南部形成规模显著的稳定性冷点,而在东部沿海形成稳定性热点,从而使社会规范度的空间分异更为显著。

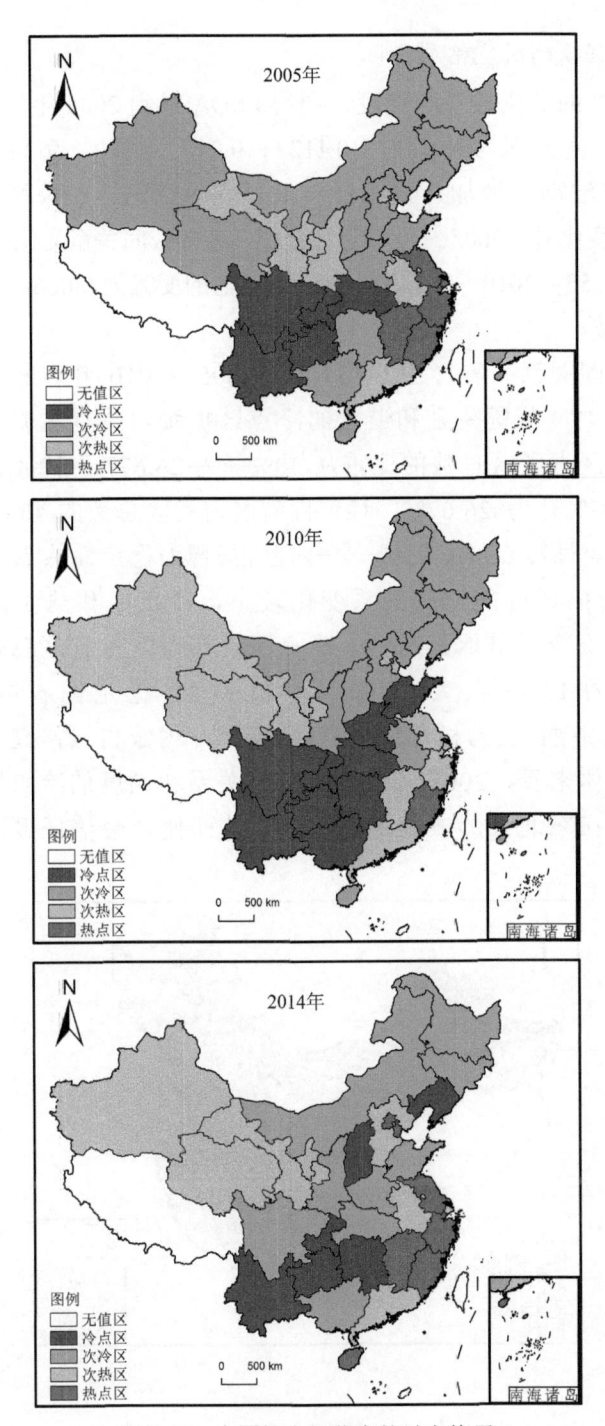

图 6-14 中国社会规范度的时空格局

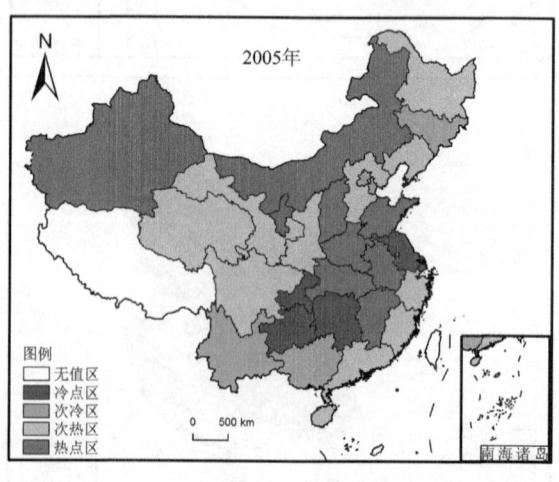

3. 社会信任度的时空格局变化

基于各省区的劳资关系和谐度，利用 ESDA 得到 2005 年、2010 年、2014 年的 Moran's I 值分别为-0.0133、0.1122、0.046。其间，劳资关系和谐度的 Moran's I 值在波动中增加，说明社会信任度的空间自相关性趋于增强。从 Moran's I 值的变化看，2005~2010 年社会信任度的空间关系变化较大，Moran's I 值的变幅为 0.1255；2010~2014 年 Moran's I 值的变幅为 0.0662，社会信任度的空间关系变化较小。

从局部空间关系来看（图 6-15）：① 2005~2010 年，社会信任度的空间关系变化较大，劳资关系和谐度的冷点区扩张，热点区略有收缩且向北部集聚，热点区占省区总数的比重从 30%降为 26.67%，冷点区占省区总数的比重从 16.67%升为 26.67%，稳定性省区占省区总数的 46.67%，其中渝-黔-湘-沪为稳定性冷点区，而新-宁-内蒙古-晋为稳定性热点区。② 2010~2014 年，社会信任度的空间关系变化较小，冷点区和热点区均呈收缩态势，次热区和次冷区呈扩张态势，冷点区及热点区占省区总数的比重分别从 26.67%降为 13.33%、26.67%降为 23.33%，稳定性省区占省区总数的 56.67%，其中湘-沪为稳定性冷点区，而宁-内蒙古-晋-辽-黑-吉为稳定性热点区。总体来看，2005~2014 年劳资关系和谐度的冷点区和热点区呈收缩态势，且在东北部形成稳定性热点，从而使社会信任度的空间格局分异更为显著。

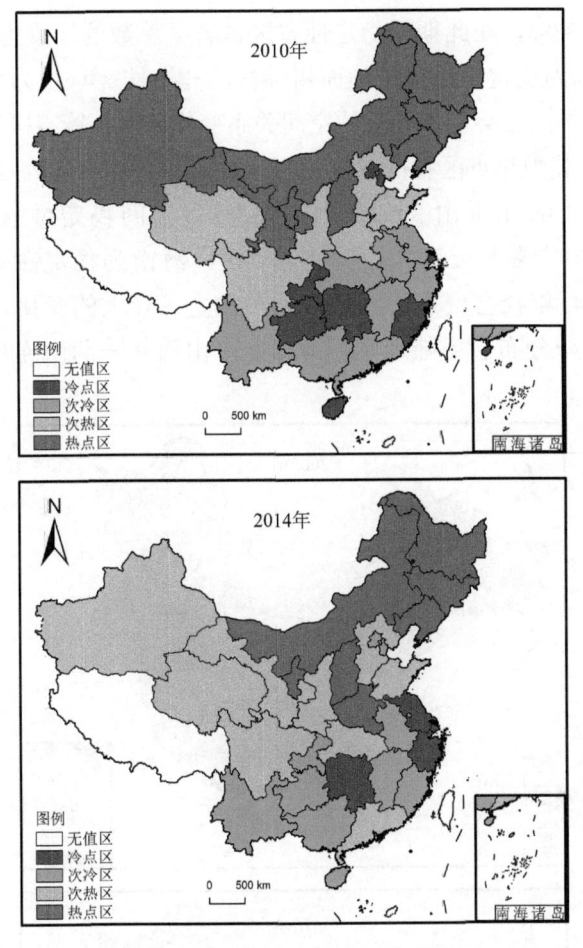

图 6-15　中国社会信任度的时空格局

4. 社会资本的时空格局变化

基于社会资本指数，利用 ESDA 得到 2005 年、2010 年、2014 年的 Moran's I 值分别为 0.056、0.016、−0.093。其间，社会资本指数的 Moran's I 值呈减小趋势，说明社会资本的空间自相关性趋于减弱。从 Moran's I 的变化看，2005～2010 年社会资本的空间关系变化较小，Moran's I 值的变幅为 0.041；2010～2014 年社会资本的空间关系变化较大，Moran's I 值的变幅为 0.108。

从局部空间关系来看（图 6-16）：① 2005～2010 年社会资本的空间关系变化较明显，次冷区呈收缩态势，而次热区呈扩张态势，热点区保持不变。其中，次热区省份所占比重从 13.33% 增为 16.67%，而次冷区省份所占比重由

26.67%降为 23.33%，在此期间稳定性省区占省区总数的比重为 60%，其中晋-冀-京-津-鲁-苏为稳定性热点区，而川-渝-滇-黔-桂-粤-琼为稳定性冷点区。② 2010~2014 年，社会资本指数的空间关系变化较大，冷点区略微扩张，而热点区略微收缩，其中热点区省份占省区总数的比重由 30%降为 26.67%，冷点区省份占省区总数的比重由 30%升为 33.33%，其间稳定性省区占省区总数的 16.67%，其中宁夏与云南为稳定性热点区，海南为稳定性冷点区。总体来看，2005~2014 年社会资本的冷热点分布发生了较大的变化，热点区由东部沿海转为"L"型分布于内陆地区，而冷点区由西北—西南连片分布转为分散分布。

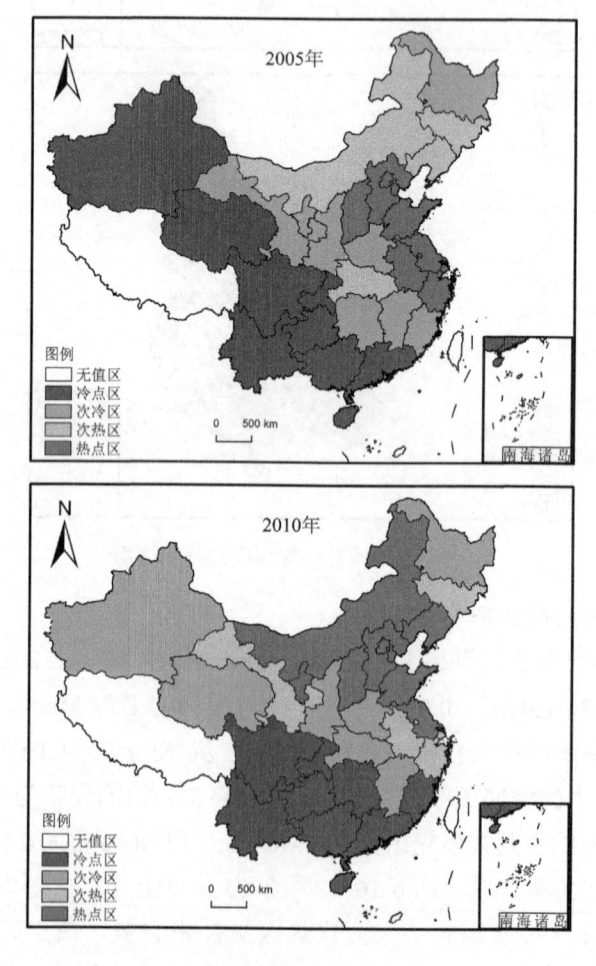

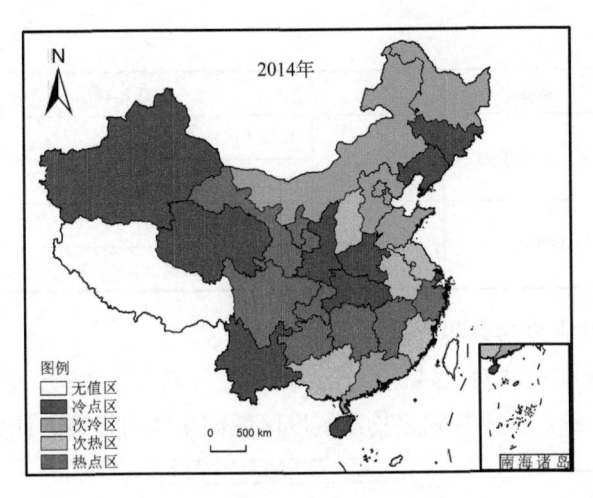

图 6-16　中国社会资本的时空格局

二、区域创新能力的时空动态

（一）研究方法

1. 区域创新能力评估指标

本研究以中国 30 个省（直辖市、自治区）为研究单元，从知识创造、知识获取、企业创新、创新环境、创新绩效五个维度对区域创新能力进行评估。其中，用每十万人平均发明专利申请受理数与 R&D 发展人员全时当量表征知识创造，用技术市场成交额与高等学校 R&D 课题数表征知识获取，用每十万人平均实用新型专利申请数与工业企业新产品主营业务收入表征企业创新，用高技术产业企业数与互联网上网人数表征创新环境，用人均生产总值与第三产业增加值表征创新绩效（表 6-2）。数据来源于 2005~2015 年的《中国科技统计年鉴》与《中国统计年鉴》。

表 6-2　区域创新能力评价指标及其权重

指标	一级指标	权重	二级指标	权重
区域创新能力	知识创造能力	0.22	每十万人平均发明专利申请受理数	0.63
			R&D 发展人员全时当量	0.37
	知识获取能力	0.26	技术市场成交额	0.81
			高等学校 R&D 课题数	0.19
	企业创新能力	0.17	每十万人平均实用新型专利申请数	0.46
			工业企业新产品主营业务收入	0.54

续表

指标	一级指标	权重	二级指标	权重
区域创新能力	创新环境能力	0.26	高技术产业企业数	0.75
			互联网上网人数	0.25
	创新绩效能力	0.09	人均生产总值	0.49
			第三产业增加值	0.51

2. 区域创新能力指数的测度

采用极值标准化法对区域创新能力指标进行归一化处理，然后利用熵值法确定指标权重，最后采用加权平均法测度区域创新能力指数。计算公式为

$$\bar{x} = \frac{x_1 f_1 + x_2 f_2 + \cdots + x_5 f_5}{n} \quad (6\text{-}10)$$

式中，$\bar{x}$ 为区域创新能力指数；f 为各个指标的权重；x 为各指标指数。

（二）创新能力的区域差异变化

1. 知识创造能力的区域差异

2005~2014年中国知识创造能力总体呈缓慢上升趋势，知识创造能力指数从0.038增至0.042，增幅为10.53%（图6-17）。其中，西部地区的增幅最大，达28.57%，东、中部地区的增幅分别为6.85%、17.39%。具体来看，2005~2008年中国知识创造能力趋于下降，降幅为2.6%，其中，东、中、西部地区的降幅分别为1.25%、2.43%、9.98%；2009~2014年中国知识创造能力趋于增加，增幅为8.94%，其中，东、中、西部地区的增幅分别为3.34%、12.9%、35.51%，但知识创造能力一直保持着"东—中—西"阶梯式递减的格局。

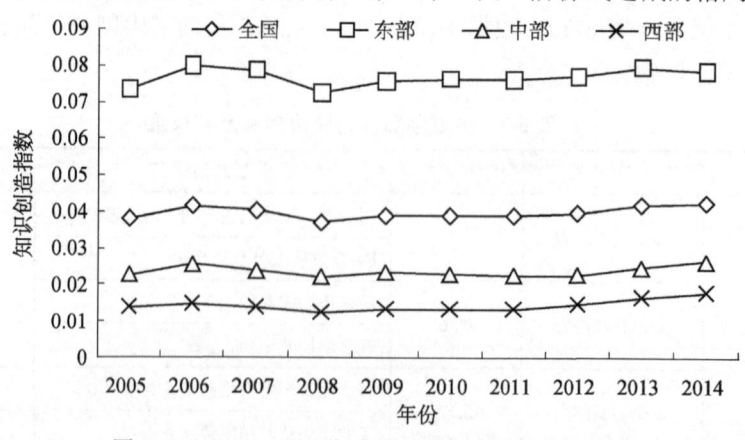

图6-17 2005~2014年中国知识创造能力变化趋势

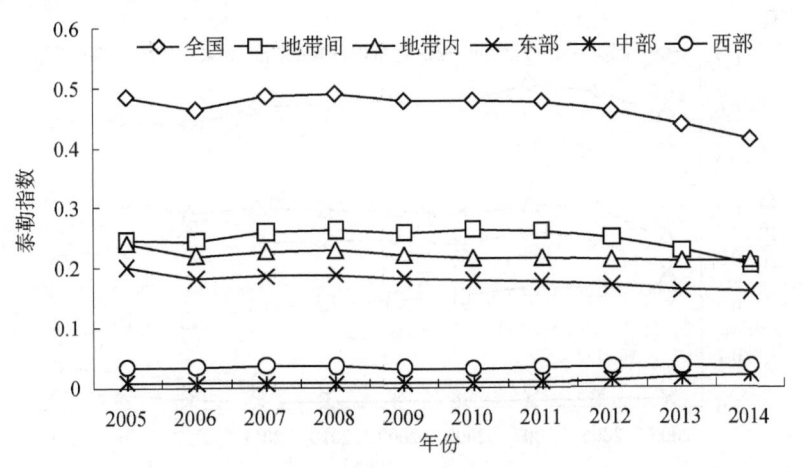

2005～2014年中国知识创造能力的区域差异波动较小,且整体呈缩小趋势,泰勒指数由0.485下降到0.413,降幅为14.88%(图6-18)。其间,知识创造能力的地带间与地带内差异均趋于缩小,且变化趋势大致相同,其对总体差异的平均贡献率分别为52.91%、47.09%,总体差异主要由地带间差异引起。总体来看,2005～2014年东、中、西部地区知识创造能力的地带内差异演变情况存在较大差别,其中,东部地区的地带内差异呈缩小趋势,泰勒指数降低20.97%,而中、西部地区地带内差异呈快速扩大态势,泰勒指数分别增加155.66%、1.78%。

2. 知识获取能力的区域差异

2005～2014年中国知识获取能力总体呈下降趋势,知识获取能力指数从0.037下降为0.033,降幅为10.81%(图6-19)。其中,东部地区的知识获取能力趋于降低,降幅达20.19%,而中部与西部地区的知识获取能力趋于提高,增幅分别为6.11%、23.75%。具体来看,2005～2010年中国知识获取能力趋于下降,降幅为16%,其中,东、中、西部地区的降幅分别为18.86%、12.49%、4.89%;但2010～2014年中国知识获取能力趋于提高,增幅为19.89%,其中,中、西部地区趋于增加(增幅分别为37.67%、33.55%),但东部地区趋于下降(降幅为6.71%)。尽管如此,2005～2014年中国知识获取能力一直保持着"东—中—西"阶梯式递减的格局。

图6-18 2005～2014年中国知识创造能力的区域差异

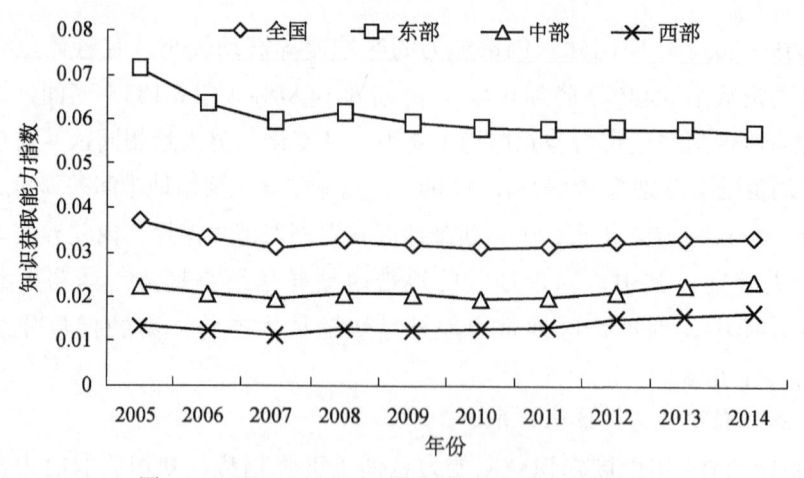

图 6-19　2005~2014 年中国知识获取能力变化趋势

2005~2014 年中国知识获取能力的区域差异波动较小,且整体呈缩小趋势,泰勒指数由 0.589 下降到 0.580,降幅为 1.53%(图 6-20)。其中,地带内差异呈扩大趋势(泰勒指数增加 27.64%),而地带间差异呈缩小趋势(泰勒指数降低 40.96%),其对总体差异的平均贡献率分别为 65.77%、34.23%,总体差异主要由地带内差异引起。总体来看,2005~2014 年东、中、西部地区知识获取能力的地带内差异均呈扩大态势,其中,中、西部地区的扩大幅度尤为显著,其泰勒指数的增幅高达 90.08%、101.89%,而东部地区的泰勒指数仅增加 12.05%。

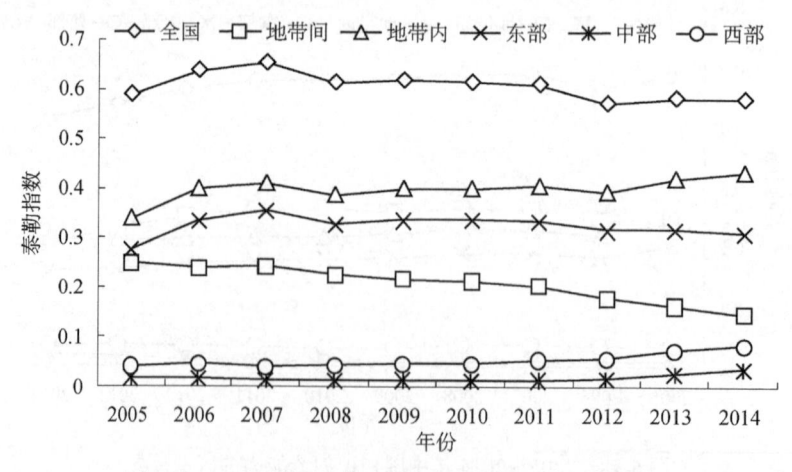

图 6-20　2005~2014 年中国知识获取能力的区域差异

3. 企业创新能力的区域差异

2005～2014 年中国企业创新能力总体呈下降趋势，企业创新能力指数从 0.041 下降到 0.039，降幅为 4.88%（图 6-21）。但东、中、西部地区存在差异，其中，东部地区的企业创新能力趋于下降，降幅为 9.33%，而中、西部地区趋于提高，增幅分别为 21.62%、14.09%，但企业创新能力一直保持着"东—中—西"阶梯式递减的格局。

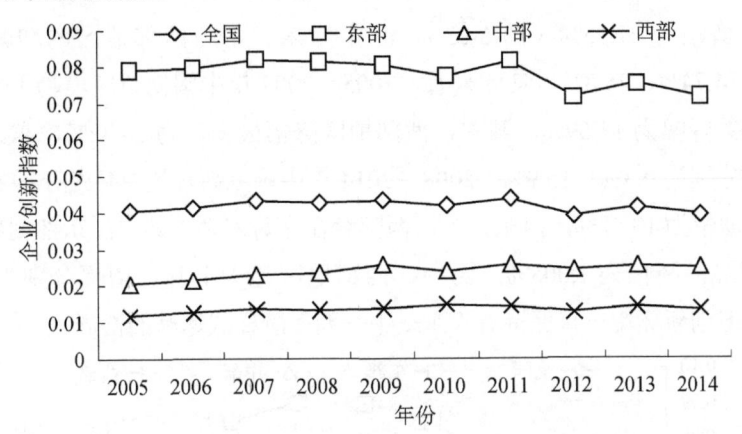

图 6-21　2005～2014 年中国企业创新能力变化趋势

2005～2014 年中国企业创新能力的区域差异波动较小，且整体呈缩小趋势，泰勒指数由 0.495 下降到 0.452，降幅为 8.77%（图 6-22）。其中，地带内差异趋于扩大（泰勒指数增加 20.64%），而地带间差异趋于缩小（泰勒指数降低 23.75%），其对总体差异的平均贡献率分别为 39.68%、60.32%，总体差异主要

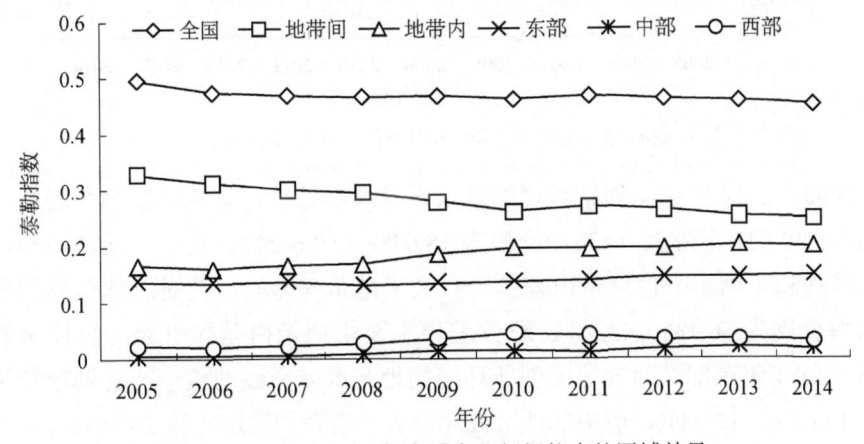

图 6-22　2005～2014 年中国企业创新能力的区域差异

由地带间差异引起。总体来看，2005~2014 年东、中、西部地区企业创新能力的地带内差异均呈快速扩大态势，但中部地区企业创新能力差异的扩大幅度尤为显著，其泰勒指数的增幅高达 226.58%，而东、西部地区的泰勒指数的增幅分别为 7.14%、48.55%。

4. 创新环境的区域差异

2005~2014 年中国创新环境总体呈改善趋势，创新环境指数从 0.041 上升到 0.05，增幅为 21.75%（图 6-23），其中，东、中与西部地区的增幅分别为 10.67%、74.74%、25.8%。具体来看，2005~2007 年中国创新环境趋于恶化，创新环境指数降幅为 13.59%，其中，西部地区降幅最大，为 24.42%，东、中部地区的降幅分别为 9.3%、15.9%；2008~2014 年中国创新环境总体趋于改善，创新环境指数增幅为 13.52%，但东、中、西部存在显著差别，其中，东部创新环境指数略有下降，降幅为 1.005%，而中、西部地区趋于上升，增幅分别为 53%、39.42%，但创新环境一直保持着"东—中—西"阶梯式递减的格局。

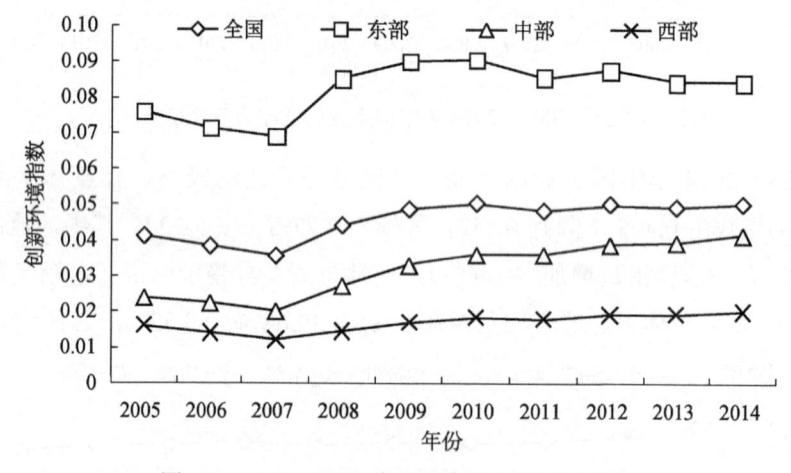

图 6-23　2005~2014 年中国创新环境变化趋势

2005~2014 年中国创新环境的区域差异波动较小，且整体呈缩小趋势，泰勒指数由 0.531 下降到 0.435，降幅为 18.04%（图 6-24）。其间，地带间与地带内差异均趋于缩小，但地带内差异一直大于地带间差异，其对总体差异的平均贡献率分别为 56.1%、43.9%，总体差异主要由地带内差异引起。总体来看，2005~2014 年东部、西部地区创新环境的地带内差异波动较小，泰勒指数降幅仅为 12.62%、17.24%，而中部地区波动较大，泰勒指数增幅达 259.63%。

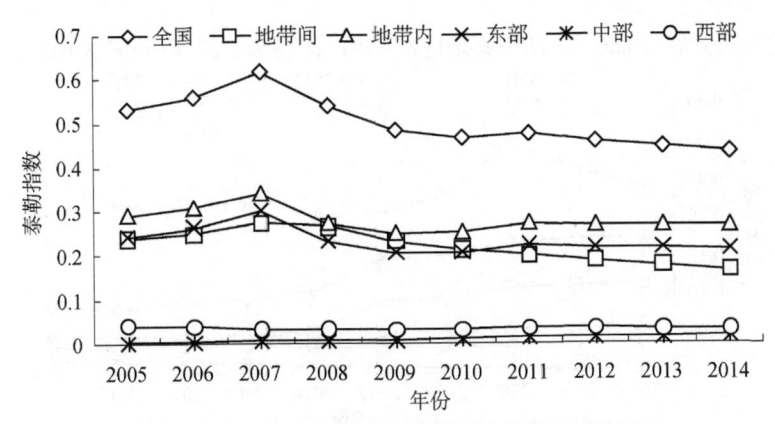

图 6-24 2005~2014 年中国创新环境的区域差异

5. 创新绩效的区域差异

2005~2014 年中国创新绩效总体呈上升趋势，创新绩效从 0.027 上升至 0.038，增幅达 40.47%（图 6-25）。其间，西部地区从 0.015 上升为 0.031，增幅高达 107.39%，中、东部地区增幅仅为 19.15%、37.84%。具体来看，2005~2009 年中国创新绩效保持着"东—中—西"阶梯式递减的格局；2009 年以后，西部地区的创新绩效稳步提高，使得中国创新绩效呈现"东—西—中"递减的格局。

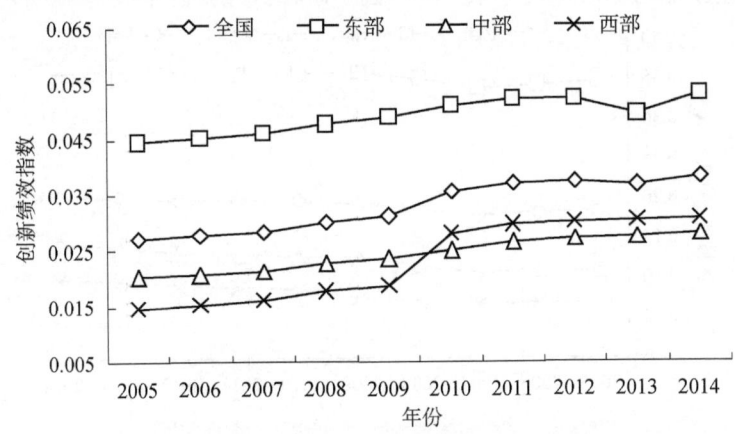

图 6-25 2005~2014 年中国创新绩效变化趋势

2005~2014 年中国创新绩效的区域差异波动较小，且整体呈缩小趋势，泰勒指数由 0.178 下降到 0.092，降幅为 48.35%（图 6-26）。其间，地带间差异与地带内差异均趋于缩小，但 2005~2010 年地带间差异大于地带内差异，总体差异主要由地带间差异引起，其贡献率平均为 62.09%；2010~2014 年总体差异主要由地带内差异引起，其贡献率平均为 54.17%。总体来看，2005~2014 年东、中、西部地区创新绩效的地带内差异存在显著差别，其中，东、西部地带内差异呈缩小趋势，泰勒指数降

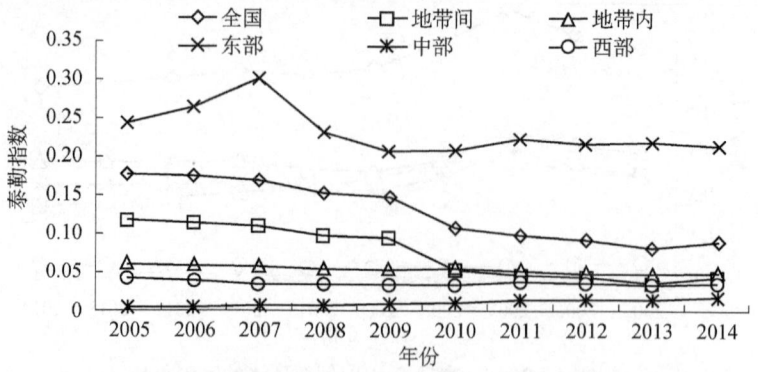

幅分别为 42.13%、20.86%，而中部地区泰勒指数趋于增大，增幅高达 105.22%。

图 6-26　2005~2014 年中国创新绩效的区域差异

6. 区域创新能力的区域差异

2005~2014 年中国区域创新能力总体呈缓慢增加趋势，区域创新能力指数从 0.184 增加到 0.203，增幅达 10.43%（图 6-27）。然而，东、中、西部地区的区域创新能力变化趋势存在显著差异，其中，东部地区的区域创新能力下降 0.143%，而中、西部地区分别提高 31.91%、41.42%。尽管如此，2005~2014 年我国区域创新能力始终保持"东—中—西"阶梯式递减的格局。

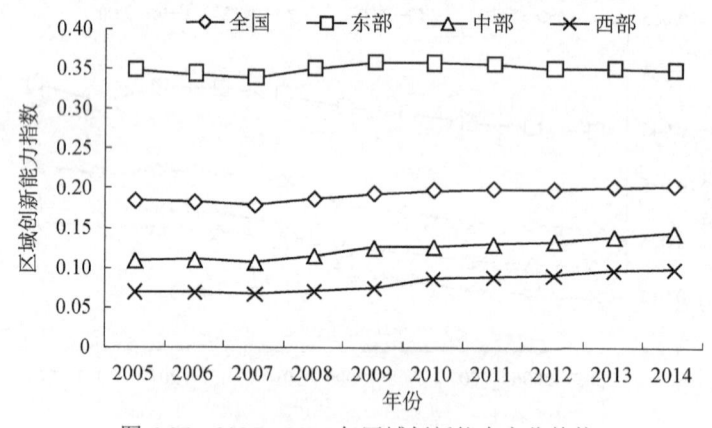

图 6-27　2005~2014 年区域创新能力变化趋势

2005~2014 年中国创新能力的区域差异波动较大，且整体呈缩小趋势，泰勒指数由 0.427 下降到 0.294，降幅为 31.05%（图 6-28）。其间，地带间与地带内差异均趋于缩小，但 2005~2012 年地带间差异大于地带内差异，总体差异主要由地带间差异引起，其贡献率平均为 57.09%；2012~2014 年地带内差异略大于地带间差异，总体差异主要由地带内差异引起，其贡献率平均为 50.72%。总体来看，2005~2014年东、西部地区创新能力的地带内差异呈缩小趋势，泰勒指数降幅分别为20.69%、15.13%，而中部地区创新能力的地带内差异呈快速扩大态势，泰勒指数增幅高达95.38%。

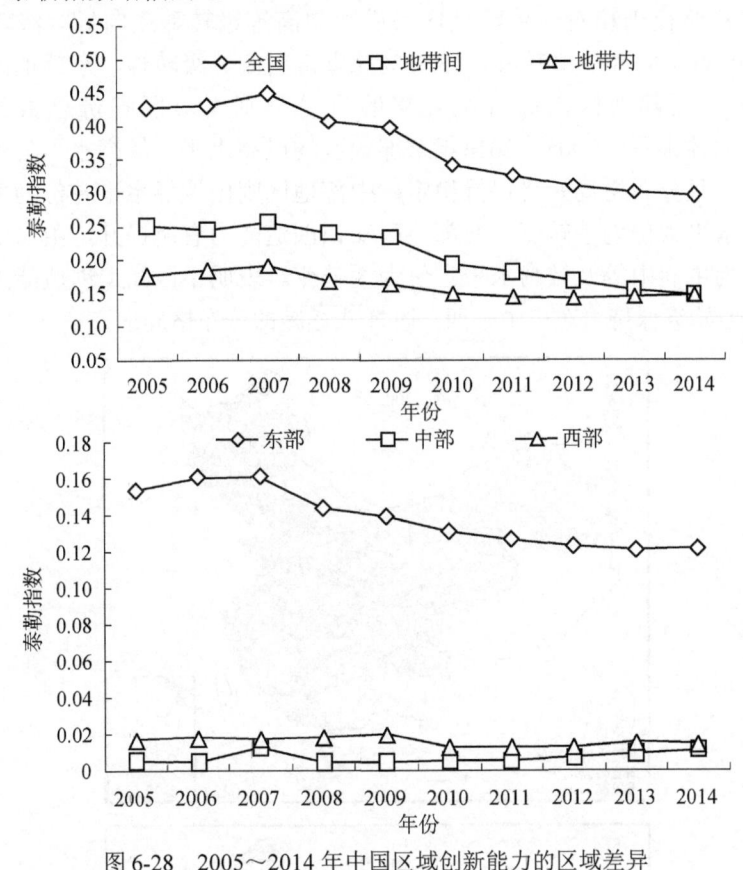

图6-28　2005~2014年中国区域创新能力的区域差异

（三）区域创新能力的空间分布变化

基于2005年、2010年、2014年的知识创造能力指数、知识获取能力指数、企业创新能力指数、创新环境指数、创新绩效指数、区域创新能力指数，利用ArcGIS软件，采用自然断点分级法将30个省（市、自治区）划分为高水平区、较高水平区、中等水平区、较低水平区和低水平区等5种类型（图6-29、图6-30、图6-31、图6-32、图6-33、图6-34）。

1. 知识创造能力的空间分布变化

2005~2014年中国知识创造能力的空间分布变化较小（图6-29）：① 2005~2010年，各等级省份之间的转移路径相对简单，均为递次向高等级转移，转移省份占省份总数的23.33%。其间，东部地区以知识创造中等水平以上省份居多，其比重高达63.64%；中部地区以较低水平省份为主，其比重为62.5%；西部地区以低水平省份为主，其比重高达72.73%。②2010~2014年，各等级省份之间的转移路径仍相对简单，且均为递次向高等级转移或向低等级转移。其中，10%的省份向高等级转移，13.33%的省份向低等级转移，东部地区未发生变化，中、西部地区向高等级转移的省份分别占该区省份总数的25%、18.18%。总体来看，2005~2014年东部地区均以高水平、较高水平与中等水平省份为主，且分布格局始终保持稳定；中部地区则由较低水平省份为主向以中等及较高水平省份为主转变；西部地区知识创造能力有所提升，由以低及较低水平省份为主向中等及较高水平省份为主转变。表明中国知识创造能力整体趋于提升，但始终保持"东—中—西"阶梯式递减的分布格局。

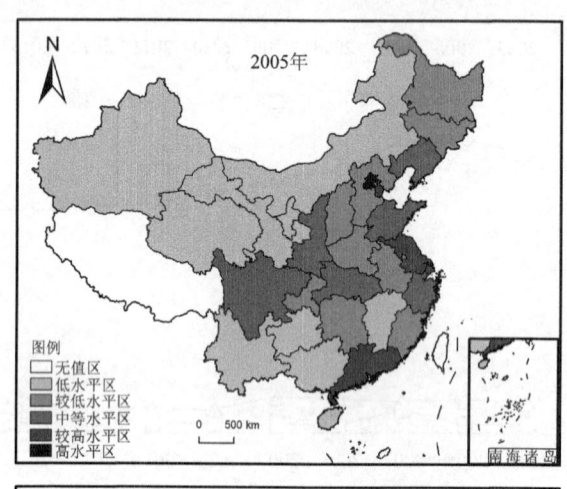

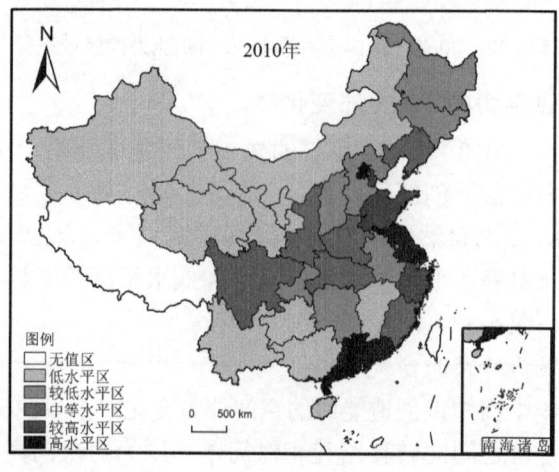

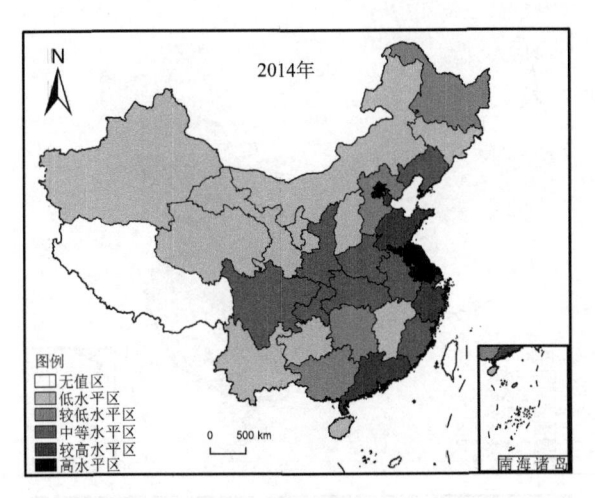

图 6-29　中国知识创造能力的空间分布

2. 知识获取能力的空间分布变化

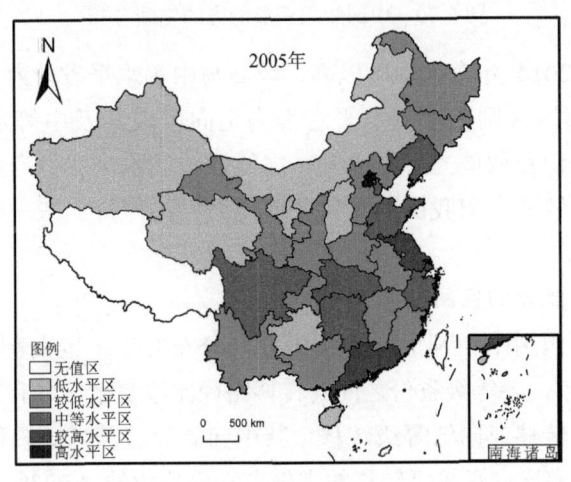

2005~2014年中国知识获取能力的空间分布变化也较小（图 6-30）：① 2005~2010年，仅有 6.67%的省份向高等级转移，10%的省份向低等级转移，且各等级省份之间的转移路径相对简单，均为递次向高等级或向低等级转移。其间，东部地区知识创造能力中等水平以上省份居多，其比重高达 63.64%；中部地区以较低水平省份为主，其比重为 62.5%；而西部地区以低水平省份为主，其比重高达 72.73%。② 2010~2014年，各等级省份之间的转移路径相对简单，且均为递次向高等级转移，转移省份占省份总数的 16.67%。其间，东部地区未发生变化，中、西部地区向高等级转移的省份分别占该区省份总数的25%、36.36%。总

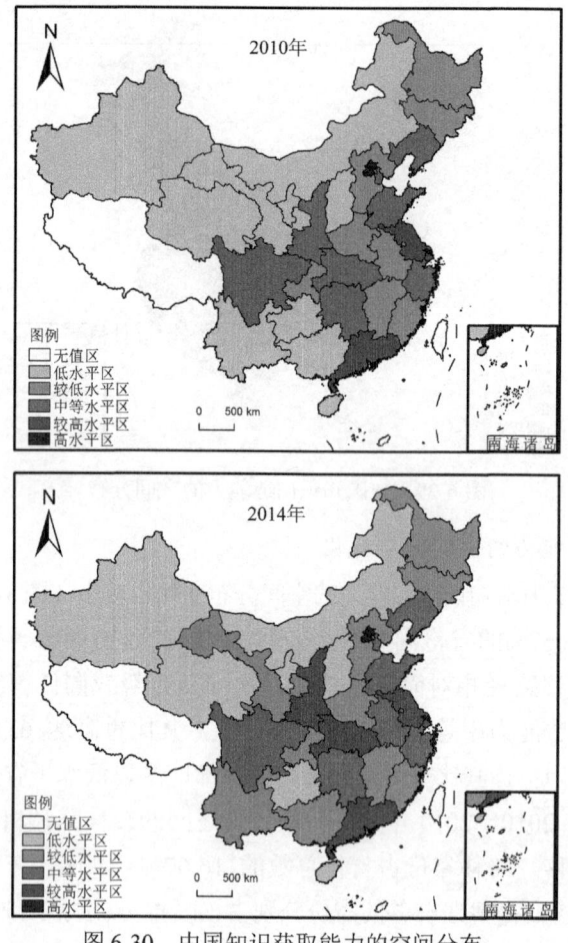

图 6-30 中国知识获取能力的空间分布

体来看，2005~2014 年东部地区以高、较高与中等水平省份为主，且分布格局保持稳定；中部地区则以较低水平省份为主向以较高及中等水平省份为主转变；西部地区知识获取能力有所提升，由低及较低水平省份为主向以中等及较高水平省份为主转变，但我国的知识获取能力始终保持"东—中—西"阶梯式递减的分布格局。

3. 企业创新能力的空间分布变化

2005~2014 年中国企业创新能力的空间分布发生了较大变化（图 6-31）：① 2005~2010 年，各等级省份之间的转移路径比较复杂，既有跨越式转移，也有递次向高等级转移或向低等级转移，其中向高等级跨越式转移的省份占省份总数的 3.33%，递次向高等级转移的省份占省份总数的 13.33%；向低等级递次转移的省份占省份总数的 10%。其间，东部地区企业创新能力中等水平以上省份居多，其比重高达 81.82%；中部地区以较低水平省份为主，其比重为 62.5%；西部地区以低水平省份为主，其比重高达 63.64%。② 2010~2014 年，各等级省份之间的转移路径相对简单，均为递次向高等级转移，转移省份占省份总数的 23.33%。其中，东、中、西部地区向高等级转移的省份分别占该区省份数的 18.18%、37.5%、27.27%。总体来看，2005~2014 年东部地区均以高水平与较高水平省份为主，中部地区则以较低水平省份为主向以较高及中等水平省份为主转变，西部地区企业创新能力有所提升，由低及较低水平省份为主向以中等及较高水平省份为主转变。表明中国企业创新能力整体趋于提升，但始终保持"东—中—西"阶梯式递减的分布格局。

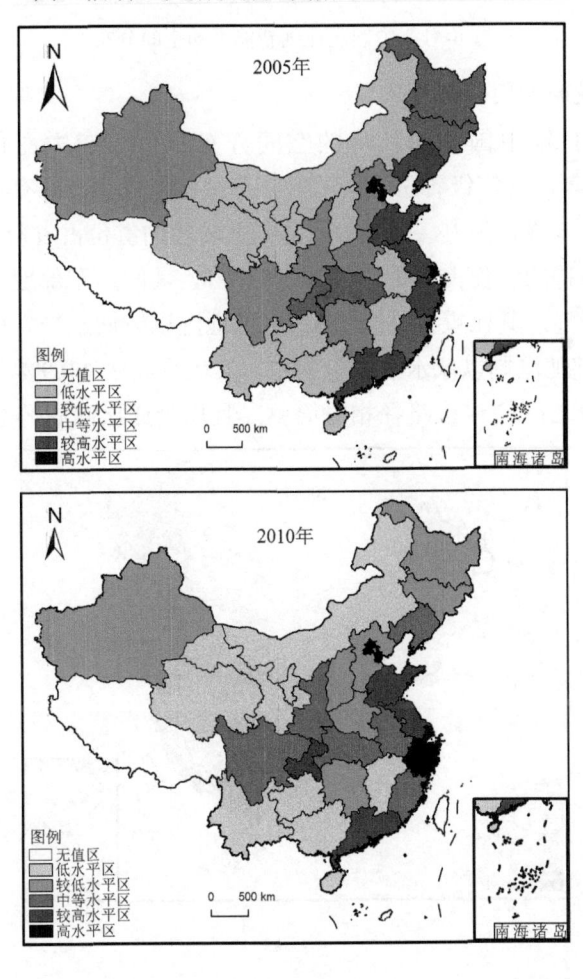

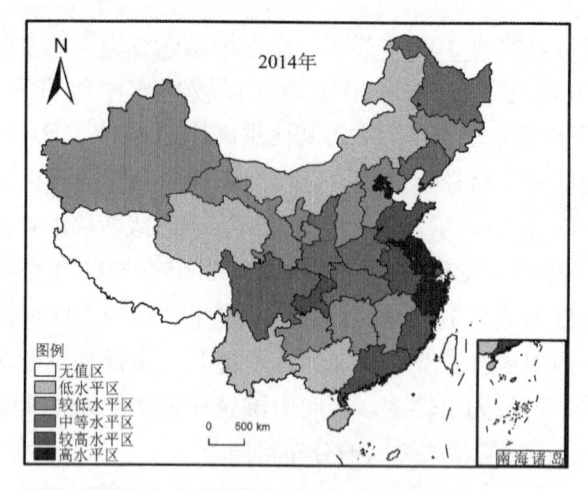

图 6-31 中国企业创新能力的空间分布

4. 创新环境的空间分布变化

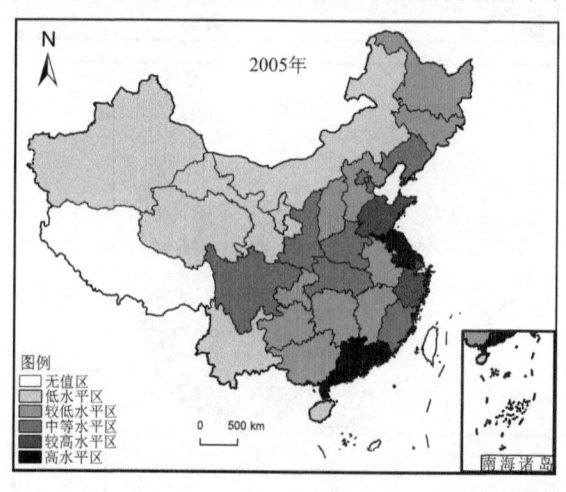

2005～2014 年中国创新环境的空间分布发生了较大变化（图 6-32）：① 2005～2010 年，各等级省份之间的转移路径比较复杂，既有跨越式转移，也有递次向低等级转移。其中，向低等级跨越式转移的省份占省份总数的 3.33%，递次向低等级转移的省份占省份总数的 36.67%。其间，东部地区创新环境中等水平以上省份居多，其比重为 54.55%；中部地区以较低水平省份为主，其比重高达 75%；西部地区则以低水平省份为主，其比重高达 90.9%。② 2010～2014 年，各等级省份之间的转移路径相对简单，且均为递次向高等级转移，转移省

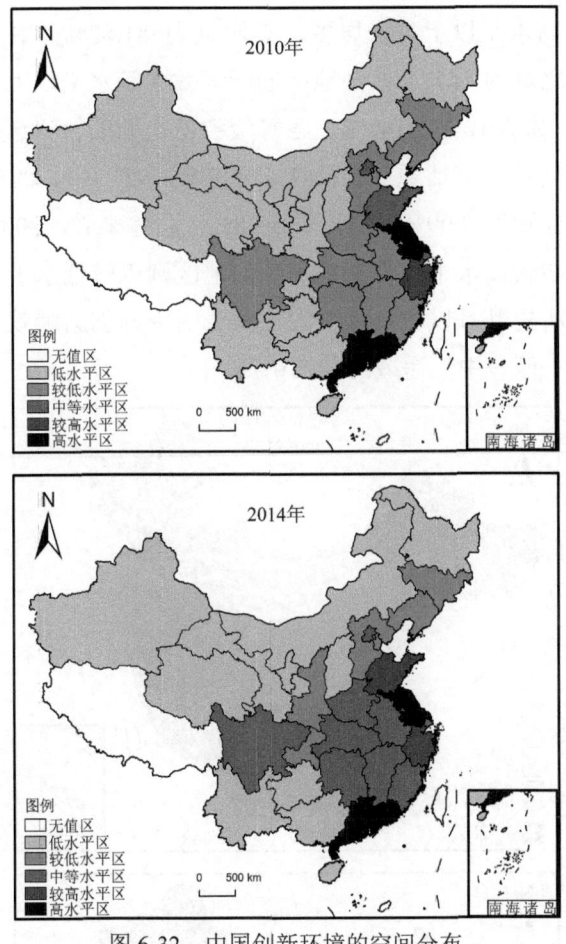

图 6-32 中国创新环境的空间分布

份占省份总数的比重为 33.33%。其中,东、中、西部地区向高等级转移的省份分别占该区省份数的 3.33%、62.5%、10%。总体来看,2005~2014 年东部地区以较高及高水平省份为主,中部地区则以中等水平省份为主,西部地区创新环境有所提升,但仍以低水平省份为主。表明中国创新环境虽整体趋于提升,但始终保持"东—中—西"阶梯式递减的分布格局。

5. 创新绩效的空间分布变化

2005~2014 年中国省域创新绩效发生了较大变化(图 6-33):① 2005~2010 年,各等级省份之间的转移路径比较复杂且跨越式转移明显,向高等级跨越式转移的省份占 13.33%,递次向高等级转移的省份占 20%。其间,东部地区创新绩效较高水平以上省份居多,其比重为 81.82%;中部地区以较低水平省份为主,其比重为 50%;西部地区创新绩效中等水平以上省份居多,其比重高达 81.82%。② 2010~2014 年,各等级省份之间的转移路径相对简单,均为递次向低等级转移,其比重为 16.67%。其中,东、中、西部地区向低等级转移的省份比重分别为 9.09%、25%、18.18%。总体来看,2005~2014 年东部地区均以高水平与较高水平省份为主,中部地区则以较低水平省份为主,西部地区创新绩效有所提升且以较高水平为主。表明中国创新绩效整体趋于提升,但始终保持"东—西—中"递减的分布格局。

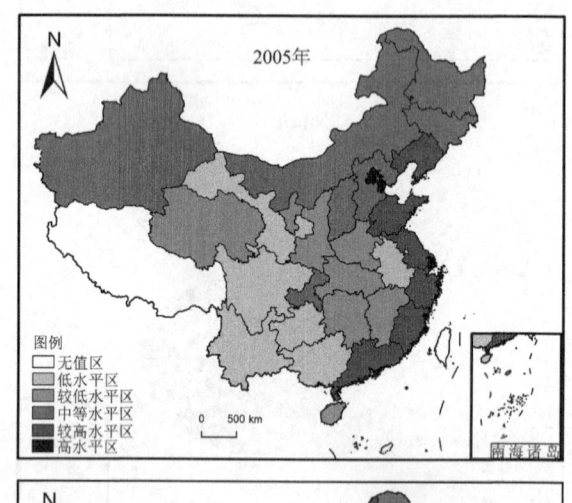

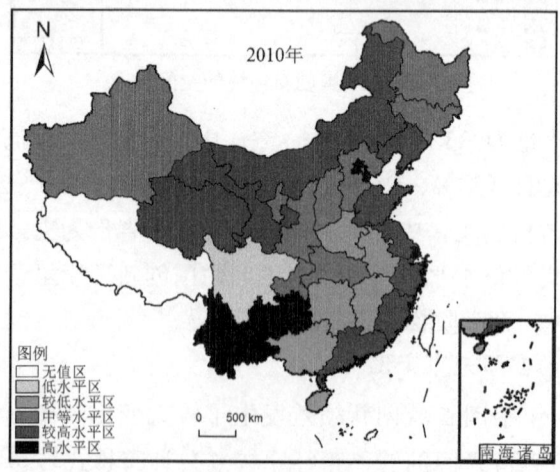

第六章　社会资本与区域发展能力

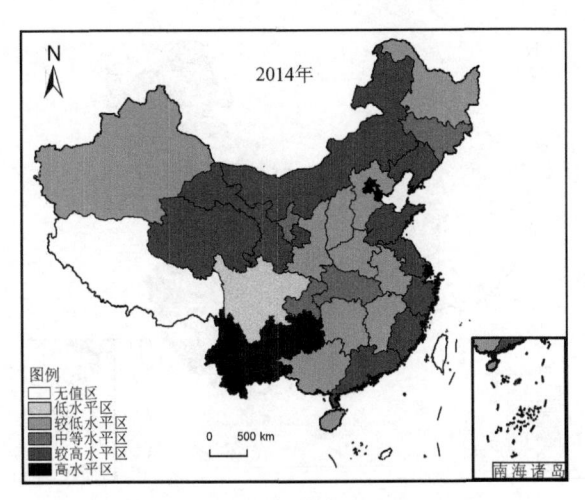

图 6-33　中国创新绩效的空间分布

6. 区域创新能力的空间分布变化

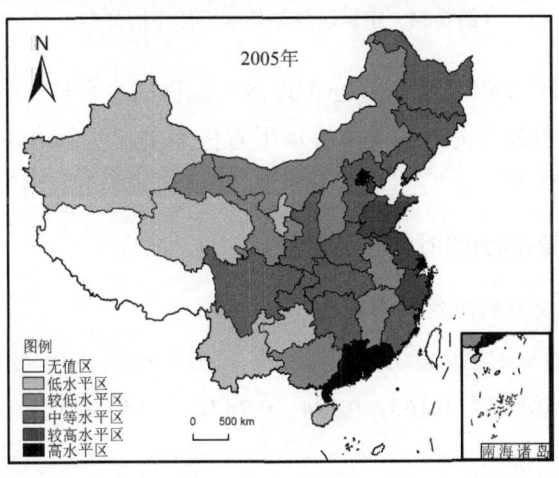

2005～2014 年中国区域创新能力的空间分布变化较小（图 6-34）：①2005～2010 年，各等级省份之间的转移路径相对简单，均为递次向高等级转移或向低等级转移，其中，16.67%的省份向高等级转移，10%的省份向低等级转移。其间，东部地区创新绩效中等水平以上省份居多，其比重高达 81.81%；中部地区以中等水平省份为主，其比重为 50%；西部地区创新能力较低水平以上省份居多，其比重高达 72.73%。②2010～2014 年，各等级省份之间的转移路径仍相对简单，均为递次向高等级转移或者向低等级转移，其中，3.33%的省份向高等级转移，13.33%的省份向低等级转移。其间，东部地区的创新能力空间分布未发生改变，中、西部地区向低等级转移的省份占该区省份数的比重分别为 12.5%、

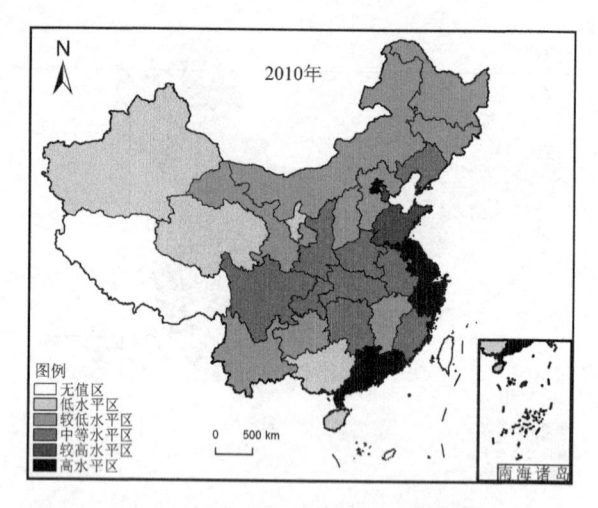

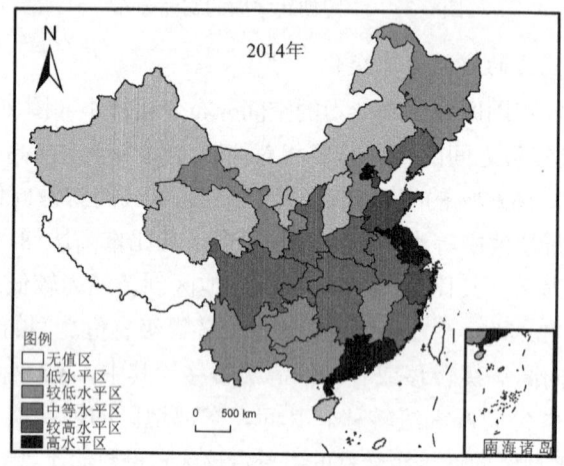

图 6-34 中国区域创新能力的空间分布

9.09%。总体来看，2005~2014 年东部地区一直以高水平与较高水平省份为主，中部地区创新能力有所提升且以中等水平省份为主，西部地区以低水平与较低水平省份为主，始终保持"东—中—西"阶梯式递减的分布格局。

（四）区域创新能力的时空格局变化

1. 知识创造能力的时空格局变化

基于各省区的知识创造能力指数，利用 ESDA 得到 2005 年、2010 年、2014 年的 Moran's I 值分别为 0.165、0.194、0.247，且 Moran's I 值的正态统计量 Z

第六章 社会资本与区域发展能力

值的置信水平均大于 0.01，说明 2005～2014 年知识创造能力呈正的空间自相关，即知识创造能力较高的省区趋于集聚，知识创造能力较低的省区也趋于集聚。其间，知识创造能力的 Moran's I 值趋于增加，说明知识创造能力的空间自相关性趋于增强。

全局 Moran's I 值仅能显示知识创造能力在整体上呈现显著的空间相关性，但未能体现局部空间信息。为此，采用"冷点"、"次冷点"、"次热点"、"热点"来反映局部空间关系（图 6-35）。① 2005～2010 年，中国知识创造能力的空间关系变化较小，冷点区、次冷区稳定，热点区、次热区所占比重也未发生变化，稳定性省区占省区总数的 93.33%，其中新-青-甘-内蒙古-宁-陕-川-黔-滇为稳定性冷点区，而京-津-沪-苏为稳定性热点区。② 2010～2014 年，冷点区扩张，次冷区收缩，热点区与次热区均未发生变化，其中，冷点区占省区总数的比重由 30%增加为 43.33%，而热点区占省区总数的比重始终为 16.67%，稳定性省区占省区总数的 86.67%，其中新-青-甘-内蒙古-宁-陕-川-黔-滇为稳定性冷点区，京-津-沪-苏-浙为稳定性热点区。总体来看，2005～2014 年中国知识创造能力的冷点区呈扩张态势，热点区基本保持不变，且在西部地区形成规模显著的稳定性冷点，而在东部沿海形成稳定性热点，从而使中国知识创造能力的"东—中—西"阶梯式递减分异格局更为显著。

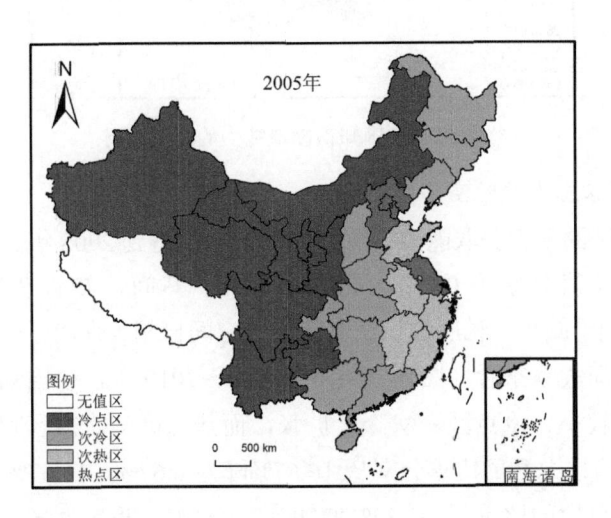

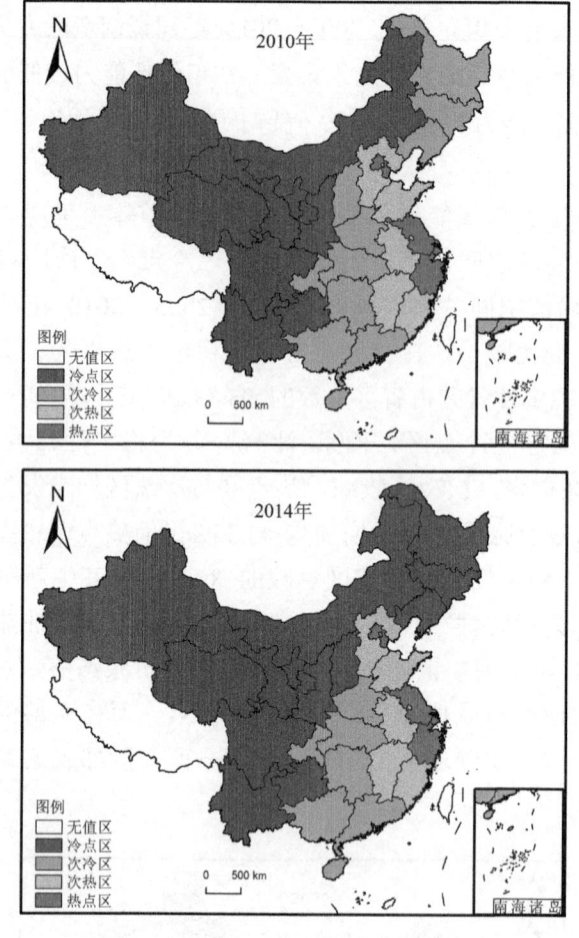

图 6-35　中国知识创造能力的时空格局

2. 知识获取能力的时空格局变化

基于各省区的知识获取能力指数，利用 ESDA 得到 2005 年、2010 年、2014 年的 Moran's I 值分别为 0.059、0.027、0.01。其间，知识获取能力指数的 Moran's I 值趋于减小，说明知识获取能力的空间自相关性趋于减弱。

从局部空间关系来看（图 6-36）：① 2005～2010 年，中国知识获取能力的空间关系变化较小，冷点区、次冷区扩张，而热点区与次热区有所收缩，热点区及次热区占省区总数的比重分别从 16.67%降为 6.67%、16.67%降为 13.33%，冷点区占省区总数的比重从 33.33%增加为 46.67%，稳定性省区占省区总数的 63.33%，其中，新-青-甘-宁-陕-内蒙古-川-黔-滇-晋为稳定性冷点区，而京-

津为稳定性热点区。② 2010～2014 年，中国知识获取能力的空间关系变化较大，冷点区扩张，热点区不变，次冷区与次热区收缩，冷点区占省区总数的比重由 46.67%增为 53.33%，稳定性省区占省区总数的 86.67%，其中，新-青-甘-宁-陕-内蒙古-黑-吉-辽-川-黔-滇-晋-琼为稳定性冷点区，京-津为稳定性热点区。总体来看，2005～2014 年中国知识获取能力的冷点区均呈扩张态势，热点区基本保持不变，且在西部地区形成规模显著的稳定性冷点，在京津地区形成稳定性热点，从而使中国知识获取能力的"东—中—西"阶梯式递减分异格局更为显著。

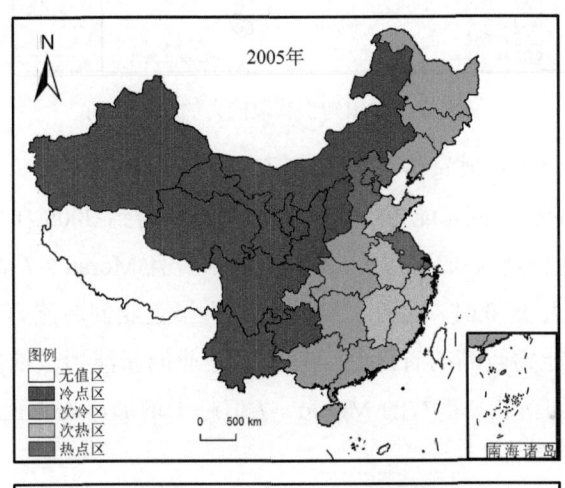

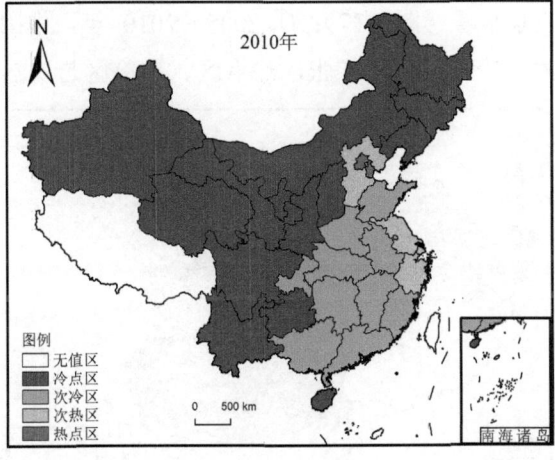

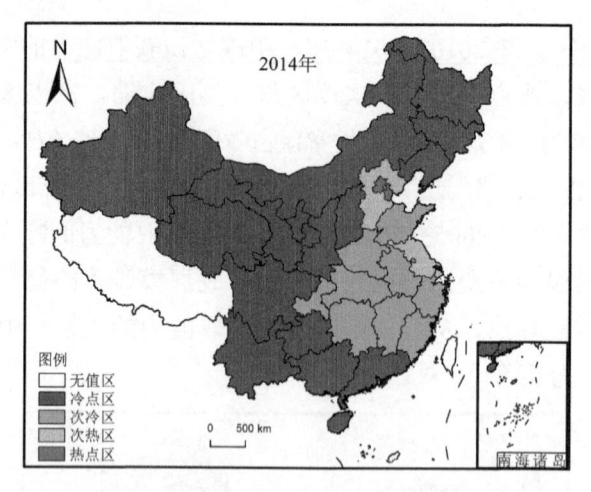

图 6-36　中国知识获取能力的时空格局

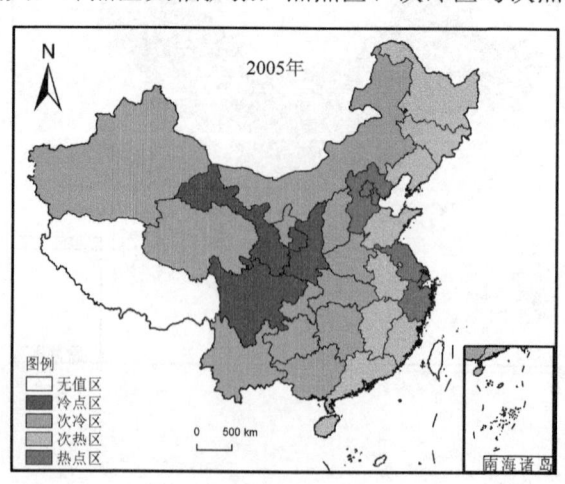

3. 企业创新能力的时空格局变化

基于各省区的企业创新能力指数，利用 ESDA 得到 2005 年、2010 年、2014 年的 Moran's I 值分别为 0.2407、0.3222、0.3224，且 Moran's I 值的正态统计量 Z 值的置信水平均大于 0.01，说明 2005~2014 年企业创新能力呈正的空间自相关，即企业创新能力较高的省区趋于集聚，企业创新能力较低的省区也趋于集聚。其间，企业创新能力指数的 Moran's I 值趋于增加，说明企业创新能力的空间自相关性趋于增强。

从局部空间关系来看（图 6-37）：① 2005~2010 年，中国企业创新能力的空间关系变化较大，冷点区大幅扩张，热点区、次冷区与次热区略有收缩，冷

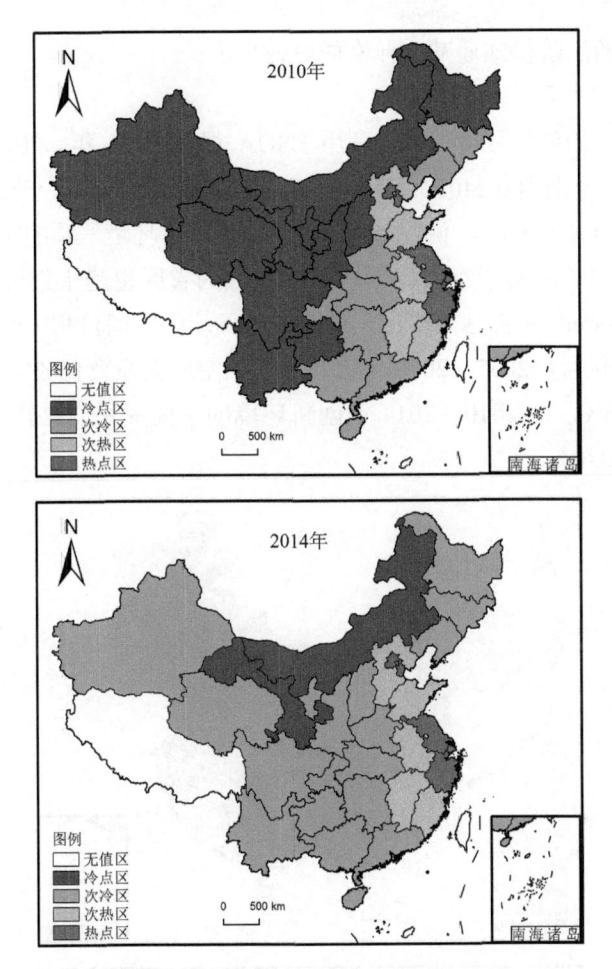

图 6-37 中国企业创新能力的时空格局

点区占省区总数的比重从 10%增加为 36.67%,而热点区、次冷区与次热区占省区总数的比重分别从 20%降为 16.67%、40%降为 30%、30%降为 16.67%,稳定性省区占省区总数的 56.67%,其中,甘-陕-川为稳定性冷点区,而京-津-苏-浙-沪为稳定性热点区。②2010~2014 年,中国企业创新能力的空间关系变化也较大,冷点区大幅收缩,热点区与次热区不变,次冷区大幅扩张,冷点区占省区总数的比重由 36.67%降为 6.67%,次冷区占省区总数的比重由 30%增为 60%,稳定性省区占省区总数的 70%,其中,甘-内蒙古为稳定性冷点区,东部沿海为稳定性热点区。总体来看,2005~2014 年中国企业创新能力的冷点区呈先扩张后收缩态势,热点区与次热区基本保持不变,且在西部地区形成规模显著的稳定性冷点,而在京-津-苏-浙-沪形成稳定性热点,从而使中国企业创新能力的"东—中—西"阶梯式递减分异格局更为显著。

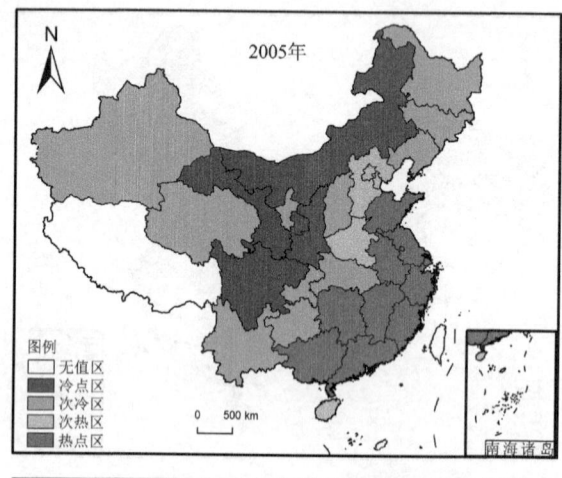

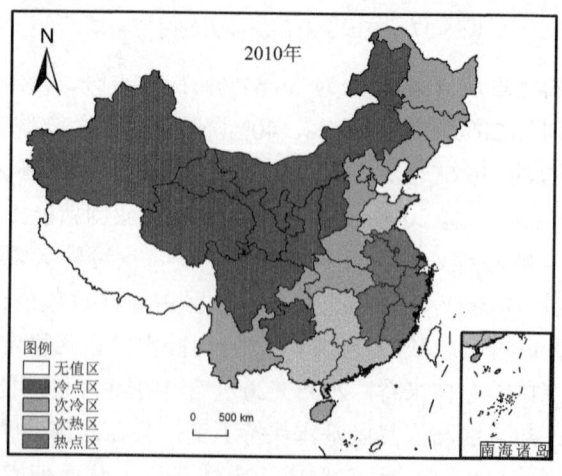

4. 创新环境的时空格局变化

基于各省区的创新环境指数，利用 ESDA 得到 2005 年、2010 年、2014 年的 Moran's I 值分别为 0.2407、0.3222、0.3224，且 Moran's I 值的正态统计量 Z 值的置信水平均大于 0.01，说明 2005～2014 年创新环境呈正的空间自相关，即创新环境较高的省区趋于集聚，创新环境较低的省区也趋于集聚。其间，创新环境指数的 Moran's I 值趋于增加，说明创新环境的空间自相关性趋于增强。从 Moran's I 的变化看，2005～2010 年创新环境的空间关系变化较大，Moran's I 值的增幅为 33.86%，而 2010～2014 年创新环境的空间关系变化较小，Moran's I 值的增幅仅为 0.6%。

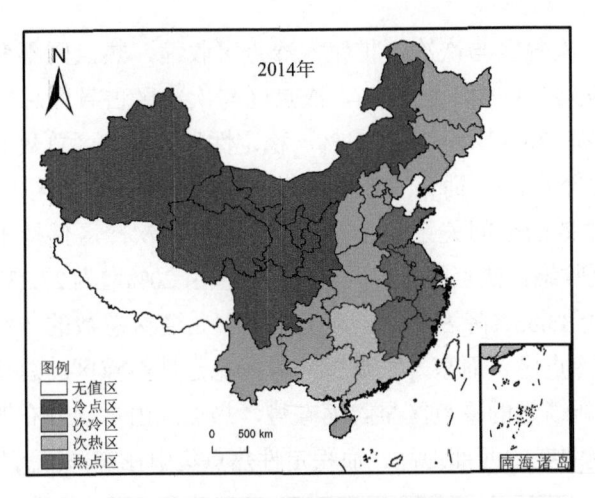

图 6-38　中国创新环境的时空格局

从局部空间关系来看（图 6-38）：① 2005～2010 年，中国创新环境的空间关系变化较大，冷点区扩张，热点区与次热区收缩，冷点区占省区总数的比重从 13.33%增至 30%，而热点区与次热区占省区总数的比重分别从 33.33%降为 20%、16.67%降为 13.33%，稳定性省区占省区总数的 53.33%，其中，内蒙古-甘-陕-川为稳定性冷点区，而苏-浙-闽-皖-赣-沪为稳定性热点区。② 2010～2014 年，中国创新环境的空间关系变化较小，冷点区与次热区收缩，热点区与次冷区扩张，冷点区与次热区占省区总数的比重由 26.67%降为 23.33%、13.33%降为 10%，热点区与次冷区占省区总数的比重分别由 20%增为 23.33%、36.67%增为 43.33%，稳定性省区占省区总数的 93.33%，其中，新-青-陕-甘-宁-内蒙古-川为稳定性冷点区，苏-浙-闽-皖-赣-沪为稳定性热点区。总体来看，2005～2014 年中国创新环境的冷点区呈扩张态势，热点区与次热区呈收缩态势，且西部形成规模显著的稳定性冷点，而东部沿海形成稳定性热点，从而使中国创新环境的"东—中—西"阶梯式递减分异格局更为显著。

5. 创新绩效的时空格局变化

基于各省区的创新绩效指数，利用 ESDA 得到 2005 年、2010 年、2014 年的 Moran's I 值分别为 0.312、0.0056、-0.0263，且 2005～2010 年 Moran's I 值的正态统计量 Z 值的置信水平均大于 0.01，说明 2005～2010 年创新绩效呈正的空间自相关，即创新绩效较高的省区趋于集聚，创新绩效较低的省区也趋于集聚；但 2010～2014 年 Moran's I 值由正值变为负值，表明创新绩效较高的省区趋于分散，创新绩效较低的省区也趋于分散。

从局部空间关系来看（图 6-39）：① 2005～2010 年，中国创新绩效的空间

社会资本与区域发展

关系变化较大，次热区与次冷区扩张，冷点区收缩，热点区不变，冷点区占省区总数的比重从 23.33%降为 10%，次热区与次冷区占省区总数的比重分别从 30%增为 33.33%、26.67%增为 36.67%，稳定性省区占省区总数的 50%，其中，陕-鄂为稳定性冷点区，而京-津-冀-苏-沪为稳定性热点区。② 2010～2014 年，中国创新绩效的空间关系变化较小，冷点区与次冷区保持不变，热点区有所扩张，次热区收缩，热点区占省区总数的比重由 20%增为 23.33%，次热区占省区总数的比重由 33.33%降为 30%，稳定性省区占省区总数的 93.33%，其中陕-豫-鄂为稳定性冷点区，而京-津-冀-苏-沪为稳定性热点区。总体来看，2005～2014 年中国创新绩效的冷点区呈收缩态势，热点区由片状分布变为点状分布，且稳定性冷点集中在中西部地区，而稳定性热点集中在东部沿海地区。

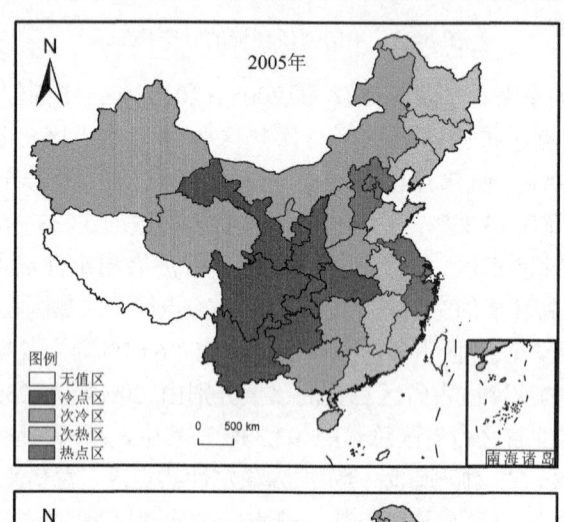

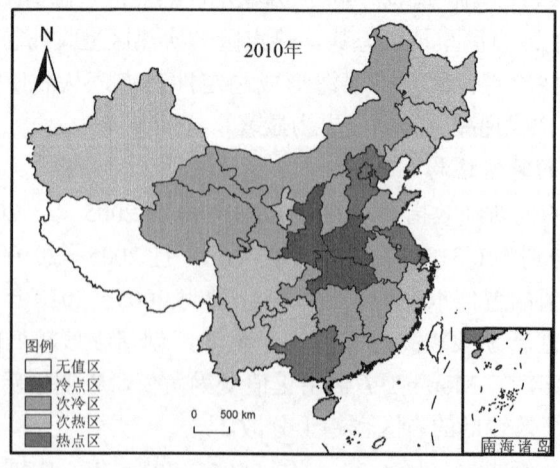

第六章 社会资本与区域发展能力

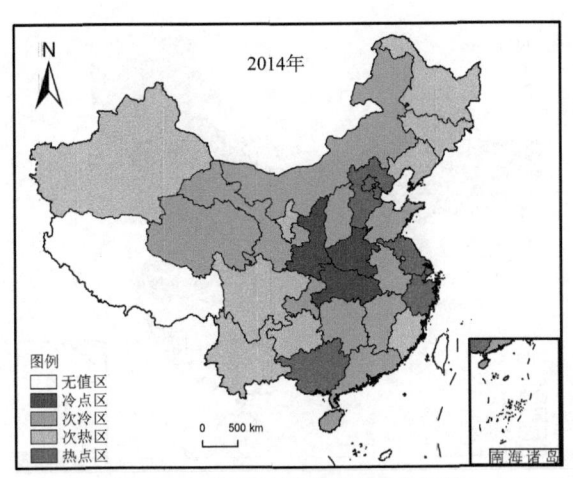

图 6-39 中国创新绩效的时空格局

6. 区域创新能力的时空格局变化

基于各省区的区域创新能力指数,利用 ESDA 得到 2005 年、2010 年、2014 年的 Moran's I 值分别为 0.185、0.214、0.207,且 Moran's I 值的正态统计量 Z 值的置信水平均大于 0.01,说明 2005~2014 年区域创新能力呈正的空间自相关,即区域创新能力较高的省区趋于集聚,区域创新能力较低的省区也趋于集聚。其间,区域创新能力的 Moran's I 值在波动中趋于增加,说明区域创新能力的空间自相关性总体趋于增强。

从局部空间关系来看(图 6-40):① 2005~2010 年,中国区域创新能力的空间关系变化较大,热点区收缩,冷点区和次热区未发生变化,次冷区有所扩张,热点区及冷点区占省区总数的比重分别从 23.33%降为 20%,次冷区占省份总数的比重从 26.67%增为 30%。稳定性省区占省区总数的 86.67%,其中,新-青-甘-宁-陕-内蒙古-川-黔为稳定性冷点区,而京-津-闽-苏-沪-浙为稳定性热点区。② 2010~2014 年,中国区域创新能力的空间关系变化较小,冷点区缩小,热点区扩大,次冷区扩张,次热区保持不变,冷点区占省区总数的比重由 30%降为 20%,热点区占省区总数的比重由 20%上升为 23.33%,稳定性省区占省区总数的 83.33%,其中,新-青-甘-内蒙古-陕-川为稳定性冷点区,京-津-闽-苏-沪-浙为稳定性热点区。总体来看,2005~2014 年中国区域创新能力的冷点区呈收缩态势,热点区基本保持不变,且在西部地区形成规模显著的稳定性冷点,而在东部沿海形成稳定性热点,从而使中国区域创新能力的"东—中—西"阶梯式递减分异格局更为显著。

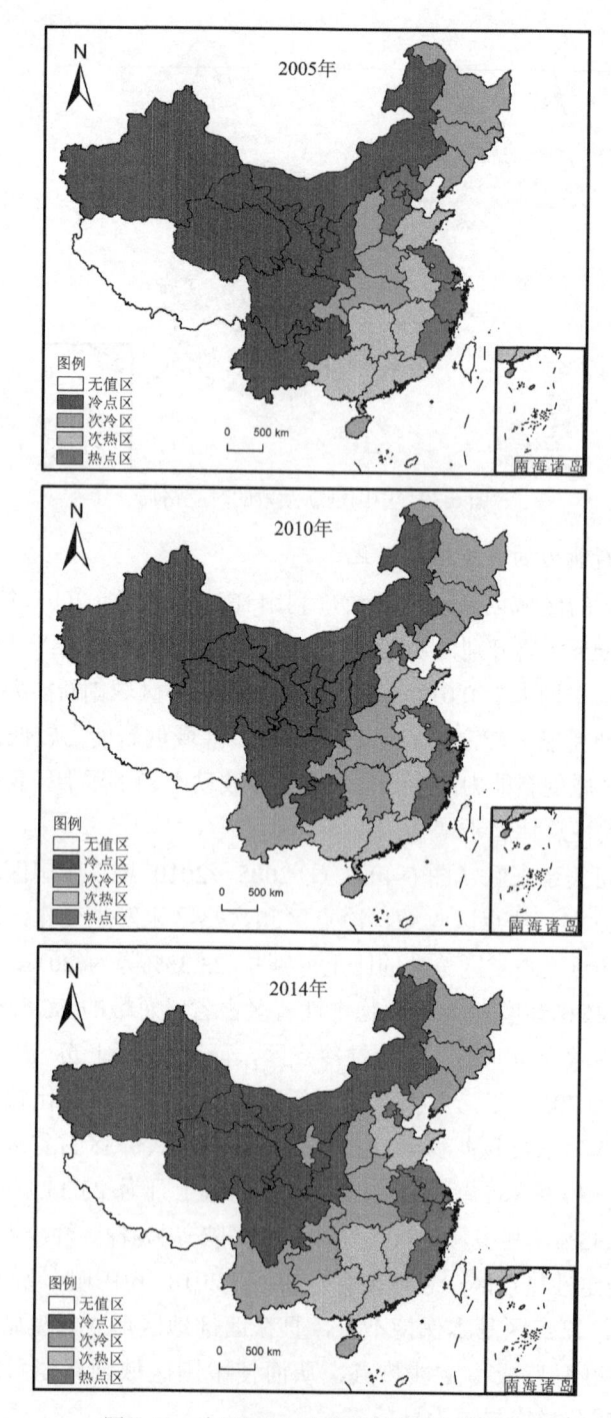

图 6-40 中国区域创新能力的时空格局

三、社会资本对区域创新能力的影响

(一) 社会资本与区域创新能力的相关性

创新作为一个多方合作的动态过程,各行为主体的交流合作有助于创新的产生。在区域创新系统中,企业、研究机构、高校之间的创新知识、技术交流、共享与扩散,对于知识从 R&D 投入转变为新技术,进而转变为企业产品并取得经济效益这一完整的区域创新过程有着非常重要的意义。社会资本作为通过促进合作而提高社会效率的网络、规范与信任,可通过促进企业、研究机构、高校等创新主体之间的合作与共享,降低交易成本、加快技术和信息的获取与传播而促进区域创新能力提升。为了深入分析社会资本对区域创新能力的影响,首先采用 Pearson 相关分析法检验社会网络、社会规范及社会信任与区域创新能力之间的关系(表6-3)。

结果显示,每万人基层工会组织数与企业创新能力、创新环境、创新绩效、区域创新能力呈显著正相关关系,说明社会网络化水平越高,企业创新能力、创新环境、创新绩效及区域创新能力就越强。究其原因,主要在于社会网络是知识交流的重要载体,网络成员间的社会互动越频繁,越有助于成员间分享技术、知识、人才、信息等资源和条件,从而有助于促进知识的传递和扩散、激发创新灵感、提高创新能力;每万人交通事故发生数与企业创新能力呈显著正相关关系,与区域创新能力的其他维度也呈正相关关系但不显著,说明社会规范度越高,企业创新能力就越强,这可能与当前我国正处于社会经济转型期有关,目前我国的规范化程度仍较低,良好的社会秩序仍未完全建立,随着社会规范化程度的进一步提高以及法制社会的完善,社会规范对区域创新能力的促进作用将进一步凸显;每万元劳资纠纷案件数与知识创造能力、知识获取能力、企业创新能力、创新绩效及区域创新能力呈显著负相关关系,说明社会信任度越高,知识创造能力、企业创新能力、创新绩效及区域创新能力越强。究其原因,主要在于社会信任不仅会降低交易成本,而且会降低技术合作和交易的风险、激励技术创新活动的社会性,为区域创新提供良好的软环境。

表6-3 社会资本与区域创新能力的相关系数

社会资本	区域创新能力	知识创造能力	知识获取能力	企业创新能力	创新环境	创新绩效
万人基层工会组织数	0.489***	0.330	-0.053	0.439**	0.783***	0.365**
万人交通事故发生数	0.233	0.245	0.004	0.413**	0.194	0.146
劳资关系和谐度	-0.462**	-0.499**	-0.412**	-0.462**	-0.249	-0.375**

注:***在 0.01 水平上显著,**在 0.05 水平上显著。

(二）社会资本对区域创新能力的作用

已有研究显示，外商投资对于促进发展中国家经济发展和技术进步具有重要作用；Cohen and Kleppe（1992）则指出，研发工作是知识创新最重要的源泉，一个地区的研发经费投入强度决定着该地区的创新能力；与此同时，经济发展水平、人力资本质量也是决定创新能力的关键要素。鉴于此，以每万人基层工会组织数、每万人交通事故发生数、劳资关系和谐度为解释变量，以研究与开发经费投资强度、外商投资额、人力资本、GDP 为控制变量，分析社会资本对区域创新能力的影响。

采用最小二乘法拟合社会资本对区域创新能力的作用强度（表 6-4）。其中模型（1）～模型（6）分别以知识创造能力、知识获取能力、企业创新能力、创新环境、创新绩效及区域创新能力为因变量。引入社会资本三个维度后，模型（1）～模型（6）的 f 检验值均在 0.05 或 0.01 水平上显著，且模型拟合优度 R^2 均在 0.618 以上，说明社会网络、社会规范、社会信任及人力资本、外商投资额、研究与开发经费投资强度、GDP 对区域创新能力的解释度大于 61.8%，其中对创新环境的解释度更是高达 93.8%。

表 6-4 社会资本对区域创新能力的影响拟合结果

变量	模型（1）知识创造	模型（2）知识获取	模型（3）企业创新	模型（4）创新环境	模型（5）创新绩效	模型（6）区域创新能力
常数	-0.585**	-0.923***	-1.426***	-0.606**	0.379*	-0.036
每万人基层工会组织数	-0.003	0.001***	0.003***	0.002***	-0.004	0.003***
每万人交通事故发生数	0.015	-0.026	0.065**	0.039**	-0.005	0.00039**
劳资关系和谐度	-0.033	-0.047	-0.049	-0.047	0.001	-0.018
人力资本	0.106***	0.172***	0.055**	-0.045**	0.325	0.069
外商投资额	2.563***	-1.613	4.269**	4.372***	5.685**	2.473*
研究与开发经费投资强度	0.022	-0.003	0.049**	-0.010	0.024**	0.012***
GDP	3.933**	2.536	5.378***	9.203***	2.104*	5.068***
R^2	0.824	0.618	0.899	0.938	0.677	0.868
f 检验	14.711***	5.091***	27.848***	47.550***	6.582***	20.703***

注：***在 0.01 水平上显著，**在 0.05 水平上显著，*在 0.1 水平上显著。

1. 社会网络与区域创新能力

拟合结果显示，基层工会数与知识获取能力、企业创新能力、创新环境、区域创新能力在 0.01 水平上呈显著正相关关系，说明社会网络水平越高，知识获取能力、企业创新能力、创新环境以及区域创新能力就越高。其中，社会网络对企业创新能力及区域创新能力的作用较高，其回归系数均为 0.003，其对知识获取能力、创新环境的作用次之，其回归系数分别为 0.001、0.002。可见，提高社会网络水平有助于提升区域创新能力。

究其原因，主要在于社会网络是知识交流的重要载体，网络成员间的社会互动越频繁，越有助于成员间分享和传递知识，激发创新灵感，提高创新能力。通常，企业、高校与研发机构等创新主体之间的联系越紧密，创新活动越容易实现。如果创新组织内部具有良好的社会关系网络，可有效提高组织内部各部门之间的交流效率，这不仅可使个人解决技术问题的能力大大提高，也可使个人拥有的专业知识被更多的组织成员所共享，减少重复投资，提高组织的技术创新效率。如果创新主体与外界建立了良好的社会关系网络，不仅可促使创新主体获取技术、人才、信息、资金、政策等资源和条件，为创新主体的创新提供外部动力，还可降低创新过程中的不确定性和风险，减少创新合作中的协调成本，为创新主体间的创新合作带来更多的机会。同时，良好的社会网络也有助于激励与约束网络成员的行为、培养成员间的合作习惯与团结倾向，从而有利于形成良好的社会规范和较高的社会信任。

2. 社会规范与区域创新能力

拟合结果显示，每万人交通事故发生数与企业创新能力、创新环境与区域创新能力在 0.05 水平上显著正相关，说明社会规范度越高，企业创新能力、创新环境与区域创新能力反而越低，即社会规范在一定程度上约束了企业创新能力、创新环境与区域创新能力；而每万人交通事故发生数与知识获取能力、创新绩效呈负相关关系，但不显著，说明社会规范度有助于提高知识获取能力与创新绩效。

究其原因，主要在于良好的社会规范不仅有利于人们更好地约束自己的行为，遵守企业、大学及科研机构等创新主体的规章制度；也有助于促进企业、研发机构、高校等创新主体认同、识别和利用外部知识信息，实现内外部创新资源的高效整合，提升资源在全社会的流动和共享效率，缓解研发活动中的重复投入和信息不对称等问题，减少"搭便车"行为，为知识、技术、信息等创新资源的流动和共享提供便利，从而促进区域创新。但是，规范也会约束人们的思想和行为，从而减少创新的可能性。Mourad Dakhli 通过对 59 个不同国家的比较研究，发现规范不利于创新活动的开展。

3. 社会信任与区域创新能力

拟合结果显示，劳资和谐度与知识创造能力、知识获取能力、企业创新能力、创新环境与区域创新能力呈负相关关系，但在统计上不显著，说明社会信任度越高，知识创造能力、知识获取能力、企业创新能力、创新环境与区域创新能力也越强。可见，提高社会信任度有助于提升区域创新能力。

究其原因，主要在于信任程度决定着创新网络的规模大小与联系密度，不同创新主体之间的高度信任有助于激励创新活动的社会性，促使创新主体参与各种形式的创新网络，从而形成更大规模的创新网络；其次，信任也是一种自觉遵守契约的承诺，可减少监控违约、不合作等行为的交易成本，高水平的信任将激励创新主体在创新上投入更多的时间和财力。同时，信任可增强一个地区的凝聚力、美誉度和知名度，有助于吸引更多的创新资金；再次，高度信任有助于强化创新体系的容纳性，不仅可鼓励现有创新主体以一种宽容的心态对待新加入者，也可使创新主体接受外来的技术创新理念或方法；最后，信任可降低技术合作和交易的风险，通常社会信任水平越高，创新环境越活跃，创新主体间的信息流动越快，合作频率和成功率也越高。

综上所述，社会资本已成为提升区域创新能力的催化剂。为此，应积极鼓励和发展社会组织，特别是有利于企业、研发机构、高等院校等创新主体之间联系与沟通的组织，同时，应充分发挥社团和行业协会等民间组织在促进技术创新中的重要作用；应积极鼓励研究机构、高校和企业之间开展合作，搭建促进创新主体合作的平台；应积极构建信息共享式社会网络，建设技术创新网络平台，发展交易会、展示厅、开放实验室、协同创新基地等技术交流场所，为技术创新人员共享信息提供服务，促进知识的交流与共享；应加强社会信用体系建设，从法律制度和道德教育出发，创造更加诚信、和谐的创新环境。

第二节 社会资本与区域竞争能力

一、区域竞争能力的时空动态

（一）研究方法

1. 区域竞争力评价指标

从经济、对外开放、产业、环境、科技和社会等维度对区域竞争力进行测算（表6-5）。其中，用地区生产总值、人均地区生产总值、居民消费支出与固定资产投资等指标测算经济竞争力,用出口额、进口额和国际旅游外汇收入等指标测算对外开放竞争力,用第一产业增长率(五年平均)、第二产业增长率(五年平均)、第三产业增长率(五年平均)等指标测算产业竞争力,用固体废物综合利用率、工业废水达标量等指标测算环境竞争力,用国内专利申请受理数、国内专利申请授权数和研究与开发机构从业人员数等指标测算科技竞争力,用师生比、城镇可支配收入、农村居民纯收入、城镇人口比重和教育经费支出等指标测算社会竞争力。

表 6-5　区域竞争力评价指标及其权重

维度	评价指标	指标权重	维度	评价指标	指标权重
经济竞争力（0.1）	地区生产总值	0.27	科技竞争力（0.27）	国内专利申请受理数	0.37
	居民消费支出	0.26		国内专利申请授权数	0.39
	人均地区生产总值	0.25		研发机构从业人员数	0.24
对外开放竞争力（0.41）	固定资产总值	0.22	社会竞争力（0.07）	师生比	0.09
	出口额	0.40		城镇可支配收入	0.29
	进口额	0.34		农村居民纯收入	0.26
	国际旅游外汇收入	0.26		城镇人口比重	0.20
产业竞争力（0.03）	第一产业五年平均增长率	0.41		教育经费支出	0.16
	第二产业五年平均增长率	0.30	环境竞争力（0.12）	固体废物综合利用率	0.35
	第三产业五年平均增长率	0.29		工业废水排放达标量	0.65

2. 区域竞争力评价模型

采用极差标准化法对区域竞争力评价指标进行归一化处理,然后利用熵值法确定指标权重,最后根据加权求和法测度区域竞争力指数。计算公式为

$$C = \sum_{i=1}^{n} x_i \cdot f_i \quad (6-11)$$

式中,C 为区域竞争力指数;x_i 为各个指标标准化后的数值;f_i 为各个指标的权重。

3. 区域竞争力的差异性测度

采用泰勒指数测度我国区域竞争力的差异程度,可将区域竞争力的总体差异分解为东、中、西三大地带内及地带间的差异。

$$Theil = \sum_{i=1}^{n} T_i \ln(nT_i) = T_{WR} + T_{BR} \quad (6-12)$$

$$T_{WR} = \sum_{i=1}^{n_d} T_i \ln\left(n_d \frac{T_i}{T_d}\right) + \sum_{i=1}^{n_z} T_i \ln\left(n_z \frac{T_i}{T_z}\right) + \sum_{i=1}^{n_x} T_i \ln\left(n_x \frac{T_i}{T_x}\right) \quad (6-13)$$

$$T_{BR} = T_d \ln\left(T_d \frac{n}{n_d}\right) + T_z \ln\left(T_z \frac{n}{n_z}\right) + T_x \ln\left(T_x \frac{n}{n_x}\right) \qquad (6\text{-}14)$$

式中，T_{WR} 为三大地带内差异；T_{BR} 为三大地带间差异；n 为省区数；n_d、n_z、n_x 分别为东、中、西部省区数；T_i 为 i 省区的竞争力指数与全国平均水平的比值；T_d、T_z、T_x 分别为东、中、西部竞争力指数与全国平均水平的比值。

（二）区域竞争力的差异

1. 经济竞争力的区域差异变化

2005~2014 年中国经济竞争力总体呈上升趋势，经济竞争力指数从 0.262 增加为 0.316，经济竞争力提高 20.62%（图 6-41）。其间，西部地区的经济竞争力增幅高达 45.95%，东部、中部地区增幅分别为 11.27%、28.15%，我国的区域经济竞争力始终保持"东—中—西"阶梯式递减的格局。

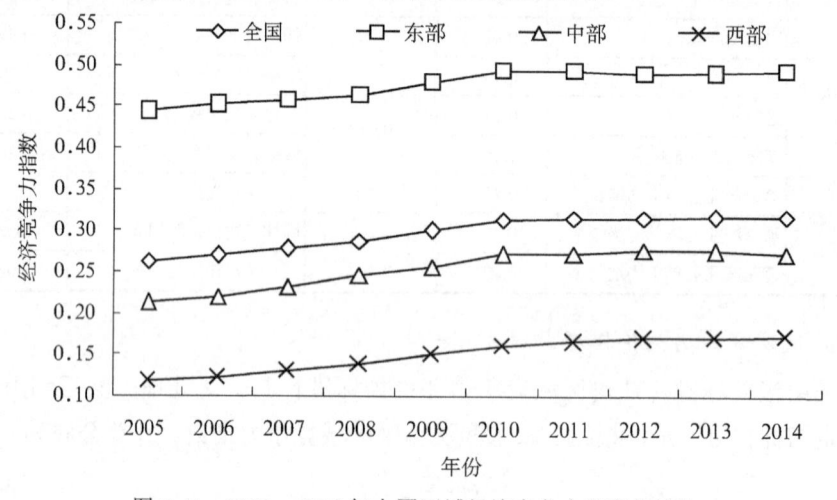

图 6-41　2005~2014 年中国区域经济竞争力的变化趋势

2005~2014 年中国经济竞争力的区域差异波动较大，且整体呈缩小趋势，泰勒指数由 0.271 下降为 0.217，降幅达 20.10%（图 6-42）。其间，地带间差异的演变与总体差异基本一致。其中，2005~2008 年地带间差异大于地带内差异，总体差异主要由地带间差异引起，其贡献率平均为 52.84%；2009~2014 年地带内差异大于地带间差异，总体差异主要由地带内差异引起，其贡献率平均为 52.09%。总体来看，2005~2014 年中国经济竞争力的地带间差异趋于缩小，地带内差异趋于增大，但东、中、西部地带内差异演变情况存在较大差别。其中，东部地带内差异呈缩小趋势，波动较平稳，降幅为 19.70%；中、西部地区

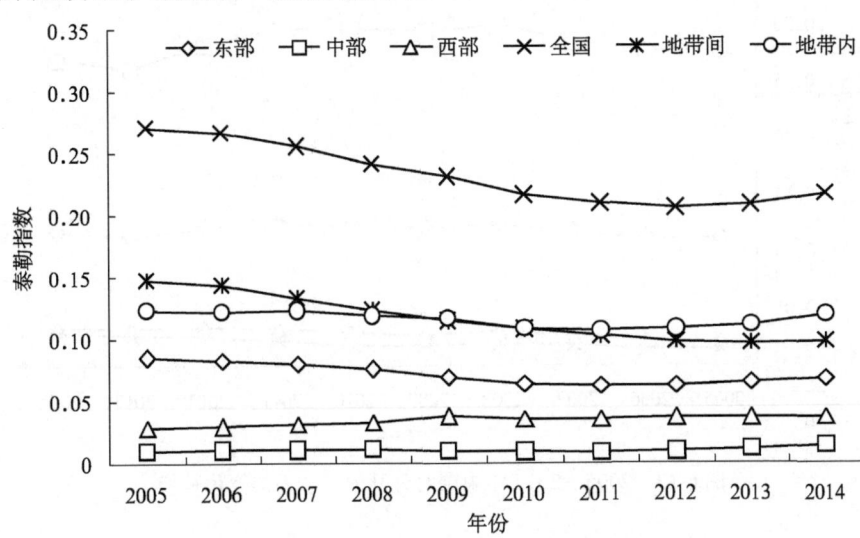

地带内差异呈扩张趋势，增幅分别为 43.45%、27.83%。

图 6-42　2005~2014 年中国经济竞争力的区域差异

2. 对外开放竞争力的区域差异变化

2005~2014 年中国对外开放竞争力总体呈上升趋势，对外开放竞争力指数从 0.113 增加为 0.119，增幅达 4.92%（图 6-43）。其中，中、西部地区的对外开放竞争力大幅上升（增幅分别为 53.18%、87.05%），但东部地区略有下降（降幅为 2.59%）。进一步分析发现，2005~2010 年东、中、西部地区的对外开放竞争力均呈上升趋势，其增幅分别为 7.11%、31.05%、21.37%；2010~2014 年中、西部地区的对外开放竞争力呈增加趋势（增幅分别为 16.89%、54.12%），而东部地区有所下降（降幅为 9.06%）。但总体来看，2005~2014 年我国对外开放竞争力始终保持"东—中—西"阶梯式递减的格局。

2005~2014 年中国对外开放竞争力的区域差异波动较大，且整体呈缩小趋势，泰勒指数由 1.003 下降为 0.811，降幅达 19.08%（图 6-44）。其间，地带间差异大于地带内差异，总体差异主要由地带间差异引起，其贡献率平均为 60.76%。总体来看，2005~2014 年中国对外开放竞争力的地带内、地带间差异均趋于缩小，但东、中、西部地带内差异演变情况存在较大差别。其中，东部地区地带内差异呈缩小趋势，波动较平稳，振幅较小，其降幅为 16.25%；中、西部地区地带内差异呈扩大趋势，增幅分别高达 165.64%、162.25%。

社会资本与区域发展

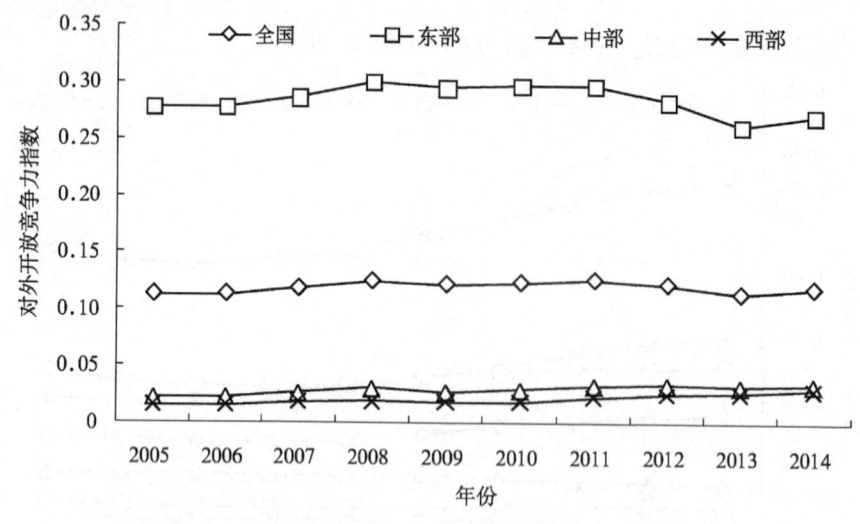

图 6-43　2005～2014 年中国对外开放竞争力的变化趋势

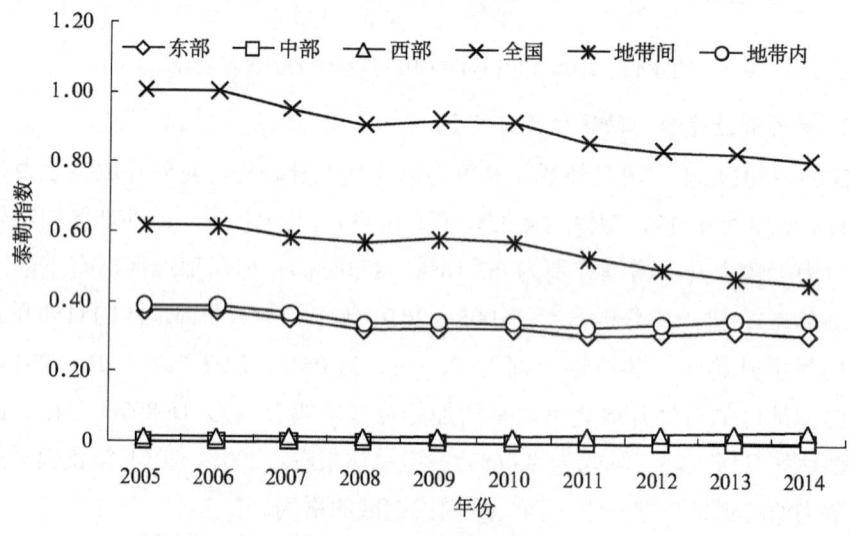

图 6-44　2005～2014 年中国对外开放竞争力的区域差异

3. 产业竞争力的区域差异变化

2005～2014 年中国区域产业竞争力在波动中下降，产业竞争力指数从 0.533 降为 0.423，降幅达 20.76%（图 6-45）。其中，2005～2011 年区域产业竞争力总体下降（降幅为 18.73%），东部地区的降幅最高，达 32.72%，中、西部地区次之，分别降低 11.32%、11.96%；2011～2013 年产业竞争力总体上升（增幅为 27.04%），西部地区的增幅最高，达 30.29%，东、中地区次之，增幅分别为

28.49%、20.52%；2013～2014 年区域产业竞争力又一次下降（降幅为 23.24%），东部地区的降幅仍最高，达 26.2%，中、西部地区次之，降幅分别为 24.34%、20.77%。但总体来看，2005～2014 年中国产业竞争力始终保持"西—中—东"阶梯式递减的格局。

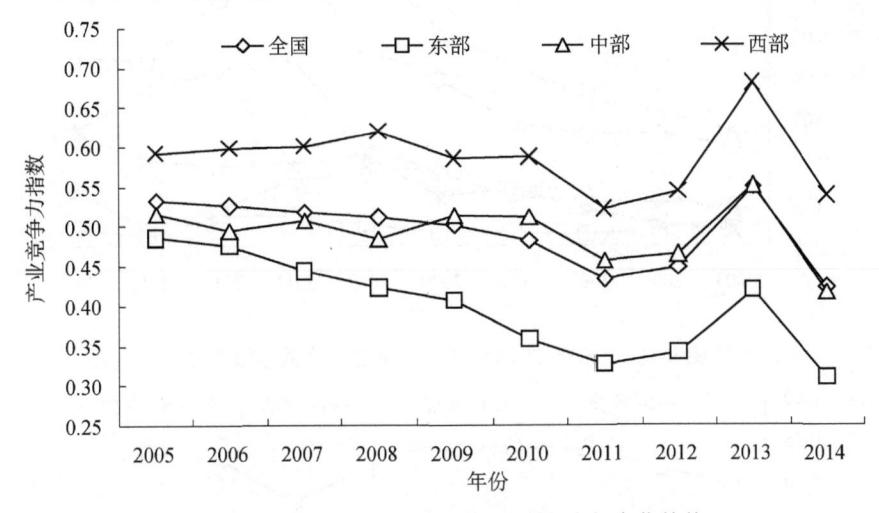

图 6-45　2005～2014 年中国产业竞争力的变化趋势

2005～2014 年中国产业竞争力的区域差异波动较大，且整体呈扩张趋势，泰勒指数由 0.028 增加到 0.073，增幅为 162.42%（图 6-46），2011 年泰勒指数最大，为 0.0888。其间，地带内差异的演变与总体差异基本一致，且地带内差异一直大于地带间差异，总体差异主要由地带内差异引起，其贡献率平均为 74.40%。总体来看，2005～2014 年中国产业竞争力的地带间、地带内差异呈扩张趋势，但东、中、西部地带内差异演变情况存在较大差别。其中，东、西部地带内差异呈扩张趋势，增幅分别为 188.71%、77.00%；中部地带内差异缩小趋势，降幅为 33.60%。

4. 环境竞争力的区域差异变化

2005～2014 年中国环境竞争力总体呈上升趋势，环境竞争力指数从 0.338 上升为 0.379，增幅达 12.21%（图 6-47）。其中，2005～2011 年东部地区环境竞争力呈下降趋势，降幅为 4%，而中、西部地区呈上升趋势，增幅分别为 5.85%、10.62%；2011～2014 年东、中、西部地区环境竞争力均呈上升趋势，西部地区增幅最高，达 21.46%，中、东部次之，增幅分别为 8.73%、6.90%。总体来看，2005～2014 年我国环境竞争力始终保持"东—中—西"阶梯式递减的格局。

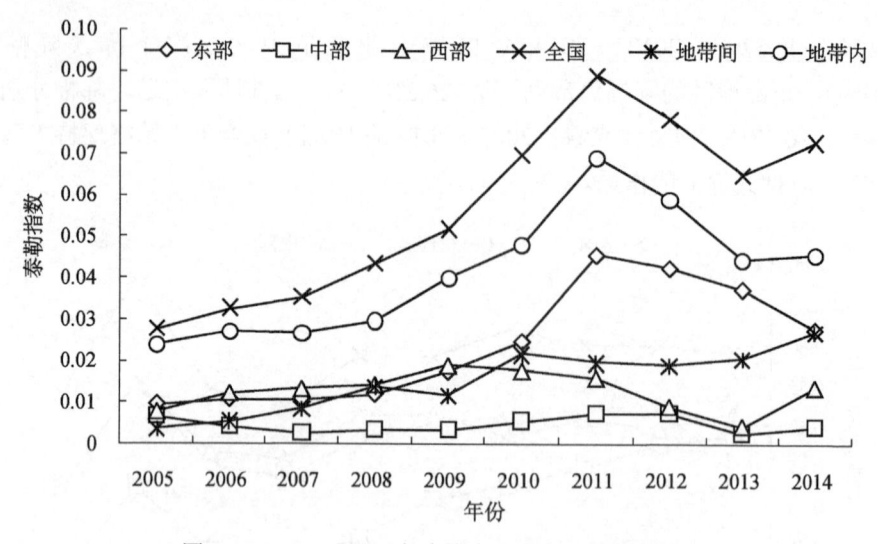

图 6-46　2005~2014 年中国产业竞争力的区域差异

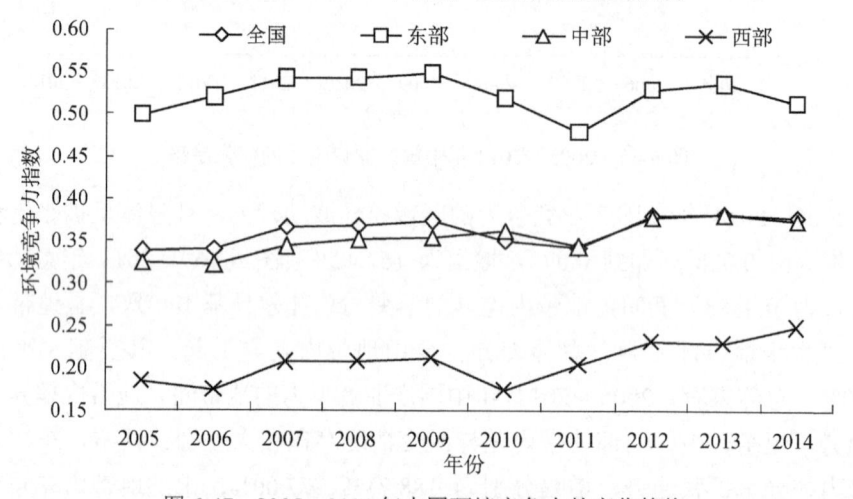

图 6-47　2005~2014 年中国环境竞争力的变化趋势

2005~2014 年中国环境竞争力的区域差异波动较大，且整体呈缩小趋势，泰勒指数由 0.221 下降到 0.192，降幅为 13.04%（图 6-48）。其间，地带间差异的演变与总体差异基本一致，但地带内差异大于地带间差异，总体差异主要由地带内差异引起，其贡献率平均为 67.21%。总体来看，2005~2014 年中国环境竞争力的地带间差异趋于缩小，地带内差异趋于增大，但东、中、西部地带内差异演变情况存在较大差别。其中，东部地带内差异呈扩大趋势，增幅为 88.09%；中、西部地区地带内差异呈缩小趋势，降幅分别为 39.53%、39.40%。

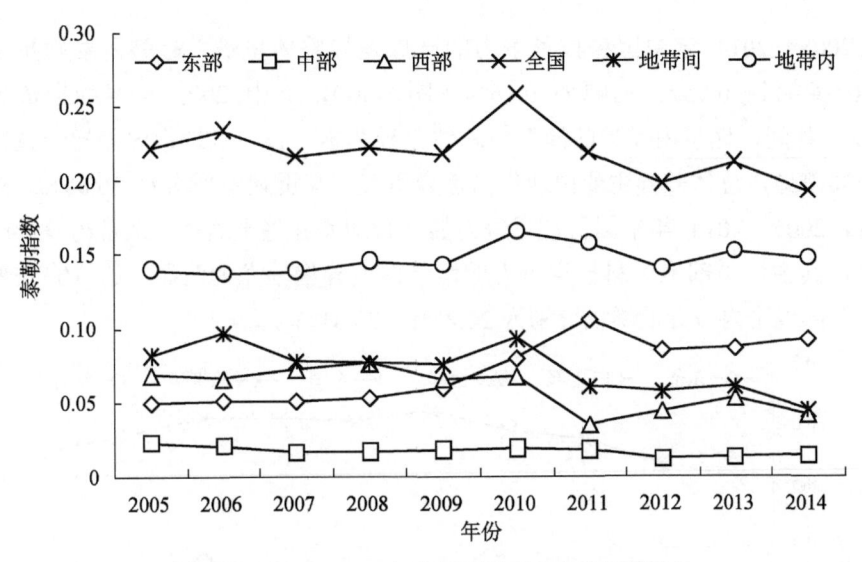

图 6-48　2005～2014 年中国环境竞争力的区域差异

5. 科技竞争力的区域差异变化

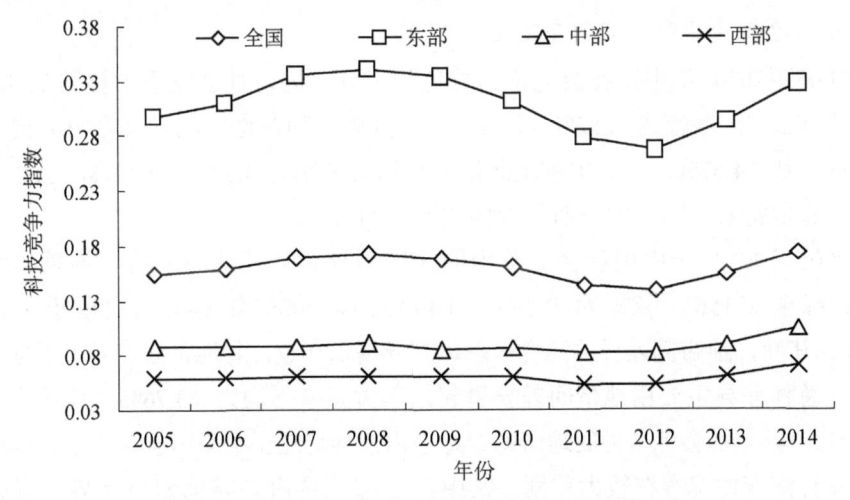

2005～2014 年中国科技竞争力在波动中上升，科技竞争力指数从 0.155 增加为 0.175，增幅达 12.81%（图 6-49）。其中，2005～2011 年中国科技竞争力总体下降，降幅为 7.19%，东、中、西部地区降幅分别为 6.62%、6.51%、10.78%；2011～2014 年中国科技竞争力总体上升，增幅为 21.56%，东、中、西部地区增幅分别为 17.90%、28.23%、32.96%。总体来看，2005～2014 年中国科技竞争力一直保持着"东—中—西"阶梯式递减的格局。

图 6-49　2005～2014 年中国科技竞争力的变化趋势

2005～2014 年中国科技竞争力的区域差异整体呈扩大趋势，泰勒指数由 0.510 增加到 0.557，增幅为 9.16%（图 6-50），其中 2009 年泰勒指数高达 0.622。其间，地带内差异的演变与总体差异基本一致，且地带内差异一直大于地带间差异，总体差异主要由地带内差异引起，其贡献率平均为 56.65%。总体来看，2005～2014 年中国科技竞争力的地带间差异趋于缩小，地带内差异趋于增大，其中，中部地区科技竞争力的地带内差异增幅尤为明显，达 100.62%，东、西部地带内差异的增幅分别为 22.25%、23.31%。

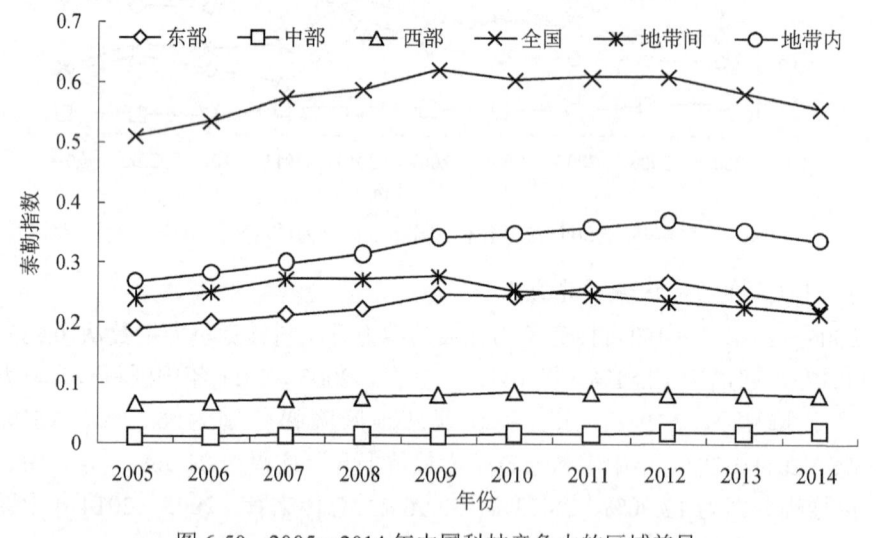

图 6-50 2005～2014 年中国科技竞争力的区域差异

6. 社会竞争力的区域差异变化

2005～2014 年中国社会竞争力总体呈上升趋势，社会竞争力指数从 0.288 增加为 0.307，增幅达 6.82%（图 6-51）。其间，西部地区的社会竞争力提升幅度最高，达 14.67%，东、中部地区次之，增幅分别为 4.37%、6.11%，但社会竞争力一直保持着"东—中—西"阶梯式递减的格局。

2005～2014 年中国社会竞争力的区域差异整体呈缩小趋势，泰勒指数由 0.172 降至 0.156，降幅为 9.09%（图 6-52），2009 年泰勒指数最小，仅为 0.131。其间，地带间差异的演变与总体差异基本一致，且地带间差异大于地带内差异，总体差异主要由地带间差异引起，其贡献率平均为 63.76%。总体来看，2005～2014 年社会竞争力的地带间、地带内差异均趋于缩小，但东、中、西部地带内差异演变情况存在较大差别。其中，东部地带内差异呈缩小趋势，降幅为

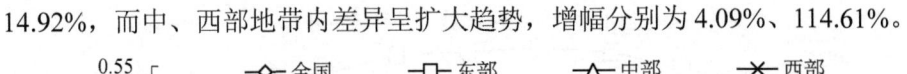

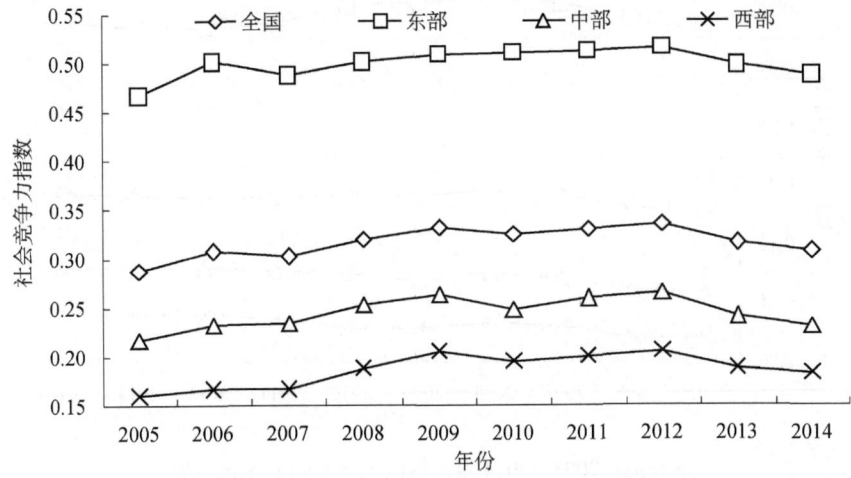

14.92%，而中、西部地带内差异呈扩大趋势，增幅分别为4.09%、114.61%。

图6-51　2005~2014年中国社会竞争力的变化趋势

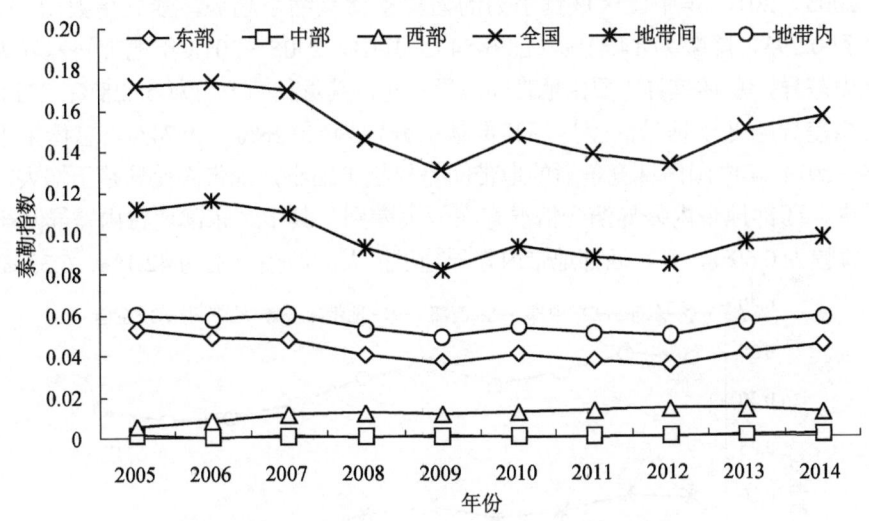

图6-52　2005~2014年中国社会竞争力的区域差异

7. 区域竞争力的区域差异变化

2005~2014年中国区域竞争力总体呈上升趋势，区域竞争力从0.187增加为0.205，增幅9.94%（图6-53）。其中，西部地区的区域竞争力增幅最大，达30.16%，东、中地区次之，增幅分别为2.86%、19.34%，但中国区域竞争力一直保持着"东—中—西"阶梯式递减的格局。

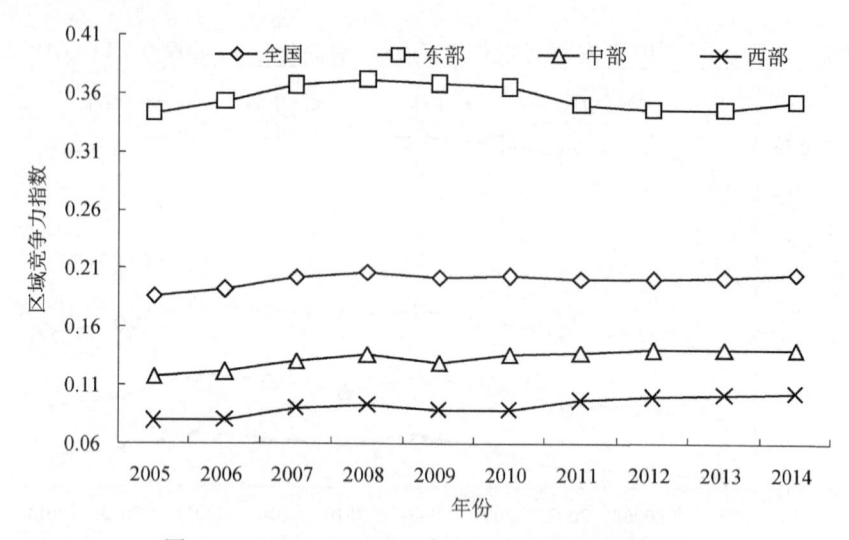

图 6-53　2005～2014 年中国区域竞争力的变化趋势

2005～2014 年中国区域竞争力的差异整体呈缩小趋势，泰勒指数由 0.345 下降到 0.295，降幅为 14.41%（图 6-54）。其中，2005～2013 年地带间差异大于地带内差异，总体差异主要由地带间差异引起，其贡献率平均为 55.28%；2014 年地带内差异略低于地带间差异，其贡献率分别为 50.26%、49.74%。总体来看，2005～2014 年中国区域竞争力的地带间差异趋于缩小，地带内差异趋于增大，但东、中、西部地带内差异演变情况存在较大差别。其中，东部地带内差异趋于缩小，降幅为 0.69%，中、西部地带内差异趋于扩大，增幅分别为 42.1%、6.33%。

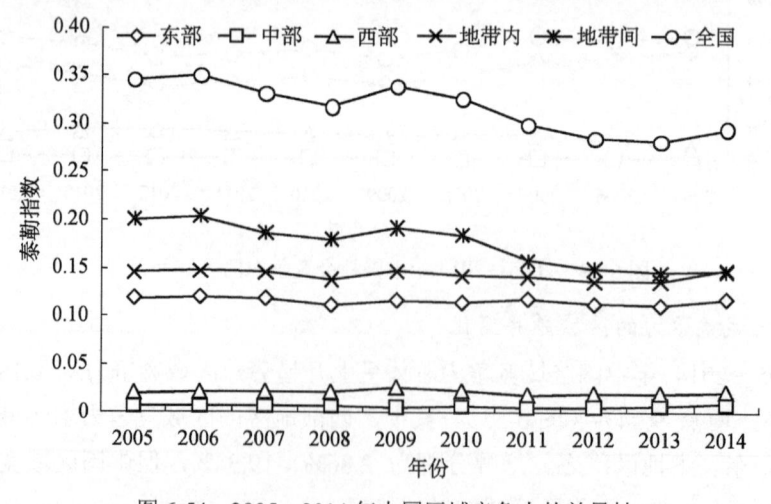

图 6-54　2005～2014 年中国区域竞争力的差异性

（三）区域竞争力的空间分布变化

基于 2005 年、2010 年、2014 年的经济竞争力指数、对外开放竞争力指数、产业竞争力指数、环境竞争力指数、科技竞争力指数、社会竞争力指数及区域竞争力指数，利用 ArcGIS 软件，采用自然断点分级法将 30 个省（市、自治区）划分为高水平区、较高水平区、中等水平区、较低水平区和低水平区等 5 种类型。

1. 经济竞争力的空间分布变化

2005~2014 年中国省域经济竞争力的空间分布虽发生了较大变化（图 6-55），但高水平区一直集中在沿海地区。① 2005~2010 年，各等级省份之间的转移路径比较简单，均为递次向高等级转移或向低等级转移，其中，向高等级转移的省份占省份总数的 6.67%，向低等级转移的省份占省份总数的 13.33%。② 2010~2014 年，各等级省份之间的转移路径仍均为递次向高等级转移或向低

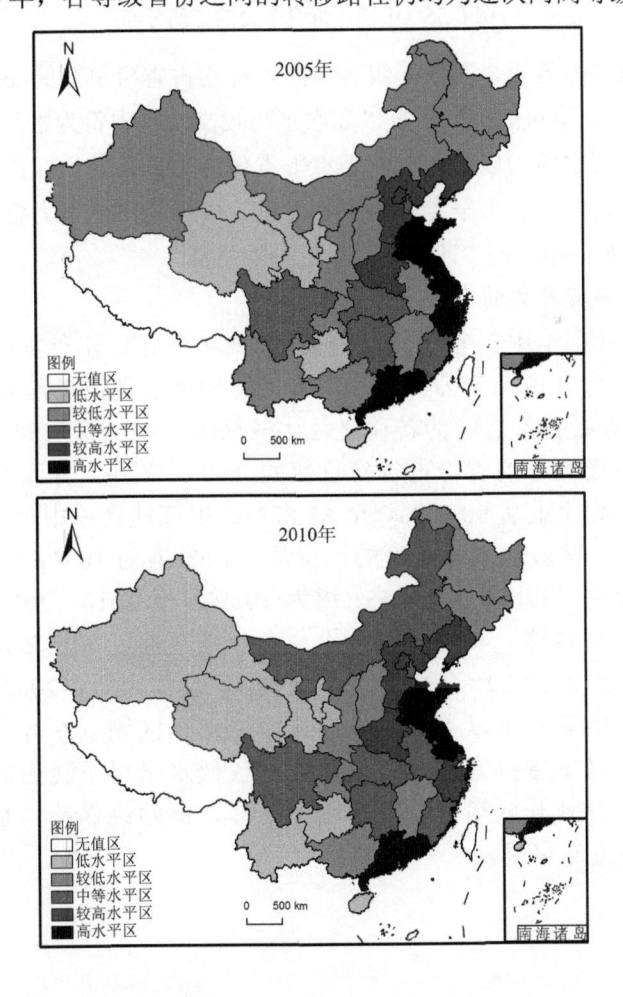

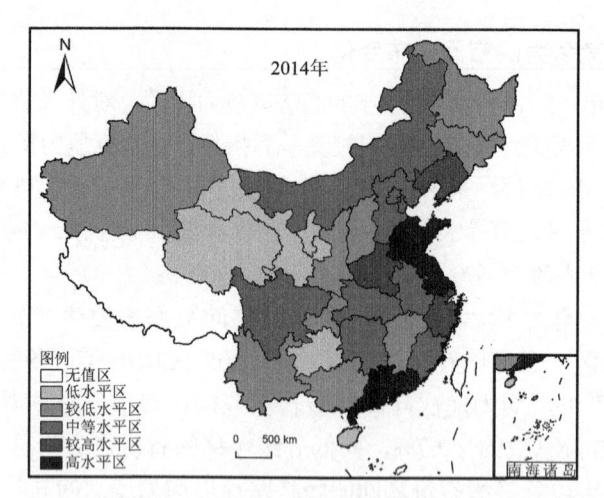

图 6-55　中国经济竞争力的空间分布

等级转移，但向高等级与向低等级转移的省份均占省份总数的 6.67%。总体来看，2005~2014 年东部地区一直以高水平与较高水平省份为主，中部地区由以较低水平省份为主转为以中等与较高水平省份为主；西部地区由以低及较低水平省份为主转为以中等水平省份为主。可见，中国经济竞争力整体趋于提升，但始终保持"东—中—西"阶梯式递减的分布格局。

2. 对外开放竞争力的空间分布变化

2005~2014 年中国省域对外开放竞争力的空间分布发生了较大变化（图 6-56），对外开放竞争力呈现从东南沿海向西北递减的趋势。① 2005~2010 年，各等级省份之间的转移路径比较简单，均为递次向低等级转移，其中，向低等级转移的省份占省份总数的 60%。其中，东部地区以中等水平以上为主，其比重从 90.91%降至 81.82%；中部地区以中等水平转变为以较低水平为主，其较低水平省份的比重从 37.5%增为 100%；西部地区以较低水平以下为主，其比重从 54.55%增为 100%。② 2010~2014 年，26.67%的省份向低等级转移。其中，东、中、西部地区向低等级转移的省份分别占该区省份总数的 9.09%、62.5%、18.18%。总体来看，2005~2014 年东部地区一直以中等水平以上的省份为主，中部地区则以中等水平省份为主转为较低水平以下省份为主，西部地区以较低水平以下转为低水平省份为主。表明中国对外开放竞争力整体趋于下降，但始终保持"东—中—西"阶梯式递减的分布格局。

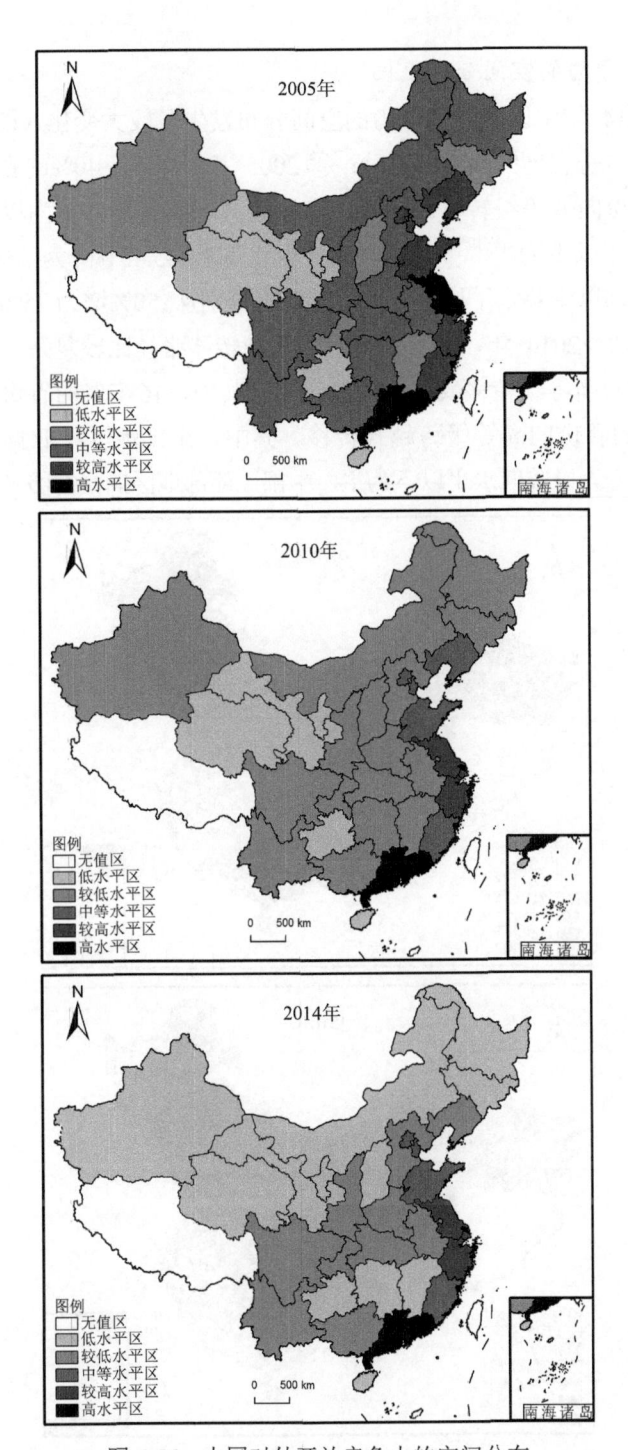

图 6-56 中国对外开放竞争力的空间分布

3. 产业竞争力的空间分布变化

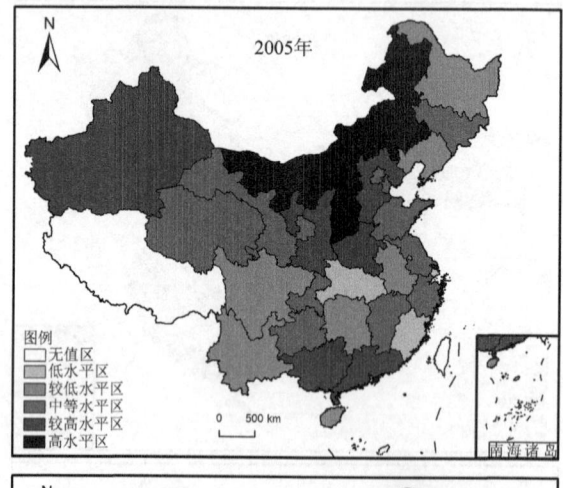

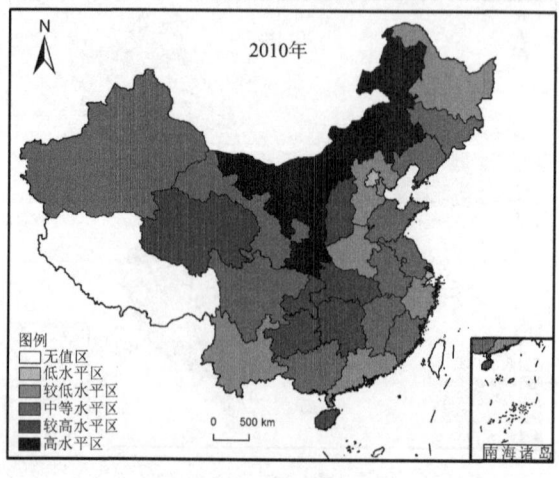

2005~2014 年中国产业竞争力的空间分布发生了较大变化（图 6-57），中等及以上水平的省份整体向西南部移动：① 2005~2010 年，40%的省份向高等级转移，30%的省份向低等级转移。其中，东部地区产业竞争力转为以中等水平为主转为以中等水平以下为主，中等水平的省份比重从 45.45%降为 36.36%；中部地区与西部地区均以中等水平以上为主，其比重分别从 50%增为 75%、81.82%增为 90.9%。② 2010~2014 年，各等级省份之间的转移路径比较复杂，既有跨越式转移，也有递次向高等级转移或向低等级转移，其中，16.67%的省份递次向高等级转移，6.67%的省份向高等级跨越式转移。其中，东部地区产业竞争力水平由中等水平以下转变为以较低水平以下为主，中部、西部地区向高等级转移的省份分别

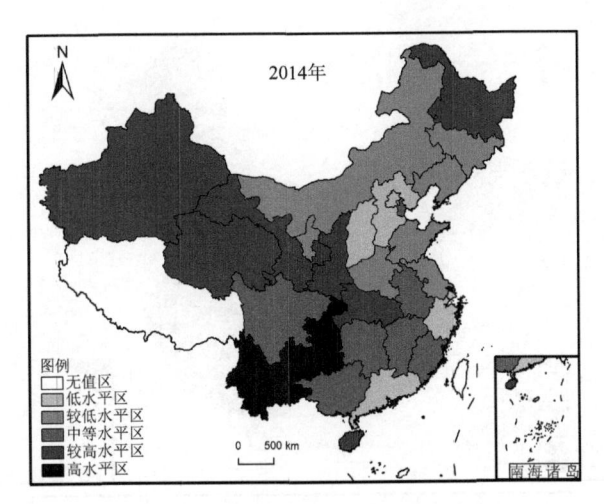

图 6-57 中国产业竞争力的空间分布

占该区省份数的 12.5%、45.45%。总体来看，2005~2014 年东部地区以中等水平以下向较低水平以下为主转变，中部地区以中等水平以上为主；西部地区由中等水平以上转为较高水平以上为主，但始终保持"西—中—东"阶梯式递增的分布格局。

4. 环境竞争力的空间分布变化

2005~2014 年中国环境竞争力的空间分布发生了较大变化（图 6-58），较高水平区由中部向沿海地区转移，中等水平区在东南部形成集中连片区，且环境竞争力呈现从东南向西北递减的趋势。① 2005~2010 年，各等级省份之间的转移路径比较简单，均为递次向高等级或向低等级转移，向高等级转移的省份占省份总数的 10%，向低等级转移的省份占省份总数的 23.33%。其中，东部地区以较高水平与高水平为主，其比重从 72.73%降为 54.55%；中部地区以中等水平及较高水平为主，其比重从 62.5%增为 75%；西部地区以低水平及较低水平为主，其比重为 72.73%。② 2010~2014 年，3.33%的省份向高等级转移，40%的省份向低等级转移。其中，东、中、西部地区向低等级转移的省份分别占该区省份数的 45.45%、62.5%、18.18%。总体来看，2005~2014 年东部地区均以高水平与较高水平省份为主，中部地区则以中等水平省份为主，西部地区环境竞争力有所下降且以低水平省份为主。表明中国环境竞争力整体趋于下降，但始终保持"东—中—西"阶梯式递减的分布格局。

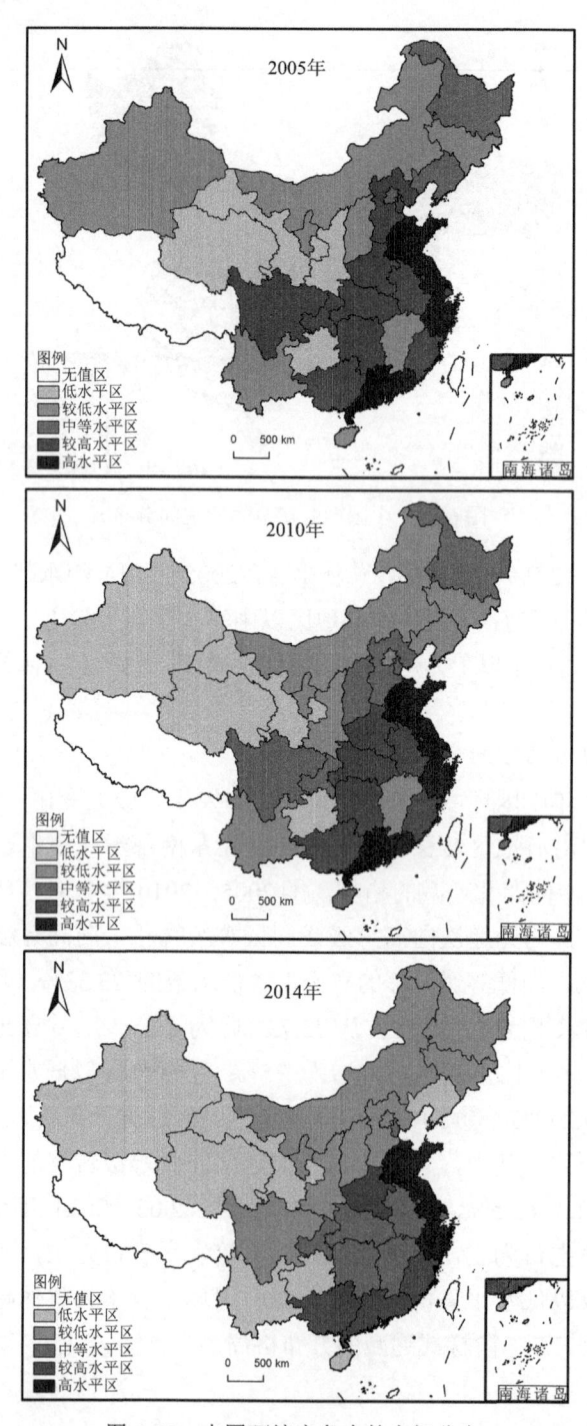

图 6-58　中国环境竞争力的空间分布

5. 科技竞争力的空间分布变化

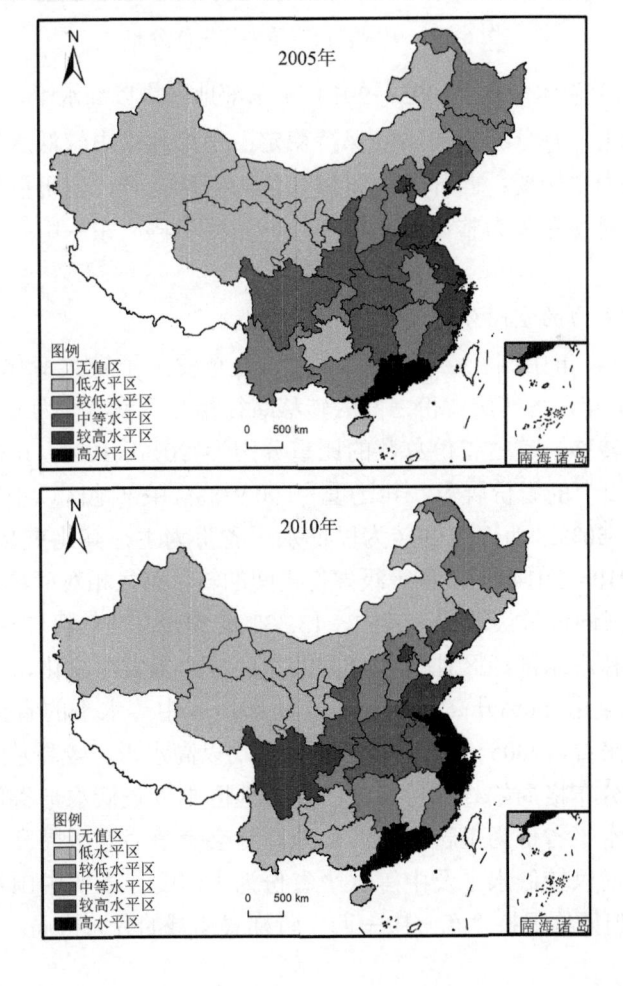

2005~2014 年中国科技竞争力的空间分布发生了较大变化（图 6-59）：① 2005~2010 年，各等级省份之间的转移路径相对简单，均为递次向高等级转移或向低等级转移，其占省份总数的比重分别为 13.33%、23.33%。其中，东部地区科技竞争力中等水平以上的省份居多，其比重从 81.82%降为 63.64%；中部地区以中等水平省份为主，其比重为 37.5%；西部地区以低水平省份为主，比重从 54.54%增为 72.73%。② 2010~2014 年，各等级省份之间的转移路径相对简单，且均为递次向高等级转移或向低等级转移。其中，26.67%的省份向高等级转移，3.33%的省份向低等级转移，东、西部地区科技竞争力的空间格局未发生较大变化，中部地区科技竞争力有所上升，中等水平及以上的省份比重占该区

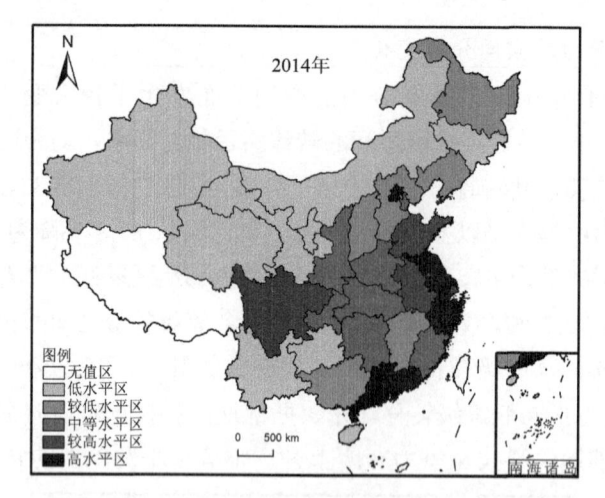

图 6-59 中国科技竞争力的空间分布

省份数的 50%。总体来看，2005~2014 年东部地区均以高水平、较高水平与中等水平省份为主，且分布格局始终保持稳定；中部地区由较低水平省份为主向中等水平以上为主转变；西部地区科技竞争力有所提升，但仍以低水平省份为主。表明中国科技竞争力整体趋于提升，但始终保持"东—中—西"阶梯式递减的分布格局。

6. 社会竞争力的空间分布变化

2005~2014 年中国社会竞争力的空间分布发生了较大变化（图 6-60）：① 2005~2010 年，各等级省份之间的转移路径相对简单，均为递次向高等级转移或向低等级转移，其占省份总数的比重分别为 20%、10%。东部地区社会竞争力中等水平以上的省份居多，其比重为 90.91%；中部地区以中等水平省份为主，其比重为 50%；西部地区转为以低水平省份为主，其比重从 36.36%增为 54.55%。② 2010~2014 年，各等级省份之间的转移路径相对简单，且均为递次向高等级转移或向低等级转移。其中，13.33%的省份向高等级转移，3.33%的省份向低等级转移。东部地区社会竞争力的空间分布未发生变化，中部地区中等水平的省份比重由 50%升高到 62.5%，西部地区中等水平的省份比重一直为 27.27%。总体来看，2005~2014 年东部地区均以高水平、较高水平与中等水平省份为主，且分布格局始终保持稳定；中部地区则以较低水平省份为主向以较低水平及中等水平省份为主转变；西部地区社会竞争力有所提升，由低水平及较低水平为主向以较低水平及中等水平省份为主转变。表明中国社会竞争力整体趋于提升，但始终保持"东—中—西"阶梯式递减的分布格局。

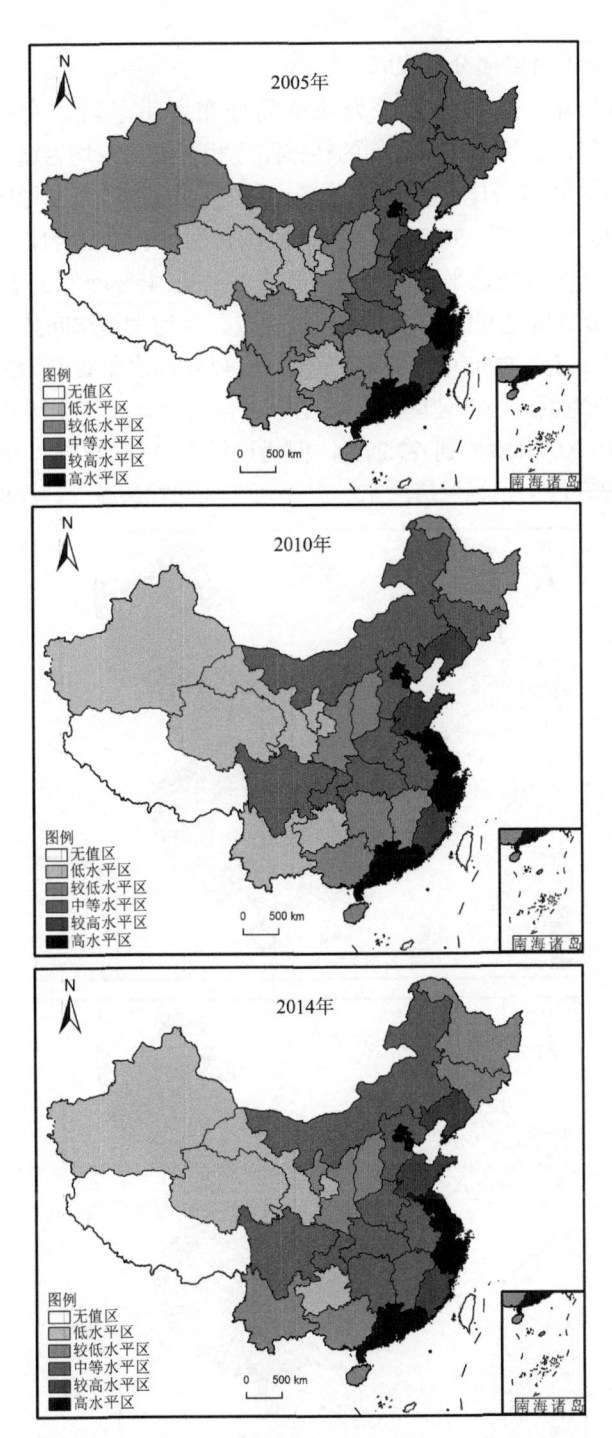

图 6-60 中国社会竞争力的空间分布

7. 区域竞争力的空间分布变化

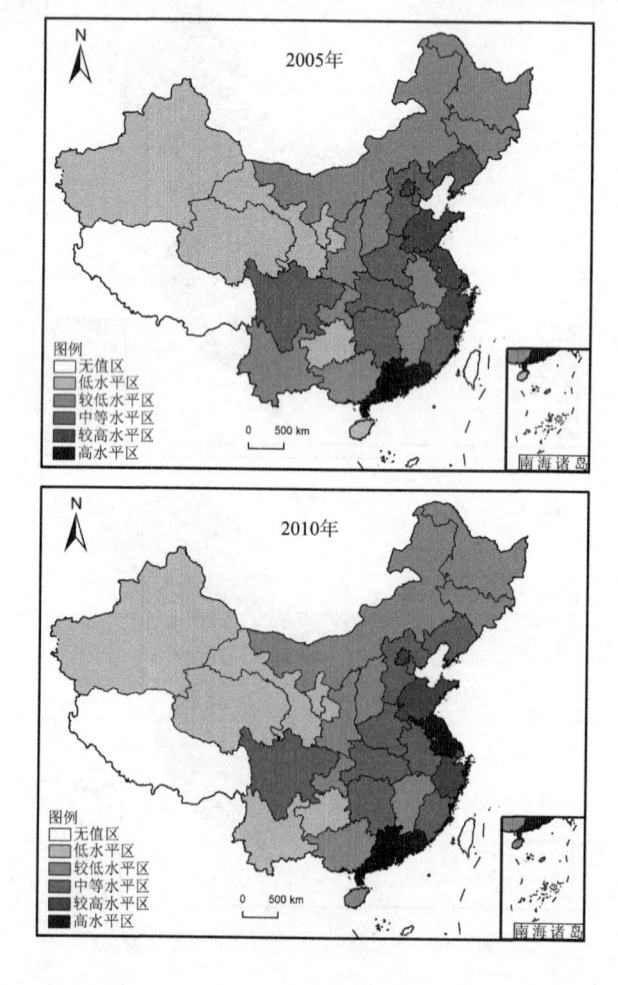

2005~2014 年中国区域竞争力的空间分布发生了较大变化（图 6-61）：① 2005~2010 年，各等级省份之间的转移路径相对简单，均为递次向高等级转移或向低等级转移，占省份比重分别为 10%、3.33%。其中，东部地区中等水平以上的省份居多，其比重均为 90.91%；中部地区中等水平的省份比重从 37.5%增为 50%；西部地区转为以低水平省份为主，其比重从 45.45%增为 54.55%。② 2010~2014 年，各等级省份之间的转移路径相对稳定，且均为递次向高等级转移或向低等级转移。总体来看，2005~2014 年东部地区以较高水平省份为主，中部地区则以较低水平省份为主；西部地区的区域竞争力虽有所提升，中等水平省份占该区省份数的比重由 9.09%增加到 27.27%，但仍以低水平省份为主。表明中国区域竞争力整体趋于提升，但始终保持"东—中—西"阶梯式递减的分布格局。

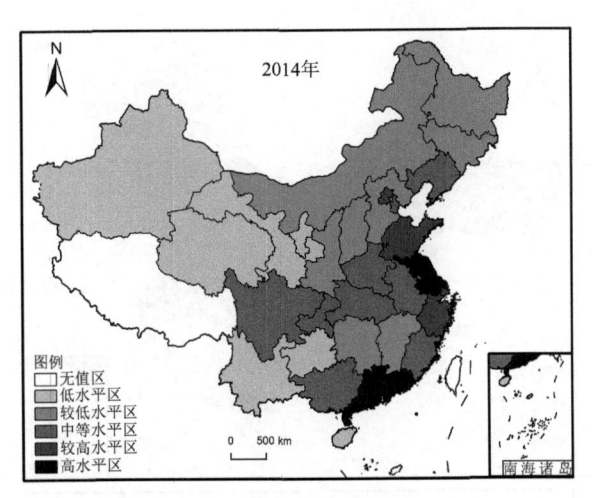

图 6-61　中国区域竞争力的空间分布

（四）区域竞争力的时空格局变化

1. 经济竞争力的时空格局变化

基于各省区的经济竞争力指数，利用 ESDA 得到 2005 年、2010 年、2014 年经济竞争力的 Moran's I 值分别为 0.1063、0.1339、0.1248，且 Moran's I 值的正态统计量 Z 值的置信水平均大于 0.01，说明 2005～2014 年中国经济竞争力呈正的空间自相关，即经济竞争力较高的省区趋于集聚，经济竞争力较低的省区也趋于集聚。其间，经济竞争力指数的 Moran's I 值在波动中呈增加趋势，说明经济竞争力的空间自相关性趋于增强。从 Moran's I 的变化看，2005～2010 年 Moran's I 值的变幅为 0.0276；2010～2014 年 Moran's I 值的变幅为 0.0091，经济竞争力的空间关系变化均较小，说明该时期经济竞争力的空间关系趋于稳定。

从局部空间关系来看（图 6-62）：①2005～2010 年，经济竞争力的空间关系变化较小，冷点区和次热点区保持不变，热点区略有收缩，次冷点区扩张，热点区占省区总数的比重从 16.67%下降为 13.33%，次冷点区占省区总数的比重从 26.67%上升为 30%。其间，稳定性省区占省区总数的 93.33%，其中，新-青-甘-川-滇-渝为稳定性冷点区，而苏-沪-浙-皖为稳定性热点区。②2010～2014 年，经济竞争力的空间关系变化仍较小，冷点区和次热点区保持不变，热点区扩张，次冷点区收缩，热点区占省区总数的比重由 13.33%上升为 16.67%，次冷点区占省区总数的比重由 30%下降为 26.67%。其间，稳定性省区占省区总数的 93.33%，其中，新-青-甘-川-滇-渝为稳定性冷点区，而苏-沪-浙-皖为稳定性

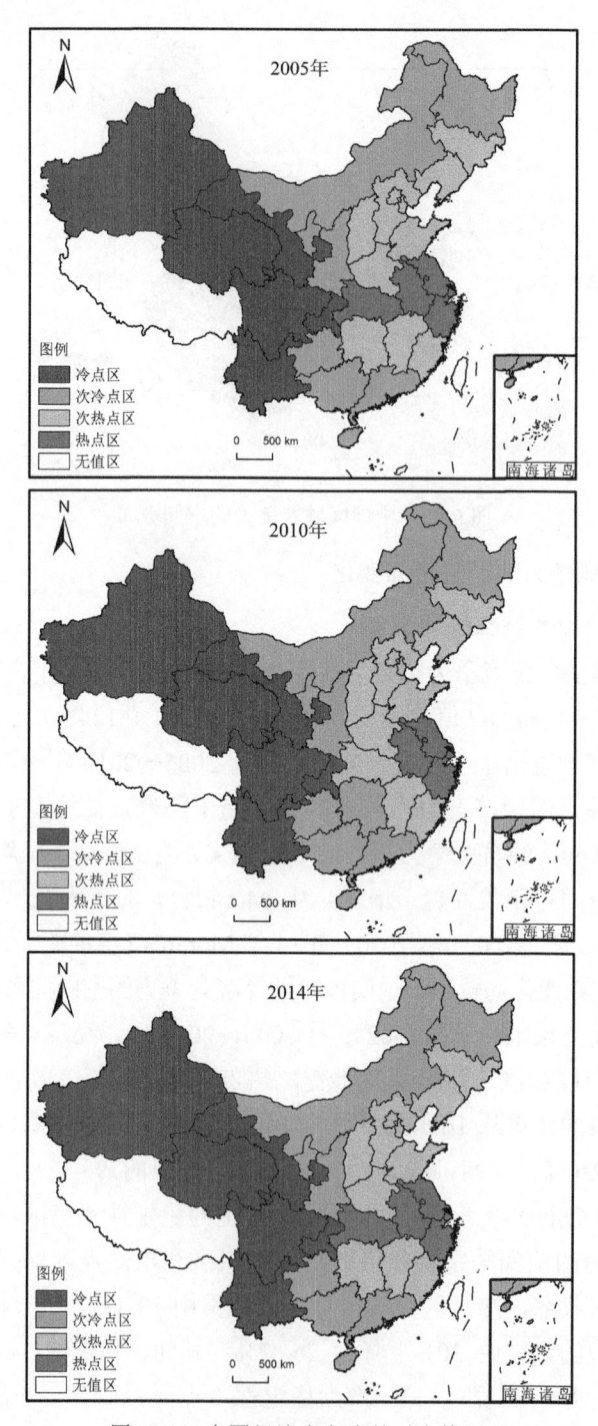

图 6-62 中国经济竞争力的时空格局

热点区。总体来看，2005～2014年经济竞争力的冷点区和热点区保持不变，且在西部形成规模显著的稳定性冷点，而在东部沿海形成稳定性热点，从而使经济竞争力的"东—中—西"阶梯式递减分异格局更为显著。

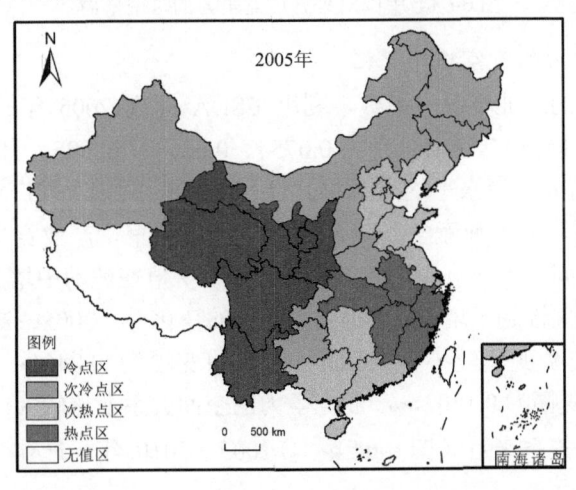

2. 对外开放竞争力的时空格局变化

基于各省区的对外开放竞争力指数，利用 ESDA 得到 2005 年、2010 年、2014 年中国对外开放竞争力的 Moran's I 值分别为-0.0139、0.0020、-0.0045，在此期间对外开放竞争力指数的 Moran's I 值在波动中减小，说明对外开放竞争力的空间自相关性趋于减弱。从 Moran's I 的变化看，2005～2010 年各省对外开放竞争力的空间关系变化较大，Moran's I 值的变幅为 0.0159；2010～2014 年 Moran's I 值的变幅为 0.0065，对外开放竞争力的空间关系变化较小。

从局部空间关系来看（图6-63）：①2005～2010 年，对外开放竞争力的空间关系变化较小，冷点区及热点区保持不变，次冷点区缩小，次热点区扩张，次热点区占省区总数的比重从 36.67%上升为 40%，次冷点区占省区总数的比重从 26.67%下降为 23.33%。其间，稳定性省区占省区总数的 96.67%，其中，青-陕-甘-宁-川-滇为稳定性冷点区，而浙-闽-皖-赣-鄂为稳定性热点区。②2010～2014 年，对外开放竞争力的空间关系变化较大，冷点区及热点区保持不变，次冷点区扩张，次热点区收缩，次热点区占省区总数的比重从 40%下降为 20%，次冷点区占省区总数的比重从 23.33%上升为 43.33%。期间，青-陕-甘-宁-川-滇为稳定性冷点区，而浙-闽-皖-赣-鄂为稳定性热点区。总体来看，2005～2014 年对外开放竞争力的冷点区及热点区保持不变，且在西部形成规模显著的稳定性冷点，而在东部沿海形成稳定性热点，从而使对外开放竞争力的"东—中—西"阶梯式递减分异格局更为显著。

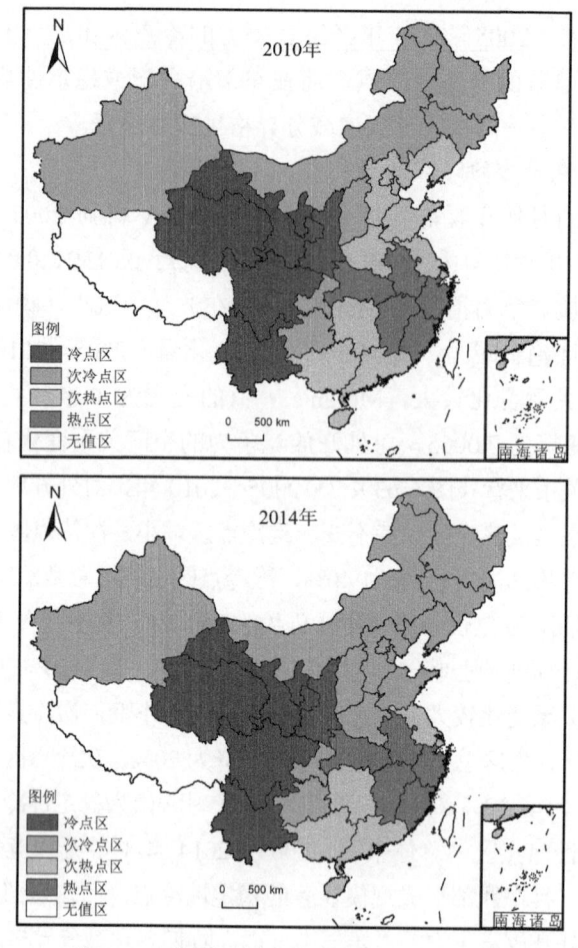

图 6-63 中国对外开放竞争力的时空格局

3. 产业竞争力的时空格局变化

基于各省区的产业竞争力指数，利用 ESDA 得到 2005 年、2010 年、2014 年产业竞争力的 Moran's I 值分别为 0.0754、0.0293、0.2095，且 Moran's I 值的正态统计量 Z 值的置信水平均大于 0.1，说明 2005～2014 年产业竞争力水平呈正的空间自相关，即产业竞争力较高的省区趋于集聚，产业竞争力较低的省区也趋于集聚。其间，产业竞争力指数的 Moran's I 值在波动中增加，说明产业竞争力的空间自相关性趋于增强。从 Moran's I 的变化看，2005～2010 年各省产业竞争力的空间关系变化较小，Moran's I 值的变幅为 0.0461；2010～2014 年 Moran's I 值的变幅为 0.1802，产业竞争力的空间关系变化较大。

从局部空间关系来看（图 6-64）：① 2005～2010 年，产业竞争力的空间关系变化较大，冷点区和次热点区收缩，热点区和次冷点区扩张，冷点区和次热点区占省区总数的比重分别从 30%降为 20%、36.67%降为 30%，热点区和次冷点区占省区总数的比重分别从 16.67%升为 23.33%、16.67%升为 26.67%。其间，稳定性省区占省区总数的 50%，其中，苏-沪-浙-闽为稳定性冷点区，而陕-甘-宁-内蒙古为稳定性热点区。②2010～2014 年，产业竞争力的空间关系变化较大，热点和次冷点区缩小，冷点和次热点区扩张，冷点区占省区总数的比重由 20%升为 23.33%，热点区占省区总数的比重由 23.33%降为 20%。期间，稳定性省区占省区总数的 33.33%，其中，皖-苏-沪为稳定性冷点区，而川-渝为稳定性热点区。总体来看，2005～2014 年产业竞争力的时空格局变化较大，西南地区成为热点区，而东部沿海区成为冷点区。

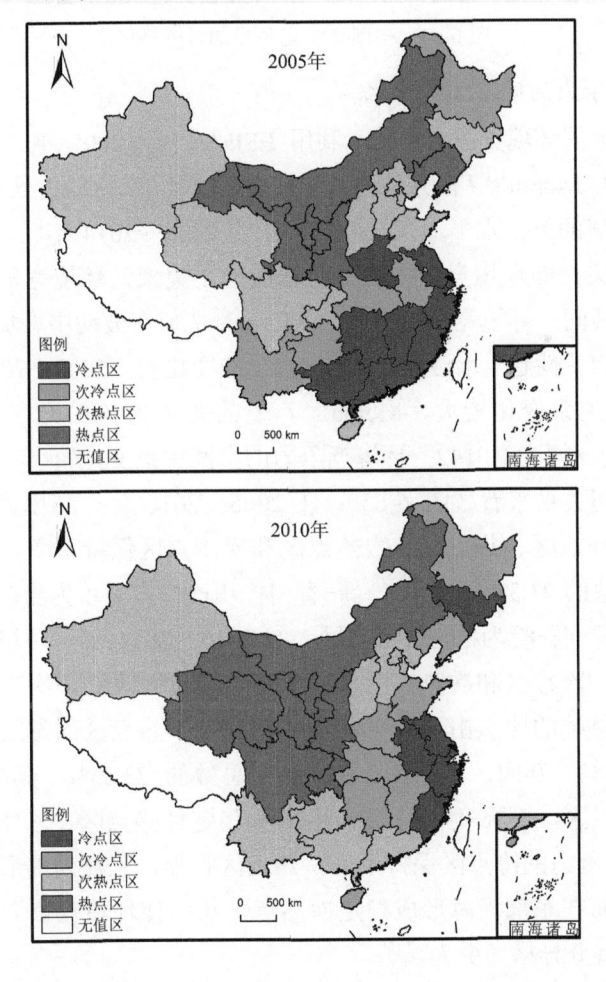

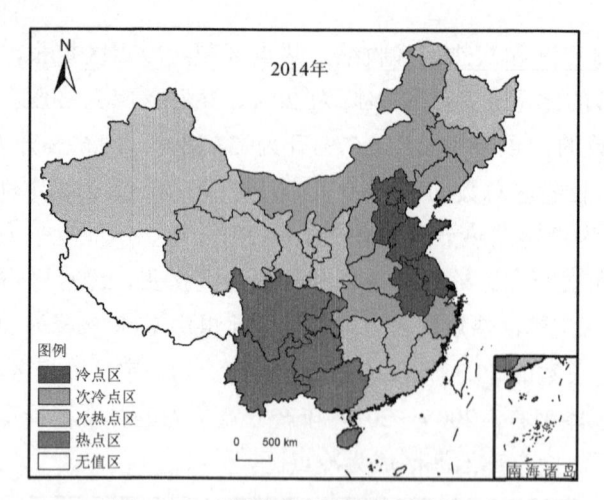

图 6-64　中国产业竞争力的时空格局

4. 环境竞争力的时空格局变化

基于各省区的环境竞争力指数，利用 ESDA 得到 2005 年、2010 年、2014 年环境竞争力的 Moran's I 值分别为 0.1289、0.1594、0.1452，且 Moran's I 值的正态统计量 Z 值的置信水平均大于 0.01，说明 2005~2014 年环境竞争力水平呈正的空间自相关，即环境竞争力较高的省区趋于集聚，环境竞争力较低的省区也趋于集聚。其间，环境竞争力指数的 Moran's I 值在波动中增加，说明环境竞争力的空间自相关性趋于增强。从 Moran's I 的变化看，2005~2010 年各省环境竞争力的空间关系变化较大，Moran's I 值的变幅为 0.0305，2010~2014 年 Moran's I 值的变幅为 0.0142，环境竞争力的空间关系变化较小。

从局部空间关系来看（图 6-65）：① 2005~2010 年，环境竞争力的空间关系变化较小，冷点区、热点区、次热点区和次冷点区保持不变。其间，稳定性省区占省区总数的 93.33%，其中，新-青-甘-川-宁-内蒙古为稳定性冷点区，而鄂-赣-闽-苏-沪-浙-皖为稳定性热点区。② 2010~2014 年，环境竞争力的空间关系变化较大，冷点区和次热点区保持不变，热点区收缩，次冷点区扩张，次冷点区占省区总数的比重由 26.67% 升为 33.33%，热点区占省区总数的比重由 26.67% 降为 20%。其间，稳定性省区占省区总数的 73.33%，其中，新-青-甘-川为稳定性冷点区，而鄂-赣-闽-沪-浙-皖为稳定性热点区。总体来看，2005~2014 年环境竞争力的冷点区保持不变，热点区收缩，且在西部形成规模显著的稳定性冷点，而在东部沿海形成稳定性热点，从而使环境竞争力的"东—中—西"阶梯式递减分异格局更为显著。

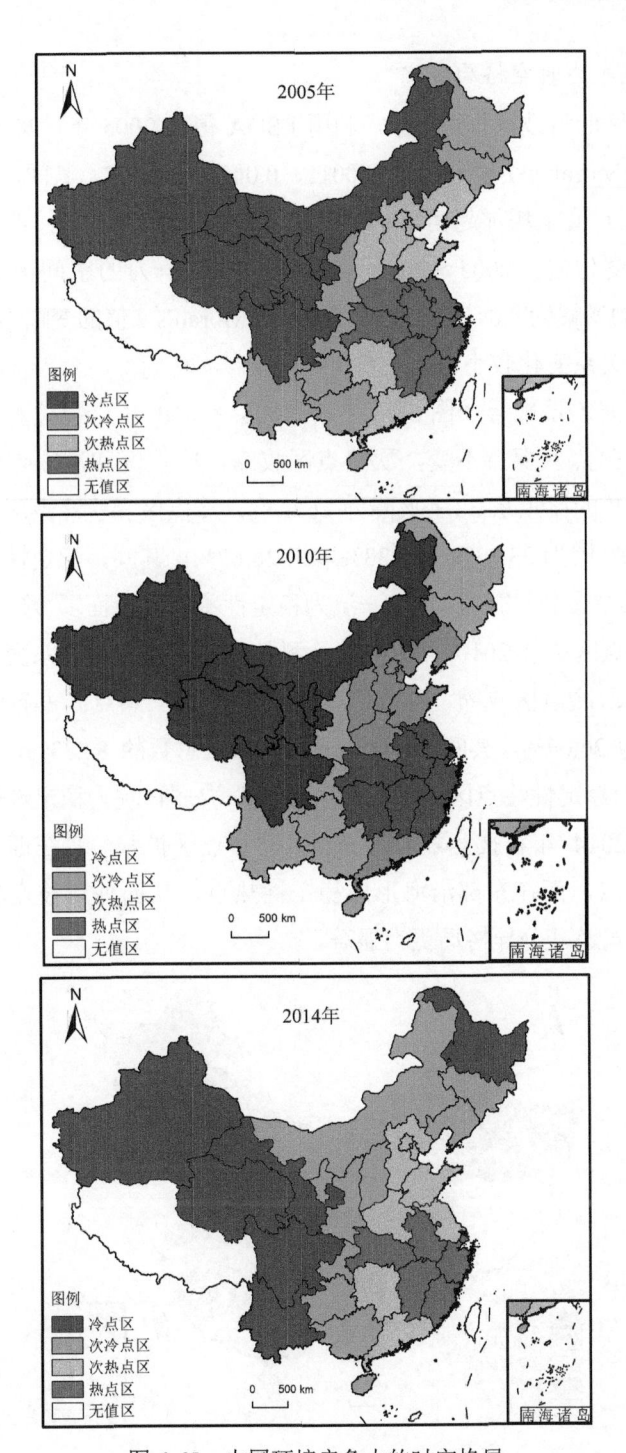

图 6-65 中国环境竞争力的时空格局

5. 科技竞争力时空格局变化

基于各省区的科技竞争力指数，利用 ESDA 得到 2005 年、2010 年、2014 年科技竞争力的 Moran's I 值分别为-0.0011、0.0402、0.0507。其间，科技竞争力指数的 Moran's I 值呈增加趋势，说明科技竞争力的空间自相关性趋于增强。从 Moran's I 的变化看，2005~2010 年各省科技竞争力的空间关系变化较大，Moran's I 值的变幅为 0.0413；2010~2014 年 Moran's I 值的变幅为 0.0105，科技竞争力的空间关系变化较小。

从局部空间关系来看（图 6-66）：①2005~2010 年，科技竞争力的空间关系变化较小，热点区保持不变，次热点区收缩，冷点区和次冷点区扩张，次热点区占省区总数的比重从 33.33%降为 26.67%，冷点区和次冷点区占省区总数的比重分别从 20%增为 23.33%、23.33%增为 26.67%。其间，稳定性省区占省区总数的 90%，其中，新-青-甘-川-渝-滇为稳定性冷点区，而鄂-赣-闽-苏-沪-浙-皖为稳定性热点区。②2010~2014 年，科技竞争力的空间关系变化较大，冷点区保持不变，次冷点区收缩，热点及次热点区扩张，热点区占省区总数的比重由 23.33%增为 26.67%。其间，稳定性省区占省区总数的 83.33%，其中，新-青-甘-川-渝-滇为稳定性冷点区，而鄂-赣-闽-苏-沪-浙-皖为稳定性热点区。总体来看，2005~2014 年科技竞争力的冷点区和热点区扩张，且在西部形成规模显著的稳定性冷点，而在东部沿海形成稳定性热点，从而使科技竞争力的"东—中—西"阶梯式递减分异格局更为显著。

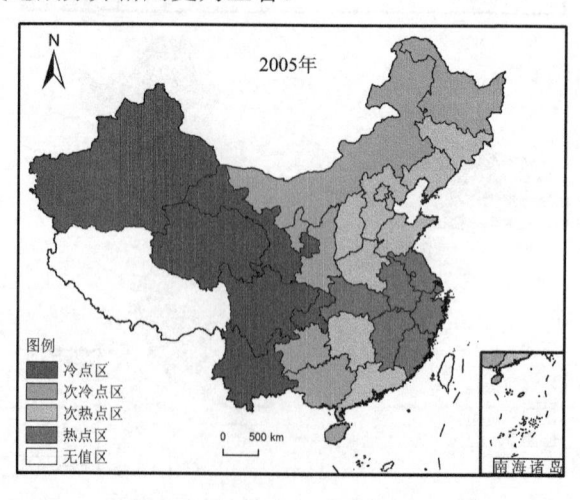

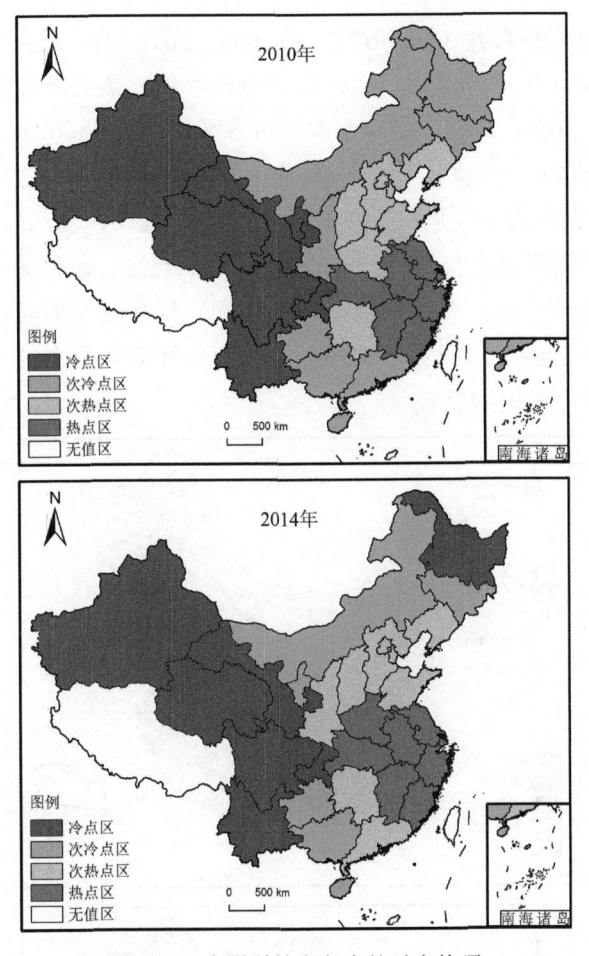

图 6-66　中国科技竞争力的时空格局

6. 社会竞争力时空格局变化

基于各省区的社会竞争力指数，利用 ESDA 得到 2005 年、2010 年、2014 年社会竞争力的 Moran's I 值分别为 0.1301、0.1308、0.1274，且 Moran's I 值的正态统计量 Z 值的置信水平均大于 0.01，说明 2005~2014 年社会竞争力水平呈正的空间自相关，即社会竞争力较高的省区趋于集聚，社会竞争力较低的省区也趋于集聚。其间，社会竞争力指数的 Moran's I 值在波动中减小，说明社会竞争力的空间自相关性趋于减弱。从 Moran's I 的变化看，2005~2010 年 Moran's I 值的变幅为 0.0007；2010~2014 年 Moran's I 值的变幅为 0.0034，社会竞争力的空间关系变化较小。

从局部空间关系来看（图6-67）：① 2005~2010年，社会竞争力的热点区扩大，冷点区和次热点区保持不变，次冷点区收缩，热点区占省区总数的比重从16.67%增为20%。其间，稳定性省区占省区总数的86.67%，其中，青-甘-川-渝-滇为稳定性冷点区，而鲁-苏-沪-浙-皖为稳定性热点区。② 2010~2014年，社会竞争力的空间关系变化保持不变。其中，新-青-甘-川-渝-滇为稳定性冷点区，而鄂-皖-鲁-苏-沪-浙为稳定性热点区。总体来看，2005~2014年社会竞争力的热点区扩张，冷点区保持不变，且在西部形成规模显著的稳定性冷点，而在东部沿海形成稳定性热点，从而使社会竞争力的"东—中—西"阶梯式递减分异格局更为显著。

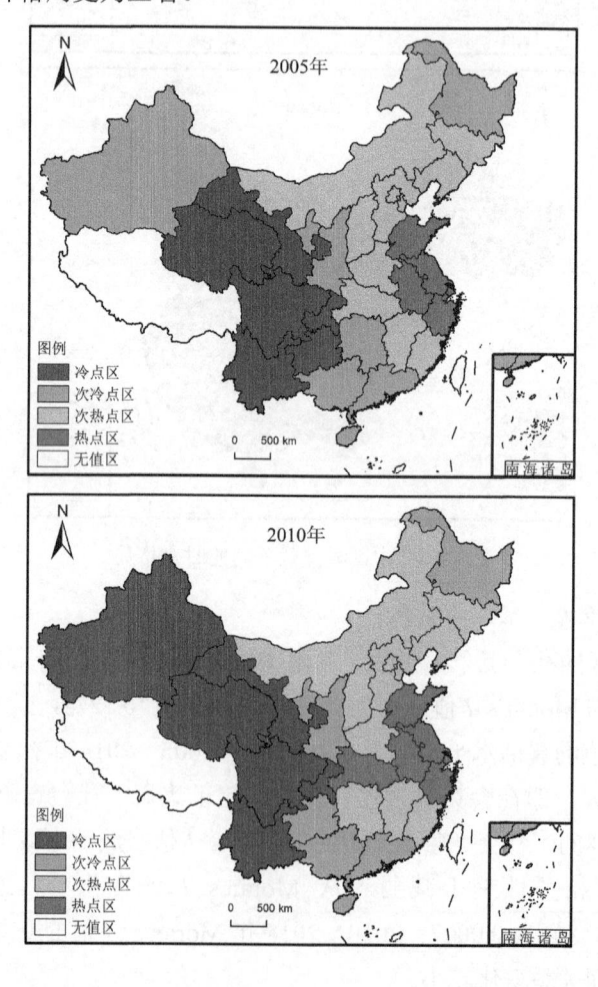

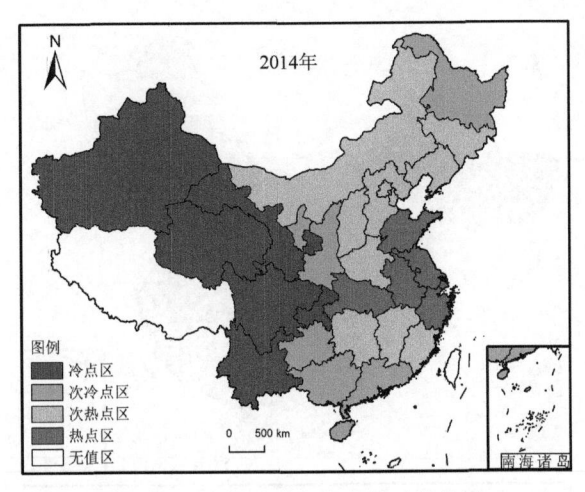

图 6-67 中国社会竞争力的时空格局

7. 区域竞争力的时空格局变化

基于各省区的区域竞争力指数，利用 ESDA 得到 2005 年、2010 年、2014 年中国区域竞争力的 Moran's I 值分别为 0.0392、0.0706、0.0695，且 Moran's I 值的正态统计量 Z 的置信水平在 0.05 水平趋于显著。从 Moran's I 的变化看，2005～2010 年各省区域竞争力的空间关系变化较大，Moran's I 值的变幅为 0.0314；2010～2014 年 Moran's I 值的变幅为 0.0011，区域竞争力的空间关系变化较小。

从局部空间关系来看（图 6-68）：① 2005～2010 年，中国区域竞争力的空间关系变化较小，冷点区收缩，次热区有所扩张，热点区与次冷点区保持不变，冷点区占省区总数的比重从 26.67%降为 23.33%，次热区占省区总数的比重从 26.67%升为 30%。其间，稳定性省区占省区总数的 93.33%，其中，新-青-甘-宁-川-滇-渝为稳定性冷点区，而赣-鄂-皖-闽-苏-沪-浙为稳定性热点区。② 2010～2014 年，中国区域竞争力的空间关系变化较小，冷点区缩小，次冷点区扩大，热点区与次热点区保持不变，冷点区占省区总数的比重由 23.33%降为 20%，次冷点区占省区总数的比重由 23.33%升为 26.67%。其间，稳定性省区占省区总数的 96.67%，其中，新-青-甘-宁-川-滇为稳定性冷点区，而赣-鄂-皖-闽-苏-沪-浙为稳定性热点区。总体来看，2005～2014 年中国区域竞争力的冷点区均呈收缩态势，热点区保持不变，且在西部形成规模显著的稳定性冷点，而在东部沿海形成稳定性热点，从而使中国区域竞争力的"东—中—西"阶梯式递减分异格局更为显著。

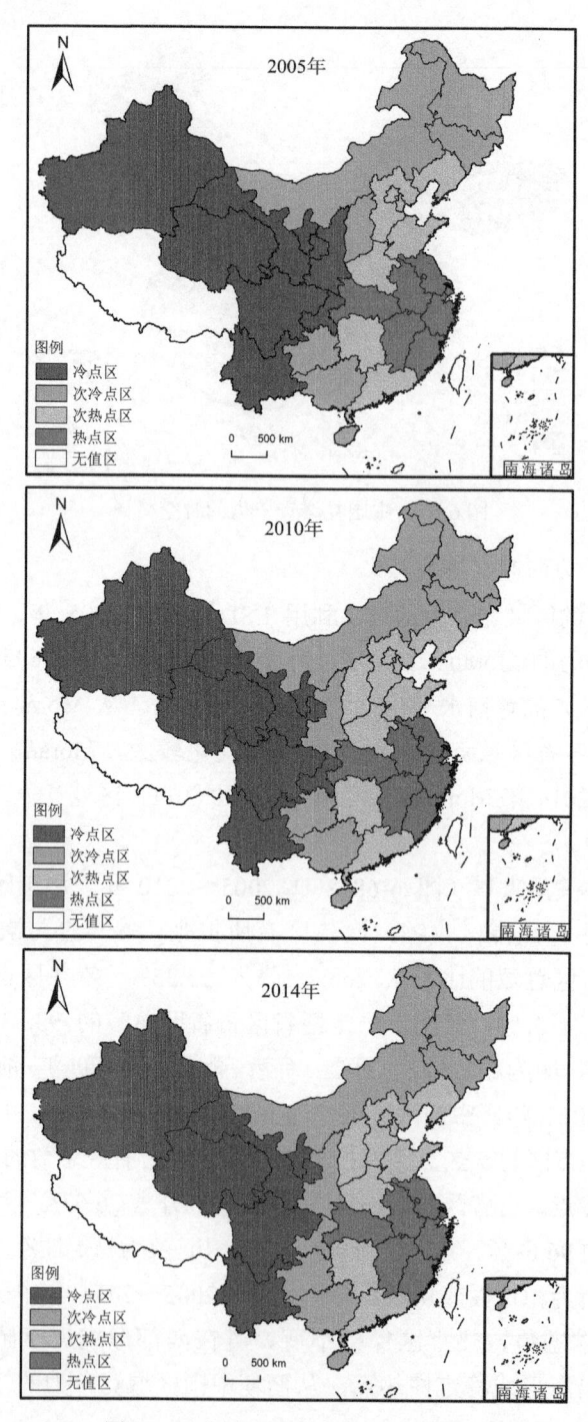

图 6-68 中国区域竞争力的时空格局

二、社会资本对区域竞争能力的影响

（一）社会资本与区域竞争力的相关性

Putnam（1993）提出，社会资本是能够通过促进合作行为而提高社会效率的信任、规范以及网络，因此采用社会信任、社会规范与社会网络测量社会资本。其中，用社会组织数量表征社会网络，用每万人交通事故发生数表征社会规范度，用劳资关系和谐度表征社会信任度。通常，社会组织数量越多，表明社会网络越高；每万人交通事故发生数越少，表明社会规范度越高；每万元GDP发生的劳资纠纷案件数越多，表明劳资关系和谐度越差，社会信任度越低（表6-1）。

首先，采用Pearson相关分析法检验社会网络、社会规范及社会信任与区域竞争力之间的关系（表6-6）。结果显示，劳资关系和谐度与对外开放竞争力、科技竞争力、社会竞争力、区域竞争力呈显著负相关关系，说明社会信任度越高，对外开放竞争力、科技竞争力、社会竞争力、区域竞争力越强；每万人基层工会数与经济竞争力、对外开放竞争力、科技竞争力、社会竞争力、区域竞争力呈显著正相关关系，说明社会网络化程度越高，经济竞争力、对外开放竞争力、科技竞争力、社会竞争力、区域竞争力越强；交通事故发生数与区域竞争力各维度的相关性均不显著，说明社会规范对区域竞争力的影响不显著。

表6-6 社会资本与区域竞争力相关系数

社会资本	经济竞争力	对外开放竞争力	产业竞争力	环境竞争力	科技竞争力	社会竞争力	区域竞争力
交通事故发生率	0.136	0.275	-0.095	0.222	0.264	0.207	0.275
劳资关系和谐度	-0.272	-0.376*	0.106	-0.178	-0.395*	-0.575**	-0.403*
每万人基层工会组织数	0.479**	0.524**	-0.225	0.313	0.467**	0.676**	0.531**

注：*在0.05水平上显著；**在0.01水平上显著。

（二）社会资本对区域竞争能力的作用

大量研究显示，高水平的社会资本是区域社会、经济、环境和谐发展的先决条件，为了进一步分析社会资本对区域竞争力的作用，特以经济竞争力、对外开放竞争力、产业竞争力、环境竞争力、科技竞争力、社会竞争力、区域竞争力为因变量；以每万人的基层工会组织数、每万人交通事故发生数以及劳资关系和谐度为解释变量；以基础设施状况、人力资本状况、政府治理能力为控制变量。其中，用公路网密度表征基础设施状况，用6岁以上人口的受教育年限表征人力资本状况，用人均公共财政预算表征政府竞争力。

采用最小二乘法拟合社会资本对区域竞争力的作用强度（表6-7）。其中，模型（1）仅拟合基础设施、人力资本、政府治理能力对区域竞争力的影响，f检验值为5.049，在0.01水平上显著；模型拟合优度R^2为0.368，说明基础设施、人力资本、政府治理能力等因素仅能解释区域竞争力的36.8%；模型（2）～模型（8）在模型（1）的基础上增加了社会资本三个维度，模型（2）～模型（8）分别以区域竞争力、经济竞争力、对外开放竞争力、产业竞争力、环境竞争力、科技竞争力和社会竞争力为因变量。引入社会资本三个维度后，模型（2）～模型（8）的f检验值均在0.05或0.01水平上显著，且模型拟合优度R^2从0.368提高至0.483～0.933，说明增加社会资本指标后，区域竞争力差异能够得到更好的解释，解释度增加了11.5%～56.5%。

表6-7 社会资本对区域竞争力的影响拟合结果

变量	模型1	模型2	模型3	模型4	模型5	模型6	模型7	模型8
基层工会组织数		0.745***	0.811***	0.777***	-0.413**	0.531***	0.644***	0.357***
每万人发生交通事故数		0.167*	0.053	0.116	0.253	0.247**	0.156	0.161**
劳资关系和谐度		-0.183*	0.039	-0.255*	0.335*	0.016	-0.211	-0.130*
基础设施状况	0.492**	-0.00005	0.107	-0.222	0.181	0.470**	0.007	0.156*
人力资本状况	0.061	-0.051	0.203*	0.102	0.045	-0.006	-0.138	0.198***
政府治理能力	0.144	0.457**	0.237**	0.602**	-0.646	-0.140	0.505**	0.543***
R^2	0.368	0.841	0.903	0.754	0.483	0.746	0.702	0.933
f检验值	5.049***	20.229***	35.597***	11.742***	3.588**	11.229***	9.051**	53.154***

注：*在0.1水平上显著，**在0.05水平上显著，***在0.01水平上显著。

1. 社会网络与区域竞争能力

拟合结果显示，基层工会组织数与经济竞争力、对外开放竞争力、环境竞争力、科技竞争力、社会竞争力、区域竞争力在0.01或0.05水平上显著正相关，说明社会网络化程度越高，经济竞争力、对外开放竞争力、环境竞争力、科技竞争力、社会竞争力及区域竞争力越强。其中，社会网络每提高1个单位，区域总体竞争力提高0.745个单位；对于具体竞争力而言，社会网络对经济竞争力、对外开放竞争力的促进作用最大，其每提高1个单位，经济竞争力与对外开放竞争力分别提高0.811、0.777个单位；它对科技竞争力的促进作用次之，其每提高 1 个单位,社会竞争力将提高 0.644 个单位。

究其原因,主要在于社会网络有助于降低寻找市场的搜寻成本,加速创新信息的传播或有关违约、欺骗行为信息的传播,同时有助于减少风险。通常社会网络水平越高,越有助于促进信息溢出和知识传播,增强合作,提高人们改革和采用新技术与实践的能力;也越有助于人们在面对外部挑战时采取集体行动,共同渡过难关。因此,拥有较高网络化程度的区域,其经济竞争力、对外开放竞争力、环境竞争力、科技竞争力、社会竞争力及区域竞争力较强。然而,拟合结果也显示,每万人基层工会组织数与产业竞争力呈显著负相关关系,这可能是因为组织化程度过高,会使企业过分注重结合型社会资本投资,而忽视沟通型社会资本投资,从而使企业对外交流削弱,企业活力遭受影响,使得产业竞争力下降。

2. 社会信任与区域竞争能力

拟合结果显示,劳资和谐度与经济竞争力、对外开放竞争力、环境竞争力、科技竞争力、社会竞争力及区域竞争力在 0.05 或 0.1 水平上显著负相关,说明社会信任度越高,对外开放竞争力、社会竞争力及区域竞争力越强。其中,劳资和谐度每降低 1 个单位,区域竞争能力提升 0.183 个单位。具体而言,社会信任度对对外开放竞争力的促进作用最强,对社会竞争力的作用次之。其中,劳资和谐度每降低 1 个单位,对外开放竞争力与社会竞争力分别提高 0.255 与 0.13 个单位。

究其原因,主要在于个体对个体的信任、个体对机构与制度的信任不仅有助于提高公共部门、社团与集体的工作效率,也有助于增进合作程度,促进技术和信息的交流与分享,更有助于促进集体行动。通常,社会信任度越高,人们越容易为共同的利益而合作,人们不需要起早冗长的书面协议就能与各种各样的集团签订合同,也不需要花费大量的时间来监督雇员,使得交易成本大大降低。与此同时,高信任度的社会成员更能支持各种有效的政策,无论这种政策能否提高他们自身的收益。因此,社会信任度会显著地促进对外开放竞争力与社会竞争力。然而,拟合结果也显示,劳资和谐度与产业竞争力呈显著正相关关系,即劳资纠纷案件数越多,经济竞争力越强,这一方面可能是与目前我国尚处于市场经济初级阶段,法制化程度不高有关;另一方面也可能是因为经济发展越有活力,劳动者的维权意识越强,劳资案件发生的概率越大。

3. 社会规范与区域竞争能力

拟合结果显示，每万人发生的交通事故数与社会竞争力、环境竞争力在 0.05 水平上显著正相关，与区域竞争力也在 0.1 水平上呈显著正相关，说明现阶段社会规范度越低，社会竞争力、环境竞争力越强，区域竞争力也越强。究其原因，这与现阶段我国所处的社会经济发展转型期有关，无序化反而促进了区域竞争力的提升，但是实现可持续发展，必须建立规范化的社会秩序，否则社会、经济与环境无法实现和谐。

研究结果也显示，基础设施状况与环境竞争力、社会竞争力在 0.05 或 0.1 的水平上显著正相关，说明基础设施条件越好，环境竞争力与社会竞争力越强。其中，基础设施每提高 1 个单位，环境竞争力与社会竞争力分别提高 0.470、0.156 个单位。人力资本与经济竞争力在 0.1 水平上显著正相关，与社会竞争力在 0.01 水平上显著正相关，说明人力资本存量越高，经济竞争力与社会竞争力越强，其中，人力资本每提高 1 个单位，经济竞争力与社会竞争力分别提高 0.203、0.198 个单位。政府治理能力与经济竞争力、对外开放竞争力、科技竞争力、社会竞争力均在 0.05 水平上显著正相关，说明政府治理能力越强，经济竞争力、对外开放竞争力、科技竞争力、社会竞争力越高，其中，政府治理能力对于对外开放竞争力的促进作用最强，其每提高 1 个单位，对外开放竞争力提高 0.602 个单位；对科技竞争力与社会竞争力的促进作用次之，其每提高 1 个单位，科技竞争力与社会竞争力分别提高 0.505、0.543 个单位；对经济竞争力的促进作用最弱，其每提高 1 个单位，经济竞争力仅提高 0.237 个单位。

综上所述，社会资本是提升区域竞争力的关键要素。鉴于此，当前急需有层次、分步骤地进行社会资本培育与投资。首先，应积极鼓励社会组织的发展，同时利用新的社交平台、媒体加强社会成员之间的交往度，增强社会成员之间的联系。同时，个人也应充分利用社会平台，通过扩大与外界的交流，建立起更密集、更广泛的社会网络。其次，应大力建设社会信用体系，提高社会成员之间的信任度；同时，政府应树立高效廉洁自律的公众形象，提高政府公信力。最后，应着力提高社会规范度，加强法制化建设，增强社会的组织化水平，促进公共服务的社会化。

参考文献

边燕杰. 2004. 城市居民社会资本的来源及作用：网络观点与调查发现. 中国社会科学，（3）：136-146.

边燕杰，邱海雄. 2000. 企业的社会资本及其功效. 中国社会科学，（2）：87-99.

蔡运龙，宋长青，冷疏影. 2009. 中国自然地理学的发展趋势与优先领域. 地理科学，29（5）：619-626.

陈乘风，许培源. 2015. 社会资本对技术创新与经济增长的影响：基于中国的经验证据. 山西财经大学学报，37（10）：23-32.

陈传波. 2005. 农户风险与脆弱性：一个分析框架及贫困地区的经验. 农业经济问题，26（8）：47-50.

陈传波. 2007. 中国农户的非正规风险分担实证研究. 农业经济问题，（6）：20-26.

陈传明，周小虎. 2001. 关于企业家社会资本的若干思考. 南京社会科学，（11）：1-6.

陈加奎，赵海燕. 2009. 关系层面社会资本与人才流动意愿关系实证研究. 东岳论丛，30（9）：51-53.

陈健民，丘海雄. 1999. 社团、社会资本与政经发展. 社会学研究，（4）：66-76.

陈捷，卢春龙. 2009. 共通性社会资本与特定性社会资本：社会资本与中国的城市基层治理. 社会学研究，（6）：87-104.

陈劲，陈钰芬，余芳珍. 2007. FDI 对促进我国区域创新能力的影响. 科研管理，28（1）：7-13.

陈秋红. 2011. 社区主导型草地共管模式成效与机制：基于社会资本视角的分析. 中国农村经济，（5）：61-71.

陈炎村. 2010. 社会资本的双重作用与产业集群发展. 生产力研究，（3）：192-194.

陈振环，杨海平，冯亚娟. 2016. 社会资本、家庭收入与城镇居民幸福感：基于中国大样本微观数据的实证研究. 科学决策，（12）：24-44.

崔万田，曾勇，马喆. 2009. 区域经济发展绩效：一个基于社会资本的分析视角. 教学与研究，（6）：48-55.

德雷兹. 2006. 饥饿与公共行为. 北京：社会科学文献出版社.

丁士军，陈传波. 2001. 农户风险处理策略分析. 农业现代化研究，22（6）：346-349.

东·华尔丹. 2003. 现代化视野中的藏族传统文化. 中南民族大学学报（人文社会科学版），23（2）：67-70.

范才成，沈再新. 2008. 少数民族农民收入差异的非正式制度因素分析. 统计与决策，（23）：90-92.

费孝通. 1999. 费孝通文集. 北京：北京群言出版社.

风笑天，易松国. 2000. 城市居民家庭生活质量：指标及其结构. 社会学研究，（4）：107-118.

弗朗西斯·福山. 2003. 公民社会与发展. 见曹荣湘. 走出囚徒困境：社会资本与制度分析. 上海：三联出版社.

高虹，陆铭. 2010. 社会信任对劳动力流动的影响：中国农村整合型社会资本的作用及其地区差异. 中国农村经济，（3）：12-24.

高梦滔，姚洋. 2006. 农户收入差距的微观基础：物质资本还是人力资本?. 经济研究，（12）：71-80.

格鲁特尔特. 2004. 社会资本在发展中的作用. 成都：西南财经大学出版社.

桂勇，黄荣贵. 2008. 社区社会资本测量：一项基于经验数据的研究. 社会学研究，（3）：122-142.

何军，纪月清. 2007. 外出务工、社会资本与农户新型合作医疗的参与：基于江苏省的实证分析. 南京农业大学学报，7（3）：7-11.

侯彩霞，赵雪雁，张亮，等. 2014. 社会资本对农户信贷行为的影响：以甘肃省张掖市、甘南州、临夏州为例. 干旱区地理（汉文版），37（4）：831-837.

侯润秀，官建成. 2006. 外商直接投资对我国区域创新能力的影响. 中国软科学，（5）：104-111.

胡枫，陈玉宇. 2012. 社会网络与农户借贷行为：来自中国家庭动态跟踪调查（CFPS）的证据. 金融研究，（12）：178-192.

胡金焱，张博. 2014. 社会网络、民间融资与家庭创业：基于中国城乡差异的实证分析. 金融研究，（10）：148-163.

胡荣华，陈琰. 2012. 农村居民生活满意度的影响因素分析. 统计研究，29（5）：79-83.

黄荣贵，桂勇. 2011. 集体性社会资本对社区参与的影响：基于多层次数据的分析. 社会，31（6）：1-21.

黄瑞芹. 2009. 中国贫困地区农村居民社会网络资本：基于三个贫困县的农户调查. 中国农村观察, (1): 14-21.

黄祖辉, 徐旭初, 蒋文华. 2009. 中国"三农"问题：分析框架、现实研判和解决思路. 中国农村经济, (7): 4-11.

姜振华. 2008. 论社会资本的核心构成要素. 首都师范大学学报（社会科学版）, (5): 70-74.

蒋乃华, 卞智勇. 2007. 社会资本对农村劳动力非农就业的影响：来自江苏的实证. 管理世界, (12): 158-159.

蒋乃华, 黄春燕. 2006. 人力资本、社会资本与农户工资性收入：来自扬州的实证. 农业经济问题, (11): 46-50.

孔翠翠, 刘静, 朱青, 等. 2016. 社会资本的地理学研究进展. 地理科学进展, 35（8）: 1039-1048.

李博, 石培基, 金淑婷, 等. 2013. 甘肃省及其毗邻区经济差异空间演化研究. 经济地理, 33（4）: 40-47.

李建建, 叶琪. 2010. 国内外有关区域竞争力评价指标体系的研究综述. 综合竞争力, (1): 81-88.

李明, 李慧中. 2010. 政治资本与中国的地区收入差异. 世界经济文汇, (5): 38-57.

李明明, 丁忠义, 牟守国, 等. 2010. 徐州市主城区个人生态足迹空间变异性研究. 自然资源学报, 25（4）: 594-603.

李小建. 2010. 还原论与农户地理研究. 地理研究, 29（5）: 767-777.

李小建, 高更和, 乔家君. 2008. 农户收入的农区发展环境影响分析：基于河南省1251家农户的调查. 地理研究, 27（5）: 1037-1047.

李小建, 周雄飞, 乔家君, 等. 2009. 不同环境下农户自主发展能力对收入增长的影响. 地理学报, 64（6）: 643-653.

李小云, 董强, 饶小龙, 等. 2007. 农户脆弱性分析方法及其本土化应用. 中国农村经济, (4): 32-39.

李兴绪, 刘曼莉, 葛珺沂. 2010. 西南边疆民族地区农户收入的地理影响因素分析. 地理学报, 65（2）: 235-243.

李玉文. 2012. 流域水资源管理中的社会资本作用机制实证研究：黑河流域案例分析. 北京：经济科学出版社.

李志刚, 刘晔. 2011. 中国城市"新移民"社会网络与空间分异. 地理学报, 66（6）: 785-795.

林光华. 2013. 农户收入风险与预防性储蓄：基于江苏农户调查数据的分析. 中国农村经济, (1): 55-66.

林南, 王允, 潘永康, 等. 1987. 生活质量的结构与指标: 1985年天津千户户卷调查资料分析. 社会学研究, (6): 73-89.

林南, 敖丹. 2010. 社会资本之长臂: 日常交流获取工作信息对地位获得的影响. 西安交通大学学报社会科学版, 30 (6): 74-81.

刘长生, 简玉峰. 2009. 社会资本、人力资本与内生经济增长. 财贸研究, 20 (2): 1-9.

刘国亮. 2004. 社会资本与经济增长关系的理论研究综述. 产业经济评论, (2): 24-34.

刘婧, 郭圣乾. 2012. 可持续生计资本对农户收入的影响: 基于信息熵法的实证. 统计与决策, (17): 103-105.

刘倩. 2017. 社会资本对收入的作用机制: 从社会资本的资源配置功能分析. 经济问题, (5): 35-41.

刘丽莉. 2007. 社会资本与经济发展. 经济研究导刊, (9): 31-33.

刘璐琳. 2008. 社会资本对经济增长的影响机理分析. 兰州学刊, (1): 49-52.

刘晓峰. 2011. 社会资本对中国环境治理绩效影响的实证分析. 中国人口·资源与环境, 21 (3): 20-24.

刘赞. 2010. 中国农村居民收入差异的实证分析: 基于社会资本的研究视角. 经济与管理研究, (7): 102-109.

刘志林, 廖露, 钮晨琳. 2015. 社区社会资本对居住满意度的影响: 基于北京市中低收入社区调查的实证分析. 人文地理, (3): 21-27.

刘志民, 高耀. 2011. 家庭资本、社会分层与高等教育获得: 基于江苏省的经验研究. 高等教育研究, (12): 18-27.

刘作祥. 2008. 农户的健康风险分担与新型农村合作医疗研究综述. 经济评论, (4): 142-148.

柳卸林. 2003. 区域创新体系成立的条件和建设的关键因素. 中国科技论坛, (1): 18-22.

龙爱华, 徐中民, 王新华, 等. 2006. 人口、富裕及技术对2000年中国水足迹的影响. 生态学报, 26 (10): 3358-3365.

楼永, 王梦蕾. 2017. 基于两阶段动态模型的社会资本对区域创新影响研究. 科技与经济, 30 (1): 21-25.

路慧玲, 赵雪雁, 侯彩霞, 等. 2014. 社会资本对农户收入的影响机理研究: 以甘肃省张掖市、甘南州与临夏州为例. 干旱区资源与环境, 28 (10): 14-19.

路慧玲, 赵雪雁, 周海, 等. 2014. 社会资本对农户收入的影响: 以甘肃省张掖市、甘南州与临夏州为例. 中国沙漠, 34 (2): 610-616.

卢宁, 李国平. 2009. 基于EKC框架的社会资本水平对环境质量的影响研究——来自中国1995—2007年面板数据. 统计研究, 26 (5): 68-76.

卢淑华, 韦鲁英. 1992. 生活质量主客观指标作用机制研究. 中国社会科学, (1): 121-136.

卢燕平. 2010. 社会资本与我国金融发展研究. 北京: 法律出版社.

陆铭, 李爽. 2008. 社会资本、非正式制度与经济发展. 管理世界, (9): 161-165.

罗桑开珠. 2007. 藏族文化研究的理论与方法. 中国藏学, (1): 82-86.

马定国, 刘影, 陈洁, 等. 2007. 鄱阳湖区洪灾风险与农户脆弱性分析. 地理学报, 62 (3): 321-332.

马利邦, 牛叔文, 李怡欣, 等. 2011. 甘肃省县域经济发展水平空间差异评价. 干旱区地理（汉文版）, 34 (1): 194-200.

马茹. 2017. 社会资本对中国区域创新的影响分析：基于空间知识溢出视角. 软科学, 31 (2): 29-32.

马小勇. 2006. 中国农户的风险规避行为分析：以陕西为例. 中国软科学, (2): 22-30.

马小勇, 白永秀. 2009. 中国农户的收入风险应对机制与消费波动：来自陕西的经验证据. 经济学, 8 (4): 1221-1238.

毛良虎, 姜莹. 2017. 社会资本对长江经济带区域创新能力的影响：基于空间杜宾模型的实证分析. 科技管理研究, 37 (4): 106-111.

孟晓晨, 赵星烁, 买买提江. 2007. 社会资本与地方经济发展：以广东新会为例. 地理研究, 26 (2): 355-362.

苗月霞. 2006. 社会资本与经济发展：理论脉络与争辩. 江苏社会科学, (5): 59-64.

闵庆文, 李云, 成升魁, 等. 2005. 中等城市居民生活消费生态系统占用的比较分析：以泰州、商丘、铜川、锡林郭勒为例. 自然资源学报, 20 (2): 286-292.

裴志军. 2010. 家庭社会资本、相对收入与主观幸福感：一个浙西农村的实证研究. 农业经济问题, (7): 22-29.

乔娟. 2010. 甘肃省农村信用社小额信贷对农户收入影响的实证研究. 兰州: 兰州大学硕士学位论文.

尚海洋, 马忠, 焦文献, 等. 2006. 甘肃省城镇不同收入水平群体家庭生态足迹计算. 自然资源学报, 21 (3): 408-416.

石培基, 王录仓. 2004. 甘川青交接区域民族经济发展研究. 北京: 科学出版社.

申小莉, 高阳, 雷井生. 2010. 农民技能资本投资对收入影响的实证研究. 经济与管理研究, (1): 91-98.

沈晓丽, 杨之雷. 2012. 社会资本与企业技术创新绩效关系研究：以浙江省为例. 中国集体经济, (31): 50-53.

史耀疆, 崔瑜. 2006. 公民公平观及其对社会公平评价和生活满意度影响分析. 管理世界, (10): 39-49.

宋冬梅, 肖笃宁, 张志城, 等. 2004. 石羊河下游民勤绿洲生态安全时空变化分析. 中国沙漠, 24 (3): 335-342.

苏芳, 尚海洋. 2012. 农户生计资本对其风险应对策略的影响: 以黑河流域张掖市为例. 中国农村经济, (8): 79-87.

苏筠, 成升魁, 谢高地. 2001. 大城市居民生活消费的生态占用初探: 对北京、上海的案例研究. 资源科学, 23 (6): 24-28.

孙博文, 李雪松, 伍新木. 2016. 社会资本的健康促进效应研究. 中国人口科学, (6): 98-106.

孙虎, 韩良, 佟连军, 等. 2006. 中国区域生态经济水平与区域竞争力的关联性与实证研究. 生态学报, 26 (5): 1597-1604.

孙凯. 2011. 在孵企业社会资本对资源获取和技术创新绩效的影响. 中国软科学, (8): 165-177.

孙蕾蕾, 孙颖. 2011. 社会资本对农村家庭人力资本投资行为影响的实证分析. 商业经济研究, (16): 9-11.

孙力. 2007. 社会资本对经济增长的影响作用. 经济问题, (3): 71-73.

孙若梅. 2008. 小额信贷对农民收入影响的实证分析. 贵州社会科学, (9): 65-72.

谭灵芝, 王国友. 2012. 气候变化对干旱区家庭生计脆弱性影响的空间分析: 以新疆于田绿洲为例. 中国人口科学, (2): 67-77.

谭燕芝, 张子豪. 2017. 社会网络、非正规金融与农户多维贫困. 财经研究, 43 (3): 43-56.

谭文柱. 2012. 社会关系嵌入与产业转移的区位选择: 宁波服装业案例研究. 地理科学, 32 (7): 835-839.

唐为, 陆云航. 2011. 社会资本影响农民收入水平吗——基于关系网络、信任与和谐视角的实证分析. 经济学家, (9): 77-85.

陶伟, 徐辰. 2013. 旅游地居民职业转换中社会资本的影响与重塑: 平遥案例. 地理研究, 32 (6): 1143-1154.

童馨乐, 褚保金, 杨向阳. 2011. 社会资本对农户借贷行为影响的实证研究: 基于八省1003个农户的调查数据. 金融研究, (12): 177-191.

万建香, 汪寿阳. 2016. 社会资本与技术创新能否打破"资源诅咒": 基于面板门槛效应的研究. 经济研究, (12): 76-89.

王海军, 李艳军. 2011. 社会资本对种子代理商经营满意度调节效应的实证分析. 中国农村经济, (3): 79-90.

参考文献

王平. 2010. 西北回族社会伊斯兰文化与社会网络：以甘肃临夏八坊回族聚居区为例. 世界宗教研究, (6)：144-151.

王田. 2005. 影响区域竞争力的因素及计量分析. 经济问题, (3)：21-22.

王廷惠. 2002. 非正式制度、社会资本与经济发展. 开放时代, (3)：83-95.

王文胜. 2009. 社会资本与经济增长：对传统增长理论的批判. 湖北经济学院学报（人文社会科学版）, 6 (5)：24-26.

王晓玉. 2005. 基于企业社会资本的竞争优势探索. 商业研究, (5)：45-48.

王燕. 2007. 农户社会资本的测度、影响因素与增收效应研究：基于四川省典型地区与村庄的证据. 四川：西南财经大学.

王友华, 孙长勇, 李玥. 2016. 社会资本对健康的影响研究. 中国健康教育, 32 (11)：1010-1014.

王泽群. 2009. 论西部少数民族地区县域经济发展中的社会资本因素. 社会科学家, (2)：40-42.

魏守华, 吴贵生, 吕新雷. 2010. 区域创新能力的影响因素：兼评我国创新能力的地区差距. 中国软科学, (9)：76-85.

魏占军. 2011. 社会资本与经济增长关系研究. 开封：河南大学硕士学位论文.

韦影. 2007. 企业社会资本与技术创新：基于吸收能力的实证研究. 中国工业经济, (9)：119-127.

温忠麟, 侯杰泰, 张雷. 2005. 调节效应与中介效应的比较和应用. 心理学报, 37 (2)：268-274.

吴本健, 郭晶晶, 马九杰. 2014. 社会资本与农户风险的非正规分担机制：理论框架与经验证据. 农业技术经济, (4)：4-13.

吴明隆. 2010. 结构方程模型：AMOS 的操作与应用（第 2 版）. 重庆：重庆大学出版社.

武翠芳, 徐中民. 2008. 黑河流域生态足迹空间差异分析. 干旱区地理（汉文版）, 31 (6)：799-806.

西奥多·舒尔茨. 2002. 对人进行投资：人口质量经济学. 北京：首都经济贸易大学出版社.

夏智伦, 李自如. 2005. 区域竞争力的内涵、本质和核心. 求索, (9)：44-47.

谢爱磊, 洪岩璧. 2017. 社会资本概念在教育研究中的应用：综述与评论. 清华大学教育研究, 38 (1)：21-30.

谢勇. 2011. 中国农村居民储蓄率的影响因素分析. 中国农村经济, (1)：77-87.

邢占军, 张羽. 2007. 社会支持与主观幸福感关系研究. 社会科学研究, (6)：9-14.

熊爱伦, 黄毅祥, 蒲永健. 2016. 社会资本对个人健康影响的差异性研究. 经济科学, (5)：71-82.

熊捷, 孙道银. 2017. 企业社会资本、技术知识获取与产品创新绩效关系研究. 管理评论, 29 (5)：23-39.

徐慧清, 蔡淑燕. 2007. 农民风险意识与规避能力分析. 攀枝花学院学报, 24（1）：13-15.

徐娟. 2014. 区域创新能力影响因素的实证分析：基于社会资本的角度. 内蒙古社会科学（汉文版）, 35（3）：106-111.

徐伟, 章元, 万广华. 2011. 社会网络与贫困脆弱性：基于中国农村数据的实证分析. 学海, （4）：122-128.

徐中民, 程国栋, 邱国玉. 2005. 可持续性评价的 ImPACTS 等式. 地理学报, 60（2）：198-208.

徐中民, 程国栋. 2008. 人地系统中人文因素作用的分析框架探讨. 科技导报, 26（3）：86-92.

徐中民, 钟方雷, 焦文献. 2008. 水-生态-经济系统中人文因素作用研究进展. 地球科学进展, 23（7）：723-731.

许汉石, 乐章. 2012. 生计资本、生计风险与农户的生计策略. 农业经济问题, （10）：100-105.

薛新东, 刘国恩. 2012. 社会资本决定健康状况吗：来自中国健康与养老追踪调查的证据. 财贸经济, （8）：113-121.

严成樑. 2012. 社会资本、创新与长期经济增长. 经济研究, （11）：48-60.

阎建忠, 吴莹莹, 张镱锂, 等. 2009. 青藏高原东部样带农牧民生计的多样化. 地理学报, 64（2）：221-233.

阎建忠, 张镱锂, 朱会义, 等. 2006. 大渡河上游不同地带居民对环境退化的响应. 地理学报, 61（2）：146-156.

阎建忠, 卓仁贵, 谢德体, 等. 2010. 不同生计类型农户的土地利用：三峡库区典型村的实证研究. 地理学报, 65（11）：1401-1410.

燕继荣. 2015. 社会资本与国家治理. 北京：北京大学出版社.

杨靳. 2007. 人力资本、社会资本与劳动者收入决定. 集美大学学报（哲学社会科学版）, 10（1）：52-55.

杨俊, 杨钢桥. 2011. 风险状态下不同类型农户农业生产组合优化：基于 target-MOTAD 模型的分析. 中国农村观察, （1）：49-59.

杨汝岱, 陈斌开, 朱诗娥. 2011. 基于社会网络视角的农户民间借贷需求行为研究. 经济研究, （11）：116-129.

杨文. 2012. 社会资本能够降低中国农村家庭脆弱性吗. 贵州财经大学学报, 30（2）：86-92.

杨文, 孙蚌珠, 王学龙. 2012. 中国农村家庭脆弱性的测量与分解. 经济研究, （4）：40-51.

姚铮, 胡梦婕, 叶敏. 2013. 社会网络增进小微企业贷款可得性作用机理研究. 管理世界, （4）：135-149.

叶敬忠，朱炎洁，杨洪萍. 2004. 社会学视角的农户金融需求与农村金融供给. 中国农村经济，(8)：31-37，43.

易行健，张波，杨汝岱，等. 2012. 家庭社会网络与农户储蓄行为：基于中国农村的实证研究. 管理世界，(5)：43-51.

余思新. 2008. 农民风险的现实表现及其防范对策研究. 农林经济管理学报，17（1）：27-32.

曾艳华. 2006. 农民发展能力的问题与对策. 改革与战略，(6)：29-33.

张方华. 2006. 企业社会资本与技术创新绩效：概念模型与实证分析. 研究与发展管理. 18（3）：47-53.

张方华. 2011. 网络嵌入影响企业创新绩效的概念模型与实证分析. 中国工业经济，(4)：110-119.

张方圆，赵雪雁. 2014. 基于农户感知的生态补偿效应分析：以黑河中游张掖市为例. 中国生态农业学报，22（3）：349-355.

张方圆，赵雪雁，田亚彪，等. 2013. 社会资本对农户生态补偿参与意愿的影响：以甘肃省张掖市、甘南州、临夏州为例. 资源科学，35（9）：1821-1827.

张继良，刘雅杰，查祥德. 2005. 甘肃区域经济差异时空特征分析. 发展，(11)：22-25.

张建杰. 2008. 农户社会资本及对其信贷行为的影响：基于河南省397户农户调查的实证分析. 农业经济问题，(9)：28-34.

张进华. 2010. 基于二阶因子模型的企业社会资本测量研究. 金融与经济，(12)：14-16.

张凯，冯起，吕永清，等. 2011. 民勤绿洲荒漠带土壤水分的空间分异研究. 中国沙漠，31（5）：1149-1155.

张可云，傅帅雄，张文彬. 2011. 基于改进生态足迹模型的中国31个省级区域生态承载力实证研究. 地理科学，(9)：1084-1089.

张克中. 2005. 社会资本、诚信与湖北经济发展. 华中科技大学学报（社会科学版），19（5）：56-59.

张梁梁，杨俊. 2015. 社会资本与居民幸福感：基于中国式分权的视角. 经济科学，(6)：65-77.

张平康，张仙锋. 2005. 信任基础理论探讨. 生产力研究，(10)：92-93.

张其仔. 1999. 社会资本论. 北京：社会科学文献出版社.

张士斌. 2007. 农民收入增长的因素分析. 贵州财经大学学报，(5)：39-42.

张爽，陆铭，章元. 2007. 社会资本的作用随市场化进程减弱还是加强：来自中国农村贫困的实证研究. 经济学（季刊），6（2）：539-560.

张顺，郭小弦. 2011. 社会网络资源及其收入效应研究：基于分位回归模型分析. 社会，31（1）：94-111.

张维迎, 柯荣住. 2002. 信任及其解释：来自中国的跨省调查分析. 经济研究,（10）：59-70，96.

张文宏. 2011. 中国社会网络与社会资本研究 30 年（上）. 江海学刊,（2）：104-112.

张文宏. 2011. 中国社会网络与社会资本研究 30 年（下）. 江海学刊,（3）：96-106.

张晓明, 陈静. 2007. 构建社会资本：破解农村信贷困境的一种新思路. 经济问题,（3），99-100.

章元, 陆铭. 2009. 社会网络是否有助于提高农民工的工资水平? 管理世界,（3）：45-54.

赵恒庆. 2010. 甘肃省农户收入影响因素的计量分析. 北方经济,（16）：69-72.

赵剑治, 陆铭. 2009 关系对农村收入差距的贡献及其地区差异：一项基于回归的分解分析. 经济学: 季刊, 9（1）：363-390.

赵绍阳. 2010. 疾病冲击与城镇家庭消费保险能力研究：基于对城镇家庭追踪调查数据的实证分析. 中国人口科学,（5）：66-74.

赵雪雁. 2012. 社会资本测量研究综述. 中国人口·资源与环境, 22（7）：127-133.

赵雪雁. 2013. 村域社会资本与环境影响的关系：基于甘肃省村域调查数据. 自然资源学报, 28（8）：1318-1327.

赵雪雁. 2009. 牧民对高寒牧区生态环境的感知：以甘南牧区为例. 生态学报, 29（5）：2427-2436.

赵雪雁. 2010. 社会资本与经济增长及环境影响的关系研究. 中国人口·资源与环境, 20（2）：68-73.

赵雪雁. 2011. 生计资本对农牧民生活满意度的影响：以甘南高原为例. 地理研究, 30（4）：687-698.

赵雪雁, 侯彩霞, 路慧玲, 等. 2012. 藏族地区农户的社会资本特征分析：以甘南州为例. 中国人口·资源与环境, 22（12）：101-107.

赵雪雁, 侯成成, 李建豹, 等. 2011. 甘肃省县域经济增长与空间格局演变探析. 西北师范大学学报（自然科学版）, 47（5）：104-109.

赵雪雁, 李文美, 张亮, 等. 2015. 社会资本对区域创新能力的影响. 干旱区地理, 38（2）：377-383.

赵雪雁, 毛笑文. 2015. 社会资本对农户生活满意度的影响：基于甘肃省的调查数据. 干旱区地理, 38（5）：1040-1048.

赵雪雁, 毛笑文. 2013. 汉、藏、回族地区农户的环境影响：以甘肃省张掖市、甘南州、临夏州为例. 生态学报, 33（17）：5397-5406.

赵雪雁, 徐中民. 2009. 生态系统服务付费的研究框架与应用进展. 中国人口·资源与环境, 19（4）：112-118.

赵雪雁，张方圆，张亮，等. 2013. 回族地区农户社会资本特征分析：以临夏州为例. 西北师范大学学报（自然科学版），49（3）：97-104.

赵雪雁，张亮，张方圆，等. 2013. 张掖市农户社会资本特征分析. 干旱区地理，36（6）：1136-1143.

赵雪雁，赵海莉. 2013. 汉、藏、回族地区农户的社会资本比较：以甘肃省张掖市、甘南州、临夏州为例. 中国人口·资源与环境，23（3）：49-55.

赵延东. 2006. 测量西部城乡居民的社会资本. 华中师范大学学报（人文社会科学版），45（6）：48-52.

赵延东. 2008. 社会网络与城乡居民的身心健康. 社会，28（5）：1-19.

赵延东，洪岩璧. 2012. 社会资本与教育获得：网络资源与社会闭合的视角. 社会学研究，（5）：47-68.

赵延东，罗家德. 2005. 如何测量社会资本：一个经验研究综述. 国外社会科学，（2）：18-24.

赵耀辉，李实. 2002. 中国城镇职工实物收入下降的原因分析. 经济学（季刊），1（3）：575-588.

郑艾林. 2011. 论我国转型时期农村社会资本的变迁. 农村经济，（8）：92-95.

朱荟. 2015. 社会资本与心理健康：因果方向检定和作用路径构建. 人口与发展，21（6）：47-56.

邹薇，张芬. 2006. 农村地区收入差异与人力资本积累. 中国社会科学，（2）：67-79.

邹宇春，敖丹. 2011. 自雇者与受雇者的社会资本差异研究. 社会学研究，（5）：198-224.

Adger W N. 2003. Social capital, collective action, and adaptation to climate change. Economic Geography, 79（4）：387-404.

Alix-Garcia J, Janvry A D, Sadoulet E. 2005. The role of risk in targeting payments for environmental services. Social Science Electronic Publishing.

Alix-Garcia J, Janvry A D, Sadoulet E. 2008. The role of deforestation risk and calibrated compensation in designing payments for environmental services. Environment and Development Economics, 13（3）：375-394.

Anderson A R, Jack S L. 2002. The articulation of entrepreneurial social capital. Entrepreneurship & Regional Development, 14（3）：193-210.

Andrews F M, Abbey A, Halman L J. 1991. Stress from infertility, marriage factors and subjective well-being of wives and husbands. Journal of Health & Social Behavior, 32（3）：238-253.

Ann Dale, Jenny Onyx. 2005. A dynamic balance：Social capital and sustainable community development. British Columbia：UBC Press.

Antoci A, SaccoP L, Vanin P. 2001. Economic growth and social poverty: The evolution of social participation. Bonn Econ Discussion Papers 13/2001, University of Bonn, Germany, 14 (2): 330-342.

Arild Vatn. 2010. An institutional analysis of payments for environmental services. Ecological Economics, 69 (6): 1245-1252.

Barro R J. 1992. Convergence. Journal of Political Economy, 100 (2): 223-251.

Bartolini S, Sarracino F. 2014. Happy for how long? How social capital and economic growth relate to happiness over time. Ecological Economics, 108: 242-256.

Bebbington A. 1999. Capitals and capabilities: A framework for analyzing peasant viability, rural livelihoods and poverty. World Development, 27 (12): 2021-2044.

Berg M V D. 2010. Household income strategies and natural disasters: Dynamic livelihoods in rural Nicaragua. Ecological Economics, 69 (3): 592-602.

Bian Y J. 1997. Bringing strong ties back in: Indirect ties, network bridges, and job searches in China. American Sociological Review, 62 (3): 366-385.

Bjornskov C. 2006. The multiple facets of social capital. European Journal of Political Economy, 22 (1): 22-40.

Bourdieu P, Passeron J C. 1977. Reproduction in education, society and culture. SAGE Studies in social and educational change. Volume 5. British Journal of Sociology, 30 (1): 75-82.

Bourdieu P, Loic W. 1992. Invitation to reflexive sociology. Chicago: University of Chicago press.

Bruijnzeel L A. 2004. Hydrological functions of tropical forests: Not seeing the soil for the trees? Agriculture Ecosystems & Environment, 104 (1): 185-228.

Burt R S. 2002. Bridge decay. Social Networks, 24 (4): 333-363.

Burt R S. 2000. The network structure of social capital. Research in organizational behavior, 22: 345-423.

Bynner J, Parsons S. 2002. Social exclusion and the transition from school to work: The case of young people not in education, employment, or training. Journal of Vocational Behavior, 60 (2): 289-309.

Cacho O J, Marshall G R, Milne M. 2005. Transaction and abatement costs of carbon-sink projects in developing countries. Environment and Development Economics, 10 (5): 597-614.

Calder I R. 1999. The blue revolution: Land use and integrated water resources management. Environment & Urbanization, 85 (3): 281-281.

参考文献

Cernea M M. 1987. Farmer organisations and institution building for sustainable development. Regional Development Dialogue, 8 (2): 1-24.

Chomitz K M. 2002. Baseline, leakage and measurement issues: How do forestry and energy projects compare? Climate Policy, 2 (1): 35-49.

Chomitz K M, Kumari K. 1998. The domestic benefits of tropical forests: A critical review. Social Science Electronic Publishing, 13 (1): 13-15.

Chou K L. 1999. Social support and subjective wellbeing among HongKong Chinese young adults. Journal of Genetic Psychology, 160 (3): 319-331.

Cohen W M, Klepper S. 1992. The tradeoff between firm size and diversity in the pursuit of technological progress. Small Business Economics, 4 (1): 1-14.

Coleman J. 1988. Social capital in the creation of human capital. American Journal of Sociology, (94): 95-120.

Collier P, Gunning J W. 1999. Explaining African economic performance. Journal of Economic Literature, 37 (1): 64-111.

David Halpern. 2001. Moral values, social trust and inequality: Can values explain crime?. The British Journal of Criminology, 41 (2): 236-251.

David Halpern. 2005. Social capital. Cambridge : Polity Press.

De Silva, Mary 2006. System review of the methods used in studies of social capital and mental health. In Kwame McKenzir &Trudy Harpham (eds.), Social Capital and Mental Health. London: Jessica Kingsley Publisher.

Derksen L, Gartell J. 1993. The social context of recycling. American Socio logical Review, 58 (3): 434-442.

Diener E. 2000. Subjective well-being. American Psychologist. 55 (1): 34-43.

Dillon J L, Scandizzo P L. 1978. Risk attitudes of subsistence farmers in northeast Brazil: A sampling approach. American Journal of Agricultural Economics, 60 (4): 425-435.

Downing T E, Gitu K W, Kaman C M. 1989. Coping with drought in Kenya: National and local strategies. Boulder: Lynne Rienner.

Dulal H B, Foa R, Knowles S. 2011. Social capital and cross-country environmental performance. The Journal of Environment & Development, 20 (2): 121-144.

Easterlin R. 2001. Income and happiness: Toward a unified theory. Economic Journal, 111 (473): 465-484.

Ehrlich P R, Holdrens J P. 1971. The impact of population on growth. Science, 171: 1212-1217.

Ekici T, Koydemir S. 2014. Social capital, government and democracy satisfaction, and happiness in Turkey: A comparison of surveys in 1999 and 2008. Social Indicators Research, 118 (3): 1031-1053.

Elgar F J, Aitken N. 2011. Income inequality, trust and homicide in 33 countries. European Journal of Public Health, 21 (2): 241-246.

Ellis F. 1998. Household strategies and rural livelihood diversification. Journal of Development Studies, 35 (1): 1-38.

Engel S, Pagiola S, Wunder S. 2008. Designing payments for environmental services in theory and practice: An overview of the issues. Ecological Economics, 65 (4): 663-674.

Fabio S. 2009. Social capital as social networks: A new framework for measurement and an empirical analysis of its determinants and consequences. The Journal of Socio-economics, 38 (3): 429-442.

Fafchamps M, Lund S. 2003. Risk-sharing networks in rural Philippines. Journal of Development Economics, 71 (2): 261-287.

Farley J, Costanza R. 2010. Payments for ecosystem services: From local to global. Ecological Economics, 69 (11): 2060-2068.

Farley J, Aquino A, Daniels A, et al. 2010. Global mechanisms for sustaining and enhancing PES schemes. Ecological Economics, 69 (11): 2075-2084.

Ferraro P J, Pattanayak, S K. 2006. Money for nothing? A call for empirical evaluation of biodiversity conservation investments. PLoS Biology, 4 (4): 482-488.

Flap H D. 1991. Social capital in the reproduction of inequality: A review. Blood, 115 (21): 4162-4167.

Florida R, Cushing R, Gates G. 2002. The rise of the creative class. New York: Basic Books.

Forsman A K, Nyqvist F, Wahlbeck K. 2011. Cognitive components of social capital and mental health status among older adults: A population-based cross-sectional study. Scandinavian Journal of Public Health, 39 (7): 757-765.

Fountain J E. 1998. Social capital: A key enabler of innovation. In: Branscomb L M, Keller J H (Eds.), Investing in research and innovation policy: Creating a research and innovation policy that works. Cambridge: MIT Press.

参考文献

Francesco S. 2010. Social capital and subjective well-being trends: Comparing 11 western European countries. The Journal of Socio-Economics, 39 (4): 482-517.

Fukuyama F. 1995. Social capital and the global economy. Foreign Affairs, 74 (5): 89-103.

Fukuyama F. 1995. Trust: The social virtues and the creation of prosperity. New York: Free Press.

Gertler P, Levine D I, Moretti E. 2009. Do microfinance programs help families insure consumption against illness?. Health Economics, 18 (3): 257-273.

Gittell R, Vidal A. 1998. Community organizing: Building social capital as a development strategy. Contemporary Sociology, 29 (2): 352-354.

Grafton R Q, Knowles S. 2004. Social capital and national environmental performance: A cross-sectional analysis. The Journal of Environment & Development: A Review of International Policy, 1263 (4): 413-416.

Granovetter M S. 1995. Getting a job: A study of contacts and careers. 2nd ed. Chicago: University of Chicago Press.

Granovetter M. 2005. The impact of social structure on economic outcomes. Journal of Economic Perspectives, 19 (1): 33-50.

Gradstein M. 2003. Governance and economic growth. World Bank Policy Research Working Paper 3098.

Grootaert C, Oh Gi-Taik, Swamy A. 1999. Social capital, household welfare and poverty in Burkina Faso. Policy Research Working Paper, 11 (1): 4-38.

Grootaert C, Thierry V B. 2002. Understand and measuring social capital. Washington, D. C. : World Bank.

Grootaert C, Thierry V B. 2002. The role of social capital in development. Cambridge University Press.

Gunning J W, Collier P. 1999. Explaining African economic performance. Journal of Economic Literature. 37 (1): 64-111.

Hall P A. 1999. Social capital in Britain. British Journal of Political Science, 29 (3): 417-461.

Helliwell J F, Putnam R D. 2004. The social context of well-being. Philosophical Transactions, 359 (1449): 1435-1446.

Islam A, Maitra P. 2012. Health shocks and consumption smoothing in rural households: Does microcredit have a role to play?. Journal of Development Economics, 97 (2): 232-243.

Jack B K, Kousky C, Sims K R. 2008. Designing payments for ecosystem services: Lessons from previous experience with incentive-based mechanisms. Proceedings of the National Academy of Sciences of the United States of America, 105 (28): 9465-9470.

Jodha N S. 1986. Common property resources and rural poor in dry regions of India. Economic & Political Weekly, 21 (27): 1169-1181.

Jones C I. 1995. R&D-based models of economic growth. Journal of Political Economy, 103 (4): 759-784.

Kaasa A. 2009. Effects of different dimensions of social capital on innovative activity: Evidence from Europe at the regional level. Technovation, 29 (3): 218-233.

Katz E G. 2000. Social capital and natural capital: A comparative analysis of land tenure and natural resource management in Guatemala. Land Economics, 76 (1), 114-132.

Kennelly B, O'Shea E, Garvey E. 2003. Social capital, life expectancy and mortality: a cross-national examination. Social Science & Medicine, 56 (12): 2367-2377.

Knack S, Keefer P. 1997. Does social capital have an economic payoff ?A cross-country investigation. Quarterly Journal of Economics, 112 (4): 1251-1288.

Knight J, Yueh L. 2008. The role of social capital in the labour market in China. Economics of Transition, 16 (3): 389-414.

Kosoy N, Martinez-Tuna M, Muradian R, et al. 2006. Payments for environmental services in watersheds: Insights from a comparative study of three cases in Central America. Ecological Economics, 61 (2): 446-455.

Lehtonen M. 2004. The environmental–social interface of sustainable development: capabilities, social capital, institutions. Ecological Economics, 49 (2): 199-214.

Levine R. 1997. Financial development and economic growth: Views and agenda. Social Science Electronic Publishing, 35 (2): 688-726.

Lim C, Putnam R D. 2010. Religion, social networks, and life satisfaction. American Sociological Review, 75 (6): 914-933.

Lindenbraten A L, Kovaleva W, Shavkhalov R N. 2006. Assessing the vulnerability of social-environment systems. Annual Review of Environment and Resources, 5 (31): 365-394.

Li M M, Ding Z Y, Mu S G, et al. 2010. Spatial variability analysis of personal ecological footprint in Xuzhou main city. Journal of Natural Resources, 25 (4): 594-603.

Lin Nan. 2001. Social capital: A theory of social structure and action. Cambridge: Cambridge University Press.

Lin Nan. 1999. Social networks and status attainment. Annual Review of Sociology, 25 (1): 467-487.

Lin Nan, Mary Dumin. 1986. Access to occupations through social ties. Social Networks, 8 (4): 365-385.

Litwin H, Shiovitzezra S. 2011. Social network type and subjective well-being in a national sample of older Americans. The Gerontologist, 51 (3): 379-388.

Liu D, Feng Z M, Yang Y, et al. 2011. Spatial patterns of ecological carrying capacity supply-demand balance in China at county level. Journal of Geographical Sciences, 21 (5): 833-844.

Li X J, Gao G H, Qiao J J. 2008. Rural household's income and its determinant factors: Evidence from 1251 rural households in Henan Province, China. Geographical Research, 27 (5): 1037-1047.

Li X J. 2010. Reductionism and geography of rural households. Geographical Research, 29 (5): 767-777.

Li X J, Zhou X F, Qiao J J, et al. 2009. Self-developing ability of rural households and its impact on growth of the household income: A geographical study. Acta Geographica Sinica, 64 (6): 643-653.

Lochner K A. 2003. Social capital and neighborhood mortality rates in Chicago. Social Science & Medicine, 56 (8): 1797-1805.

Long A H, Xu Z M, Wang X H, et al. 2006. Impacts of population, affluence and technology on water footprint in China. Acta Ecologica Sinica, 26 (10): 3358-3365.

Lucas R E. 1988. On the mechanics of economic development. Journal of Monetary Economics, 22 (1): 3-42.

Lynch J, Smith G D, Hillemeier M, et al. 2001. Income inequality, the psychosocial environment, and health: Comparisons of wealthy nations. Lancet, 358 (9277): 194-200.

Kumar S, Calvo R, Avendano M, et al. 2012. Social support, volunteering and health around the world: Cross-national evidence from 139 countries. Social Science & Medicine, 74 (5): 696-706.

Maskell P. 2000. Social capital, innovation and competitiveness. In: Baron S, Field J, Schuller T (Eds.), Social apital: Critical Perspectives. New York: Oxford University Press.

Mcneill L H, Kreuter M W, Subramanian S V. 2006. Social environment and physical activity: A review of concepts and evidence. Social Scicience & Medicine, 63 (4): 1011-1022.

Meyerson E M. 1994. Human capital, social capital and compensation: The relative contribution of social contacts to managers' incomes. Acta Sociologica, 37 (4): 383-399.

Mohan G, Mohan J. 2002. Placing social capital. Progress in Human Geography, 26 (2): 191-210.

Morduch J. 2013. Between the state and the market: Can informal insurance patch the safety net?. World Bank Research Observer, 14 (2): 187-207.

Morris J, Gowing D J G, Mills J, et al. 2000. Reconciling agricultural economic and environmental objectives: The case of recreating wetlands in the Fenland area of eastern England. Agriculture Ecosystems & Environment, 79 (2): 245-257.

Motsholapheko M R, Kgathi D L, Vanderpost C. 2011. Rural livelihoods and household adaptation to extreme flooding in the Okavango Delta, Botswana. Physics & Chemistry of the Earth Parts A/b/c, 36 (14-15): 984–995.

Muradian R, Corbera E, Pascual U, et al. 2010. Reconciling theory and practice: An alternative conceptual framework for understanding payments for environmental services. Ecological Economics, 69 (6): 1202-1208.

Murphy J. 2006. Building trust in economic space. Progress in Human Geography, 30 (4): 427-450.

Nahapiet J, Ghoshal S. 1998. Social capital, intellectual capital, and the organizational advantage. Academy of Management Review, 23 (2): 119-157.

Narayan D, Michael C F. 2001. A dimensional approach to measuring social capital: Development and validation of a social capital inventory. Current Sociology 49 (2): 59-102.

Narayan D, Pritchett L. 1999. Cents and sociability: Household income and social capital in rural Tanzania. Economic Development and Cultural Change, 47 (4): 871-897.

Nakamura D. 2014. Social participation and social capital with equity and efficiency: An approach from central-place theory. Applied Geography, 49 (2): 54-57.

Naughton L. 2014. Geographical narratives of social capital: Telling different stories about the socio-economy with context, space, place, power and agency. Progress in Human Geography, 38 (1): 3-21.

参考文献

Nieminen T, Martelin T, Koskinen S, et al. 2010. Social capital as a determinants of self-rated health and psychological well-being. International Journal of Public Health, 55 (6): 531-542.

Norman Uphoff, Wijayaratna C M. 2000. Demonstrated benefits from social capital: The productivity of farmer organizations in Gal Oya, SriLanka. World Development, 28 (11): 1875-1890.

Ohlsson L. 2000. Water conflicts and social resource scarcity. Physics and Chemistry of the Earth, 25 (3): 213-220.

Ohlsson L, Turton A R. 2000. The turning of a screw: Social resource scarcity as a bottle-neck in adaptation to water scarcity. Stockholm water front, 1: 10-11.

Onyx J, Paul B. 2000. Measuring social capital in five communities. The Journal of Applied Behavioral Science, 36 (1): 23-42.

Ostrom E. 1990. Governing the commons: The evolution of institutions for collective action. Cambridge: Cambridge Universituy Press.

Ostrom E. 2000. Social capital: A fad or a fundamental concept, in Dasgupta P and Serageldin I (eds). Social capital: A multifaceted perspective. Washington D. C.: World Bank.

Ostrom E, Ahn T K. 2003. Foundations of social capital. Edward Elgar Publishing Limited.

Pagiola S. 2005. Assessing the efficiency of payments for environmental services programs: A framework for analysis. Washington D. C.: World Bank.

Pagiola S. 2006. Payments for environmental services in Costa Rica. Ecological Economics, 65 (4): 712-724.

Pagiola S, Platais G. 2007. Payments for environmental services: From theory to practice. Washington D. C.: World Bank.

Pan F H, He C F. 2010. Regional difference in social capital and its impact on regional economic growth in China. Chinese Geographical Science, 20 (5): 442-449.

Paxton P. 1999. Is social capital declining in the United States? A multiple indicator assessment. American Journal of Sociology, 105 (1): 88-127.

Paxton P. 2002. Social capital and democracy: An interdependent relationship. American Sociological Review, 67 (2): 254-277.

Pelling M, High C. 2005. Understanding adaptation: What can social capital offer assessments of adaptive capacity?. Global Environmental Change, 15 (4): 308-319.

Poon J P H, Thai D T, Naybor D. 2012. Social capital and female entrepreneurship in rural regions: Evidence from Vietnam. Applied Geography, 35 (1-2): 308-315.

Portes A. 1998. Social capital: Its origins and applications in modern sociology. Annual Review of Sociology, 24 (1): 1-24.

Prayitno G, Matsushima K, Jeong H, et al. 2014. Social capital and migration in rural area development. Procedia Environmental Sciences, 20 (1): 543-552.

Pretty J. 2003. Social capital and the collective management of resources. Science, 302 (5652): 1912-1914.

Pretty J, Ward H. 2001. Social capital and the environment. World Development, 29 (2): 209-227.

Putnam R D. 1995. Bowling alone: American's declining social capital in American. Journal of Democracy, 6 (1): 65-78.

Putnam R D. 2000. Bowling alone: The collapse and revival of American community. New York: Simon and Schuster.

Putnam R D. 1993. Making democracy work: civic traditions in modern Italy. Princeton: Princeton University Press.

Putnam R D. 1993. The prosperous community: social capital and public life. The American Prospect, (4): 27-40.

Putnam R D, Leonardi R, Nonetti R Y. 1993. Making democracy Work: Civic traditions in modern Italy. Princeton : Princeton University Press.

Ram R. 2010. Social capital and happiness: Additional cross-country evidence. Journal of Happiness Studies, 11 (4): 409-418.

Rayner S, Malone E L. 2001. Climate change, poverty and intergenerational equity: The national level. International Journal of Global Environmental Issues, 1 (1): 175-202.

Rees W. 1992. Ecological footprint and appropriated carrying capacity: What urban economics leaves out?. Focus, 6 (2): 121-130.

Roberts M J, Lubowski R N. 2007. Enduring impacts of land retirement policies: Evidence from the conservation reserve program. Land Economics, 83 (4): 516-538.

Robertson N, Wunder S. 2005. Fresh tracks in the forest assessing incipient payments for environmental services initiatives in Bolivia. Chinese Journal of the Frontiers of Medical Science, 51 (7): 581-588.

Robison L J, Siles M E. 1999. Social capital and household income distributions in the United States: 1980, 1990. The Journal of Socio-Economics, 28 (1): 43-93.

Rodríguez-Pose A, von Berlepsch V. 2014. Social capital and individual happiness in Europe. Journal of Happiness Studies, 15 (2): 357-386.

Romer P M. 1989. Endogenous technological change. Journal of Political Economy, (98): 71-102.

Rose R. 2000. How much does social capital add to individual health? A Survey study of Russians. Social Science & Medicine, 51 (9): 1421-1435.

Roslan A H, Russayani I, et al. 2010. The impact of social capital on quality of Life: Evidence from Malaysia. European Journal of Economics, Finance and Administrative Sciences, (22): 112-122.

Ryu H C. 2005. Modeling the per capita ecological footprint for Dallas County, Texas: Examining demographic, environmental value, land-use, and spatial influences. Texas A & M University.

Sabatini F. 2009. Social capital as social networks: A new framework for measurement and an empirical analysis of its determinants and consequences. The Journal of Socio-Economics, 38 (3): 429-442.

Sen A K. 1999. Development as freedom. New York: Oxford University Press.

Seyed A F, Seyed R H, et al. 2011. Life satisfaction and social trust among villagers: A case of three villages in Iran. European Journal of Social Sciences, 22 (2): 156-164.

Shackleton C M, Shackleton S E, Buiten E, et al. 2007. The importance of dry woodlands and forests in rural livelihoods and poverty alleviation in South Africa. Forest Policy and Economics, 9 (5): 558-577.

Shang H Y, Ma Z, Jiao W X, et al. 2006. The calculation of household ecological footprint of the urban residents grouped by income in Gansu. Journal of Natural Resources, 21 (3): 408-416.

Shapiro B I, Brorsen B W. 1988. Factors affecting farmers' hedging decisions. Applied Economic Perspectives and Policy, 10 (2): 145-153.

Sherbinin A D, Vanwey L K, Mcsweeney K, et al. 2008. Rural household demographics, livelihoods and the environment. Global Environmental Change, 18 (1): 38-53.

Sierra R, Russman E. 2006. On the efficiency of environmental service payments: A forest conservation assessment in the Osa Peninsula, Costa Rica. Ecological Economics, 59 (1): 131-141.

Simmons C, Lewis K, Barrett J. 2000. Two feet-two approaches: a component based model of ecological footprinting. Ecological Economics, 32 (3): 375-380.

Sirven N, Debrand T. 2012. Social capital and health of older Europeans: Causal pathways and health inequalities. Social Science & Medicine, 75 (7): 1288-1295.

Soltani A, Angelsen A, Eid T, et al. 2012. Poverty, sustainability, and household livelihood strategies in Zagros, Iran. Ecological Economics, 79 (4): 60-70.

Sommerville M M, Jones J P G, Milner-gulland E J. 2009. A revised conceptual framework for payments for environmental services. Ecology & Society, 14 (2): 34-48.

Song L. 2011. Social capital and psychological distress. Journal of Health and Social Behavior, 52 (4): 478-492.

Son J, Lin N. 2008. Social capital and civic action: A network-based approach. Social Science Research, 37 (1): 330-349.

Su Y, Cheng S K, Xie G D. 2001. Ecological footprint of living consumption per capita in metropolis: A case of study of Beijing and Shanghai. Resource Science, 23 (6): 24-28.

Swank D. 1996. Culture, institutions, and economic growth: Theory, recent evidence, and the role of communitarian polities. American Journal of Political Science, 40 (3): 660-679.

Swart J A. 2003. Will direct payments help biodiversity?. Science, 299 (5615): 1981-1984.

Sztompka, Piotr. 1999. Trust: A sociological theory. New York: Cambridge University Press.

Tiepoh M G N, Reimer B. 2004. Social capital, information flows, and income creation in rural Canada: A cross-community analysis. The Journal of Socio-Economics, 33 (4): 427-448.

Tokuda Y, Fujii S, Inoguchi T. 2010. Individual and country-level effects of social trust on happiness: The Asia barometer survey. Journal of Applied Social Psychology, 40 (10): 2574-2593.

Tom W R, Feldman J L. 1997. Civic culture and democracy from Europe to America. Journal of Politics, 59 (4): 1143-1172.

Touraine A. 1960. Political man: The social bases of politics by Seymour Martin Lipset. American Journal of Sociology, 13 (4): 22-25.

Tsegaye D, Vedeld P, Moe S R. 2013. Pastoralists and livelihoods: A case study from northern Afar, Ethiopia. Journal of Arid Environments, 91 (91): 138-146.

Umoh G S. 2008. Programming risks in wetlands farming: Evidence from Nigerian floodplains. Journal of Human Ecology, 24 (2): 85-92.

参考文献

Uphoff N. 2000. Understanding social capital: Learning from the analysis and experience of participation. Social Capital: A multifaceted perspective. Sociological Perspectives on Development series: 215-252.

Uphoff N, Wijayaratna C M. 2000. Demonstrated benefits from social capital: The productivity of farmer organizations in Gal Oya, Sri Lanka. World Development, 28 (11): 1875-1890.

Verhaeghe P P, Tampubolon G. 2012. Individual social capital, neighbourhood deprivation, and self-rated health in England. Social Science & Medicine, 75 (2): 349-357.

Waggoner P R, Ausubel J H. 2002. A framework for sustainability science: A renovated IPAT identity. Proceedings of the National Academy of Sciences of the United States of America, 99 (12): 7860-7865.

Wegener B. 1991. Job mobility and social ties: Social resources, prior job, and status attainment. American Sociological Review, 56 (1): 60-71.

Whiteley P F. 1995. Economic growth and social capital. Political Studies, 48 (3): 443-466.

Wiens T B. 1976. Peasant risk aversion and allocative behavior: A quadratic programming experiment. American Journal of Agricultural Economics, 58 (4): 629-635.

Wind T R, Komproe I H. 2012. The mechanisms that associate community social capital with post-disaster mental health: A multilevel model. Social Science & Medicine, 75 (9): 1715-1720.

Wolz A, Fritzsch J, Reinsberg K. 2006. The impact of social capital on polish farm incomes: Findings of an empirical survey. Post-Commumist Economies, 18 (1): 85-99.

Woodhouse A. 2006. Social capital and economic development in regional Australia: A case study. Journal of Rural Studies, 22 (1): 83-94.

Woolcock M. 2000. Social capital and economic development: Towards a theoretical. Rationality & Society, 12 (1): 451-476.

Wunder S. 2005. Payments for environmental services: Some nuts and bolts. Occasional Paper No. 42. Center for International Forestry Research, Nairobi, Kenya.

Wunder S, Engel S, Pagiola S. 2008. Taking stock: A comparative analysis of payments for environmental services programs in developed and developing countries. Ecological Economics, 65 (4): 834-852.

Wunscher T, Engel S, Wunder S. 2010. Determinants of participation in payments for ecosystem service schemes. Tropentag, (9): 14-16.

Xu Zhongmin, Cheng Guodong. 2008. Framework to address human factors in a human-earth system. Science & Technology Review, 26 (3): 86-92.

Yang D, Choi H J. 2007. Are remittances insurance? Evidence from rainfall shocks in the Philippines. World Bank Economic Review, 21 (2): 219-248.

York R, Rosa E A, Dietz T. 2010. Bridging environmental science with environmental policy: Plasticity of population, affluence, and technology. Social Science Quarterly, 83 (1): 18-34.

York R, Rosa E A, Dietz T. 2003. STIRPAT, IPAT and ImPACT: Analytic tools for unpacking the driving forces of environmental impacts. Ecological Economics, 46 (3): 351-365.

Yuan K C. 2006. Three simple models of social capital and economic growth. Journal of Socio-Economics, 35 (5): 889-912.

Zhang K Y, Fu S X, Zhang W B. 2011. Ecological carrying capacity of 31 provinces: Based on improved ecological footprint model. Scientia Geographica Sinica, 31 (9): 1084-1089.

Zhang Xiaobo, Guo Li. 2003. Does guanxi, matter to nonfarm employment?. Journal of Comparative Economics, 31 (2): 315–331.

Zhao C W, Wang S J. 2010. Benefits and standards of ecological compensation: International experiences and revelations for China. Geographical Research, 12 (4): 517-523.

Zhao Y H. 2003. The role of migrant networks in labor migration: The case of China. Contemporary Economic Policy, 21 (4): 500-511.